一项兴国利民的国家战略

——《国家知识产权战略纲要》
颁布实施十周年纪念文集

国务院知识产权战略实施工作
部际联席会议办公室◎组织编写

知识产权出版社
全国百佳图书出版单位

图书在版编目（CIP）数据

一项兴国利民的国家战略：《国家知识产权战略纲要》颁布实施十周年纪念文集/国务院知识产权战略实施工作部际联席会议办公室组织编写. —北京：知识产权出版社，2018.6

ISBN 978 - 7 - 5130 - 5579 - 6

Ⅰ. ①一… Ⅱ. ①国… Ⅲ. ①知识产权保护—中国—纪念文集 Ⅳ. ①D923.404 - 53

中国版本图书馆 CIP 数据核字（2018）第 093351 号

内容提要

本书汇集了参与制定和实施国家知识产权战略的相关领导、知名专家撰写的 33 篇纪念文章，以亲历者的视角，从专利、商标、著作权、植物新品种、地理标志、知识产权保护、行政管理、国际交流合作、人才培养等多个方面，总结回顾了《国家知识产权战略纲要》的制定和实施历程，深刻阐述了发生的历史性变革和取得的巨大成就，全面揭示了知识产权战略是一项兴国利民的国家战略。

责任编辑：李 琳　卢海鹰　王祝兰	责任校对：谷 洋
装帧设计：张 冀	责任印制：孙婷婷

一项兴国利民的国家战略
——《国家知识产权战略纲要》颁布实施十周年纪念文集
国务院知识产权战略实施工作部际联席会议办公室　组织编写

出版发行	知识产权出版社 有限责任公司	网　　址	http：//www.ipph.cn
社　　址	北京市海淀区气象路 50 号院	邮　　编	100081
责编电话	010 - 82000860 转 8555	责编邮箱	wzl@ cnipr.com
发行电话	010 - 82000860 转 8101/8102	发行传真	010 - 82000893/82005070/82000270
印　　刷	北京嘉恒彩色印刷有限责任公司	经　　销	各大网上书店、新华书店及相关专业书店
开　　本	787mm×1092mm　1/16	印　　张	20.25
版　　次	2018 年 6 月第 1 版	印　　次	2018 年 6 月第 1 次印刷
字　　数	360 千字	定　　价	88.00 元

ISBN 978-7-5130-5579-6

加强知识产权保护。这是完善产权保护制度最重要的内容，也是提高中国经济竞争力最大的激励。

　　　　　　　　　　——习近平

主　　编　申长雨

副主编　贺　化

执行主编　龚亚麟

编　　辑　衡付广　刘　洋　谢　准　刘　斌

　　　　　邵源渊　李　琳　卢海鹰　王祝兰

编者说明

一个顺应时代发展的伟大决策，总能引发热烈的反响，一个切合社会期待的战略部署，总能凝聚蓬勃的力量，并随着时间的推移愈发显现其重大意义。《国家知识产权战略纲要》的颁布与实施就是这样的一个鲜明写照。

2008年6月5日，国务院颁布《国家知识产权战略纲要》，决定实施国家知识产权战略，这是党中央、国务院根据国内外新形势作出的一项重大战略部署，是指导我国全面提升知识产权创造、运用、保护和管理能力的行动指南，在国内外产生了广泛影响，由此开启了中国知识产权事业发展的新篇章。

十年来，在党中央、国务院坚强领导下，国家有关部门、各个地方和社会各界，紧紧围绕"到2020年，把我国建设成为知识产权创造、运用、保护和管理水平较高的国家"这一宏伟目标，牢牢把握"激励创造""有效运用""依法保护""科学管理"的战略方针，扎实工作，奋发进取，推动我国知识产权事业取得了历史性成就，为建设创新型国家和实现全面建成小康社会目标提供了强有力支撑。

为纪念《国家知识产权战略纲要》颁布实施十周年，国务院知识产权战略实施工作部际联席会议办公室组织编写了《一项兴国利民的国家战略——〈国家知识产权战略纲要〉颁布实施十周年纪念文集》。文集汇集了参与制定和实施国家知识产权战略的相关领导、知名专家撰写的33篇纪念文章，以亲历者的视角，从专利、商标、著作权、植物新品种、地理标志、知识产权保护、行政管理、国际交流合作、人才培养等多个方面，总结回顾了《国家知识产权战略纲要》的制定和实施历程，深刻阐述了发生的历史性变革和取得的巨大成就，全面揭示了知识产权战略是一项兴国利民的国家战略。

目　　录

一项兴国利民的国家战略 ……………………………… 申长雨　1

　　——纪念《国家知识产权战略纲要》颁布实施十周年

回顾：国家知识产权战略的制定 ……………………… 王景川　10

商标的印记 …………………………………………… 付双建　22

版权：难忘的十三年 ………………………………… 阎晓宏　32

质检系统实施《国家知识产权战略纲要》十周年 …… 蒲长城　42

实施国家知识产权战略　强化知识产权海关保护

　　努力推动我国经济高质量发展 ………………… 王令浚　51

写在《国家知识产权战略纲要》颁布十周年之际 …… 张　勤　61

十年磨剑见锋芒 ……………………………………… 贺　化　66

　　——谈国家知识产权战略十年组织实施

《国家知识产权战略纲要》起草制定过程回顾 ……… 文希凯　72

　　——纪念《国家知识产权战略纲要》颁布十周年

对《国家知识产权战略纲要》颁布实施工作的回顾 … 黄庆　82

砥砺十年实施战略终不懈　励精图治建设强省今有成 ……… 马宪民　89

　　——写在《国家知识产权战略纲要》实施十周年之际

新时代我国知识产权综合管理体制改革的路径探讨 … 王　露　97

回顾往昔　展望未来 ………………………………… 尹新天　104

　　——"知识产权中介服务体系"专题研究报告的制定

构建知识产权高质量发展的制度和政策环境 ………… 吕　薇　113

开启上海建设亚太地区知识产权中心城市新征程 …… 吕国强　121

中国特色知识产权发展道路的江苏探索 ……………… 朱　宇　132

知识产权战略的成就与任务 ………………………… 刘春田　143

执法体制改革与国家知识产权战略 ………………… 李明德　155

化解矛盾　推动进步 ………………………………… 杨国华　167
　　——中美知识产权交流漫谈

国防知识产权战略实施工作回顾 ………………………… 杨建兵　173

中国知识产权事业的光荣与梦想 ………………………… 吴汉东　181
　　——纪念《国家知识产权战略纲要》实施十周年

《国家知识产权战略纲要》对我国军民融合发展的影响………… 谷满仓　186

深入实施知识产权战略　谱写乡村振兴新篇章 ………… 宋　敏　200

十年一剑　砥砺前行 ……………………………………… 张　平　210
　　——《国家知识产权战略纲要》实施十周年有感

运思遣事谋纲要　激情绽放绘鼎纹 ……………………… 张志成　222
　　——忆知战办文件组

编制和实施国家知识产权战略的时代背景 ……………… 易继明　226
　　——纪念《国家知识产权战略纲要》颁布实施十周年

对知识产权教育问题的几点想法 ………………………… 郑胜利　243
　　——纪念《国家知识产权战略纲要》实施十周年

努力奋斗　为建设知识产权强国再立新功 ……………… 单晓光　250
　　——纪念《国家知识产权战略纲要》颁布实施十周年

勇于创新　坚定履职　以强有力刑事执法助推知识产权战略实施 … 高　峰　257

甘当知识产权强国事业的孺子牛 ………………………… 郭民生　269
　　——纪念《国家知识产权战略纲要》颁布实施十周年

有缘躬逢其盛　有幸得附骥尾 …………………………… 陶鑫良　292

《四川省知识产权战略纲要》的制定实施………………… 黄　峰　302
　　——写在《国家知识产权战略纲要》颁布实施十周年之际

仰望星空　脚踏实地 ……………………………………… 韩秀成　311
　　——《国家知识产权战略纲要》研究制定实施的几点感想

一项兴国利民的国家战略

——纪念《国家知识产权战略纲要》颁布实施十周年

申长雨*

一项战略部署总是随着时间的推移愈发显现其重大意义，一项光辉事业总是在不懈奋斗中取得丰硕的成果。2008 年 6 月 5 日，在历经数年研究、起草、论证的基础上，国务院正式颁布《国家知识产权战略纲要》，决定实施国家知识产权战略。这是中国进入新的世纪，改革开放进入新的时期，党中央、国务院根据国内外新形势作出的一项重大战略部署，在国内外产生了广泛影响，开启了中国知识产权事业发展的新篇章。

一、国家知识产权战略实施取得历史性成就

十年砥砺奋进，十年风雨兼程。十年来，在党中央、国务院坚强领导下，国家有关部门、各个地方和社会各界，紧紧围绕"到 2020 年，把我国建设成为知识产权创造、运用、保护和管理水平较高的国家"这一宏伟目标，扎实工作，奋发进取，推动我国知识产权事业取得了历史性成就，为国家创新驱动发展和改革开放提供了有力支撑。

十年奋斗，我国知识产权大国地位牢固确立。从 2007 年到 2017 年，国内有效发明专利拥有量从 9.6 万件增长到 136.6 万件，成为继美国、日本之后第三个国内有效发明专利拥有量突破 100 万件的国家。每万人口发明专利拥有量从 0.6 件增长至 9.8 件。年度 PCT 国际专利申请受理量从 0.55 万件增长至 5.1

---

* 申长雨：国家知识产权局局长、国务院知识产权战略实施工作部际联席会议副召集人、联席会议办公室主任。

万件，跃居世界第二位。有效注册商标总量从 235.3 万件增长至 1492 万件。马德里商标国际有效注册量从 0.71 万件增长至 2.5 万件。著作权年登记量从 15.85 万件增长至 274.77 万件。植物新品种总量从 0.16 万件增长至 1.1 万件。共核准注册地理标志商标 3906 件，认定地理标志产品 2359 个。登记公告集成电路布图设计 1.5 万件。在数量增长的同时，知识产权质量也在稳步提升，涌现出越来越多的核心专利、版权精品和知名品牌。

十年奋斗，我国知识产权保护整体步入良好阶段。十年来，着眼经济社会发展，我们不断加大知识产权保护力度。中央专门作出了实行严格的知识产权保护制度的战略部署。围绕法律制度建设，全国人大及全国人大常委会相继对《专利法》《著作权法》《商标法》《反不正当竞争法》等进行了修订，为加强知识产权保护提供了法律保障。在行政执法方面，深入开展打击侵犯知识产权专项行动，仅 2013～2017 年就查处专利侵权假冒案件 19.2 万件，商标侵权假冒案件 17.3 万件，有力地打击了各种侵权行为。在司法保护方面，全国法院新收知识产权一审案件由 2007 年的 2.2 万件增长至 2017 年的 20 多万件。同时，国家还成立了 3 家知识产权法院和 15 家知识产权法庭，知识产权民事、行政、刑事"三审合一"改革在全国法院全面推开。调查显示，2012～2017 年，我国知识产权保护社会满意度由 63.69 分提高到 76.69 分，整体步入良好阶段。国外知识产权权威人士和有关媒体也表示，中国的知识产权保护环境得分居于中等收入国家前列，越来越多的外国双方当事人都把中国作为在全球发起知识产权诉讼的优选地。

十年奋斗，我国知识产权运用效益日益显现。十年来，各方面通过完善知识产权权益分配机制，推进知识产权运营平台体系建设，大力培育和发展知识产权密集型产业，开展知识产权扶贫开发等，知识产权运用效益日益显现。专利密集型产业增加值占 GDP 的比重提升至 12.4%。网络版权产业市场规模超过 6000 亿元人民币。2017 年全国电影总票房达到 559 亿元人民币，是 2008 年的 12.9 倍。地理标志产品产值超过 1 万亿元人民币，惠及上千万人口。此外，2017 年专利、商标、版权质押融资总规模超过 1000 亿元人民币，有效解决了一批中小企业融资难问题。知识产权使用费进出口总额由 2007 年的 85.3 亿美元增长到 2017 年 333.3 亿美元。于此同时，我国在高铁、核能、航空航天、载人深潜、大飞机、人工智能、移动通信等众多领域，研发掌握并成功运用了一批自主知识产权核心技术和软件产品，形成了自己的品牌，取得了显著的经济和社会效益。

十年奋斗，我国知识产权管理不断得到加强。在体制机制方面，中央在深化党和国家机构改革中，作出了重新组建国家知识产权局的重要部署，实现了专利、商标、原产地地理标志等知识产权的综合管理。在战略协调层面，建立了国务院知识产权战略实施工作部际联席会议机制，由国务院领导同志担任召集人，统筹协调能力极大增强，全国打击侵犯知识产权和制售假冒伪劣商品工作领导小组、推进使用正版软件工作部际联席会议机制作用有效发挥。各个地方也积极完善自身知识产权统筹协调机制，按照中央统一部署，探索符合自身实际的知识产权管理体制机制。在微观管理层面，2万多家企业完成国家知识产权管理规范贯标工作；加强高校、科研院所及重大项目知识产权管理，知识产权管理能力大幅提升。

十年奋斗，我国知识产权国际影响力大幅跃升。知识产权高层外交持续推进，习近平总书记、李克强总理等党和国家领导人见证一系列知识产权国际合作协议签署，在重大国际场合阐明中国依法严格保护知识产权的鲜明立场和坚定决心。积极推进"一带一路"知识产权合作，构建起"一带一路"知识产权合作常态化机制。积极参与世界知识产权组织框架下的多边事务，推动世界知识产权组织成功设立中国办事处。积极参与和建立中美欧日韩、金砖国家、中国－东盟、中非等知识产权合作机制，与23个国家和地区开通专利审查高速路，柬埔寨、老挝在其国内认可中国专利授权结果。十年来，中国企业参与制定1700多项国际标准，涌现出一批具有自主知识产权和核心竞争力的创新型企业。

十年奋斗，我国知识产权事业发展基础更加坚实。大力推进知识产权人才队伍建设，上百所高校设立知识产权学院或开办知识产权专业，全国知识产权专业人才达到15万人，知识产权从业人员超过50万人；拥有全球最多的专利和商标审查人才，专利审查员超过1.1万名，商标审查员超过1500名，基本形成了一个梯次合理、门类齐全的知识产权人才队伍。成功举办全国知识产权宣传周、纪念世界知识产权日等重要活动，推进中小学知识产权教育普及工作，知识产权的公众认知率大幅提升，"尊重知识、崇尚创新、诚信守法"的知识产权文化理念日益深入人心。大力促进知识产权服务业发展，截至2017年底，我国主营业务为知识产权服务的机构数量超过2.6万家，年均增长30%。

中国知识产权战略实施十年取得的成就，得到了世界知识产权组织和国际社会的高度评价。在由世界知识产权组织发布的《2017 年全球创新指数报告》中，中国名列第 22 位，成为首个跻身全球前 25 位的中等收入经济体。世界知识产权组织高锐总干事表示，"中国正逐步成为全球创新和品牌方面的一个引领者"。世界知识产权组织专家组认为，"中国的知识产权事业过去十年取得了举世瞩目的成就，可作为发展中国家实施知识产权战略的典范"。美国有关知识产权人士和媒体表示，中国正在朝着全球知识产权保护和执法领导者角色迅速逼近。欧洲有关业内人士也表示，中国政府对知识产权高度重视，此举将推动中国未来成为全球创新的引领者。日本发布的《2017 年知识产权推进计划》指出，中国成为知识产权强国指日可待。

二、国家知识产权战略实施积累了宝贵经验

一是坚持党对知识产权事业的领导。着眼党和国家事业发展全局，加强知识产权战略实施顶层设计，厘清事业发展的战略目标、战略思路和战略举措，努力使知识产权事业发展与国家总体部署相协调、相一致，提供有力支撑。在国家知识产权战略实施过程中，特别是党的十八大以来，党中央、国务院针对知识产权战略实施和知识产权事业发展，又作出了一系列重大部署。习近平总书记主持召开中央全面深化改革领导小组会议，审议通过《知识产权综合管理改革试点总体方案》《知识产权对外转让有关工作办法（试行）》和《关于加强知识产权审判领域改革创新若干问题的意见》等重要文件。国务院印发了《关于新形势下加快知识产权强国建设的若干意见》《"十三五"国家知识产权保护和运用规划》《深入实施国家知识产权战略行动计划（2014—2020 年）》。"加快建设知识产权强国"还正式写入党中央、国务院印发的《国家创新驱动发展战略纲要》《国民经济和社会发展第十三个五年规划纲要》和《2016 年政府工作报告》。所有这些，都使得知识产权战略目标更加明确、思路更加清晰、举措更加有力，更加契合党和国家事业发展全局需要。

二是遵循知识产权制度发展的客观规律。把握好知识产权制度的基本功能和知识产权事业发展的基本方位，充分认识知识产权制度是完善社会主义市场经济体制的重要内容，是激励创新的基本保障，是国际贸易的通行规则，积极构建适应中国国情的知识产权制度体系，有效保护各类市场主体和创新主体的知识产权，营造良好的创新环境和营商环境。党的十八大以来，习近平总书记

就知识产权工作作出了一系列深刻论述，提出了"保护知识产权就是保护创新""产权保护特别是知识产权保护是塑造良好营商环境的重要方面""要紧扣创新发展需要，发挥专利、商标、版权等知识产权的引领作用，打通知识产权创造、运用、保护、管理、服务全链条，建立高效的知识产权综合管理体制""要坚持总体国家安全观，加强对涉及国家安全的知识产权对外转让行为的严格管理""加强知识产权保护是完善产权保护制度最重要的内容，也是提高中国经济竞争力最大的激励"等。这是习近平新时代中国特色社会主义思想在知识产权领域的具体要求，是知识产权发展一般规律与我国实践探索相结合的科学概括，进一步明确了知识产权的功能定位，赋予了知识产权新的时代内涵，丰富了中国特色知识产权思想理论，为做好新时代知识产权工作提供了根本遵循和行动指南。

三是找准知识产权事业发展的有效路径。贯彻落实新发展理念，聚焦知识产权创造、运用、保护、管理、服务等关键环节，谋划和实施一批重大政策、重大工程、重大项目，努力在重点领域和关键环节实现突破，以重点突破带动全局提升。这些年，围绕知识产权关键环节，各有关方面启动实施了专利质量提升工程、知识产权强企工程、知识产权文化建设工程、知识产权海外维权工程等，深入实施商标品牌战略和商标注册便利化改革，设立了"中国品牌日"，着力打造版权精品和版权产业链，统筹推进知识产权"严保护、大保护、快保护、同保护"各项工作，开展知识产权综合管理改革试点、科技成果"三权"改革试点，建立知识产权运营平台和运营体系等，取得了很好的效果。坚持点线面结合、局省市联动、国内外统筹，构建分层分类、协调发展的知识产权强国建设工作体系。聚焦国家战略，着力打造京津冀、珠三角、长三角、长江经济带等知识产权战略高地，出台支持东北老工业基地振兴知识产权政策文件，支持13个省份开展知识产权强省建设试点，14个城市开展知识产权强市创建工作，批准筹建了225个知名品牌创建示范区，培育了3000多家知识产权优势和示范企业，发挥了很好的示范效应。

四是形成知识产权战略实施的强大合力。充分调动各方面的积极性，最大限度地形成知识产权战略实施的合力。这些年，在战略实施过程中，中央领导同志对知识产权工作作出重要指示指导，给予关心支持。国务院知识产权战略实施工作部际联席会议成员单位精诚合作、协同推进。各级人大代表、政协委员，各民主党派中央，也围绕知识产权工作提出了很好的意见和建议。许多专家学者针对知识产权方面的理论和实践问题展开深入研究。社会各方面积极参与知识产权相关活动，传播知识产权知识，弘扬知识产权文化，形成了人人关心、人人支持、人人参与、人人受益的知识产权良好氛围，充分体现了"社会主义集中力量办大事"的制度优越性。

五是强化知识产权战略实施的政治保证。这些年，知识产权领域深入学习习近平新时代中国特色社会主义思想，特别是习近平总书记关于知识产权工作的重要指示精神，牢固树立"四个意识"，坚定"四个自信"，坚决贯彻落实中央各项决策部署。深入开展党的群众路线教育实践活动、"三严三实"专题教育、"两学一做"学习教育等工作，认真落实"三会一课"制度，加强各级党组织和党员队伍建设，充分发挥基层党组织的战斗堡垒作用和共产党员的先锋模范作用。深入贯彻落实中央八项规定精神，持之以恒纠正"四风"，坚持以"零容忍"的态度惩治腐败，扎实推进全面从严治党，营造风清气正的干事创业氛围，为知识产权战略实施提供了坚强政治保证。

在充分肯定成绩和经验的同时，我们也要清醒地认识到，面对新时代新形势新任务新要求，我国知识产权事业发展仍面临一系列深层次矛盾和问题，知识产权大而不强、多而不优的矛盾依然突出，知识产权法律制度尚不能很好地适应发展需要，知识产权保护效果与社会期待仍有差距，知识产权运用效益尚未充分显现，知识产权国际影响力还有待进一步提升。所有这些都需要在今后的战略实施工作中认真加以解决。

三、谋划实施新时代知识产权强国战略

党的十九大作出了中国特色社会主义进入新时代的重大判断，为我国发展明确了新的历史方位，强调要在 2020 年全面建成小康社会的基础上，分"两步走"建成社会主义现代化强国。中国特色社会主义进入新时代，作为党和国家事业发展有机组成部分和重要支撑的知识产权事业也进入了新时代。站在新的历史起点上，要准确把握新时代中国特色社会主义发展的新目标，按照十九大提出的"两步走"战略部署，认真谋划好知识产权事业未来的发展。

总体来讲，就是要按照十九大提出的"倡导创新文化，强化知识产权创造、保护、运用"和党中央、国务院一系列既定部署，抓好《关于新形势下加快知识产权强国建设的若干意见》《"十三五"国家知识产权保护和运用规划》《深

入实施国家知识产权战略行动计划（2014—2020年）》等各项工作的落实，确保到2020年《国家知识产权战略纲要》各项目标任务顺利完成。在此基础上，要坚持以习近平新时代中国特色社会主义思想为指导，把握从2020年到本世纪中叶知识产权强国建设的重大战略机遇期，分"两步走"建成知识产权强国。

首先，从2020年到2035年，力争经过15年的努力，基本建成知识产权强国，使我国知识产权创造、运用、保护、管理和服务跻身国际先进行列，让知识产权成为驱动创新发展和支撑扩大开放的强劲动力。接下来，从2035年到本世纪中叶，再奋斗15年，全面建成中国特色、世界水平的知识产权强国，使我国知识产权创造、运用、保护、管理和服务居于世界领先水平，让知识产权成为经济社会发展强有力的技术和制度供给。

围绕实现上述目标，要认真做好《国家知识产权战略纲要》实施十年评估，全面总结战略实施十年成绩经验，梳理问题短板，分析形势任务，在此基础上尽快启动知识产权强国建设纲要研究制定工作，努力使知识产权强国建设纲要和《国家知识产权战略纲要》实施接续推进、压茬进行。特别是要把握好新一轮战略实施的重点、思路和举措，紧紧围绕完善基本经济制度、支撑创新驱动发展、促进扩大对外开放、保障国家安全等工作重点，谋划好知识产权强国战略。

一是在知识产权创造方面，要贯彻落实中央关于稳中求进和高质量发展的要求，坚持质量第一、效益优先，努力培育更多高价值核心专利、版权精品、知名品牌，努力实现知识产权创造由多向优、由大到强转变。特别是要鼓励和支持研发掌握更多拥有自主知识产权的核心技术，牢牢掌握发展的主动权；要培育更多中国品牌，打造更多版权精品，满足人民日益增长的美好生活需要，推动中国产品向中国品牌转变，大力推进文化强国建设。

二是在知识产权保护方面，要坚持全面从严，统筹推进知识产权"严保护、大保护、快保护、同保护"各项工作，深化知识产权基本法律制度研究和新业态新领域知识产权保护制度研究，健全知识产权保护体系。特别是要通过提高立法标准和执法水平，加大知识产权侵权违法行为惩治力度，从根本上解决知识产权维权过程中存在的举证难、周期长、成本高、赔偿低等问题，努力实现知识产权保护从不断加强到全面从严转变，营造稳定公平透明、可预期的营商环境。

三是在知识产权运用方面，要坚持服务实体经济，继续完善知识产权权益分配机制，加快知识产权运营平台体系建设，多渠道盘活用好知识产权资源，大力发展知识产权密集型产业，深入开展知识产权扶贫开发工作，从根本上破除制约知识产权运用效益实现的体制机制障碍，努力实现知识产权运用从单一效益向综合效益转变，充分发挥知识产权作用，支撑经济创新发展，打造竞争新优势。

四是在知识产权管理方面，要认真贯彻中央关于深化党和国家机构改革的决策部署，完善知识产权管理体制机制，努力实现多头分散向更高效能转变，加快实现知识产权治理体系和治理能力现代化，切实打通知识产权创造、运用、保护、管理、服务全链条，充分发挥各类知识产权组合效益。要着力提高企业、高校、科研院所知识产权管理能力，实现知识产权规范管理、有效保护和高效利用，促进以知识产权为纽带的产学研协调联动，推动我国产业向全球价值链中高端跃升，加快经济提质增效升级。

五是在知识产权国际合作方面，要继续推进知识产权高层外交，扎实推进"一带一路"知识产权合作，积极参与世界知识产权组织框架下的多双边事务，构建多边、周边、小多边、双边"四边联动、协调推进"的知识产权国际合作新格局，努力实现知识产权国际合作从积极参与向主动作为转变，推动知识产权国际规则朝着开放包容、平衡有效的方向发展，提升我国在知识产权国际事务中的话语权、影响力和应对各种纠纷的能力，在依法保护外资企业合法知识产权的同时，也让中国的知识产权在国外得到有效保护，更好地支撑扩大开放。

六是在知识产权事业发展基础方面，要加大知识产权高层次人才培养力度，夯实知识产权强国建设的人才基础。大力倡导以知识产权为重要内容的创新文化，继续推进知识产权宣传普及和文化建设，加强知识产权外宣工作，主动面向全世界，讲好中国知识产权故事，传递中国知识产权好声音，进一步树立依法严格保护知识产权的负责任大国良好国际形象。要积极推进知识产权国家智库建设，加强对重大、宏观问题研究，跟踪国际前沿，推进理论创新。要大力发展知识产权服务业，努力建设一批具有国际水平的知识产权服务机构，打造一批知识产权公共服务平台，更好地支撑创新创业。

回顾历史，是为了更好地开创未来。国家知识产权战略作为一项兴国利民之举，既需要根据时代发展需要，不断厘清战略目标、战略思路、战略举措，更需要有持续实施这一战略的战略定力、战略耐力、战略毅力。站在新时代的起点上，让我们更加紧密地团结在以习近平同志为核心的党中央周围，深入学习贯彻习近平新时代中国特色社会主义思想，不忘初心，牢记使命，深入实施国家知识产权战略，加快建设知识产权强国，为实现"两个一百年"奋斗目标和中华民族伟大复兴的中国梦作出新的更大的贡献！

回顾：国家知识产权战略的制定

王景川 *

今年 6 月 5 日，是《国家知识产权战略纲要》颁布和实施十周年。这是我国加快完善知识产权法律制度，丰富知识产权政策体系，着力营造良好的市场环境和创新环境，大幅度提升知识产权综合能力，扎实推进知识产权强国建设，努力提高知识产权治理能力和治理水平，注重发挥知识产权的技术供给和制度供给作用，为实体经济发展注入新的动力，促进经济社会健康持续发展，取得辉煌成就的十年。

一、制定和实施国家知识产权战略的时代背景

世纪之交，缘于我国经济社会发展对知识产权制度和知识产权能力的内在需要，面对知识产权在全球经济治理中日益提高的地位和重要作用，我国知识产权制度和能力建设面临着巨大机遇和严峻挑战。如何加快完善我国知识产权制度、大幅度提高我国知识产权综合能力，以支撑国家经济社会发展，成为我国知识产权战线的同志们认真思考和积极探索的重大课题。

进入 21 世纪，全球经济发展方式、国际规则与秩序、国际经贸关系、国际竞争态势都发生着重大变化。

1. 科学技术的迅猛发展深刻改变着经济发展方式。知识创新成为解决人类面临的能源资源、生态环境、人口健康、可持续发展等全球性问题的主要动力，为促进经济社会发展提供重要支撑。

2. 科学技术的迅猛发展引发生产方式的深刻变革。重大的科学发现和技术

---

* 王景川：国家知识产权专家咨询委员会主任。《国家知识产权战略纲要》实施十年总体评估专家组成员。曾任国家知识产权局局长，国家知识产权战略制定工作顾问。

突破催生了一大批新的产业群，柔性制造、网络制造、绿色制造、智能制造、全球制造，日益成为生产方式变革的方向；互联网、物联网、云计算、大数据、知识服务、智能服务的快速发展，为个性化制造、服务创新和新兴产业的发展提供了有力工具和环境。

3. 知识产权成为国家的战略性资源，国家核心竞争力日益体现为对智力资源和智慧成果的培育、拥有、配置和调控能力，尤其体现为知识产权的创造、运用、保护、管理等能力。

4. 知识产权制度成为市场经济的基本制度，知识产权综合能力成为国家的核心能力。创新成果主要以知识产权的形式表达出来，创造拥有知识产权的新技术、新装备、新产业，为人民创造更多财富，为社会充实物质基础，对经济社会发展的支撑作用更加显现。

5. 大国间博弈更加尖锐复杂。发达国家从维护其根本利益和主导国际秩序出发，把知识产权国际规则的变革与建立国际经济新秩序紧密联系起来，以规制全球的国际贸易、科技合作、文化交流活动。主要发达国家相继制定和实施本国的知识产权战略，并把其作为振兴本国经济、增强国际竞争力的战略举措。发达国家通过强化知识产权保护，严格控制高技术产品出口和关键技术转让，维护自身发展优势，遏制新兴国家特别是我国的发展。

6. 加入世界贸易组织以来，我国进一步加快对外开放步伐，更好地利用国内国外资源、更好地开拓国内国外市场，促进我国经济快速发展，国家综合实力大幅增强。同时，我国遭受的国际知识产权侵权诉讼也日益增多，可能导致我国产业发展和国家经济安全遭遇风险。

7. 改革开放三十年的实践证明，对我国发展有战略意义的重大核心技术，花多少钱都是买不来的；也不可能通过"国际科技合作"或"市场换技术"拿到手。我国生产力总体水平还不高，产业结构还不够合理，城乡、区域发展还不够平衡，长期形成的结构性矛盾和粗放型增长方式尚未根本改变，能源资源和生态环境承载能力不足的矛盾日趋突出，自主创新能力和知识产权综合能力还不强，很多核心技术和关键技术装备受制于人，重要产业对外技术依赖程度仍然较高。

8. 党中央确定了转变经济发展方式，建设创新型国家的战略决策。转变经济发展方式，实现建设创新型国家的战略目标，必须破解几个难题：一是改变经济发展过度依赖投资驱动和对外贸易的增长；二是改变经济发展长期依赖高能耗、高物耗和廉价劳动力的支撑；三是大幅度提高自主创新能力，加快提升经济总量中知识经济的比重；四是大幅度提高知识产权综合能力，加快培育国家核心竞争力，切实维护国家经济安全。对培育新兴产业、增强国际竞争优势、保障国家利益和国家安全具有关键意义的核心技术，只能坚持不懈地立足于自主发展；必须加快培育知识产权优势，使知识产权真正成为国家的战略性资源和国际竞争力的核心要素。

正是在上述国际、国内的大背景下，国家知识产权局开始酝酿向国务院提出"制定和实施国家知识产权战略"的重大建议。

二、国家知识产权战略的酝酿与制定

国家知识产权战略的酝酿，经历了实践、认识，再实践、再认识的过程；国家知识产权战略的制定，经历了思想逐步统一、认识不断深化的过程。

在战略的酝酿阶段，国家知识产权局相继采取了三项重要举措：一是2001年1月党组扩大会议提出"抓紧组织队伍，把我局的战略、策略和政策研究开展起来"；2001年6月党组扩大会议又提出"加强知识产权战略研究"。根据上述要求，国家知识产权局成立了软课题研究领导小组，制定了软课题研究项目指南，组织和引导各界人士参与战略研究工作；要求局内各部门、各单位，立足于本职工作领域，注重选择事关国家长远发展的战略性课题，加强研究工作；成立知识产权发展研究中心，汇集局内局外的研究力量，开展战略性、基础性、前瞻性研究。知识产权战略研究，不断加强、不断深化，为国家知识产权战略的酝酿和制定奠定了基础。二是2002年1月党组扩大会议作出决定：以培育和发展一批拥有自主知识产权、核心竞争力强的大公司和企业集团为目的，在全国实施"专利战略推进工程"，并进一步拓展和深化（城市、科技园区、企事业单位，推进专利技术产业化）四项专利试点工作。以此，提高我国科技创新水平和形成自主知识产权的能力，促进高新技术产业化；提高我国运用专利制度的能力和水平，培育和发展国家核心竞争力。同时，通过实施"专利战略推进工程"，丰富我们对国家知识产权战略科学内涵的认识，积累实践经验。三是加大知识产权宣传和培训工作力度，提高社会公众，特别是领导干部的知识产权意识。自2002年起，国家知识产权局领导成员就开始以"实施国家知识产权战略，培育和发展国家核心竞争力"为主要内容，面向国家和地方政府相关部门的各级干部，宣讲国家知识产权局的基本认识和主要观点，为制定和实施国家知识产权战略作思想上、舆论上的准备。

经过实施"专利战略推进工程"的积极实践，经过拓展和深化四项专利试点工作，并取得明显成效；通过围绕国家走新型工业化道路、中长期科技发展和科技兴贸中的知识产权战略进行深入研究，通过选择若干重要技术领域，与行业主管部门或企业集团密切配合，积极开展专题知识产权战略研究，并取得一批重要成果；以及对国际上知识产权发展态势的深入研究，对日、美等发达国家制定或实施知识产权战略的比较研究，国家知识产权局逐步形成了对国家知识产权战略的基本方针、奋斗目标、工作内涵和保障措施的初步构想。

2003 年末，国家知识产权局党组形成共识：提出"制定和实施国家知识产权战略"的时机已基本成熟；决定 2004 年 1 月召开的全国专利工作会议的主要任务，就是提出并阐述制定和实施国家知识产权战略的初步构想，并以此为主题进行深入的讨论。会后，要充分汇集全国知识产权局系统的智慧，征询相关部门和学术界的意见与建议，进一步完善总体思路，抓紧做好向国务院汇报的各项准备工作。

时任国务院副总理吴仪出席了这次全国专利工作会议，并在会上发表了重要讲话，提出要求："认清形势，明确任务，大力推进实施知识产权战略。"

2004 年 7 月 8 日，国家知识产权局向国务院汇报工作，核心内容是谈制定和实施国家知识产权战略的总体构想。该总体构想包括：国家知识产权局对国际知识产权发展态势的基本判断；对当前知识产权工作在国家发展全局中应有的地位、作用和存在的主要问题的基本认识；对国家知识产权战略的指导思想、战略方针、战略目标、战略任务和应采取的主要举措等基本构想。吴仪副总理在听取汇报后做了重要讲话，她高度评价了国家知识产权局关于制定和实施国家知识产权战略的总体构想，并对所提出的建议表示明确支持，要求我们尽快向国务院呈报请示报告。2004 年 8 月 30 日，国家知识产权局向国务院呈报了《关于制定和实施国家知识产权战略的请示》；国务院领导同志对这个请示报告高度重视，各位领导同志逐一审阅；同年 9 月 15 日，时任国务院总理温家宝作出重要批示。

2005 年 1 月 8 日，国务院办公厅发出了《关于成立国家知识产权战略制定工作领导小组的通知》，决定吴仪副总理任国家知识产权战略制定工作领导小组组长，并确定了副组长和组成人员名单；决定领导小组办公室设在国家知识产权局。国家知识产权战略制定工作，自此正式展开。

在国务院的直接领导下，国务院各部门、全国人大的相关机构和司法机关共同参与，组织全国知识产权界以及经济、科技、文化等各界的专家学者和实务工作者，就国家知识产权战略纲要和 20 个专项课题进行全面、系统、深入的研究，历经 3 年多时间的共同努力，完成了《国家知识产权战略纲要》的制定工作，同时也完成了 20 个专项报告。

2008 年 6 月 5 日，国务院颁布《国家知识产权战略纲要》；同年 10 月，国务院批准建立国家知识产权战略实施工作部际联席会议制度，办公室设在国家知识产权局。国家知识产权战略实施工作，自此全面展开。

自 2009 年至今，国家知识产权战略实施工作部际联席会议（2016 年 3 月升格为国务院知识产权战略实施工作部际联席会议）每年发布当年度国家知识产权战略实施推进计划和《中国保护知识产权行动计划》，明确主要工作方向，提出具体工作任务和措施，战略实施工作扎实推进，取得巨大成效。

三、《国家知识产权战略纲要》确定的战略方针和战略目标

知识产权制度是开发、利用知识资源和规范市场经济秩序的基本制度，知识产权是国家发展的战略性资源和国际竞争力的核心要素。《国家知识产权战略纲要》确定：按照激励创造、有效运用、依法保护、科学管理的方针，着力完善知识产权制度，合理调整市场主体、创新主体和创新者在知识产权创造、运用、保护和管理过程中的权益关系，积极营造良好的知识产权法治环境、市场环境、文化环境，大幅度提高我国知识产权创造、运用、保护和管理能力，为建设创新型国家和全面建设小康社会提供有力支撑。

激励创造：采取有力措施，激发全社会的创新热情，强化自主创新的知识产权导向，促进核心知识产权的大量涌现。

有效运用：充分开发知识产权的市场价值和培育竞争优势，将其转化为现实生产力、市场竞争力和文化软实力，促进经济社会健康持续发展。

依法保护：合理确定保护范围和保护水平，依法严格保护知识产权，规制知识产权滥用，营造激励和保护创新的良好环境。

科学管理：完善制度、整合资源、协调机制、提高效率，充分发挥知识产权效益。

国家知识产权战略必须定位在国家总体战略的层面上，既不是单指知识产权事业自身的发展战略，也不能简单地理解为知识产权保护战略。知识产权的"创造、运用、保护和管理"四个环节是个有内在联系的完整体系，缺一不可。

《国家知识产权战略纲要》确定两个阶段性目标：

近期目标（2008—2013）：自主知识产权水平大幅度提高，拥有量进一步增加；运用知识产权的效果明显增强，知识产权密集型商品比重显著提高；知识产权保护状况明显改善；全社会特别是市场主体知识产权意识普遍增强，知识产权文化氛围初步形成。

远期目标（2013—2020）：把我国建设成为知识产权创造、运用、保护和管理水平较高的国家。知识产权法治环境明显改善，市场主体创造、运用、保护和管理知识产权的能力显著增强，知识产权意识深入人心，自主知识产权的水平和拥有量能够有效支撑创新型国家建设，知识产权制度对经济发展、文化繁荣和社会进步的促进作用充分显现。

《国家知识产权战略纲要》提出的战略目标，是定性的、指导性目标。形势发展很快，不确定因素很多，我们必须坚持解放思想、实事求是、与时俱进的思想路线，在牢牢把握住《国家知识产权战略纲要》预设目标的正确方向的前提下，根据国际形势的新变化、国家发展的新需求，进行认真审视和不断求索，通过每年颁布的《国家知识产权战略实施推进计划》和《中国保护知识产权行动计划》，进一步凝练和细化战略目标，力求定性目标与定量目标相结合、指导性目标与指令性目标相结合，把国家知识产权战略实施工作落到实处，年年取得更多、更大实效。

四、实施国家知识产权战略的几点思考

1. 实施国家知识产权战略应为建设创新型国家提供有力支撑

创新型国家的主要内涵是：知识经济在经济总体结构中占主导地位。知识经济，是指以智力资源和创新成果的占有、配置、生产、使用和消费为核心要素的经济。从本质上讲，知识经济是以知识产权为基础的经济。知识经济，以新兴技术为支撑，发展出一批新兴产业，可以减少物资和能源的消耗，降低对环境的负面影响，而产出和效益增加，是可持续发展的经济模式。它具有知识产权化，全球化，实体经济与虚拟经济有机结合，现代制造产业与现代服务产

业相互支撑、相互促进等特点。

20世纪80年代起，发达国家加快发展知识经济。伴随知识经济和经济全球化的发展，生产方式和经营方式发生重大变化。发达国家的一些法学家和经济学家，在谈论"知识经济"时经常讲道：知识财产与有形财产相比较，变得更为重要；知识财产可能是知识经济中最重要的财产。

在全球制造业的产业链中，形成了一条人们常说的"微笑曲线"式的价值链。处于产业链中段是加工制造环节，投入的是廉价劳动力，损耗的是自然资源和生态环境，产出的是低附加值产品，仅能获得微薄的利润；处于产业链上游的是研究开发环节，产业链下游的是营销服务环节，投入的是智力资源，产出的是智慧成果，则能获得高额的利润。无论是上游的创造、创意、创作活动，还是下游的服务方式和经营方式的创新、品牌的拥有和许可，都依赖于知识产权制度的激励和保护，其创新成果又都表达为某种形式的知识产权。

发展知识经济，依赖于不断完善知识产权制度提供强有力保障，大幅度提高知识产权综合能力提供有力支撑，以加快转变生产方式、经营方式和优化经济结构，实现主要产业向价值链高端跨越，提高经济发展的整体质量。

创新型国家的重要表征是：核心竞争力强。核心竞争力的概念，最早见于1990年美国密西根大学教授普拉哈拉德和伦敦商学院教授加里·哈默尔合著的《企业核心能力》一文。按照他们的阐释，核心竞争力具有如下特征：一是价值性，这种能力可以实现客户所看重的价值；二是稀缺性，这种能力是稀缺的，只为少数企业所具有；三是难以替代性，这种能力是竞争对手难以替代的，它为客户所创造的特殊利益是难以替代的；四是难以模仿性，本企业所特有，竞争对手难以模仿。企业核心竞争力体现在具有特有的、可实现客户所看重的价值、竞争对手难以替代、能保持和发展长期竞争优势的创新能力和知识产权优势。

我国实施知识产权战略，不断完善知识产权制度，努力运用好知识产权制度，以激励和保护创新；大幅度提高知识产权创造、运用能力，加快创新成果产业化；切实强化知识产权保护，建立知识产权保护长效机制，营造良好市场环境，是促进我国经济发展方式转变、加快知识经济发展、建设创新型国家的重要途径。

2. 实施国家知识产权战略应着力完善知识产权法律，丰富知识产权政策，构建中国特色、世界水平的知识产权制度

完善知识产权法律，加快解决知识产权专门法之间、专门法与相关法之间

存在的不够协调、不够平衡的问题；深入研究并适时制定针对新出现的知识产权客体，特别是网络环境下的知识产权法律规范；妥善平衡知识产权权利人与使用者、消费者、社会公众的利益关系，维护市场竞争秩序和社会公众的合法权益。在实体法方面，适度降低司法审理门槛，对不同的侵权行为，有差别地提高惩罚力度，着力解决侵权成本低、维权成本高的问题；合理界定权利界限，遏制知识产权滥用。在程序法方面，优化诉讼程序，严格执行时限，遏制恶意诉讼。构建具有中国特色知识产权法律制度。

丰富知识产权公共政策，实现知识产权政策与财政、金融、税收、科技、贸易等政策的衔接配合与协调协同；丰富知识产权政策工具，优化和加强政策实施保障机制，提高知识产权政策效能；调整和完善激励知识产权创造政策，政策导向由重数量向重质量转变，全面提高知识产权质量，提升创新成果的知识产权化程度；调整和完善促进知识产权有效运用的政策，政策导向由重权利向重运用转变，引导市场主体和创新主体确立正确的价值取向，充分实现知识产权价值，提升知识产权的产业化程度；调整和完善激励约束机制，合理分享知识产权权益，活跃和规范知识产权许可、交易、运营活动，以持续激发我国人民的创新激情，吸引更多资源投入知识产权创造和运用；调整和完善产业发展、区域经济发展的知识产权政策，充分发挥知识产权审议和知识产权预警功能，有效支撑新兴产业和区域经济持续健康发展。构建具有中国特色的知识产权公共政策体系。

3. 实施国家知识产权战略应着力提高知识产权创造能力和水平

完善知识产权法律、丰富知识产权政策，是提高知识产权创造能力和水平的重要基础；充分运用知识产权信息，是提高自主创新水平和效能的有效途径。

知识产权信息包括技术信息、权利信息、产业发展动向信息和市场信息。充分运用知识产权信息，是正确选择自主创新重要方向、重点领域、主要项目，科学确立自主创新的技术路线的根本保障；是创造并依法获得质量更好、数量更多的知识产权，降低自主创新成本，规避知识产权风险，实现创新成果知识产权化的有效途径。

在新创意、新概念的酝酿阶段，重在对科技发展趋势、产业发展动向、市场需求前景等信息进行充分汇集和深入分析，在此基础上，作出方向性、可行性的正确判断。

在技术研发阶段，重在对同领域专利技术、关联专利技术等信息的检索、分析、评估，要对竞争对手技术优势及权利状况进行深入的比较研究，以寻求权利规避策略，确立研发方案，预测和判断自主创新成果依法获得知识产权的可能性，制定专利布局规划。

在知识产权信息的汇集、检索和分析时，应注重支撑同类产品、同一产业发展的主要技术领域内专利群的现状，从该技术领域专利产生与运用的历史沿革着眼，进行信息的分析和利用。

4. 实施国家知识产权战略应加强知识产权运用

加强知识产权运用的核心指向是大力推进知识产权实施、转让，加快知识产权产业化。

产业化包括从新创意、新概念的酝酿，到技术研发、产品开发，再到产品制造、市场营销的全过程；产业化需要达到满足社会需求的相当产业规模。充分运用知识产权信息，是加快知识产权产业化、市场化，降低产品开发成本，减少市场风险的有效途径。

市场主体是知识产权产业化的主体，应特别注重：（1）重构创新成果管理和评价的理念，不再只是评价创新成果的水平，只把创新成果作为单位获得新的创新资源、个人获得职务晋升或奖励的评判依据，而主要是评价创新成果可能实现的商业价值。对技术创新和文化创意而言，应把其实现的经济价值和社会价值，作为评价创新活动有效性的最重要的标准。（2）科学确立知识产权产业化的可行途径，提高对可能实现的经济规模和市场价值进行技术经济分析和判断的能力。（3）实施创新各阶段的知识产权审议和知识产权预警，着力于专利技术的系统集成和现有技术的活用，注重产品及制造工艺的新颖性、创造性设计，规避知识产权风险，以降低产业化成本，追求经济价值和社会价值的最大化。

5. 实施知识产权战略应切实加强知识产权保护

提高司法和行政执法保护知识产权的执行能力和协同能力，密切行政执法保护与司法保护的衔接，提高执法保护的整体效能。

依法严格保护，既要严厉打击知识产权犯罪，有效遏制各种侵权行为，又要合理界定知识产权的界限，防止知识产权滥用，有效维护正常的市场竞争秩序和社会公众的合法权益。

知识产权制度赋予的权利能否成为社会实践中的实际权利，有赖于国家法律手段的庇护和社会公众道德的尊重。因此，既要注重知识产权执法保护能力和知识产权纠纷调解能力建设，提高综合执法效能，又要注重弘扬"创新为荣、剽窃为耻，诚实守信为荣、假冒欺骗为耻"的道德观念，加快建设"尊重知识、崇尚创新、诚信守法"激励和保护创新的知识产权文化。

切实加强知识产权保护能力建设，一手抓知识产权执法保护能力建设，一手抓市场主体知识产权保护能力建设。知识产权执法保护能力建设，要以完善保护知识产权的法律法规、提高司法和行政执法保护能力为基础，综合协调立法、执法、普法建设，提高执法保护效能，依法严格保护知识产权。

市场主体的知识产权保护能力建设，应该从发明创造、创意创作之始抓起，并应贯穿于新创意、新概念的酝酿，技术研发，产品开发，产品制造，市场营销的全过程。包括：（1）提高保护自己拥有的知识产权的能力。注重构筑专利池；实施专利、商标、版权等综合保护策略；严防商业秘密泄露；收集他人侵权证据、进行所受侵害的价值评估；熟悉诉讼程序，正确运用法律法规的适用条款。（2）提高应对侵权诉讼的能力。认真研判起诉方的主题和证据；熟悉对方诉讼程序，善用对方法律适用条款；正确运用现有技术抗辩原则；科学制定促成和解的策略；收集竞争对手滥用知识产权的证据，敢于和善于提出反诉。（3）提高规避他人权利、降低侵权风险的能力。充分汇集、深入分析和有效利用知识产权信息，避免落入他人的知识产权陷阱；对现有技术进行新的组合利用；研究与决断购买、受让他人专利的策略；采用外围专利包围核心专利等方式，促成交叉许可，降低使用核心专利的成本。

6. 实施国家知识产权战略应着力推进知识产权科学管理

加快建立并不断完善知识产权管理体系、管理制度和工作机制，是充分发挥知识产权效能的基础。

首先是深化国家知识产权管理体制机制改革。整合知识产权行政管理资源，建立协同、高效的知识产权管理机构和工作机制，加强重大科技专项、重大工程、主要产业和重要经济活动中的知识产权审议，规范市场监管行为，拓展公共服务职能，大幅度提高国家知识产权治理能力和治理水平。

其次是引导和支持市场主体和创新主体建立知识产权科学管理制度和工作机制，包括：（1）设立管理机构，构建管理体系，赋予管理职责和管理权限。（2）建立激励约束和权益合理分享制度，以激励职务发明创造，提高拥有知识产权的数量和质量，加快知识产权产业化；注重防止自主知识产权的流失。（3）实行全过程的知识产权管理，注重在自主创新及产业化过程中设置若干节点，进行知识产权评估；开展知识产权信息深入分析与知识产权预警，制定进取性及防御性策略。（4）严格工程外包、委托研发、合作开发、核心技术及关键设备引进中的知识产权管理，注重合同审议，明确权利归属，合理分享权益。（5）谋划知识产权整合、风险规避、实现低成本交叉许可的策略；制定知识产权投融资和知识产权经营的规则。（6）加强知识产权人才队伍和知识产权文化建设。

7. 实施国家知识产权战略应加快发展知识产权服务业

知识产权服务业为知识产权的创造、运用和交易，特别是为加快知识产权产业化提供新的服务平台，有利于提高知识产权综合能力，有利于发挥知识产权对国家经济发展和社会进步的重要支撑作用；为知识产权信息的传播与利用提供新的服务方式，有利于提高创新活动的有效性和创新成果依法获得知识产权的可能性，降低自主创新和创新成果产业化成本，规避知识产权风险；为知识产权的依法严格保护提供维权援助服务，有利于提高知识产权保护水平，形成并不断优化激励创新、保护创新的体制机制和社会环境。

发展知识产权服务业的核心指向是：促进知识产权创造、运用、保护和管理水平的大幅度提高；加快拥有知识产权的创新成果产业化，培育和发展国家核心竞争力。

政府促进知识产权服务业发展的应有作为：完善促进知识产权服务业发展的相关法律、政策和制度安排；加强知识产权公共信息服务平台建设；支持知识产权服务机构发展，规范行业行为；组织协调对重大科技、经济活动的知识产权服务；加强知识产权服务业人才队伍建设。

知识产权服务机构应努力拓宽服务范围。一是开展知识产权信息服务。比如：提供数据加工、软件开发、数据库建设等信息开发服务；提供知识产权信息检索分析、知识产权发展态势判断、知识产权风险评估、知识产权预警等信息应用服务。二是开展知识产权代理和法律服务。比如：提供专利、商标、著作权、集成电路布图设计等各种形式的知识产权的申请和维持，专利权的无效宣告请求，不正当注册商标的撤销请求，已注册商标的异议请求，知识产权海关保护的备案申请等代理服务；提供专利、商标、著作权侵权的司法鉴定和侵权判断，知识产权权属纠纷，知识产权许可合同纠纷，规制滥用知识产权以及应对涉外知识产权纠纷等各个方面申诉、应诉和反诉等法律服务。三是围绕知识产权产业化开展决策咨询服务、产权评估服务和知识产权经营服务。比如：

进行知识产权（主要是专利）信息的深度分析，预测和判断科技发展趋势和产业发展动向，提供正确选择研发方案的决策咨询服务；提供权利规避策略和专利布局规划，以及企业知识产权战略策划等服务；开展知识产权的有效性分析和价值判断，提供知识产权作价入股、转让或许可评估，质押融资或证券化评估，法律状态评估等评估服务；知识产权交易、展示、推广、托管等经营服务。四是开展知识产权基本知识和实务技能的培训服务。

我国进入了中国特色社会主义新时代，我国知识产权工作要融入新时代、服务新时代，深入实施国家知识产权战略，全面完成《国家知识产权战略纲要》确定的 2020 年奋斗目标；扎实推进知识产权强国建设，为中华民族伟大复兴，注入新动力，提供新资源。在习近平总书记为核心的党中央坚强领导下，贯彻习近平新时代中国特色社会主义思想，中国新时代知识产权的梦想，中华民族伟大复兴的梦想，一定能够实现。

商标的印记

付双建[*]

今年是《国家知识产权战略纲要》颁布实施十周年。回顾十年走过的不平凡历程，细数为我国知识产权事业取得巨大成就而奋斗的件件桩桩，作为工商人，作为《纲要》实施的实践者和见证者，更是难以忘怀。

➤ 商标战略

在经济全球化发展的今天，随着知识经济的深入发展，知识产权日益成为国家发展的战略性资源和国际竞争力的核心要素。发达国家通过各种方式继续巩固和提升其在知识产权领域的优势地位，发展中国家也通过自身的不懈努力，创造和发展属于自己的知识产权权益，不断形成独特的后发优势。商标作为知识产权的重要组成部分，直接关系到生产者、经营者和消费者的切身利益，是企业自主创新能力和其他知识产权的重要载体，在国家把知识产权战略确定为国家战略后的推进实施中，作为知识产权重要组成部分的商标，如何落实《纲要》，并通过《纲要》的落实来促进商标事业的快速发展，是商标管理部门义不容辞的职责和需要把握好的历史性机遇。

按照《纲要》任务分工要求，国家工商行政管理总局迅速行动，结合正在开展的科学发展观教育活动，对如何贯彻落实《纲要》，在工商系统大力推进商标战略进行广泛和深入的调研。调研采取听取汇报、召开座谈会和实地考察等形式，先后到4个省、直辖市，11个市、区，召开了18场座谈会，还深入到基层工商所和企业、市场、村镇，听取了包括地方党政领导、工商干部和经营

---

[*] 付双建：第十二届全国人民代表大会财政经济委员会委员。《国家知识产权战略纲要》实施十年总体评估专家组成员。曾任国家工商行政管理总局党组成员、副局长，分管商标局、商标评审委员会、中华商标协会等部门。

者、中介机构、消费者的意见。经过调研，地方政府、工商干部和企业经营者对贯彻落实《纲要》以及实施商标战略意义的深刻认识，对建设创新型国家中商标战略的重要作用及企业提升核心竞争力对商标战略的迫切期待，都有了直观的感受和充分的了解。调研认为，商标战略的实施具有客观的需求和社会基础，商标战略实施意见具有可行性。在随后向总局党组的汇报中，获得了充分肯定和一致的赞同，总局局务会讨论通过了《关于贯彻落实〈国家知识产权战略纲要〉大力推进商标战略实施的意见》并于2009年6月2日印发实施。至此，商标战略在全国工商系统迅速展开，并广泛而深刻地影响着企业、社会和消费者。同时，商标战略受到世界知识产权组织和国际社会的关注。

为了使商标战略迅速全面推进，国家工商行政管理总局成立了由总局局长为组长的商标战略实施领导小组及其办公室，并在2009年7月23日在吉林省长春市召开了全国工商系统贯彻落实《国家知识产权战略纲要》大力推进商标战略实施工作会议，进行部署。时任总局局长周伯华同志出席会议并发表重要讲话，对大力推进商标战略的深远意义和重要作用、商标战略的奋斗目标、实施商标战略的各项任务，进行了系统的阐述。同时，对商标战略实施的组织领导、协作配合、加强自身建设等，提出了明确要求。这次会议从会议的准备到召开，从会议的形式和内容，从与会人员的反映到效果，都证明这是全面推进商标战略的一次重要会议，是一次动员会议、鼓劲会议，具有里程碑意义的会议。虽然商标战略不是在这次会议上第一次提出，在以前个别地方和一些企业都曾经提及并实施，但这次作为国家级战略的实施，在全国工商系统全面性、大范围、高层次的规划和大力推进则是前所未有的。

随后，为了扎实有效地推进商标战略实施，总局开展了系统的培训，举办了不同类型的培训班，以进一步统一大家的思想认识以及增强使命感、责任感和实施的自觉性。确定了53个商标战略实施示范城市和41个商标战略实施示范企业并确定了扶持政策。在开展示范城市和示范企业培训和经验交流的基础上，形成了具有广泛影响的《芜湖倡议》和《苏州共识》，展示了中国城市和企业将全面提升商标注册、运用、保护和管理水平，切实加快经济发展方式转变，促进科学发展，为建设创新型国家作出贡献的坚定意志和充分信心。在商标战略推进过程中，在不同时段，通过召开座谈会总结各地贯彻落实情况，交流好的经验和做法，听取意见和建议，提出新的工作要求，大力推进商标战略实施。通过召开研讨会，系统回顾商标战略实施总体情况，充分交流成功经验，积极研究探讨面临的形势和工作方向，主动适应形势发展，在持续推进上下功夫，在有效运用和依法保护上下力气，深入推进商标战略实施。经过一系列的推动和不同类型的活动，一年多的时间就有27个省、自治区、直辖市出台了贯彻落实商标战略的文件，进行了部署，其中一半是由当地政府或者政府办公厅印发或转发，26个省、自治区、直辖市成立了商标战略实施工作领导小组。至此，商标战略自上而下在全国范围内实施起来，并取得了积极的成果，产生了较大的影响。

在我国经济发展进入新常态，大力推进供给侧结构性改革中，总局将商标战略调整为商标品牌战略，同时加强了各方面工作，为商标战略注入了新的内涵，完善了推进方式，保证了商标战略深入持久的实施，取得的成果更加鼓舞人心。其一，商标注册申请量持续攀升，从2007年的70.79万件跃升到2017年的574.8万件，增长了7.1倍，年均增长23.30%，持续保持世界第一。其二，商标有效注册量由2007年的235.32万件跃升到2017年的1492万件，增长了5.3倍；每百户市场主体有效注册量也由2007年的每百户4.7件提高到2017年的每百户15.2件。其三，马德里商标国际有效注册量由2007年的7135件提高到2017年的2.5万件，增长了2.6倍。其四，商标权质押融资金额由2007年的51.2亿元增加到2017年的370.22亿元，增长了6.2倍之多。透过这些数据，我们深深地感到，通过贯彻落实《纲要》，推进商标战略实施，国家、社会、企业和消费者的商标意识显著增强，商标注册、运用、保护和管理能力明显提升，促进商标事业发展的体制机制进一步完善。今天，大家更是满怀信心，在新时代实现由商标大国向商标强国的转变。

➤ 36个月到9个月

自1979年恢复商标全国统一注册以来，随着改革开放的深入进行和我国经济的快速发展，我国的商标事业进入了快速发展时期，商标注册年申请量由1980年的2.6万件增长到2006年76.6万件。随着商标注册申请量大幅增长，由于审查人员明显不足，致使商标注册年申请量大大超过商标年审查能力，导致商标注册申请积压问题日益突出，从2000年开始形成积压，到2007年底，商标注册申请积压已达182万件，商标注册周期延长到36个月；商标争议案件积压达5.4万件，审理周期长达3年。商标注册申请积压，严重影响到上百万中外商标申请人的利益，影响到我国知识产权保护的国际形象，国内外对此反映强烈。国务院领导多次作出指示，时任国务院副总理王岐山亲自过问此事。全国人大代表、全国政协委员也多次就此提出建议、提案，强烈要求尽快解决这一问题。美国、日本以及欧盟的一些国家也通过驻华使馆一再要求我国尽快解决商标注册周期过长问题，并多次将此问题列为双边知识产权会谈需要解决的重要议题之一。

面对商标注册申请严重积压，商标注册周期过长的问题，工商总局党组高度重视，把彻底解决商标积压问题作为深入贯彻落实科学发展观要抓好的"八件大事"之首，积极研究采取有力措施，下大力气推进这个国内外关注的难题的解决。提出了"一个依靠"（依靠商标局和商标评审委员会的领导班子和全体干部）、"四个借助"（借助全国工商系统力量、借助商标代理机构、借助社会力量、借助现代信息化手段）以及更新观念、创新机制、依法办事、加强廉政、提高效率的总体改革思路，着手解决商标审查积压这个难题。同时，向社会作出郑重承诺：即用三年的时间，从 2008 年开始到 2010 年底，将商标审查周期由 36 个月缩短至 12 个月以内，并在 2008 年 6 月 5 日《国家知识产权战略纲要》新闻发布会上，面对国内外诸多媒体宣布。

三年解决商标审查积压，将审查周期缩短至 12 个月以内的郑重承诺后，引起了国内外和社会各界的广泛关注，同时也将工商总局推到了风口浪尖，形成了巨大的压力。大家有期待，也有观望和怀疑，三年时间能将积压了七年之久，巨大存量的商标注册申请消化？还要面对继续大幅度增长的商标注册申请不被积压？压力可想而知，挑战有目共睹。面对如此大的压力和挑战，工商总局迎难而上，相继采取了一系列重大措施，举全局之力坚决打赢解决商标审查积压、缩短审查周期这场攻坚战。一是在商标局、商标评审委员会内增设审查处室，强化绩效管理，深挖内部潜力。解决了审查程序的瓶颈问题，加快了审查进度，建立的激励机制更激发了审查人员的积极性，审查员的年审查件数大幅提升。二是招聘商标审查辅助人员，充实审查力量。公开向社会招聘 400 名审查辅助人员，极大地扩充了商标审查队伍，快速提高了审查能力。三是建立质量监管机制、制度，确保在加快商标审查速度的同时，不降低审查质量。事实也证明，这几年的商标审查质量一直保持在高位运行。四是加强信息化建设，积极开发运用高科技手段。商标信息化建设持续提升，为快速高质量完成商标审查目标，插上了翅膀，增加了动力。从完成三年目标的实际情况看，这四项举措，件件千钧之重，掷地有声，条条发威助力，效果显著。回顾这三年不平凡的历程有两点感受颇深：一个是总局党组的高度重视和各司局的全力支持协同配合，在全局和商标系统形成了奋战三年坚决实现目标的浓厚氛围和强烈愿望。凡是在解决商标审查积压过程中遇到的困难和问题，总局党组总是及时研究解决，各司局做到条条落实。还通过总局与商标局、商标评审委员会签订目标责任书，砸实责任，激发动力；召开动员会、协调会和调度会，落实责任，挂图作战；每当商标局和商标评审委员会做出突出成绩，总局领导及时发出贺信予以表彰，激发动力，持续鼓励。这些举动一直鼓舞和激励审查队伍始终保持着高涨的热情和浓烈的气氛，充分地释放审查潜能，不断刷新着审查历史上集体和个人的记录，表现出商标审查人员素质好、业务精的特有品质，直到目标实现、任务完成。在后来，人们在回忆这段时期时，仍然荡漾着激情、沉浸着自豪和叙说着故事。再一个就是商标审查辅助人员发挥的不可替代的作用。当总局决定招聘 400 名商标审查辅助人员时，使人们把目光投向这里，也将很大的希望寄托在这里。到底能不能在较短的时间内将辅助人员招聘到位，能不能尽快通过培训、完成上岗，辅助人员能不能熟练掌握审查技能、肩负任务，这些问题当时谁也没有办法回答。没有办法回答也许是最好的回答。我们只有按照我们自己所选定的方案、路线和办法大胆探索，精心组织，积极实施。这样我们一步一个脚印地全部完成了设定的目标。时间紧迫我们就加快节奏、叠拼空间，人员不足我们就新老结合、以老带新，经验不够我们就强化培训、边干边学。就这样按照计划，我们克服了一切不可能，如期完成招聘，如期进行了培训，如期上岗操作。商标辅助人员也不负众望，以出色的表现，站在商标注册审查第一线，成为商标注册审查的生力军，和老审查员一起肩负起解决商标审查积压、缩短审查周期的重任。当年，也就是 2008 年完成商标注册审查 75 万件，实现了自 2000 年起第一次当年注册审查量超过注册申请量的年份，扭转了被动局面，为全面实现三年目标带来了希望，奠定了基础。

经过全局三年不懈的努力，圆满完成了解决商标积压、缩短商标审查周期的目标任务，将商标注册审查周期缩短到 10 个月，驳回复审案件审理周期缩短至 12 个月，复杂案件审理周期缩短至 18 个月，实现了商标注册审查的历史性跨越。之所以能够取得这样的成绩，周伯华局长在解决商标审查评审积压工作总结表彰大会上作了很好的诠释：《国家知识产权战略纲要》的发布是解决商标积压问题的良好机遇，创新工作机制是解决商标审查积压问题的关键，商标局、商标评审委员会及通达服务中心全体同志的共同努力是解决商标审查积压问题的基本保障，各司局的大力支持帮助是解决商标审查积压问题的有力支撑。

商标审查积压问题的彻底解决，在国内外和社会上产生了良好反应和重大影响，对其影响和意义主要是：（一）兑现了向国内外的郑重承诺，赢得了广泛赞誉，进一步树立了我国政府有力、有效保护商标知识产权的良好国际形象。（二）提高了商标注册、管理和保护能力，确立了我国世界商标大国的地位，为我国由商标大国发展成为商标强国打下了坚实的基础。（三）提升了国内外商标注册人的信心，促进了商标注册量的持续稳定增长，进而推动商标战略实施，促进创新型国家建设。（四）创造了经验，锻炼了队伍，磨砺了精神，为在新形势下推进商标战略实施、更好地为建设创新型国家服务提供了坚强的思想保证、作风保证和组织保证。世界知识产权组织总干事高锐在访问工商总局时也热情称赞："中国国家工商行政管理总局在解决商标审查积压上做得非常出色，商标工作作出了很好的榜样。"

实施商标战略、缩短商标审查周期和商事制度改革，极大地激发了商标注册的潜力，商标注册申请年年创新纪录，形成了新的商标注册审查压力。工商总局审时度势，积极采取有力措施，改革商标审查体制，优化审查环节，进行商标注册便利化改革，大力推进商标注册电子化，使商标注册审查周期继续缩短至9个月，并向进一步缩短的目标迈进。

➤ 工商局眼里不揉沙子

2010年是中国知识产权战略发展重要的一年，更是知识产权保护具有重要意义和深远影响的一年。从2010年10月份开始，历时9个月，按照党中央、国务院的部署在中国开展了一场声势浩大的打击侵犯知识产权和制售假冒伪劣商品专项行动。专项行动组织领导的层次之高、涉及的部门之多、打击的力度之大以及行动影响之深远是前所未有的。工商作为市场监管和商标知识产权管理的重要部门，具有"系统完整、动作迅速、成本低、效果好"的行政执法优势，在专项行动中发挥着重要作用。王岐山副总理在会议上对工商讲了三句话，令人印象深刻。这三句话是"工商局任务很重""是最有效的一支老队伍""工商局眼里不揉沙子、不揉大沙子"，体现了国务院领导对工商系统寄予厚望和期待，同时也对工商系统在专项行动提出了高标准的要求。所以工商绝不能辜负国务院领导的期望，在专项行动中充分发挥优势，出色完成任务。

在全国知识产权保护与执法工作电视电话会议召开后，工商总局深感责任重大，立即召开党组会议进行研究，并很快成立了领导小组和工作机构，研究制定下发了工作方案和任务分工，明确了打击重点以及重点整治地区和重点案件，落实了工作责任，紧接着召开了县以上工商局参加的电视电话会议进行动员部署。这一系列快节奏的行动，把党中央、国务院的精神快速传达到了全系统，让全系统知晓专项行动的要求并付诸实施。随后对行动落实情况进行督查，对取得的成果和经验进行了交流，召开现场会进行现场推动和再动员、再部署。这一波又一波的推动，一个环节又一个环节紧扣，很快就在工商系统形成了打击侵权假冒的高压态势。仅一个多月，各级工商机关共出动执法人员36.7万人次，检查经营主体8万余户，检查批发零售市场和集贸市场5.5万个，整治重点区域1.4万处，捣毁制售假冒窝点556个，吊销营业执照103户，取得了初步成果。工商系统表现出了"最有效的一支老队伍"的政治品格和监管优势，在党中央、国务院需要的时候，能拉得出、攻得上、打得赢。在整个专项行动期间，全国工商系统共出动执法人员397.8万人次，检查经营主体922.6万户，检查批发零售市场和集贸市场80.2万个，共立案查处侵权假冒案件9.07万件（占各行政执法部门全部统计数量的58.16%），捣毁制售假冒商品窝点4966个（占各行政执法部门全部统计数量的54.36%），移送司法机关757件（占各行政执法部门全部统计数量的44.48%），吊销营业执照1745户，这些成果都位居各行政执法部门的首位，真正体现了"工商局任务很重"。

在行动迅速、全面推进同时，我们以"眼里不揉沙子"的态度，更加注重从严从实，确保打到痛处，打出成效。根据工商长期监管和执法情况熟、感受深的特点以及社会反映突出的问题，确定了以保护注册商标专用权、打击制售假冒伪劣商品、遏制规模性侵犯商标专用权行为为重点内容，以产品制造集中地、商品集散地、侵犯商标专用权和制售假冒伪劣商品案件高发地为重点整治地区，以商标印制企业、高新技术产业、农业为重点整治领域，以大宗出口商品、汽车配件、手机、药品、种子、服装、箱包、家用电子产品等为重点查处产品，重点查处侵犯涉外商标、驰名商标、著名商标、地理标志专用权的违法行为和"傍名牌"等不正当竞争行为，确定了29个重点案件。这些重点内容、重点地区、重点产品、重点领域、重点案件都具有针对性，是当时反映突出的问题，也都是人们关注和关系民生方面的问题，也有的是屡次出现、边打边犯的问题。将这些列入重点打击范围并最终取得显著成绩，体现了工商系统负责任、敢承担、勇作为的精神风度，彰显了工商系统市场监管主力军的作用。

打击侵犯知识产权和制售假冒伪劣商品专项行动如期收官后，按照专项行动常态化的要求，工商着手构建打击侵权假冒的长效机制和继续研究解决一些关键性问题，持续发力，保持对侵犯知识产权和假冒伪劣商品有力打击的良好态势。经过充分调研、实践探索建立了日常监管与专项执法相结合，行政执法与刑事司法相衔接，注册、运用、保护和管理相结合，依法、规范、高效的商标保护长效机制，并不断充实和完善其制度。主动沟通、充分协商，与公安部、最高人民检察院联合制定下发了《关于工商行政执法与刑事司法衔接配合工作若干问题的意见》，解决了案件移送中遇到的重点、难点问题，加大了对侵权的打击力度，增强了对违法活动的震慑。积极推进打击侵权假冒行政处罚案件信息公开，下发文件作出规定，依法公开制售假冒伪劣商品和侵犯知识产权行政处罚案件信息，强化执法监督，经过严格规范公正文明执法，不断提高行政执法公示率和及时率。推进跨区域商标执法协作，建立了京津冀、长三角、泛珠三角区等商标执法协作机制，提高了对跨区域侵权违法活动的打击力度。随着网络经济的发展和市场新业态的出现，开展了网络商品交易中侵犯知识产权和销售假冒伪劣商品行为整治行动，探索建立打击网上售假和侵犯商标权的制度和机制，延伸打击链条，扩充打击空间。不断迎接新挑战，适应新形势，积累新经验，形成新优势，把保护知识产权和打击制售假冒伪劣商品这项长期、复杂、艰巨的任务完成好。

➤ 公司 + 商标（地理标志）+ 农户

《纲要》将发展商标在农业产业化中的作用写入专项任务中，一方面表明国家重视商标在农业产业化中的作用，另一方面也说明商标对农业产业化有着密切的关系和可以发挥不可估量的作用。工商系统在这方面进行了积极的探索，收获了丰硕的成果。

"一所一标"指导、帮助注册农产品商标。"一所一标"是在工商系统"商标富农"实践中探索创造的推动农产品注册、运用商标的成功经验。就是一个工商所每年至少引导、帮助辖区内一个农产品注册商标并在辖区内确定至少一个已注册的农产品注册商标，扶持其成为当地特色农产品商标，以提高当地农产品商标注册积极性，推动农产品品牌经济的发展。我国是农业大国，农产品资源丰富；区域特征明显，历史文化丰厚，地理标志产品众多。工商系统过半以上的基层工商所在农村，直接和农村、农民打交道，熟悉农情，了解农民，将自身的职责与当地经济发展相融合，转变观念，拓展思路，通过"一所一标"帮助注册农产品商标，将资源优势转化为市场优势、品牌优势和经济优势，促进了农产品商标的快速增长，推动了农民致富。同时开通了地理标志注册的绿色通道，加快了地理标志注册步伐，助推了区域经济发展。农产品商标从2008年的60万件发展到2017年的285.13万件，地理标志也从2008年的531件提升到2017年的3906件。当农产品获得了商标、地理标志等知识产权权利，以农产品商标和地理标志为资源，形成了"公司＋商标（地理标志）＋农户"的新型产业化经营模式。这种模式打破了传统的农业经济的模式，有效解决了个体生产与统一市场之间的矛盾，不仅可以提高农民进入市场的组织化程度，形成产业化优势，提高市场竞争力和农产品质量，而且还可以提升农产品的附加值，有效增加农民收入，促进农业和农村经济发展。这种经营模式被普遍采用并在"三农"建设和"脱贫攻坚"中发挥着重要的作用。

农产品商标和地理标志保护制度是我国唯一直接涉农的知识产权法律制度，受到商标法律法规的保护。在运用商标法律法规保护农产品商标和地理标志过程中，我们一方面通过各种方式提高农民和其经济组织的商标保护意识，自觉拿起法律武器保护商标专用权，另一方面积极实施"商标护农"，通过专项行动和加强日常执法，加大对农产品商标和地理标志的保护，有力地保护了农产品商标和地理标志权利人的权益，充分发挥了农产品商标和地理标志在农业产业化的作用，提高了农产品质量和农产品附加值，促进了农民增收、农业发展和农村建设。

历经十年的奋斗，我国知识产权事业取得了举世瞩目的伟大成就，受到了社会各界和国际社会的广泛好评。个别国家罔顾事实，别有用心，在知识产权问题上频频向我国发难，但这无法改变我国在知识产权领域取得长足发展的事实，更无法阻挡中国由知识产权大国向知识产权强国的跨越。我们相信，在习近平新时代中国特色社会主义思想指引下，自力更生，奋发图强，一定能实现知识产权强国的伟大梦想。

作为实践者和见证者，在回顾《国家知识产权战略纲要》颁布实施十周年的历史中，忆举了一些实例和过程，来印证十年的不平凡和记忆商标人的贡献，即事点滴，了然说明。同时希望和相信我国的商标事业能进一步蓬勃发展，经过不懈努力，把我国建设成商标强国，不断展现出我国商标的绚丽丰采和无穷力量。

版权：难忘的十三年

阎晓宏[*]

2001 年我国加入 WTO，签订了《与贸易有关的知识产权协定》，当时我国的知识产权压力陡然倍增，既面临着来自国际上的压力，也面临着国内强烈的发展诉求和保护不够的压力。在党中央、国务院领导下，我国知识产权的各有关部门艰苦卓绝，奋力拼搏，都取得了显著的成绩。但是就整体环境而言，我国的知识产权工作滞后于科技进步，滞后于经济与社会发展。无论在国际交往还是在国内发展中都是矛盾的焦点，整体上仍然被动。在这样的大背景下，党中央、国务院高瞻远瞩，于 2005 年启动了《国家知识产权战略纲要》（以下简称《纲要》）的制定工作。这项工作当时有 32 个部门参加，于 2007 年完成，2008 年国务院正式发布实施。2018 年是《纲要》实施的第十年。从《纲要》的启动迄今已经十三年了。

我于 2004 年 4 月出任国家版权局专职副局长，到 2017 年卸任，有幸参与了《纲要》的启动和实施这项工作的全过程。特别是关于版权的这一部分，其中许多的事情涌上心头，恍如昨日，刻骨铭心。

一、关于软件正版化

软件在国家经济和社会发展中具有十分重要的战略意义。软件是各个行业发展的基础性、先导性产业，其特点是投入大，研发难度大，复制很容易，特别是在网络环境下，边际成本几乎为零。我国加入 WTO 之后，在知识产权领域

---

[*] 阎晓宏：第十三届全国政协文化文史和学习委员会副主任、中国版权协会理事长。《国家知识产权战略纲要》实施十年总体评估专家组成员。曾任新闻出版总署副署长、国家新闻出版广电总局副局长、国家版权局副局长。曾参与《国家知识产权战略纲要》的制定，并主持《国家版权战略》的制定工作。

面临的问题很多，压力很大，最突出的就是软件著作权的保护。在中美商贸联委会的谈判，乃至中美首脑会谈中，都会提到软件著作权的保护问题。就我们自身而言，软件著作权的保护，既关系到履行国际承诺，又关系到我国自身的发展。

我到国家版权局履新的第一天，时任国家版权局局长石宗源对我说："晓宏同志，版权局的人员不多，工作繁重，但是你第一位的工作就是要抓好软件正版化。"之后国家版权局的几任局长龙新民、柳斌杰、蔡赴朝、蒋建国、聂辰席对版权正版化工作都是高度重视，专题研究，悉心安排部署。2006年，国务院批准成立了由国家版权局、商务部、财政部、国资委等15个部门组成的推进软件正版化联席会议。

从2005年到2017年，国务院时任副总理吴仪，时任副总理王岐山，时任副总理汪洋，多次听取推进软件正版化工作汇报，推进软件正版化联席会议的各个成员单位做了大量卓有成效的工作。根据国务院的要求，各省、自治区、直辖市政府部门一把手对软件正版化工作负总责。国务院办公厅几次就软件正版化工作发文提出要求，国家版权局、工业和信息化部、财政部、国管局、国资委、银监会、证监会、保监会等联席会议成员单位按照国务院的工作要求，每年都制定工作目标，确定重点工作任务，全力以赴做好软件正版化的培训考核和督察工作。当时工作很辛苦，日夜连轴转，记得有一次我两天跑了三个省，向省分管领导传达中央和国务院关于软件正版化工作的指示和要求，通报该省软件正版化的进展情况和存在的问题。由于软件正版化是一项新的工作，软件又兼有看不见摸不着的特征，各地在这项工作开始启动的前几年，认识上是存在差距的，特别是由于这项工作都是到下面查找问题的，地方不很欢迎。有一次我忐忑不安地对吴仪副总理说："我们到各地搞督查，要打打国务院和您的旗号。"吴仪副总理斩钉截铁地对我说："打，当然要打。"

有一年，我们根据工作进展情况，准备把进展缓慢的12个省分管的秘书长和省有关职能部门负责人请到北京通报情况，努力加快推进软件正版化工作进程。我向时任国务院副秘书长毕井泉汇报这项工作，并提出希望他能到会，听取汇报，并向这些进度慢的省提出工作要求。当时会议地点都定好了，正准备发通知，毕井泉副秘书长来电话说："晓宏同志，我向岐山同志汇报了这件事，岐山同志指示，这个会先不用开了，岐山同志将直接和省长沟通。"事后我才知道，第二天，王岐山副总理专门抽出时间跟这12个省的省长直接通话，对软件正版化工作提出明确要求。

党的十八大之后，2013 年，汪洋同志任国务院副总理，对软件正版化工作高度重视，一年之内，四次召开打击侵权和假冒工作领导小组会议，每一次都专门安排听取软件正版化的工作汇报。我体会，软件正版化工作取得成效，除了联席会议成员单位和各省、自治区、直辖市的重视和推动以外，最关键的是中央和国务院的高度重视。

软件正版化的工作按照中央和国务院的要求按期完成了。这项工作在整个的知识产权战略实施中，虽然只是一个很小的部分，但是又很特殊。它表明了党和国家在保护知识产权方面的鲜明态度，也起到了率先示范作用。仅仅从软件产业自身来看，软件正版化对软件产业的推动作用也是非常大的。这里有两组数字很能说明问题。

第一组数字：2005 年我国软件著作权的登记总量不到 3 万件，到 2017 年我国软件著作权的登记总量突破 50 万件。

第二组数字：2005 年我国软件产业总产值仅有 750 亿元，到 2017 年底，我国软件产业的总产值突破 5 万亿元。

这两组数字能够说明，在《纲要》制定与实施的这十多年中，我国软件的创新能力极大提升，软件产业产值增长迅猛，各部委、各级政府和大型国有企业率先使用正版软件，起到了积极的示范和推动作用，营造了良好的国内国际环境。中央领导指出：软件正版化最根本的，关系到我们自身的发展。软件正版化虽然取得了阶段性的成绩，但是仍然存在不少问题和挑战，任重道远，必须尽快建立长效机制。讲得非常精辟。我认为软件正版化工作不能有任何松懈情绪，否则出现反弹是很可能的。

二、关于版权执法与"剑网行动"

2005 年国内的侵权盗版问题很严重，既有物理环境的侵权盗版，譬如盗版的光盘、盗版的书刊等。随着网络的兴起，网络中的侵权盗版问题更为严重。当时，美国、欧盟、日本等发达国家和组织，在政府高层向我国施压，国际商业软件联盟，美国电影协会，国际唱片业协会，日本、韩国等的著作权社团组织，到中国的第一件事，就是到国家版权局投诉侵权盗版的问题。当时美国电影协会的主席是丹格·里特曼，这个人曾经当过美国的农业部部长，对中国的情况很熟悉，对知识产权也很熟悉。他一年好几次来中国，在北京机场下了飞机，先去收集购买侵权盗版的光盘影碟，然后直奔国家版权局。中国政府是负责任的政府，是坚决履行国际承诺的政府。在全国扫黄打非领导小组和全国打击侵权假冒工作领导小组的直接部署下，各地的版权执法部门会同公安部门、文化执法机构竭尽全力查破了一批侵权盗版的大案要案，特别是对地下的商业性的非法侵权盗版活动，予以坚决地打击；最高人民检察院和最高人民法院及时出台司法解释，降低了侵权盗版的刑事责任门槛。一批侵权盗版的违法分子被追究了刑事责任，迅速地扭转了侵权盗版猖獗的现象。

伴随着网络的迅速发展，很多侵权盗版行为转移到网络中，网络成了盗版的天堂。我们的版权行政执法机构以及有关的公安机构和文化执法机构，当时还不会在网络中查办案件，不知道在网络中怎么样收集证据，怎么样固定证据，怎么样搜寻服务器所在地，怎么样确认银行账号以及侵权盗版分子的藏身地。

2005 年，国家版权局联合公安部和当时的信息产业部三部门共同启动了我国历史上的第一次打击网络侵权盗版专项行动。当时在开展专项行动之前，专门邀请了香港海关的版权执法人员来给全国各地的版权执法机构，包括公安机构文化执法队伍培训，边学边干。当时案件查办的能力还是比较弱的，但是它的积极意义在于向社会发出了一个信号：网络环境中的侵权盗版是违法的，有人管了。伴随着网络环境下打击侵权盗版的执法实践，执法人员的执法能力越来越强，水平也越来越高，不仅仅查办了境外权利人和权利人组织投诉的案件，更查办了一大批侵犯国内权利人的侵权盗版案件，起到了极大的震慑作用，一批侵权盗版违法分子金盆洗手。譬如查办的"番茄花园"软件盗版案，追究了侵权者的刑事责任，迅速遏制了网络环境下的软件侵权盗版现象。

现在这个专项行动定名为"剑网行动"，每年开展一次，已经连续开展了13 年。在原来的三部门基础上，又增加了中共中央网络安全和信息化委员会办公室。现在，"剑网行动"的影响越来越大，对规范网络秩序发挥了重要的作用。现在网络中的影视作品、音乐作品、文字作品绝大多数都是正版。权利人能够在网络作品的使用传播中拿到应得的报酬了，这是衡量著作权保护水平最重要的标准。各大网站平台的版权意识极大提升，在网络环境中随意使用他人作品已经成为过去，但是随着技术的发展又出现了许多新情况、新问题，如短视频、区块链、人工智能等带来的版权问题。当前，我国在网络环境中著作权的保护问题，虽然仍是版权工作的重中之重，但是被动局面已经彻底改变，存在的问题已经不是全局性、整体性的问题，也不仅仅是中国自己的问题，而是国际社会需要共同面对的问题。根据中国版权协会网络监测平台的监测数据，现在网络中侵权盗版的，多为三无小网站，且有相当一部分服务器设在境外。根据这些监测数据，2018 年 2 月，在国家版权局指导下，由中国版权协会专门举办了一次国际网络侵权盗版监测与保护研讨会，与国际社会共同研究治理的方法。

《纲要》中提出的版权工作的四个环节——创新、使用、保护、管理，是相互关联，相互促进的。我们的版权工作，也开始从全力抓保护、抓执法的阶段，进入创新（创造）、运用（使用）、保护（重点是执法）和管理全面推进的阶段。

三、关于中国的著作权集体管理

著作权集体管理制度是著作权体系中的重要组成部分，是衡量一个国家著作权管理保护水平的重要标志之一。什么是著作权的集体管理，简言之就是把分散的、权利人难以管理和行使权利的部分，由权利人自愿授权交由著作权集体管理组织管理，由著作权集体管理组织代为行使权利。比如说咖啡厅的背景音乐，比如说杂志要选的一篇文章，等等，都存在权利人找不到使用者、使用者也找不着权利人的现象。如果一定要找到，交易成本非常高。著作权的集体管理，能够有效解决这个问题。自 1777 年世界上第一个著作权集体管理组织在法国诞生以来，著作权集体管理制度已经经历了 200 多年的发展历程，已经比较成熟。而中国的著作权集体管理制度才始于 20 世纪 90 年代。我国政府非常重视著作权集体管理的建立与完善，1990 年《著作权法》颁布后，1992 年就批准成立了第一家著作权集体管理组织——中国音乐著作权协会。2005 年国务院出台了《著作权集体管理条例》，条例的出台为著作权集体管理活动提供了法律保障。按照《著作权集体管理条例》的要求，中国音乐著作权协会在民政部进行了重新登记。经国家版权局批准报民政部备案的著作权集体管理组织有：中国音像著作权集体管理协会、中国文字著作权集体管理协会、中国电影著作权管理协会、中国摄影著作权管理协会，等等。《著作权法》开启了我国著作权集体管理建设和发展的崭新一页，经批准成立的上述著作权集体管理协会在保护作者权益、促进作品的交流与传播方面发挥了积极的作用，特别是上述著作权集体管理组织的信息集成优势、权利和使用的协调作用，以及大大降低交易成本等功能，在实践中得到了初步的体现和发挥，也积累了许多宝贵经验。中国的著作权集体管理组织政策得到政府、权利人和社会越来越广泛的支持和认同。在这十多年中，中国的著作权集体管理体系初步建成，而且有着广阔的发展空间。

但是，由于中国著作权集体管理制度起步晚、基础差，各个著作权集体管理组织在建立健全过程中仍面临问题和困难。中国的著作权集体管理组织不仅要解决传统环境下的问题，还将与世界各国的著作权集体管理组织共同面对新技术带来的挑战，要解决社会公众版权意识还比较薄弱这个问题。

著作权集体管理在我国还属于新生事物，政府版权行政管理部门应当满腔热忱地对集体管理组织予以关心和指导，同时也要对著作权集体管理的行为依法进行监督和规范。著作权集体管理组织要强化自身建设，不断总结经验，健全著作权集体管理的各项制度，强化自律意识，主动接受权利人监督，要依法收取费用，同时按照著作权集体管理组织的规则科学公正地进行分配。获得权利人的拥护和支持是集体管理组织的存在基础。现在社会上对著作权集体管理组织有一些批评，原因是多方面的，我们要正确客观对待，著作权集体管理组织自身也要反省，不断改进工作，提高著作权集体管理水平。在著作权集体管理组织起步阶段出现一些问题是正常的，但是要正视这些问题，要很好地进行总结，不能任其发展，要不断地进行改进，使著作权集体管理组织很好地为权利人服务。也应当支持和鼓励著作权集体管理组织按照版权保护的自身规律，加强自身建设，建立规范、透明、公正、高效的管理制度和运行机制。

四、关于《视听表演北京条约》的缔结

《视听表演北京条约》是版权领域的一个国际条约，主要规范的是表演领域的版权问题。1960年签订的世界上第一部保护邻接权的国际公约《罗马公约》首次对作品的表演者提供保护，但是《罗马公约》将表演者权限定在对表演者声音的保护范围内。然而，20世纪七八十年代以来，随着传播技术的快速发展，对表演的摄录变得简单易行。但是，令人遗憾的是在这之后制定的两个与版权直接相关的国际公约——《与贸易有关的知识产权协定》和《世界知识产权组织表演和录音制品条约》，都没有对视听表演者提供保护。为

了解决这个问题,国际社会用了长达 20 年的时间讨论磋商,分歧和摩擦逐渐在减少,世界知识产权组织认为召开外交会议、缔约时机基本成熟。

当时,俄罗斯、印度等都有承办世界知识产权组织外交会议的意向。国家版权局、外交部、北京市人民政府和我国驻日内瓦代表团分析研判认为,我国承办这次外交会议,有利于推动创新型国家建设,有利于扩大我国知识产权的国际影响;从视听表演国际条约的内容来看,有利于激发表演者的创作热情,推动文化产业的发展。特别是这个国际条约,把民间文艺表演者也纳入保护的范畴,这对于拥有五千年优秀文明历史的我国而言,有利于促进我国传统民间表演艺术的挖掘、我国传统表演艺术的推广,也有利于推动中国优秀传统文化"走出去"。如果能够成功申办这次外交会议,我们可以选择北京或上海等重要城市来承办。按照国际惯例,条约缔结后就可以北京或上海的城市名称来命名,非常有利于提升申办城市的国际影响力。

基于上述分析和考虑,国家版权局和北京市人民政府向国务院递交了由北京承办世界知识产权组织视听表演第三次外交会议的请示并获得批准。2011 年12 月,世界知识产权组织成员国大会表决通过由中国北京承办这次外交会议。

从世界知识产权组织成员国大会通过到第三次外交会议正式召开,一共不到 7 个月时间。筹备工作任务繁多,而且非常艰巨。为了保证这次外交会议的成功,由国家版权局、外交部和北京市人民政府提出请示,并经国务院批准成立了强有力的组委会。时任国务院副总理王岐山亲自担任组委会主任,副主任分别是时任新闻出版总署署长、国家版权局局长柳斌杰,时任国务院副秘书长毕井泉和时任北京市市长郭金龙。组委会成员由中宣部、外交部、公安部、国家安全部、财政部、商务部、文化部、海关总署、国家工商行政管理总局、国家广电总局、国家知识产权局、国家旅游局、国务院新闻办公室多部门组成。王岐山副总理两次主持召开组委会会议,听取外交会议筹备工作进展情况,明确了各部门的分工。国家版权局和北京市人民政府作为这次外交会议的主要承办方,拟定了总体方案,明确了各个部门的工作职责。

截至 2012 年 4 月,共有 142 个国家和地区以及 38 个国际组织报名参加这次外交会议,会议代表人数近千人。这样的大型国际会议,一般至少需要 2 年的筹备时间。而这一次不到 7 个月的时间,在国务院和组委会的强有力领导下,北京市人民政府和各有关部门通力合作,为会议的承办和条约的缔结发挥了重大作用。北京市为这次会议提供了符合国际大型会议规范的一流的服务和保障。

2012 年 6 月 24 日，《视听表演北京条约》获得一致通过，会场响起长时间的热烈掌声。许多国家代表团表示，这是国际知识产权保护的一个重要里程碑。《视听表演北京条约》是新中国成立以后，第一个在中国签署的国际条约，是第一个以我国城市命名的国际条约。它的重大意义，还在于条约摆脱了由美国、欧盟等发达国家和地区制定国际规则的惯例，是一个南北平衡的国际条约，中国和发展中国家在规则制定中发挥了重要作用。

五、关于版权宣传与教育

在《纲要》制定和实施的初期，公众的知识产权意识，特别是版权意识是比较淡漠的。举一个例子：当时依照《著作权法》和《著作权集体管理条例》，集体管理组织开始在卡拉 OK 厅收取音乐和音像作品的版权使用费。国内一片反对，公众不理解、不满意，媒体有很多批评，有的重要媒体批评说："国家版权局收这么多钱究竟要干什么？"甚至有的学者也站出来指责就是乱收费。本来集体管理组织是受到权利人的委托收取版权费的，既不是国家版权局收费，也不是乱收费；不仅有法律根据，也应受到法律保护。但是为什么被认为是乱收费呢？关键就是公众缺乏基本的版权意识。当时花了很大的力气，才把这件事向社会说清楚。

基于上述情况，我们认识到面向社会进行版权知识的宣传和教育与打击侵权盗版的行为同等重要。因此，国家版权局在制订工作计划中，始终把面向社会的版权知识宣传教育纳入重点工作。有两项工作很值得一提：

（1）百名歌星演唱会。2005 年，国家版权局在首都体育馆举办了"守望我们的精神家园——百名歌星大型演唱会"，举办这个演唱会就是希望通过一些著名的歌唱家、艺术家以生动和大家喜爱的方式，提升对版权的尊重和认识。当时邀请到董卿和张国立做主持人，邀请到的音乐家、艺术家很多，譬如刘欢、韩红、张娜拉、安七炫、冯小刚等。其中印象最深刻的是主持人张国立和导演冯小刚的一段对话：张国立问冯小刚最近拍了什么影片，版权保护怎么样。冯小刚说，为了让更多的人都能看上好电影，买正版不买盗版，他把新拍摄的《甲方乙方》VCD 盘的价格压到了八块钱一张，在沃尔玛里买八块钱一张都是正版的。但是当时马路边儿的盗版盘，一般是五块钱一张，甚至是十块钱三张。冯小刚讲了这样一段话，他说："你如果喜欢这个作者，你就应该买他的正版书；你如果喜欢这个演员，你就应该买他的正版光碟。"张国立紧接着问他："如果你拍的电影片，买正版只有很少的人看，而买盗版会有更多的人看，你希望买正版还是买盗版？"冯小刚毫不犹豫地说："我宁可买正版的人少，宁可没有人看，也不希望买盗版。"这时出现了很戏剧性的一幕。张国立转过身，面向观众，大声问："你们说买正版还是买盗版？"当时全场回答买盗版的声音，远远压过买正版的声音。这就是当时国内对版权认识的现状。十年过去，社会和公众对知识产权和版权的认识，发生了根本性的扭转和变化，但是在当时就是这么一种状况。这场演唱会还是很成功的，由于经费不够，没有采用电视转播，邀请到中央人民广播电台和中国国际广播电台进行转播，收听人数超过 1 亿听众，因为大多数都是唱歌，在国外的反响也很好。当时商务部分管知识产权的副部长王志刚，见到我说他们在德国见到报道说中国大陆搞了个保护版权百名红歌星演唱会。当时大家虽然没有组织过这种大型活动的经验，但是工作的状态非常好，全身心地投入工作，经常加班，有一天干到凌晨 4：00。十多年过去，大家还经常会提起这个演唱会。

（2）青少年版权知识的宣传教育。当时中央和国务院领导同志指出，知识产权教育要从学校抓起。当时，版权管理司王自强、段玉萍、冯宏声同志提出，我们能不能在全国开展一个面向中小学生的版权宣传教育活动，当时考虑由教育部、团中央和国家版权局三家共同举办。在中小学生中开展活动必须得到教育部的支持。而当时教育部为了减轻学生的负担，不提倡开展这类全国性的宣传教育活动。如果教育部不支持，我们这项工作很难做。当时，我们不断找分管基础教育的教育部部长助理陈小雅，向她非常诚恳地说明我们这次活动的背景和缘由。最终陈小雅同志同意由教育部和国家版权局开展这次活动，团中央赵勇同志也很爽快地同意共同开展这项活动。在发文之前我和版权管理司王自强、刘杰、段玉萍同志去中宣部汇报，时任中宣部出版局局长张小影同志说，这是一个很有意义的活动，他们完全同意，也可以考虑将中宣部也作为这次的主办单位。国家版权局在中宣部、教育部、团中央的大力支持下，四部委共同开展了面向全国中小学生的版权知识宣传教育活动。为此，由浙江省中学生版权保护主题教育活动组委会组织编写了通俗生动、图文并茂的《版权我懂》一书，这本书由江苏教育出版社出版、山东天鸿教育集团发行。这本书很受欢迎，印制发行了 360 多万册。特别值得一提的是，这本书的定价非常低，每一本仅 4.5 元钱，而且参与这本书的编写审定的人员、撰稿人员和审稿人员都是夜以继日，多次加班。但每人累计只拿到1000多元，这也是极少见的。

我刚到国家版权局时，版权的工作经费很少，每年总计只有100多万元（后来在吴仪副总理亲自关心和财政部大力支持下，版权的工作经费由每年100多万元跃增到近3000万元）。这里讲到的"守望我们的精神家园——百名歌星演唱会"和"全国中小学生版权知识宣传教育活动"，这两项大型的活动所使用的版权工作经费很少，合计不超过10万元。工作经费虽然少，但是大家的工作热情高涨，当时是非常有激情地、全身心地投入到工作之中。回想起来，这真是职业生涯中十分难忘的。

总之，我国的知识产权战略制定是高瞻远瞩的，从起草、制定实施到现在仅仅十二三年的时间。在这段时间内我们做了很多工作。除了上面讲到的几项工作以外，还有很多工作都是开创性的，以前从来没有做过的，比如：版权的示范城市建设、版权的研究基地和贸易基地建设、国际版权交易博览会、由国家版权局和世界知识产权组织联合开展的中国版权金奖评选活动、版权在经济与社会发展中的贡献率调查、版权的无形资产价值评估，等等。在十二三年的时间内，我国的版权工作面貌发生了根本的变化，我们从很被动、很薄弱，开始变得主动和强大起来，社会和公众从十几年前对版权几乎一无所知，到现在版权人人皆知，到处都在谈论版权。不仅社会公众版权意识有了极大提升，而且版权在推动文化繁荣发展、创造社会财富方面也发挥着越来越大的作用。但是毕竟我们发展的时间短，而且我国各地经济发展水平不一致，知识产权保护的水平也不一致，存在不少的短板。比如，在著作权法律法规的制定和修订方面，法律修订比较迟缓，不能适应技术进步带来的新变化；民间文艺是我国在版权领域的优势项目，虽然做了很多调查研究和起草工作，但是相关保护规定迟迟没有出台；版权作品的数量多，但优质的版权作品少的问题仍然比较突出；版权执法还不能很好适应网络环境下因技术发展带来的新情况、新问题，等等。因此，既要总结和肯定我们的工作成绩，更要看到我们现在存在的差距和不足。

质检系统实施
《国家知识产权战略纲要》 十周年

蒲长城[*]

2005 年 1 月，国务院成立国家知识产权战略制定工作领导小组，启动制定国家知识产权战略纲要。原国家质量监督检验检疫总局（以下简称"国家质检总局"）作为组成部门，在参加相关工作的同时，牵头负责第 17 专题"标准中的知识产权问题"研究和地理标志保护制度等起草工作。2008 年 6 月，国务院发布了《国家知识产权战略纲要》（以下简称《纲要》），建立了国家知识产权战略实施工作部际联席会议制度，国家质检总局与国家知识产权局等部门和单位密切配合，通过推动质量强国、标准提升、打假扶优和地理标志保护产品等工作，认真落实《纲要》的目标任务。

2016 年 3 月，国务院建立国务院知识产权战略实施工作部际联席会议制度，国家质检总局成立了知识产权战略实施工作领导小组，统筹协调质检系统知识产权战略实施工作，为新形势下推动知识产权的创造、运用、保护、管理和服务发挥了积极作用，在标准中的知识产权领域、地理标志保护领域和打击知识产权违法行为等方面取得了显著成效。

一、研究起草工作回顾

（一）研究立足国情，意义重大

21 世纪之初，随着我国加入世界贸易组织（WTO）及参与经济全球化程度

---

* 蒲长城：第十二届全国人民代表大会环境与资源保护委员会委员。《国家知识产权战略纲要》实施十年总体评估专家组成员。曾任国家质量监督检验检疫总局党组成员、副局长，国家知识产权战略制定工作领导小组成员，牵头负责国家知识产权战略研究第 17 专题"标准中的知识产权问题研究"，参加地理标志保护制度等方面的研究起草工作。

的不断加深，围绕标准、专利、知识产权的纠纷此起彼伏，贸易摩擦愈演愈烈。融入知识产权的技术性标准，越来越成为各国保护本国产业、参与国际竞争的重要手段。通过对国际上已经实施的"标准战略"的案例进行研究，总结其中的规律和可循经验，找到技术性贸易壁垒在 WTO 规则下的运用空间以及我国在哪些领域可以优先实施标准战略，使得我国依法制定或修订的各种标准，既符合 WTO 的国民待遇原则，又最大限度地体现国家利益；既保护消费者和整个行业的利益，又尽可能将标准置于自主知识产权的基础之上，采取战略对策，提高标准的核心竞争力，有效保护、扶持民族产业发展，进而参与国际标准竞争。

地理标志是重要的知识产权形态，加强地理标志保护是国际通行做法。我国是地理标志资源大国，在质检部门已经建立的有中国特色的原产地域产品保护制度的基础上，形成知识产权领域的地理标志保护体系，对促进经济社会发展，提高产业产品的竞争能力，保护民族品牌，开展国际交流以及弘扬中华传统文化等方面意义重大。

针对国内外侵犯知识产权违法行为时有发生的现状，将打假治劣、扶优扶强等工作与国家知识产权战略有机结合，也是规范市场秩序，推动我国知识产权创造、运用、保护、管理、服务的有效手段。

（二）任务协调紧密，扎实推进

为科学、合理、有序地推进国家知识产权战略制定工作，国家质检总局组建了组织机构和管理机制，确定了专题组组长、常务副组长和骨干研究人员人选，拟定了工作方案（包括专题研究的整体框架、方法、内容、进度安排）。专题研究由国家知识产权战略制定工作领导小组办公室（以下简称"知战办"）第三协调小组、国家质检总局、国家标准化管理委员会、国家发展和改革委员会、信息产业部、商务部、科学技术部、环保总局、国家林业局、国家食品药品监管局、国家知识产权局及相关的其他领导小组成员单位组成。由国家质检总局、国家标准化管理委员会牵头，中国标准化研究院和中国电子技术标准化研究所等单位负责专题开展核心研究，具体包括以下几个方面：国际竞争态势研究，国内现状研究及存在问题分析，信息产业领域标准中的知识产权问题研究，地理标志产品保护工作体系和相关制度，知识产权领域打假维权等。

（三）成果支撑纲要，重点突出

经过一年多的研究，项目按期完成。国家知识产权战略纲要草稿经过多方征求意见，反复修改，形成了送审稿提交国务院审议。2008 年 6 月 5 日，国务院印发了《国家知识产权战略纲要》。质检部门为此做了大量工作，一是提出制定国家标准中的专利政策。《纲要》在专项任务中要求"制定和完善与标准有关的政策，规范将专利纳入标准的行为。支持企业、行业组织积极参与国际标准的制定"。二是明确将地理标志保护作为特定领域的知识产权，提出"完善地理标志保护制度。建立健全地理标志的技术标准体系、质量保证体系与检测体系。普查地理标志资源，扶持地理标志产品，促进具有地方特色的自然、人文资源优势转化为现实生产力。"三是将打假治劣、保护名优等工作体系与保护知识产权相衔接，形成制度。

二、标准专利政策实施扎实推进

（一）跟踪国际趋势

在知识经济时代，作为标准制定基础的科学研究成就、技术进步新成果和实践中所积累的先进经验大多受专利保护，这就使得许多标准的制定都无法回避受专利保护的技术。标准中涉及专利的现象越来越难以避免。在这种情形下，标准组织必须妥善处理标准中的专利问题，以确保标准的顺利制定和实施。为此，国际标准组织、区域标准组织、国外发达国家标准机构都出台了相应的标准和专利政策。在我国涉及专利的国家标准数量也在逐年增多。

（二）填补国内空白

为规范国家标准管理工作，鼓励创新和技术进步，促进国家标准合理采用新技术，保护社会公众和专利权人及相关权利人的合法权益，保障国家标准的有效实施，2013 年 12 月 19 日，国家标准化管理委员会与国家知识产权局联合发布了《国家标准涉及专利的管理规定（暂行）》。《国家标准涉及专利的管理规定（暂行）》遵循了《ITU－T/ITU－R/ISO/IEC 共同专利政策》和《ITU－T/ITU－R/ISO/IEC 共同专利政策实施指南》等 ISO、IEC 和 ITU 的专利政策文件的原则，目的是规范我国国家标准在制定和修订过程中涉及专利问题的处置，以促进国家标准合理采用新技术，保护社会公众和专利权人及相关权利人的权益，鼓励自主创新，保障国家标准的有效实施。规定自发布至今，实施效果良好，有效解决了国家标准中涉及专利的问题，促进了国家标准的顺利制定和实施。

（三）优化政策措施

随着技术进步和标准专利事务的实践，标准中的专利政策也在持续发展。我国的标准专利政策应当结合国内外形势加以修订和完善。一方面，扩大规定的适用范围，将行业标准、地方标准、团体标准都纳入其中。另一方面，应当对具体问题加以细化，例如：专利纳入强制性标准后的专利纠纷处理机制、对于参与标准制定和修订的组织或个人违反诚实信用原则应当承担的法律责任的规定、第 12 条所规定的"暂停实施"的可操作性等。

三、地理标志产品保护成效显著

截至 2017 年底，国家质检总局共保护国家地理标志产品 2359 个，其中国内 2298 个，国外 61 个；建设国家地理标志产品保护示范区 24 个；核准专用标志使用企业 8091 家，产值达到 1 万余亿元。

（一）狠抓制度建设

1. 完善保护制度

一是出台《原产地域产品保护规定》。该规定借鉴法国原产地监控命名制度，结合我国历史悠久、幅员辽阔、物产丰富的国情，于 1999 年正式实施。这是我国第一部关于地理标志产品保护的部门规章，奠定了我国地理标志产品保护制度基础。二是制定《地理标志产品保护规定》。"入世"后，国家质检总局将 WTO《与贸易相关的知识产权协定》（TRIPS）中的地理标志约定与我国国情相结合制定该规定，并于 2005 年颁布实施。规定对地理标志产品的定义、组织、申请受理、审核批准、专用标志使用、保护和监督等进行了完善，履行了我国对地理标志保护的"入世"承诺。三是发布《国外地理标志产品保护办法》。这是我国第一部针对国外地理标志产品在华保护的办法。该办法在总结中欧"10 + 10"地理标志产品互认和对法国、墨西哥等国外地理标志产品在华保护经验基础上，于 2016 年颁布实施，是地理标志立法实践的创新发展。四是健全地理标志产品保护工作程序。相继出台《地理标志产品保护工作细则》《地理标志保护产品专用标志比例图》《地理标志产品保护示范区基本要求》《国家地理标志产品专用标志使用管理的指导意见》等规范性文件，明确地理标志产品保护各个环节的工作程序和要求。

2. 健全"三大体系"

一是技术标准体系。充分发挥质检标准化优势，以质量技术要求为基础，形成以国家标准和地方标准为主体、管理规范为补充的地理标志技术标准体系。二是质量保证体系。充分发挥质检质量管理优势，以保护国家地理标志产品质量特色的稳定性和一致性为目标，建立对种养殖条件、加工工艺、特征环境和国家地理标志产品专用标志管理等质量要素全过程管理的质量保证体系，保护国家地理标志产品质量信誉。三是检验检测体系。充分发挥质检技术机构优势，建立地理标志产品检验检测机构体系；以质量技术要求和质量特色指标为依据，开展检验检测方法研究，形成地理标志产品的检验检测方法体系，为检验鉴定工作提供技术保障。

3. 形成工作合力

一是地方政府主导。按照保护一个产品、形成一个品牌、带动一个产业、致富一方群众的目标，地方政府将保护和发展并举，推动地理标志产业壮大。四川省出台《四川省地理标志产品保护战略》，浙江、陕西等省专门制定地理标志产品保护办法，将保护工作纳入法制轨道。二是质检系统推动。当地质检部门积极协调成立了地理标志产品保护工作综合领导小组，推进地理标志产品保护综合治理。积极推动地理标志产品保护的发展规划、资源普查、产品培育、政策制定、统筹协调、日常监管等相关工作，国家地理标志产品保护不断取得实效。

（二）服务产业发展

1. 保护民族品牌

一是保护效果明显。绍兴酒列为地理标志产品后，原东南亚一些国家和地区制造的"绍兴酒"很快停止了生产、销售。国内假冒地理标志的茶叶、名酒、食品、工艺品等违法行为得到了有效治理。二是传承中华传统技艺。通过保护，蜀绣、湘绣、云锦、汶川羌绣等一批濒临失传的中华传统技艺得到了传承。2013年获得国家地理标志产品保护后，近100种传统针法和30多种常用针法得以传承发展，蜀绣的绣技"活"了下来。三是弘扬中华传统文化。通过保护，徽墨、歙砚、宣纸、湖笔、端砚等书香古韵的文化产品，走出了一种内涵式的发展道路。湖北蕲春通过对蕲艾实施地理标志产品保护，发展成年产值30亿元的中药支柱产业。禹州市投资数亿元开发钧瓷传统文化产业，钧瓷文化旅游成为热点。四是做强中华传统品牌。拥有1500年历史的武夷岩茶，获得保护后，茶叶年产值从不到5000万元增加到20亿元，茶产业经济收入已占当地农民人均收入的25%。茅台酒、龙井茶等一批中华传统精品，通过实施质量保证体系，守护了原味纯正品质，品牌附加值和竞争力不断提升。

2. 发展区域经济

一是发展特色产业。通过国家地理标志产品保护示范区建设，持续扩大地理标志产业集聚发展示范效应。新会陈皮通过国家地理标志产品保护，使产业聚拢成"群"，年产值从4000多万元增长至18亿元。郫县豆瓣集聚产业总产值从保护前的几亿元增加到现在的近100亿元，增长了12倍。二是推进三产融合。地理标志产品保护与第三产业有机结合，实现一、二、三产业叠加融合，产生经济效益倍增的裂变效应。东莞市以莞香为纽带，推动有着1600多年种植历史和400多年产业历史的沉香向文化产业延伸，构建起集种植、营销、旅游、医药、养生、文化于一体的产业链，形成百亿元产值的莞香产业集群。

3. 助力扶贫攻坚

将地理标志产品保护与贫困地区特色资源相结合，变被动扶贫为主动脱贫，增强造血功能。甘肃省获保国家地理标志产品56个，总产值达146亿元，直接从业人数326万人。贵州省获保国家地理标志产品117个，从业人员200余万人，辐射3000余家企业。长征路线途经贵州的68个县，共拥有茅台酒、安顺蜡染等82个国家地理标志产品。仅德江天麻获保后，每斤单价从15元增长到30元，带动了农户1万户增收。

4. 加强宣传推广

在"砥砺奋进的五年"大型成就展中设置"中国地理标志保护产品"专版，组织编撰《中国地理标志产品大典》、中英文《走近中国地理标志产品》，建设"中国地理标志产品保护网"，打造地理标志产品保护工作宣传、保护产品品牌推广、国际合作交流和地理标志传统文化传播的公共服务平台。

（三）开展国际交流

一是扩大国际合作。我国的地理标志产品保护制度，与国际通行的制度同源相通。国家质检总局先后与欧盟、法国、意大利、泰国、墨西哥签署了地理标志产品保护谅解备忘录，与英国、美国、日本等国政府部门开展地理标志产品保护合作，与欧盟多次召开中欧地理标志产品保护研讨会，推进国际保护协同发展。二是配合高访外交。2014 年 8 月，在习近平总书记和墨西哥培尼亚·涅托总统的见证下，国家质检总局向墨西哥经济部颁发了墨西哥龙舌兰酒在华地理标志产品保护证书；2015 年 6 月，在李克强总理和法国瓦尔斯总理的见证下，国家质检总局向法国农业部颁发了法国波尔多葡萄酒在华地理标志产品保护证书。三是开展国际互认。2006 年启动中欧"10 + 10"地理标志产品互认项目，苏格兰养殖三文鱼等 10 个欧方产品获得中方保护，龙井茶等 10 个中方产品获得欧盟 28 国保护。根据所在国申请，法国的波尔多及 45 个小产区、美国的纳帕河谷葡萄酒、意大利的帕尔玛火腿、苏格兰的威士忌、墨西哥的龙舌兰酒等 61 个国外地理标志产品获得了在华地理标志产品保护。四是推进国际贸易。国家地理标志产品逐渐成为国际贸易的一种通行证。获得保护后，五粮液加速进军国际市场，出口贸易额不断增加，仅 2015 年出口酒量 153.4 万升，金额 17361 万美元；郫县豆瓣出口额达 4983 万美元。通过中欧"10 + 10"地理标志产品合作，获得欧盟地理标志保护的金乡大蒜 2015 年出口欧盟 4.8 万吨，货值 6680 万美元，同比分别增长 26.3%、51.3%；龙口粉丝的年出口量已达 40多万吨；2016 年，镇江香醋仅一家企业出口欧盟的产品就已超过 1 亿元，增幅超过 10%。

四、打假治劣，保护知识产权

2008 年以来，质检系统认真贯彻《纲要》，充分发挥技术执法的优势，通过持续加大打假治劣力度保护知识产权，查办了一批大案要案，捣毁了一批制假售假窝点，惩治了一批制假售假违法分子。10 年以来，全国共查处各类违法案件 123.89 万起，涉案产品货值 412.03 亿元，其中，大案要案 20255 起，移送公安机关案件 5773 起。

一是针对消费者和权利人反映问题较多的产品，开展"质检利剑"专项执法打假行动。质监部门以"质检利剑"行动为抓手，以服务供给侧结构性改革、维护消费品质量安全和权利人知识产权为目的，坚持以查处大案要案推动专项打假行动，坚持边打边说，严厉查处了一批制售假冒伪劣大案要案，曝光了一批典型案件，对制售假冒伪劣违法行为产生了有力震慑。湖北省质监局查处一起特大型制售假冒国际品牌运动鞋案，涉案物品货值高达 2 亿元。严查彻办了贵州假茅台酒案、深圳伪劣手机屏案、广西假冒伪劣药肥案等一批大案要案。2016 年，执法督查司被全球反假冒机构（GACG）授予 2016 年度全球反假冒国家公共机构最高贡献奖。

二是深入开展区域性质量问题集中整治。全国累计确定 358 个重点区域，涉及 20 大类 63 种产品和 2.3 万余家生产企业，各地通过暗访排查、派员督查、稽查建议书、约谈重点区域政府和质监局及企业负责人，开展区域性质量问题集中整治。其中，总局重点跟踪督办的重点区域，大部分实现了取证率和产品合格率明显上升、投诉举报数和案件发生数明显下降的"两升两降"目标，形成了政府主导、部门监管、企业负责、社会参与的共治工作格局。

三是建立打假维权协作网。指导成立了汽配、建筑防水等重点行业"打假保优协作网"，每年都与行业协会联合摸排行业重点产品质量违法线索，组织集中打假行动，充分发挥了行业自律在质量共治中的作用。

四是开拓执法打假新领域。针对电子商务领域制售假冒伪劣产品行为易发、高发态势，连续三年组织开展了电子商务产品打假专项行动，查办了一批质量违法案件，曝光了一批典型案例，产生了良好的社会反响。在杭州成立了电子商务产品质量 12365 投诉举报处置指挥中心，在内蒙古成立了电商执法打假分中心，组建了由重点维权企业参与的电子商务产品打假维权协作网，初步形成"风险监测、网上抽查、源头追溯、属地查处、信用管理"的电子商务产品监管工作机制。成功查处了假冒樱花电器、海康威视、LV 等名优品牌的大案要案。

党的十九大报告提出要"倡导创新文化，强化知识产权创造、保护、运用"。加强知识产权保护是我国经济转型升级的必然选择和内在需要，符合我国经济发展的根本利益。运用标准中的知识产权策略，提高企业知识产权保护意识和处理知识产权事务的实践经验，有助于企业扬帆海内外。加强地理标志保护有助于保护我国传统文化和遗产，有利于保护我国优秀传统文化和提升传统特色产品质量，实现品牌价值。进一步加大对知识产权领域违法行为的打击力度，有利于保护消费者、生产经营者、科技人员的合法权益，形成良好的经济社会发展秩序。让我们紧密团结在以习近平同志为核心的党中央周围，以习近平新时代中国特色社会主义思想为指导，深入学习贯彻党的十九大精神，以知识产权强国战略研究为契机，进一步做好标准中的知识产权和地理标志保护工作，为强化知识产权保护和管理，推动经济高质量发展，实现"两个一百年"奋斗目标，作出新的更大贡献！

实施国家知识产权战略　强化知识产权海关保护
努力推动我国经济高质量发展

王令浚[*]

2008 年 6 月，国务院颁布了《国家知识产权战略纲要》（以下简称《纲要》），就新形势下全面提升我国知识产权创造、运用、保护和管理等作出战略性部署。《纲要》明确提出，要"加大海关执法力度，加强知识产权边境保护，维护良好的进出口秩序，提高我国出口商品的声誉。充分利用海关执法国际合作机制，打击跨境知识产权违法犯罪行为，发挥海关在国际知识产权保护事务中的影响力"。10 年来，全国海关认真贯彻落实党中央、国务院的各项部署，按照《纲要》确定的目标任务，全方位、多领域、深层次推进知识产权海关保护工作，结合实际开展了大量卓有成效的工作，取得了积极成效。

一、贯彻落实《纲要》成效显著

中国海关自 1994 年起在进出境环节对知识产权实施保护。经过 20 多年的执法实践，海关的知识产权保护法律制度不断完善，执法机制体制不断健全，打击侵权违法活动的能力不断增强，支持企业自主创新不断加力，国际知识产权保护事务影响力不断提升。特别是 2008 年《纲要》实施以来，全国海关紧扣《纲要》要求，认真履职、更新思路、创新方法、完善制度、加大投入，不断提升知识产权海关保护工作的广度和深度。10 年来，全国海关累计查获进出口侵权货物超过 24 万批次，涉及侵权货物近 16 亿件，案值近 33 亿元人民币，海关

---

* 王令浚：海关总署副署长、党组成员，海关副总监关衔；国务院知识产权战略实施工作部际联席会议成员；法学博士。

总署累计核准知识产权海关保护备案 5 万余件，其中中国境内企业的知识产权（不包括香港、澳门、台湾地区）占比超过一半以上，特别是近 3 年新增的中国境内企业知识产权数量连续超过境外。

各有关方面对中国海关的知识产权保护执法给予了高度评价。据不完全统计，全国海关每年均会收到知识产权权利人以感谢信、锦旗、匾牌等形式表示的感谢近百次，海关被赞誉为"打假先锋国门卫士""知识产权的忠诚卫士"等。海关系统多个集体连续数年获得国家版权局"查处侵权盗版有功单位"奖项，累计 39 人次获得国家版权局"查处侵权盗版有功个人"奖励。2018 年，在全国打击侵犯知识产权和制售假冒伪劣商品工作先进集体和先进个人评选活动中，海关系统 5 个集体、2 名个人获奖。在华投资的跨国公司评价中国海关是"最有效率的知识产权执法机关"。全球反假冒组织授予中国海关 2011 年度唯一的"全球反假冒最佳政府机构奖"。2016 年，国际刑警组织授予海关总署"国际知识产权犯罪调查合作奖"。英国《知识产权资产管理》杂志这样评价："如果你是一家中国创新型公司，你的专利被侵权，你可以寻求中国海关保护。"知识产权海关保护为维护进出口贸易秩序、引导企业开展自主创新、促进经济结构转型升级、推动知识产权战略的有效实施等作出了突出贡献。

二、知识产权海关保护各项工作务实推进

（一）知识产权海关保护法律制度日臻完善

为有效实施知识产权海关保护，进一步夯实执法基础，2009 年，海关总署对《关于〈中华人民共和国知识产权海关保护条例〉的实施办法》进行了修改，新《办法》从 37 条增加到 43 条，一方面对《知识产权海关保护条例》规定的相关制度进行了明确或细化，增加海关执法的透明度；另一方面简化了部分执法环节，提高海关执法效率，同时为权利人寻求海关保护提供便利。2010 年，国务院第 572 号令公布了《国务院关于修改〈中华人民共和国知识产权海关保护条例〉的决定》，从五个方面对 2003 年的《知识产权海关保护条例》进行了修订，进一步完善了知识产权海关保护的法律制度，为继续提升中国海关的知识产权保护水平奠定了良好的法律基础。在此基础上，海关总署根据执法实际，出台了《知识产权海关保护案件证据开示操作规程（试行）》，细化知识

产权海关保护工作流程，规范行政处罚裁量幅度，形成了内容全面、层次分明、适应实践需要的知识产权海关保护法律制度体系，中国海关知识产权保护工作基础进一步夯实。

（二）以专项行动为抓手打击跨境侵权假冒违法成为常态

以专项行动为抓手，保持打击侵权高压态势，是海关关注进出口侵权货物违法新趋势、回应社会关切、高效配置执法资源的成果经验。2008年以来，海关结合进出口侵权货物违法行为出现的新情况、国家有关重大部署、海关业务改革项目等，聚焦高风险领域，先后组织开展了"邮递和快件渠道保护知识产权专项行动""世博会标志专有权专项保护行动""打击进出口侵权药品、食品、汽车配件专项整治""中国制造海外形象维护'清风'行动""出口电动平衡车知识产权保护专项行动""互联网领域知识产权保护专项治理""邮递快件渠道知识产权保护专项行动"等，有效遏制了有关领域的侵权势头。全国海关在专项行动中不断探索总结执法经验，提升了应对复杂多变执法环境的能力，一系列工作方法、工作模式机制化、常态化。同时，海关还积极联合美国、俄罗斯等国家和地区海关开展知识产权保护联合执法行动，积极参与世界海关组织、国际刑警组织、世界卫生组织等国际组织开展的联合执法行动，不断形成并优化跨境海关知识产权执法合作新模式。

（三）知识产权海关保护执法效能不断提升

为落实《纲要》对加强知识产权海关保护的要求，提高打击侵权违法行为的精准度，全国海关按照总署的统一部署，多措并举提升执法效能。一是着力强化风险分析。针对侵权手法隐蔽化趋势，组建知识产权专家队伍，综合运用大数据、云计算、移动互联网等新技术构建风险分析模型，增强对违法犯罪线索的发现、收集、甄别能力，有效提高了预测预警和分析研判水平。二是加大科技装备在执法中的运用。通过改造升级知识产权海关保护系统，实现了备案及案件办理全程无纸化和流程可追溯；推广使用"知识产权海关保护移动查询"系统，便利执法人员即时核查货物知识产权状况。三是创新执法机制。为防范侵权行为人通过变换进出口申报地的方式逃避海关知识产权监管，在珠三角、长三角、海西、京津冀等地区海关建立知识产权区域执法合作机制，通过强化信息交流、情报共享、案件协查，着力防范侵权假冒商品口岸漂移。

（四）支持企业自主创新工作稳步推进

打是为了促，打是治标，是为治本赢得时间。打击侵权假冒，最终目的是维护公平有序的市场环境，规范企业的经营行为，引导行业的健康发展，在全社会树立尊重知识产权、鼓励创新、守法经营的良好氛围。《纲要》实施以来，海关坚持依法治理与促进创新相结合，在加强打击的同时，积极引导企业转变发展方式，鼓励和帮助企业开展自主创新，积极培育出口知识产权优势企业。一方面不断加强对侵犯国内企业知识产权违法行为的打击力度。2008年以来，全国海关累计扣留侵犯国内企业知识产权货物数量超过2亿件，约占海关查扣的全部侵权货物的12.5%，2016年、2017年扣留侵犯国内企业知识产权货物数量分别占当年全部扣留侵权货物的18.2%、32.4%，呈显著上升态势。另一方面坚持服务企业，从企业实际需求出发，提升企业知识产权创造、运用和保护能力。海关始终牢记培育企业创新能力，归根到底是要使企业获得实实在在的收益。近年来，全国海关不断探索丰富服务企业的措施，通过建立关企联系配合渠道，帮助企业解决维权中遇到的新情况、新问题，在知识培训、政策指引、法律咨询等方面加大帮扶力度。2017年，海关总署按照创新驱动发展战略等部署安排，组织实施出口知识产权优势企业培塑计划，开展了为期3个月的出口知识产权优势企业知识产权保护"龙腾"行动，对确定的150家重点企业2000余项知识产权实施重点保护，并通过协助企业建立和完善知识产权发展战略，建立关企联系及沟通机制，为企业提供个性化服务，引导企业积极开展海外布局，鼓励支持企业成立相关出口品牌联盟，创造条件为企业提供通关便利，提升"中国制造"核心竞争力和良好海外形象。"龙腾"行动期间全国海关共计启动知识产权保护措施872次，扣留侵权货物253批，涉及侵权货物311万件，案值4002万元，挽回权利人经济损失7442万元。参与企业普遍反映海外市场得到显著净化，市场占有率显著提升。例如中山市太力家庭用品制造有限公司在欧洲市场的占有率同比增长100%，安琪酵母、上工申贝、湖北仙光日化等企业在境外市场占有率均有10%至30%的增幅。深圳海关查获侵犯朗科专利产品27万余件，多家全球知名企业在行动中向朗科缴纳了专利实施许可费，总计逾1000万元人民币，在国内外市场引起巨大震动。华为向海关总署发来感谢信称："海关保护极大震慑了侵权企业，也让包括华为在内的很多国内企业对海关保护创新工作信心倍增，极大激发了企业的维权积极性。"

（五）从生产源头到流通渠道的侵权行为链条化治理不断深化

海关的知识产权保护执法主要是在进出口通关一线，而侵权行为涉及生产、流通等各个环节，涉及产品的上下游整个供应链。加强知识产权海关保护，必须坚持源头治理、全程打击、综合施政。《纲要》实施以来，一方面，海关不断深化与相关知识产权执法部门合作，积极参与全国打击侵权假冒平台建设，与相关部门建立并完善案件会商和执法协调机制，注重信息的收集和分析，拓展合作渠道，丰富执法措施。联合公安部开展大要案督办，深挖扩线，积极推进"两法衔接"工作，累计向公安机关通报案件线索近2000条，有效拓展了海关知识产权执法的广度和深度。另一方面，不断推进社会共治。针对跨境电子商务等新型贸易业态，强化全国海关线上线下一体化监管，联合电商平台建立了源头追溯、信息通报等合作模式，提升了执法合力。如杭州海关隶属义乌海关对某一侵权运动鞋邮包开展溯源调查并及时通报公安机关，从而侦破近亿元大案；广州海关利用大数据准确锁定侵权邮包，为公安机关开展"云端"行动提供支持，破获跨国亿元大案；海口海关会同工商部门，对进口进入市场流通领域的侵权货物进行查处。

（六）分级有序、重点突出、务实互利的知识产权海关保护国际合作格局不断完善

目前，中国海关已与130多个国家和地区海关建立了合作机制，与美国、欧盟、俄罗斯、日本、韩国等海关签订了专门的知识产权执法合作备忘录。积极参与世界海关组织、世界知识产权组织、国际刑警组织、上海合作组织、亚太经济合作组织等多边框架下的知识产权事务。注重与业界的沟通合作，与国际商标协会、全球反假冒组织等行业协会建立了合作机制，4000多家国际知名企业在海关总署办理了知识产权海关保护备案。

同时，海关不断推进跨境执法合作和对外宣传交流，服务国家外交和外贸大局，将知识产权海关保护国际执法合作纳入中美、中欧、中俄领导人会晤机制。通过积极参与全球治理，在多边框架下研究制定知识产权保护国际规则，策划和推动打击侵权假冒联合执法行动，派遣专家代表世界海关组织执行全球项目，积极贡献中国经验和中国智慧。通过建立与各国驻华使馆海

关专员、知识产权专员的沟通机制，举办多种形式的交流活动，主动借助有关国际论坛、新闻媒体加大宣传力度，彰显中国政府打击侵权假冒的决心和信心。

（七）知识产权海关保护宣传效果不断显现

海关充分意识到宣传对于推进知识产权社会共治格局的形成、提升企业守法和维权意识、营造良好营商和创新环境的重要意义。一方面，注重开展传统形式的宣传教育活动，提升社会各界特别是进出口企业、报关企业、进出境旅客等的知识产权意识，如以"4·26全国知识产权宣传周""8·8海关法制宣传日""12·4全国法制宣传日"等为时间节点，集中开展知识产权海关保护宣传工作；通过公布年度"中国海关保护知识产权典型案例"，发布年度《中国海关保护知识产权状况》等，以案说法，引导企业树立"尊重知识产权""守法便利"的经营理念；通过举办在线访谈、新闻发布会、送法进企业、召开座谈会及对话会等形式的日常宣传教育，提升企业的知识产权法律知识及维权能力。

另一方面，不断创新宣传形式。2016年，海关总署在青岛举行知识产权国际交流对话，2017年"4·26全国知识产权宣传周"期间，在全国小商品集散中心——浙江义乌召开了题为"携手合作、保护创新、共促国际贸易有序健康发展"的知识产权海关保护对话交流活动。活动邀请全国打击侵权假冒工作领导小组办公室、国务院知识产权战略实施工作部际联席会议办公室及有关政府部门、各国驻华使馆海关专员、知识产权权利人组织、行业协会、企业代表等参加，通过采取"面对面"的对话方式，围绕企业关注的问题，从企业、行业协会和政府多个角度进行全面沟通，为企业的经营与发展、开展自主创新等建言献策，同时也为海关了解企业知识产权保护诉求，为今后采取针对性执法措施、出台相关政策等发挥沟通桥梁作用。活动的形式和效果得到参会代表的高度赞赏。代表们认为这是海关俯下身子、倾听民意，切实践行群众路线的主动作为，也是构建"亲""清"新型政商关系的有效路径。活动期间开展的系列宣传，得到新闻媒体及社会各界的高度关注，取得良好的社会反响，对提升知识产权海关保护社会影响力、增进公众知识产权保护意识、营造社会共治格局起到积极推进作用。

三、新时期加强知识产权海关保护工作的几点体会

（一）加强知识产权海关保护是加快建设创新型国家的有力保障

党的十九大指出，要"加快建设创新型国家"，"创新是引领发展的第一动力，是建设现代化经济体系的战略支撑"。纵观国际，发达国家无一不是知识产权强国，无一不把知识产权作为维系其国际竞争力的关键因素。我国知识产权制度经过数十年发展，知识产权创造运用水平大幅提高，保护状况明显改善，但仍存在知识产权创新能力不够强、保护不够严格，侵权易发多发、影响创新创业热情等问题。要实现创新引领发展，实现动力转换、方式转变、结构调整的繁重任务，必须进一步发挥知识产权制度激励创新的保障性作用。近年来，党中央、国务院连续出台了《关于新形势下加快知识产权强国建设的若干意见》《国家创新驱动发展战略纲要》《关于完善产权保护制度　依法保护产权的意见》《国民经济和社会发展第十三个五年规划纲要》等一系列重要文件，充分体现了党中央、国务院推进以创新驱动发展的坚定信念，为深入推进创新驱动发展提供了制度保障。

推动创新发展，必须一手抓创造，一手抓保护。知识产权保护的水平，决定了创新者的积极性。在知识产权得不到有效保护的社会环境下，创新的积极性必将受到挫伤，大众创业、万众创新的创新型国家建设也就无从谈起。海关作为国家进出关境的监督管理机关，是国家知识产权保护体系的重要环节。知识产权海关保护的执法实践表明，知识产权海关保护在维护公平有序的国际贸易秩序、引导企业守法经营和自主创新、推进国家出口名牌战略实施、维护中国产品国际声誉等方面发挥了十分重要的作用，与国内生产、市场流通等环节的知识产权保护执法一道，形成中国知识产权保护的有机整体。加快创新型国家建设，必须进一步加强知识产权海关保护。海关要提前谋划、敢于担当、积极作为，不断完善知识产权海关保护体制机制，提高执法能力，围绕中心、服务大局，为加快建设创新型国家作出更大贡献。

（二）加强知识产权海关保护是助力供给侧结构性改革的内在要求

推进供给侧结构性改革，是党中央作出的重要决策，是适应和引领经济发

展新常态的重大创新，是当前经济工作的主线，是完善现代市场经济体系的迫切要求，更是中国经济健康发展、行稳致远的重要保障。推进供给侧结构性改革的重要任务之一就是要实现由低水平供需平衡向高水平供需平衡跃升，减少无效供给和低端供给，增加有效供给和高端供给。假冒伪劣商品挤占市场、阻碍创新，是典型的无效供给和低端供给，扭曲生产要素配置，损害诚信经营市场主体的利益，甚至出现"劣币驱逐良币"的现象。

海关要充分认识到发挥知识产权边境保护的职能作用，严厉打击进出口环节侵权假冒行为，引导和督促企业转变经营方式，支持企业开展自主创新，这也是供给侧管理和改革。我们将继续在进出口环节保持打击侵权假冒高压态势，对不法分子形成震慑，净化市场环境，维护公平有序的市场竞争环境，促进产业结构转型升级。

（三）加强知识产权海关保护是积极参与全球治理和推动形成全面开放新格局的迫切要求

从外部形势看，知识产权问题依然是国际社会关注的焦点，一旦处理不慎极易引起国际贸易摩擦。从我国国情看，现阶段我国出口传统竞争优势明显削弱，新的国际经济合作和竞争新优势亟待形成。加强知识产权保护，以创新推动产业结构变化，提高企业国际竞争力，既是应对国际形势变化，助推国内改革的重要手段，也是积极参与全球治理，主动承担国际责任，向国际社会阐述我们关于推动全球治理理念的重要切入点。10年来，中国海关全面贯彻落实《纲要》提出的"充分利用海关执法国际合作机制，打击跨境知识产权违法犯罪行为，发挥海关在国际知识产权保护事务中的影响力"要求，从被动承担国际义务，逐步向主动参与全球治理、多渠道提升中国知识产权事务国际话语权方向转变，海关在国际场合获得的各项荣誉也从一个侧面体现了我国知识产权海关保护国际影响力的提升。

海关要充分认识到进一步加强知识产权海关保护对推动知识产权全球治理的重要意义。围绕国家外交战略新布局，巩固现有合作机制，不断拓展合作领域。通过加强与各国、各地区海关合作，实施联合打击、链条式治理，展现大国担当，使国际社会充分认识到侵权假冒是一个全球性问题，打击侵权假冒是各国政府的共同责任，积极推动知识产权全球治理体系的形成。

四、下一阶段知识产权海关保护重点工作

（一）坚持打促结合，维护公平竞争、诚实守信的市场经济秩序

海关要充分发挥在口岸的执法优势。要加强对大数据、云计算、移动互联网等新技术的运用，增强对违法犯罪线索的发现、收集、甄别能力，提高预测预警和分析研判水平，提升执法效能。针对侵权违法国际化、团伙化的特点，加强国内、国际执法合作，完善从生产源头到流通渠道、消费终端的链条式治理。实现从单一区域、单一行业、国内监管向跨区域、跨行业、跨国境监管的转变。

（二）坚持问题导向，聚焦重点、难点问题创新工作思路

结合新形势下改革面临的新情况、新问题，海关要加强前瞻性研究。完善自贸试验区、特殊监管区内货物知识产权保护执法程序，提出既符合海关法定职能，又符合改革方向的知识产权海关执法模式建议；密切关注司法裁判反映的新趋势、新理念、新标准，深入研究涉外定牌加工中的知识产权保护、进出口环节专利权保护措施以及相关程序、一体化通关中知识产权保护案件查处等执法疑难问题，促进我国新一轮改革开放在高起点上健康发展。

（三）坚持服务企业，优化国内创新型企业的知识产权保护

切实加强与有关行业协会、团体的合作，扑下身子开展调研，了解国内企业在保护自主知识产权方面遇到的困难和问题，鼓励、引导、扶持企业开展自主创新，优化对国内创新型企业的保护，维护国产品牌的国际声誉，为国内企业开拓海外市场保驾护航；利用国际海关合作平台，为国内企业开展海外维权提供帮助；鼓励企业组建知识产权海关保护维权团体，帮助企业争取相关优惠政策。

（四）坚持开放共赢，拓展知识产权海关保护合作领域

要继续巩固现有合作机制，不断拓展合作领域。在深化与发达经济体海关合作的同时，着力推进与新兴市场国家海关的合作，加强对非洲、"一带一路"

沿线国家海关的能力建设援助；继续完善国际海关执法联动机制，强化综合治理；继续利用多边合作平台，参与知识产权全球治理；更加主动服务和支持企业"走出去"，引导我国知识产权优势企业参与海关国际合作，推动企业进行海外市场布局，促进产业国际化发展。

（五）坚持社会共治，强化知识产权保护工作的社会共治

开展形式多样的宣传活动，引导社会各界关心、了解、支持并应用海关的知识产权保护。继续发布年度知识产权海关保护状况、评选中国海关保护知识产权年度十佳案例，通过多种渠道向社会公众普及知识产权海关保护有关知识；组织政策宣讲，提升企业尊重知识产权、守法经营意识；积极利用国际合作场合，阐述中国知识产权全球治理理念。

新时代的号角已经吹响，新征程的帷幕已经拉开。我们要更加紧密地团结在以习近平同志为核心的党中央周围，把思想和行动统一到习近平新时代中国特色社会主义思想和党的十九大精神上来，不忘初心，牢记使命，锐意进取，埋头苦干，继续深入贯彻落实《国家知识产权战略纲要》，为推动中国经济转向高质量发展，决胜全面建成小康社会，夺取新时代中国特色社会主义伟大胜利作出更加积极的贡献。

写在《国家知识产权战略纲要》颁布十周年之际

张　勤[*]

在《国家知识产权战略纲要》颁布十周年之际，联席会议办公室约我写一篇纪念文章，让我颇感为难。因为对国家知识产权战略要说的太多，一时竟不知从何说起，知识产权的本质，制定知识产权战略的过程，战略重点和措施的内涵解析，战略的全局性、基础性、长期性和关键性，战略的效果和作用，不足和期望，等等。想来想去，还是谈谈战略制定的一些过程吧。但说实话，时隔十年，很多事情我也记不清楚了。所以，如果本文讲述有误，敬请谅解，并请予以指正。

2003 年 6 月，我从重庆市科委主任调任国家知识产权局副局长。同年 7 月，时任科技部体改司司长张景安约我和原国家海洋局局长张登义、原国家科委秘书长段瑞春商议，邀请我们担任国家中长期科技发展规划纲要研究课题第 18 组（科技政策和法律环境组）副组长，组长是北京大学的罗玉中教授。接到任务后，我就在考虑做什么。现在已经想不起是什么原因使我提出做《我国科技发展中的国家知识产权战略》研究子课题了。做知识产权方面的研究应该是因为我是国知局副局长的缘故吧。但那时我才到国知局，对知识产权了解很少，尽管重庆市知识产权局归重庆市科委管辖，研究战略问题似乎有点贸然。好在我赴重庆市科委任职前，曾经代表所在单位打过一个发明专利官司，对专利有些许了解。我选的国知局的助手包括时任国知局知识产权发展研究中心主任邓军、专利管理司副司长顾晓莉。另外一个重要人物是朱雪忠教授，他是专门研究知识产权的，当时还比较年轻，给了我很多帮助，特别是他提出了我国知识产权

---

　　* 张勤：第十三届全国政协常委，中国科协荣誉委员，国际核能院院士，中国人工智能学会不确定性人工智能专委会主任，中国知识产权研究会副理事长兼学术顾问委员会主任，清华大学核研院、计算机系双聘教授、博导。《国家知识产权战略纲要》实施十年总体评估专家组成员。曾任中国科协党组副书记、副主席、书记处书记，国家知识产权局党组成员、副局长，国家知识产权战略制定工作领导小组成员、办公室常务副主任。

管理方面存在的一些问题，如侵权诉讼审理层级多、管理分散等。同年年底我提交了课题研究报告《我国科技发展中的国家知识产权战略》，其中附录《试论我国知识产权行政管理机构的一体化设置》就是朱雪忠写的。

很多事情其实是并行发生的。大概在同年8月，国知局知识产权发展研究中心在广东办了一个主题为国家知识产权战略的论坛，邀请了北京大学的陈美章教授发言。依稀记得此前她在香港某个会上提出过国家知识产权战略的设想。大概她是最早正式提出制定国家知识产权战略的人。

总之，事情进展很快。同年9月，时任国知局局长王景川指派我将主要精力投入筹备制定国家知识产权战略。大概从10月起，我就全力以赴研究如何制定国家知识产权战略了。记得王局长多次主持召开会议，研究制定国家知识产权战略问题，并提出在"创造、运用、保护"之外还要增加"管理"。他带领国知局班子多次向当时分管知识产权工作的吴仪副总理汇报。吴仪同志说我们想得很深远，肯定了国知局关于制定战略的建议。2004年8月，温家宝总理在我们报送国务院的文件上批示，同意开展国家知识产权战略制定工作。2005年1月8日，国务院正式批准成立国家知识产权战略制定工作领导小组，吴仪副总理任组长，国家知识产权局、国家工商行政管理总局、国家版权局、科技部、国家发展和改革委员会、商务部为副组长单位。参与战略制定的中央部门共计有28个成员单位、5个参与单位。

这里我不得不提及郑成思先生，他是当时国内公认的知识产权界的权威学者，我多次向他请教有关问题，包括向他求证我对战略制定工作的思考。例如，我同他商量战略研究课题的设置。一开始我们建议设置的子课题有24个。吴仪副总理觉得太多，合并了一些。最后形成了"20＋1"的格局。就是20个子课题，1个纲要。每个子课题由一个中央部门牵头，相关部门参加。课题组长为牵头部门的主管领导。我自荐担任纲要课题组组长。出乎我预料的是，各中央部门对参与制定国家知识产权战略非常积极，以至于参与部门太多，不得不有所压缩，最终形成了"28＋5"的工作格局。

为了加快进度，我考虑将20个子课题和战略纲要研究同步进行。其中的关系是：子课题是纲要的基础，纲要是子课题的指导，也就是说子课题在为纲要提供素材的同时，必须与纲要的基本观点保持一致，同时又是纲要的深化展开和具体化。为此，我给每个子课题都写了内容提要，明确了子课题要研究解决的问题。为了广泛征求对纲要的意见，我提出请10位专家各自组织撰写一稿自己心目中的纲要。陈美章、吴汉东、刘春田、陶鑫良、张玉敏、王兵等均承担了任务，还有北京、上海、河南、宁夏等地方知识产权局也承担了起草建议稿的任务（10 位课题负责人的名字我已记不全了）。其中值得一提的是，郑成思先生婉拒了我的邀请，没有自己执笔写一稿。他觉得从旁帮助我更能发挥他的作用。郑先生还特别建议我请几位年轻人撰稿，包括朱谢群、最高人民法院的罗东川。我接受了他的建议。

在大家都在研究纲要的同时，我自己也起草了一稿纲要，在几次征求郑先生意见并修改后，送各纲要课题组，以便推动大家深入研究和讨论。在收到各位专家牵头起草的纲要后，我和我的同事又进一步综合归纳，修改纲要文稿，并在国知局内部、领导小组成员单位和领导小组会上反复讨论。遗憾的是郑先生于 2006 年病逝，我失去了一位最强有力的帮扶者（参见我写的《悼念郑成思先生》一文）。

为了制定好国家知识产权战略，特别是写好纲要，我花了大量时间研究文献，读了很多知识产权方面的专著和文章，也拜访了很多国内外专家。遗憾的是，尽管很多文献和专家的见解都有闪光之处，但都没有解答我心中对知识产权到底是什么的最底层的疑问。这个问题是困扰我最多的问题，不是因为我找不到答案（现存文献中无公认答案），而是因为人们心中已有太多自己的答案，而这些答案又各不相同，且与我的答案有很大出入，而我认为这是制定战略必须解决的基本问题。国知局的才子尹新天司长曾对我说，"你在触及一些我们搞了几十年知识产权都没有认真想过的问题"。记得在一次局党组扩大会议上，我说："如果连知识产权是天赋人权还是法定产权都不清楚，怎么搞国家知识产权战略？"这些问题我曾向郑先生请教，他非常支持我的观点，并说我对知识产权本质的理解与他的学生朱谢群的观点很像，还当场（在他家）送我一本朱谢群写的新书。后来朱谢群成了我的朋友和观点的重要支持者。

从 2005 年 1 月国务院批准成立战略制定工作领导小组，到 2008 年 6 月 5 日我和国家工商总局付双建副局长、国家版权局版权司王自强司长出席国新办的新闻发布会，发布《国家知识产权战略纲要》，中间经历了三年半的时间，经历了两届政府，而纲要原本计划一年半完成。时间滞后的主要原因就是对一些基本问题达不成共识，后来纲要拿掉了一些内容，从原来的 1.2 万字变成 8000字。其中，实施战略的保障措施原本计划在进一步出台的实施意见中提出，后来也没有出台这个文件。好在国务院同意成立由 28 个中央部门组成的国家知识产权战略实施工作部际联席会议，在一定程度上弥补了这一缺陷。现在看来缩减篇幅的影响不大，国家战略的基本作用已经体现。

对战略纲要贡献卓著的还有两位重要人物：首先是时任国务院副秘书长徐绍史。他每次都认真听我们汇报，并主持过多次研讨会。在纲要制定后期，他出面带领国务院办公厅秘书三局的同志与我们一道在中南海的会议室逐字逐句地修改纲要文本，花了大约整整一周时间，包括白天和晚上。另一位贡献卓著的是时任国办秘书三局局长张崇和。"激励创造、有效运用、依法保护、科学管理"十六字战略方针就是他总结的。田力普局长也全程参加了纲要文本的修改。国办秘书三局巡视员朱龙翔、处长张相国等同志也为战略纲要的制定作出了贡献。当然，参与战略制定的各部门及其主管领导的功劳更是不在话下。

2007 年底的一天，吴仪副总理在中南海她的办公室召集徐绍史（当时已任国土资源部部长）、田力普、项兆伦和我商量纲要上国务院会议审议事宜，指示我们登门征求所有参与战略制定的部门领导的意见。但国务院法制办在上会前的最后征求部门意见环节对纲要文本进行了大幅度修改，主要集中在两点：一是文字表述的前后顺序，二是对行政执法提出异议。于是我们按照吴仪副总理指示与法制办开展了一轮新的讨论和文字修改，同时新的文本又重新征求各部门的意见。吴仪副总理要求各部门一把手签字认可，原来计划在那届政府最后一次常务会议上审议，但直到晚上九点，我们得到通知，国务院常务会议前面两个议题未完，我们的议题被取消。

《国家知识产权战略纲要》的重要性从发布的时机即可看出。2008 年 6 月 5 日前有震惊世界的"5·12"汶川大地震，后有 2008 年北京奥运会。那段时间国新办只举办与这两个事件有关的新闻发布会。我专门向国新办的领导说明国家知识产权战略的重要性，得到了国新办的认可，发布会得以顺利举行。

有人说国知局在制定国家知识产权战略的过程中牺牲了两个人：一个是邓军，他是知识产权发展研究中心的主任，也是纲要组的副组长；另一个是林炳辉，他是国知局副局长，也是专利战略课题组的组长。他们的后事都是我代表国知局去处理的。我觉得这样的关联不妥，他们的去世是偶然事件和生病所致。但也不能说没有一点关系，至少操劳是有的。我自己就耗费了极大的精力。但我并不遗憾，因为这是一件非常重要的事情，值得为之付出。

我至今仍然认为应当对知识产权的本质进行深入的理论研究，只有这样才能处理好知识产权的重大实务，无论涉中涉外。而只有国家战略才能触及基本理念和法律及管理制度的问题，这是管根本和长远的。我在后来写的《知识产权基本原理》一书中详细讨论了这些问题，有兴趣的读者不妨看看，其中涉及了很多难懂的自然科学、哲学、经济学、法学、伦理学等跨学科的问题，甚至怎样判定社会科学理论的科学性。

制定战略期间，国知局有很多同志作出了无私的奉献。刘洋、王爱卿、武晓明、朱瑾是最早就参与的；文希凯在即将退休之际应我的要求被调到知战办（国家知识产权战略制定工作领导小组办公室）当秘书长，多工作了三年；张志成主动请缨，后来成为骨干；刘菊芳本来是规划司综合处的处长，甘愿到知战办当普通一员；我的秘书刘彬（最早是王延辉）也陪着我走过了这一段不平常的历程；作出奉献的还有很多其他同志，难免挂一漏万。我特别感谢中央各部委的有关领导和人员，他们不因国知局是一个副部级单位而小看我们，非常支持和配合我们的工作。科技部李学勇副部长后来当了部党组书记仍然继续担任领导小组成员。没有大家的同心协力，就不会有《国家知识产权战略纲要》的颁布实施。

十年磨剑见锋芒

——谈国家知识产权战略十年组织实施

贺 化[*]

光阴荏苒，转眼间《国家知识产权战略纲要》颁布实施已经十年。十年来，我从《纲要》专题的研究制定者成为《纲要》实施的组织执行者，既见证了《纲要》的制定和诞生，也亲历了《纲要》指引下知识产权事业的蓬勃发展。十年磨剑见锋芒，经过十年不懈奋斗，《纲要》提出的战略目标已经接近实现，我国知识产权创造、运用、保护和管理能力得到了巨大的提升，为创新型国家建设发挥了重要的支撑和保障作用。在《纲要》实施十年之际，我深为自己能直接参与这一国家战略的制定和实施而感到自豪。

2005 年，国务院批准成立国家知识产权战略制定工作领导小组，全面启动《国家知识产权战略纲要》制定工作。整个制定任务分解为 1 个纲要和 20 个专题，简称为"1 + 20"。其中国家知识产权局负责 1 个纲要和 2 个专题，我担任组长牵头负责一项专题研究，即"知识产权中介服务体系"专题研究，具体由条法司原司长尹新天同志担任副组长，我们组建了一支二十多人的研究队伍。2005 年 9 月初拟定专题研究方案，直到 2007 年初，完成正式研究报告。其间，在向时任国务院副总理吴仪汇报专题研究成果时，该专题受到表扬。最终在《国家知识产权战略纲要》文本中，在战略举措部分列出了九类举措，"发展知识产权中介服务"作为第六项举措被明确提出，下面又包含了若干具体政策点，充分体现了专题研究成果。专题顺利结题，发挥了支撑《纲要》的作用，我也算是不辱使命。

真正具体负责战略组织实施工作是在三年后。2011 年，局党组调整工作分

---

　* 贺化：国家知识产权局副局长、党组成员，国务院知识产权战略实施工作部际联席会议成员、联席会议办公室副主任。

工，我开始具体负责战略实施组织协调和联席会议日常工作，同时在局内分管法律体系完善、专利管理、保护体系建设等我局落实《纲要》任务的相关重点工作。当时，从分管审查业务调整到分管宏观管理，特别是具体负责刚刚建立不久的战略实施协调机制的组织协调工作，挑战还是很大的。在开展工作时，我更加注重深刻理解党中央、国务院对知识产权战略实施工作的决策部署，注重把握《纲要》部署的各项任务要求，通过多次调研，以及在与联席办具体承担部门保护协调司的同志们反复研究的基础上，明确了"建机制、出政策、抓落实、打基础"的工作思路。

一、纲举目张，推动完善知识产权战略实施组织协调机制

知识产权战略实施是一项系统工作，涉及部门多，涵盖领域广，工作任务重。《纲要》涉及知识产权创造、运用、保护、管理等各个方面，79 项任务分工中涉及联席会议 28 个成员单位以及中央编办，各省、自治区、直辖市人民政府，各行业主管部门等，而且近 90% 的任务需要多个部门协同配合，因此，必须加强统筹，形成合力，而建立完善知识产权战略实施组织协调机制则成为保证《纲要》有效实施的根本所在。

2008 年 6 月 5 日，国务院正式颁布实施《国家知识产权战略纲要》。同年 10 月，国务院即批复成立国家知识产权战略实施工作部际联席会议，赋予联席会议统筹协调国家知识产权战略的工作职责，同时明确国家知识产权局为联席会议牵头部门，时任局长田力普同志担任召集人。这也是国家知识产权局牵头的唯一一个协调机制。局党组高度重视，具体负责部门牢记使命，始终秉承协调与服务并重的原则，十年来不断推进完善国家知识产权战略组织实施机制。制定了联席会议工作制度和工作规则，建立了覆盖联席会议成员、联络员、工作联系人的工作网络。建立健全了会议、政策、信息、宣传、评估等一系列具体工作规程。在各成员单位的协助配合下，久久为功，持续推进战略实施工作扎实开展。同时，积极推动知识产权各领域、各地方建立完善战略实施组织协调机构，全国绝大多数省（区、市）建立了知识产权战略实施统筹协调机制。

随着知识产权战略实施的深入开展，完善组织协调机制的需求日益突出。为适应新形势新要求，进一步加强战略实施的组织领导和统筹协调配合，2016 年 3 月，我局提请国务院建立国务院知识产权战略实施工作部际联席会议，经

国务院批复同意，原联席会议升格为国务院联席会议，王勇国务委员担任召集人，成员单位由 28 个增加到 31 个，工作职责也由原来的统筹协调战略实施扩展为统筹协调知识产权战略实施和知识产权强国建设工作，知识产权战略实施的统筹协调力度大大加强。其后，报经中央编办批准，联席会议办公室增加一名专职副主任负责联席办日常工作。为联席会议机制配备专职领导，这是近年来少有的做法，充分体现了中央对知识产权战略实施工作的重视，保障了战略实施和强国建设工作机制有效运行。

二、与时俱进，推动形成知识产权战略实施和强国建设的政策体系

《纲要》是指导我国知识产权事业发展的纲领性文件，始终有力地指导知识产权战略实施工作向前推进。随着战略实施工作的深入推进，加之国际国内形势的快速变化，我们也面临着一系列新问题新挑战。特别是党的十八大以来，党中央、国务院将对知识产权工作的重视提高到了前所未有的高度，习近平总书记对知识产权工作做出一系列重要指示，这些新指示新要求都需要我们加以贯彻落实。为此，联席会议办公室坚决贯彻落实中央部署，不断出台深化细化政策，在实践中逐步形成了《纲要》抓总，行动计划、强国文件和"十三五"规划"三驾马车"引领，战略实施年度推进计划具体推进的知识产权战略实施和强国建设政策体系。从 2014 年起，几乎每年联席会议办公室都组织制定重大政策文件，为指导知识产权事业改革发展发挥了重要作用。

2014 年 12 月，在《纲要》实施步入中期阶段时，联席会议办公室牵头组织各成员单位制定出台了《深入实施国家知识产权战略行动计划（2014—2020年）》，明确了下一阶段国家知识产权战略实施的指导思想、主要目标和行动措施。《行动计划》是在当时《纲要》五年阶段目标基本实现的基础上，结合新的形势和新的发展需要，面向《纲要》2020 年目标和各项战略任务实现，所作出的进一步细化部署，对全面提升知识产权综合能力，实现创新驱动发展，推动经济提质增效升级具有重要的现实意义。该文件亮点在于两个首次，一是首次提出了到 2020 年实现的一系列预期指标，为知识产权事业发展明确了具体指向路径。二是首次提出了努力建设知识产权强国的目标任务，为树立新时代知识产权工作奋斗目标打下了基础。

2015 年，中共中央、国务院印发《关于深化体制机制改革加快实施创新驱动发展战略的若干意见》，对充分发挥知识产权制度作用、全面激发创新动力和创新活力作出了一系列重要部署。为了深入实施创新驱动发展战略，深化知识产权领域改革，加快知识产权强国建设，联席会议办公室用整整一年时间牵头组织起草了《关于新形势下加快知识产权强国建设的若干意见》，经国务院常务会议专题审议，并于 2015 年 12 月以国务院名义印发。《若干意见》提出，到2020 年，知识产权重要领域和关键环节改革上取得决定性成果，创新创业环境进一步优化，形成国际竞争的知识产权新优势，为建成中国特色、世界水平的知识产权强国奠定了坚实的基础。《若干意见》明确用改革的办法推进知识产权强国建设，首要任务是推进知识产权管理体制改革，从而拉开了地方开展知识产权综合管理改革试点的序幕。《若干意见》是继《纲要》之后，知识产权工作的又一纲领性文件，是深入实施知识产权战略、加快知识产权强国建设的行动指引。为深入落实《若干意见》各项部署，2016 年，国务院办公厅印发了《若干意见》分工方案，将《若干意见》部署的 6 项重点任务，细化为 28 个方面共计 106 项具体工作措施，并为每一项工作措施明确了牵头部门和参与部门，责任明确、要求具体，切实推动各项措施落实。同时，各地方人民政府结合实际积极贯彻落实《若干意见》，全国 31 个省（区、市）和新疆生产建设兵团均印发了贯彻落实《若干意见》的配套政策文件。

2016 年 12 月，《"十三五"国家知识产权保护和运用规划》作为国家重点专项规划印发，为全面深入实施《若干意见》，提升知识产权保护和运用水平，明确了"十三五"知识产权工作的发展目标和主要任务，对全国知识产权工作进行了全面部署，并明确要求，联席会议办公室会同有关部门组织实施规划。2017 年，联席会议办公室印发规划任务分工，进一步明确了部门职责和任务分工，保证了规划的落地生效。

此外，为深入推进《纲要》的贯彻落实，确保战略目标的按时实现，联席会议办公室连续 9 年组织制定发布战略实施年度推进计划，将《纲要》明确的各项战略任务进行细化分解，并作为各年度各部门推进战略实施的工作指导和主要依据。在最初的 3 年，年度推进计划主要由各部门报送本部门战略实施重点工作为主，推进计划平均每年的重点举措达 200 多项，2012 年以来，联席会议办公室着力聚焦战略实施重点和难点问题，年度重点任务精简集中在 100 项左右，力争聚集各部门合力，逐年重点解决突出问题，切实将知识产权战略实施不断推向深入。

三、狠抓落实，科学评估知识产权战略实施成效

为深入了解《纲要》阶段目标完成情况，客观评价《纲要》实施取得的成就，综合分析存在的问题及原因，及时总结经验做法，并采取有力措施进一步推进《纲要》的深入实施，联席会议办公室分别于 2013 年和 2018 年组织开展了《纲要》五年评估和十年评估工作。

2013 年《纲要》五年评估显示，《纲要》确定的五年目标总体基本实现，部署的措施绝大多数得到阶段性落实。知识产权拥有量大幅增长，部分创造目标超前实现；知识产权转移转化能力明显提升，运用目标基本实现；知识产权意识显著增强，基础环境目标基本实现；知识产权保护力度明显加大，保护环境有所改善，但保护目标尚未完全实现。五年评估结果也为出台《深入实施国家知识产权战略行动计划（2014—2020 年)》奠定了基础。

最近五年来，知识产权战略实施在创造、运用、保护、管理、服务、国际合作等方面又取得突飞猛进的进展，《纲要》实施开始步入收官阶段，距离完成 2020 年目标还有两年。为此，2017 年 7 月，联席会议办公室启动开展《纲要》十年评估工作，旨在客观总结战略实施的成效和经验，科学诊断战略实施存在的问题，深入分析新形势和新需求，提出未来战略实施的重大建议，实现"以评估促发展、以评估促改革"。为此，成立了由第十二届全国人民代表大会常务委员会副委员长严隽琪担任组长，多位知识产权领域专家、学者为成员的评估专家组，并组建了 12 个专题评估组和国际评估组，全面开展专题评估、地方评估、国际咨询、社会调查，在此基础上形成总体评估报告，对《纲要》2020 年战略目标的实现程度、知识产权事业的总体进展和成效影响作出全面评价，对知识产权创造、运用、保护等七个方面的重点问题、实施效果进行评估，依据形势变化与挑战，提出新时代加快知识产权强国建设的重大建议。评估工作既是总结过去，更是面向未来，全面的战略评估工作将为全面启动制定新一轮国家知识产权强国建设纲要奠定坚实基础。

四、强本固基，加强知识产权战略实施和强国建设研究宣传

战略研究是政策制定的基础，联席会议办公室持续开展知识产权战略实施

重大问题研究。2012 年至今，先后组织国内知名研究团队从多视角开展知识产权强国研究，形成了一大批知识产权强国建设相关理论及各重大问题解决方案的研究成果，编辑出版《迈向知识产权强国之路》系列丛书，从理论、形势、任务、政策等方面深入研究知识产权强国建设基本理论、任务思路和强国建设实施具体问题，为知识产权强国建设提供了理论指导和智力支撑。连续 5 年，组织编写发布《中国知识产权发展状况评价报告》，从知识产权创造、运用、保护、环境等 4 个方面，对全国及各省级区域年度知识产权发展状况进行全面评价和分析，对全球 40 个科技资源投入和知识产权产出较大的国家，从知识产权能力、绩效和环境等 3 个维度，进行国际比较。同时，为加强知识产权战略实施相关研究工作，在一批高校和科研单位建立国家知识产权战略实施研究基地，聚焦国内外知识产权热点和战略实施重大问题开展战略研究、政策论证、实证调查、信息服务等，充分整合了我国知识产权战略研究优势资源，为我国知识产权战略实施提供了有效的政策建议和决策支撑。

不断加大宣传培训力度，培育知识产权文化。联席会议办公室指导建设国家知识产权战略网和知识产权战略微信平台等，及时发布战略实施工作新闻资讯、重大政策解读和战略实施最新进展等，让更多的社会公众了解知识产权战略实施和知识产权强国建设相关情况。定期组织联席会议成员单位开展研讨培训、政策解读等活动，在战略实施周年和强国文件发布周年纪念日，通过报纸、网络、制作宣传片、成就展等形式，集中宣传报道战略实施和强国建设取得的显著成效，努力营造战略实施和强国建设的良好氛围。

回顾过去，《纲要》经过十年的不断深入实施推进，极大地推动了我国知识产权事业的快速发展，有效支撑了国家创新驱动发展战略的实施。展望未来，在中国特色社会主义新时代，国家知识产权战略实施和知识产权强国建设站在新的历史起点上，迈上新的历史征程。我们将在习近平新时代中国特色社会主义思想指引下，加快知识产权战略实施和知识产权强国建设步伐，为全面建成小康社会、实现中华民族伟大复兴中国梦作出新的更大的贡献。

《国家知识产权战略纲要》起草制定过程回顾

——纪念《国家知识产权战略纲要》颁布十周年

文希凯*

翻开印有鲜红国徽的《国家知识产权战略纲要》，熟悉的文字扑入眼帘："我国正站在新的历史起点上，大力开发和利用知识资源，对于转变经济发展方式，缓解资源环境约束，提升国家核心竞争力，满足人民群众日益增长的物质文化生活需要，具有重大战略意义。"

细细品读，十年前有幸参与国家知识产权战略起草和制定的经过仍十分清晰。这段高屋建瓴、纲举目张的开篇首段，写出了我国改革开放 30 年的风雨历程、取得的瞩目成就和国家知识产权战略制定时为实现富国强民目标的初衷。

一、提出制定国家知识产权战略的国情与国际形势

（一）全民的知识产权意识需要进一步提高

知识产权是财产权的一个类别，是人们依法对科学、技术、文学艺术等领域的智力成果和商业识别性标记所享有的专有权利。知识产权因其所依附的客体是无形的而区别于有形财产，也叫无形财产。从 20 世纪 80 年代开始，随着科学技术的进步，包含知识产权的出口的增长逐步超过世界出口总量的增长。从 1980 年到 1994 年，知识密集型或高科技产品在全世界商品贸易中所占份额

---

* 文希凯：曾任国家知识产权战略制定工作领导小组办公室副主任兼秘书长，国家知识产权局条法司副司长，国务院反垄断委员会专家咨询组成员。

从 12% 增长到 24%。❶ 知识产权在国际商品和服务贸易中的重要性由此引起关注，知识经济学迅速风靡全球，经济全球化进程大大加快。知识产权日益成为国家发展的战略性资源和国际竞争力的核心要素，成为国家实力的重要支撑和掌握发展主动权的关键。

在 21 世纪之初，经过 20 多年实施知识产权制度的实践，我国已基本建立体系完整的知识产权制度，并与国际接轨。但是，我国社会公众的知识产权意识还普遍薄弱，对知识经济和经济全球化的了解更是知之甚少。知识产权人才队伍和知识产权基础建设严重滞后。作为市场经济主体的我国企事业单位，运用知识产权制度参与市场竞争的意识还存在不少问题，不足以应对经济全球化时代的挑战。让社会公众更多了解知识产权和知识经济时代的竞争规则，提高全民知识产权意识亟待提上议事日程。

（二）企业和全民创新意识与创新能力亟待增强

知识产权的核心是创新，没有创新就没有知识产权可言。提高社会公众的知识产权意识首先就是要提高公众的创新意识，这是提升国家创新水平的关键。世界经济论坛首席经济学家、全球竞争项目主任卢佩斯·克拉柔博士曾说过："当拥有一个持续稳定的宏观经济环境后，真正推动经济的是技术和技术创新。"

在 21 世纪之初，我国 GDP 增长率已连续多年居世界前列。2005 年，我国科技人员总量已达 105 万人年，列世界第二位；我国年研发投入已达 1539 亿元，列世界第六位；我国通信、家电等部分信息产品产量已居世界前列；互联网用户数已突破 9400 万，成为世界第二大国。❷ 但必须正视的是，我国也付出了巨大代价，资源已难以为继，环境严重污染；更令人忧心的是，我国虽已成为世界知识产权的数量大国，❸ 但离知识产权强国还有相当距离。"中国制造"在国际市场上给人的印象，就是低附加值、低技术含量的低档品。

这种情况的出现归根结底是因为创新意识缺乏，创新能力不高。众所周知，

---

❶ Carlos A. Primo Braga, Carsten Fink, Claudia Pazsepulveda. 知识产权和经济发展 [M]. 姜丹明，何越峰，杨红菊，等，译//国家知识产权局条法司. 专利法研究 2002. 北京：知识产权出版社，2002：284-305.

❷ 国家知识产权局：《关于制定国家知识产权战略的情况汇报》。

❸ 2004 年，我国专利申请总量已经突破 200 万件；截至 2004 年底，商标申请数量超过 300 万件，累计核准注册商标达 224 万件。我国实用新型专利、外观设计专利和商标的年申请量已居世界第一。

由于知识产权意义上的创新意味着独领风骚、独占鳌头，自主知识产权的数量和质量必定能在一定程度上反映一个国家或企业在经济发展上的主动权。反之，若一个国家或企业在关键产业上均没有自主知识产权，其经济的发展就将在很大程度上受制于人。

面临知识经济时代的挑战，我国亟待抓住世界经济向知识经济转型的时代机遇，通过提高创新意识增强国家竞争力，将我国的人口优势、智力优势转化为知识产权优势，克服我国资源不足的弱项。

（三）借鉴国际成功经验，顺应时代发展趋向

发达国家率先意识到，知识产权是国家发展的重要资源，是知识经济时代的核心竞争力。自 20 世纪 80 年代初起，它们争先恐后地把知识产权从原来的法律范畴提升到国家发展战略的宏观高度，将知识产权作为在科技、经济领域夺取和保持竞争优势的重要战略，作为在国际上发展和博弈的重要手段。

美国在 20 世纪 80 年代出台一系列旨在用知识产权推动和保护创新，推动新技术的出现与发展的法律法规，包括鼓励创新、强调发明成果的转让与实施、厉行知识产权执法等。其综合贸易法的"特别 301 条款"和关税法的"337 条款"，都是迫使其他国家强化对美国知识产权保护、阻止含有侵犯美国知识产权的商品进口的法律手段。美国同时致力在全球打造有利于保护知识产权的法律框架，推动和促成了一系列提高知识产权国际保护水平的国际条约，包括《与贸易有关的知识产权协议》（TRIPS）、《世界知识产权组织版权条约》（WCT）、《世界知识产权组织表演和录音制品条约》（WPPT）等，致力谋求知识产权在世界范围内得到更为有力的保护。

日本继美国之后，于 2002 年发表了《知识产权战略大纲》，又由国会通过了《知识产权基本法》，将"知识产权立国"的国家战略上升为"基本国策"。时任日本首相的小泉纯一郎明言："我希望日本的国家目标之一是：所有的研究成果和创新努力都能转变成得到战略性保护和利用的，能增强日本工业的竞争力的知识产权。"

欧盟各成员国和韩国等亚洲新兴工业国家也日益重视制定国家战略保护知识产权。对知识产权的重视已成为一个世界性的潮流，并均已初见成效。

面对激烈的国际竞争，国家知识产权局看到了形势的严峻，也感到机不可失。"不可设想一个没有强大自主知识产权资源和管理能力的国家能够在知识经

济的大潮中主宰自己的命运；不可设想一个知识产权环境不好的国家能够成为科技创新和世界经济资源汇聚的乐园；不可设想一个不善于保护自己并尊重他人知识产权的国家能够融入经济全球化的大潮并成为其中重要的一员。"● 国家知识产权局开始了制定我国知识产权战略的调研和思考。

二、我国已具备制定《国家知识产权战略纲要》的条件

在生活和工作中，当由于客观条件的限制，需要找到以智慧或谋略，不是以蛮力克服困难或取胜时，我们需要对该情势进行周密计划或考虑。战略则一般具有全局性和针对性。在国家层面，制定战略必须从维护国家和民族的根本、长远和整体利益出发，根据形势提出有利于自己扬长避短、化劣势为优势、后发至上的目标、措施和方法。

鉴于我国已有近30年发展与实施知识产权制度的经验，有明确的改革开放、依法治国、科教兴国的治国方针和理念，我国已基本具备制定和实施国家知识产权战略的条件。

一是我国知识产权法经多次修改已与 TRIPS 完全一致，已有了较完备的知识产权法律法规和保护体系。我们已有了一定的知识产权保护经验，有了相当数量的知识产权人才队伍，有了相当数量的知识产权。我国 GDP 增长率已连续多年居世界前列，我国经济、科技、教育实力的不断增强为国家知识产权战略制定奠定了坚实基础。

二是党的十六大明确将"鼓励科技创新，在关键领域和若干科技发展前沿掌握核心技术和拥有一批自主知识产权"写进了会议报告。党的十六届五中全会文件指出："综观全局，二十一世纪头二十年，对我国来说，是一个必须紧紧抓住并且可以大有作为的重要战略机遇期"。2004 年 6 月时任国务院总理温家宝在山东考察时指出："世界未来的竞争就是知识产权的竞争"；时任国务院副总理吴仪在 2004 年初举行的全国专利工作会议上，明确指示要"认清形势，明确任务，大力推进实施知识产权战略"。

为深刻领会和迅速贯彻落实国务院领导同志的讲话精神，国家知识产权局多次邀请经济界、科技界、法律界、知识产权界和企业界的著名专家、学者、

● 国家知识产权局：《关于制定国家知识产权战略的情况汇报》。

企业家召开研讨会或座谈会，广泛听取各界人士的意见与建议。在进行大量前期准备工作的基础上，国家知识产权局于2004年7月向国务院领导汇报了有关情况，并于同年8月30日向国务院正式呈报了《关于制定和实施国家知识产权战略的请示》。

三是各级政府、各行业、各部门对知识产权工作的重要性已有一定了解，也积累了一定经验，能努力学习、深刻领会中央文件和领导讲话，对当前形势认识统一，通力合作。

我国把制定知识产权战略提上日程说明重视和保护知识产权已成为我国自身发展的客观需要，是为把运用知识产权增强国际竞争力的决策变成国家方略。这既是当前国际形势和历史发展阶段使然，也体现了我国国家领导人对国情、世情的透彻领悟，更表明了中国政府致力世界和平与发展的视野与胸襟。

三、《国家知识产权战略纲要》制定主要过程与内容

（一）启动

2005年1月，经国务院批准，成立了以中共中央政治局委员、国务院副总理吴仪为组长，国家知识产权局等33个部门参加的国家知识产权战略制定工作领导小组，具体领导组织国家知识产权战略制定工作。"国家知识产权战略制定工作领导小组办公室"设在国家知识产权局，负责战略制定重点日常事务与协调工作。

在2005年6月30日召开的国家知识产权战略制定工作领导小组第一次会议上，吴仪副总理明确指出："制定国家知识产权战略是当前我国改革开放和经济社会发展的客观需要，是积极应对知识产权国际规则变革的挑战、维护我国利益和经济安全的紧迫任务，有利于加快建立公平竞争的市场环境，有利于增强我国自主创新能力和核心竞争力。"吴仪副总理要求各有关部门以"三个代表"重要思想和科学发展观为指导，以提高我国自主创新能力和国家核心竞争力为目标，立足国情，着眼长远，加强协调配合，集思广益，民主决策，切实制定好我国的国家知识产权战略，为加快全面建设小康社会服好务。

（二）国家知识产权战略的制定过程和框架结构

知识产权无所不在，制定国家知识产权战略必然会涉及知识产权所有领域，

也涵盖知识产权的各个方面；既会涉及专利、商标、版权与有关权等传统知识产权，也会涉及集成电路布图设计、地理标记、生物新品种、商业秘密、传统知识、遗传资源、民间文艺等知识产权新类别；既会涉及知识产权的创造、管理、实施和保护全过程，也会涉及法规制定、传播、中介、人才和国际合作等各个环节，还需要包括对知识产权的权利限制及禁止滥用知识产权等内容。这些特点决定了国家知识产权战略制定工作的复杂性，必须"举全国之智周密策划、举全国之力积极实施"。

为了能够科学、合理、有序地推进国家知识产权战略制定工作，根据经会议审议的《国家知识产权战略研究内容分解方案》，国家知识产权战略制定工作分为国家知识产权战略纲要的撰写和对知识产权全领域和全过程中 20 个问题的专题研究报告的撰写。

专题研究分别由国家知识产权局、国家工商行政管理总局、国家版权局、国家发展和改革委员会、科学技术部、商务部等 33 家中央主管单位牵头负责，各相关部门协助。各项专题的设置与研究内容的安排均遵循了紧系需求、全面布局、突出重点、相互协调、重在落实的基本原则。专题既涵盖了专利、商标、版权等知识产权的全部领域，又紧密结合了知识产权创造、管理、实施和保护的全过程，并以解决目前面临的知识产权法治、人才、机制、平台和能力建设等重大问题为重。根据领导小组文件，专题报告应对本领域经济、科技、贸易、文化等方面的发展趋势及其与知识产权制度的关系进行深入研究，从法规、体制和机制的角度对有关重点、热点、难点问题进行分析，求实创新，提出解决问题的新思想、新措施。在战略的制定过程中，20 个专题研究基本保持全程齐头并进。

制定知识产权战略的目的是有效执行知识产权战略，需要全国人民家喻户晓，口口相传。为此，把深奥的道理用简单朴素的话语明确表达，形成纲领性文件——《国家知识产权战略纲要》非常重要。起草制定《国家知识产权战略纲要》（以下简称《纲要》）是战略制定的重头戏，它必须体现知识产权保护在我国建设创新型国家中的全局性、基础性、长期性和关键性，回应国家知识产权战略的基本定位、指导思想、工作方案、任务分工和保障措施等。起草《纲要》最后由国家知识产权局负责牵头。《纲要》和专题研究的关系是：《纲要》以专题研究为基础，专题研究以《纲要》为指导，《纲要》与专题研究互为依存，相互补充。

2007 年 2 月，经过近两年的努力和通力合作，在领导小组组长吴仪副总理的严格把关和指导下，20 个专题研究工作按期通过审定结题。2007 年 5 月，领导小组召开会议，对纲要文稿进行深入讨论，初步形成了战略的指导思想、基本原则、战略目标、主要措施和重点任务等主体内容。其后，在国务院领导的直接指导下，《纲要》草稿又经过多方征求意见并反复修改，形成了送审稿提交国务院审议。2008 年 4 月 9 日，国务院常务会议审议并原则通过了《国家知识产权战略纲要》。2008 年 6 月 5 日，国务院印发了《国家知识产权战略纲要》。

（三）《国家知识产权战略纲要》的主要内容

《纲要》一共 8000 多字，主要内容包括指导思想、战略目标、战略重点、专项任务和战略措施五大部分。在战略制定过程中，时任国务院副总理吴仪曾谆谆告诫我们，做任何事情都应厘清和回答"这件事情是什么，为什么，做什么和怎么做"。话语虽朴实无华，但给我们留下了深刻印象，为我们从理论和实践层面处理和解决问题提供了基本的思路和方法。

《纲要》回答了什么是知识产权制度。"知识产权制度是开发和利用知识资源的基本制度。知识产权制度通过合理确定人们对于知识及其他信息的权利，调整人们在创造、运用知识和信息过程中产生的利益关系，激励创新，推动经济发展和社会进步。"❶

《纲要》明确，制定国家知识产权战略是为了开发和利用知识资源，转变经济发展方式，缓解资源环境约束，提升国家核心竞争力，满足人民群众日益增长的物质文化生活需要。❷

《纲要》明确指出，实施知识产权战略的指导思想是"邓小平理论"和"三个代表"重要思想，要求"深入贯彻落实科学发展观，完善知识产权制度"，提出了"激励创造、有效运用、依法保护、科学管理"的 16 字方针❸；《纲要》明确了我国在 2008～2013 年五年中工作的近期战略目标和我国在 2008～2020 年工作的中长期目标。

我记得十分清楚的是，关于到 2020 年我国的知识产权保护水平究竟应该达到何种程度的问题，如何科学准确表述十分不易，对措辞是用"高""很高"

---

❶ 《国家知识产权战略纲要》第（2）条。
❷ 《国家知识产权战略纲要》第（1）条。
❸ 《国家知识产权战略纲要》第（5）条。

或其他，大家莫衷一是。起草文稿提交领导小组后，吴仪副总理亲自修改为"到 2020 年把我国建设成为知识产权创造、运用、保护和管理水平较高的国家"。❶ 有些同志当时觉得用"较高"似乎意犹未尽。但毋庸置疑的是，这一表述并非仅为留有余地，也确实更为客观。

作为国家战略，《纲要》的内容必须经得住时间的考验和历史的推敲，接地气是非常关键的。《纲要》制定的基调完全立足于 20 个专题报告所提供和归纳的国情、世情。《纲要》在起草过程中分析、消化和吸收了各专题报告的精华，并加以提炼和升华。

《纲要》从我国知识产权工作的具体现状和实际问题及需求出发，明确我国知识产权工作有五个战略重点，分别是完善知识产权制度、促进知识产权创造和运用、加强知识产权保护、防止知识产权滥用和培育知识产权文化。《纲要》明确了 2020 年前，我国在专利、商标、版权、商业秘密、植物新品种、特定领域知识产权和国防知识产权这七个领域的知识产权工作需要解决的专项任务。《纲要》并提出了九条措施以确保各领域的战略专项任务能得以有效实施，包括提升知识产权创造能力、鼓励知识产权转化运用、加快知识产权法制建设、加强知识产权行政管理等。

《纲要》用词高度凝练，准确把握了当前形势，突出了促进国家自主创新、为创新性国家建设提供有力支撑的主线，是指导我国知识产权工作发展，提高我国知识产权创造、运用、保护、管理能力，建设创新型国家，促进我国经济社会又好又快发展的纲领性文件。

四、成绩斐然，任重道远

回顾《纲要》的准备、起草和制定过程，《纲要》的制定是在全国普及知识产权知识的过程，是提高国民知识产权意识的过程，也是把知识产权作为立国之本的初次尝试。10 年实践证明了中央这一决策的远见卓识。过去的 10 年我国国力和知识产权实力有了很大的增长。

根据世界银行的报告，2016 年我国 GDP（国内生产总值）已达 11.2 万亿美元，稳居世界第二位。我国对世界经济增长的贡献率达到 33.2%，居世界第

---

❶ 《国家知识产权战略纲要》第（6）条。

一位。另一数据告诉我们，我国知识产权数量与质量进展非凡。仅就专利而言，在2017年，国家知识产权局共收到3697845件专利申请，共授予1836434件专利。2017年，中国企业新增1.1241万件美国专利，首次跻身拥有美国专利数量最多的五个国家之一。据美国专业研究机构最新公布的数据显示，中国企业拥有美国专利数量10年增长了10倍。❶

能取得这样的成绩，国家知识产权战略的推行应当是重要成因之一。在我国知识产权制度建立和发展的过程中，由于我国特定的历史和社会条件，每次修改法律，提高保护标准基本上都有兵临城下、被赶着和推着走的感觉。加入世界贸易组织之后，我国开始采取主动的姿态。而2008年制定知识产权战略则向世界昭示，我国对保护知识产权的认识已上了一个台阶，其意义不同凡响。事实证明，国家知识产权战略的制定帮助我们抓住了难得的历史机遇，不失时机发展了自己，积累了宝贵的经验，对当今仍有启示意义。

当然，我们还远不能沾沾自喜，无论是在科技实力，还是在知识产权的创造、管理和运用上，我们都还有很长的路要走。

据美国《经济学人》报道❷，中国的技术产业仅是美国的42%（在2012年是15%）。市场总值为美国工业总值的32%。中国虽有两个极大的公司和许多小公司，但价值500亿美元和2000亿美元之间的公司相对很少。中国半导体和面向市场的软件工业弱小，技术产品尚未融入工业经济。中国的非科技公司相对原始，与美国相比，数字化程度只占26%。

另根据世界知识产权组织发布的统计数据，虽然我国PCT申请量增速明显，但进入国家阶段的平均数量仍然较少，不仅低于发达国家，也低于南非、印度、巴西等发展中国家。❸这至少可从一个方面说明，我国发明创造的创新度或含金量尚待提高。

美国等还在不时发起针对中国"不公正贸易行为"的"301调查"等，声称会严惩中国的"知识侵权"。我们还需要更积极参与有关知识产权国际规则的制定和形成，不断地完善国内的知识产权法律体系，建立优质高效、简捷方

---

❶ 中国首次跻身拥有美国专利数量前五名国家［N］．中国知识产权报，2018-03-02．

❷ Chinese tech v American tech［J］．The Economist，2018（3）．

❸ 据WIPO的统计，我国进入国家阶段的平均数量2014年为1.1个（2013年为1.0个），美国、日本分别是3.1个和2.8个，南非、印度、巴西分别是4.1个、2.8个和2.1个。参见：国家知识产权局．PCT制度在中国实施状况的调查报告［R］．2016．

便、成本低廉、保护适度的知识产权制度，使之充满活力，具有吸引力和竞争力。

2017 年 10 月召开的党的十九大确定了分"两步走"全面建成社会主义现代化强国的时间表和路线图，我国正面临"决胜全面建成小康社会"的新时期。习近平总书记在十九大报告中突出强调要"加快建设创新型国家""加强国家创新体系建设"。笔者相信，大力实施国家知识产权战略，从国家核心战略资源的高度认识知识产权，从国家总体发展的战略高度全面部署运用知识产权，是坚定不移贯彻新时期"创新、协调、绿色、开放、共享"的发展理念的重要组成部分。国家知识产权战略将始终服务于我们实现富强、民主、文明、和谐、美丽社会主义现代化强国中国梦的终极目标。

对《国家知识产权战略纲要》颁布实施工作的回顾

黄 庆[*]

    2004 年 8 月 30 日，国家知识产权局向国务院呈报了《关于制定和实施国家知识产权战略的请示》。2005 年 1 月 8 日，国务院批准成立了国家知识产权战略制定工作领导小组，时任国务院副总理吴仪同志为组长、国家知识产权局等 28 个部门领导同志为成员，具体领导国家知识产权战略制定工作，领导小组办公室设在国家知识产权局。

    国家知识产权战略的制定工作分为一个纲要和 20 个专题研究。2007 年 2 月，20 个专题研究通过了结题评审。在此基础上，经过多次征求各部委和各地方意见、借鉴多个发达国家经验和反复凝练，完成了《国家知识产权战略纲要》的制定工作。

    2008 年 6 月 5 日，国务院正式印发了《国家知识产权战略纲要》。2008 年 10 月 9 日，国务院批复同意建立国家知识产权战略实施工作部际联席会议制度，由国家知识产权局牵头，共 28 个部门为成员单位，联席会议办公室设在国家知识产权局。2008 年 12 月 12 日，国务院办公厅印发了《实施〈国家知识产权战略纲要〉任务分工》，各成员单位按照任务分工实施国家知识产权战略。2013 年 10 月，完成了《国家知识产权战略纲要》五年阶段实施情况的评估。2014 年 12 月 10 日，国务院办公厅转发了国家知识产权局等单位《深入实施国家知识产权战略行动计划（2014—2020 年)》的通知，重点突出了国家知识产权战略实施第二阶段的目标和任务。2015 年 12 月 18 日，国务院印发了《关于新形势下加快知识产权强国建设的若干意见》。2016 年 3 月 21 日，国务院批复同意建立国务院知识产权战略实施工作部际联席会议制度。2016 年 7 月 8 日，国务

---

    * 黄庆：曾任国家知识产权局保护协调司司长，国家知识产权战略制定工作领导小组办公室常务副秘书长、秘书长。参与组织制定了《国家知识产权战略纲要》《深入实施国家知识产权战略行动计划（2014—2020 年)》《国务院关于新形势下加快知识产权强国建设的若干意见》等多个重要政策文件。

院办公厅印发了《〈国务院关于新形势下加快知识产权强国建设的若干意见〉重点任务分工方案》。目前，国家知识产权战略正处于全面完成任务目标的关键期，知识产权强国建设正处于开创期。

今年是《国家知识产权战略纲要》颁布实施 10 周年，在我的工作经历中，直接从事知识产权战略工作恰好也是 10 年。我从 2006 年 4 月到国家知识产权战略制定工作领导小组办公室工作，然后在国家知识产权局保护协调司（联席会议办公室）工作，到 2016 年 12 月退休，共 10 年多的时间。其间，我直接参与了国家知识产权战略制定和实施以及加快知识产权强国建设工作，负责国家知识产权战略制定工作领导小组办公室和国家知识产权战略实施工作部际联席会议办公室的具体工作。在这段时间里，国务院召开了三次常务会审议《国家知识产权战略纲要》《深入实施国家知识产权战略行动计划（2014—2020年)》和《关于新形势下加快知识产权强国建设的若干意见》，我也列席参加了这三次会议。在实施《国家知识产权战略纲要》和《关于新形势下加快知识产权强国建设的若干意见》的过程中，联席会议办公室每年都制定实施年度计划和进行工作总结，确保实现知识产权战略目标和加快知识产权强国建设。作为亲身经历者，回顾一下国家知识产权战略和加快知识产权强国建设工作的内容特点和实施情况，使我对这项工作的认识更加全面和深刻，是十分有意义的。

2008 年 4 月 9 日，国务院常务会审议通过了《国家知识产权战略纲要》。2008 年 6 月 5 日，国务院印发了《国家知识产权战略纲要》。这标志着知识产权成为一个具有全局性、战略性、重要性和长期性的国家战略，是中国知识产权制度发展史上的一个重要的里程碑，对于大力开发和利用知识资源，充分发挥知识产权在科技、经济、贸易中的重要作用，转变经济发展方式，缓解资源环境约束，提升国家核心竞争力，满足人民群众日益增长的物质文化生活需要，具有重大战略意义。实施知识产权战略是建设创新型国家的迫切需要，也是建设中国特色社会主义的关键之举，它有利于增强我国自主创新能力，建设创新型国家；有利于完善社会主义市场经济体制，规范市场秩序和建立诚信社会；有利于增强我国企业市场竞争力和提高国家核心竞争力；有利于扩大对外开放，实现互利共赢。

《国家知识产权战略纲要》的主要内容和特点：

——指导思想是：按照激励创造、有效运用、依法保护、科学管理的方针，着力完善知识产权制度，积极营造良好的知识产权法治环境、市场环境、文化环境，大幅度提升我国知识产权创造、运用、保护和管理能力，为建设创新型国家和全面建设小康社会提供强有力支撑。

——明确了近5年和到2020年的"战略目标"，即把我国建设成为知识产权创造、运用、保护和管理水平较高的国家。

——确定了完善知识产权制度、促进知识产权创造和运用、加强知识产权保护、防止知识产权滥用、培育知识产权文化等五个战略重点；部署了专利、商标、版权、商业秘密、植物新品种、特定领域知识产权、国防知识产权等七个方面共24项专项任务；提出了提升知识产权创造能力、鼓励知识产权转化运用、加快知识产权法制建设、提高知识产权执法水平、加强知识产权行政管理、发展知识产权中介服务、加强知识产权人才队伍建设、推进知识产权文化建设、扩大知识产权对外交流合作等九个方面共26条具体措施。这些任务措施有些是制度性法规性的，例如"及时修订专利法、商标法、著作权法等知识产权专门法律及有关法规"等；有些是战略性长期性的，例如"以国家战略需求为导向，在生物和医药、信息、新材料、先进制造、先进能源、海洋、资源环境、现代农业、现代交通、航空航天等技术领域超前部署，掌握一批核心技术的专利，支撑我国高技术产业与新兴产业发展"等；还有些是基础性操作性的，例如"建设高质量的专利、商标、版权、集成电路布图设计、植物新品种、地理标志等知识产权基础信息库，加快开发适合我国检索方式与习惯的通用检索系统"等，这些措施既保证了任务措施可以落到实处，又保证了战略目标得以实现。

为了更有效地实施《国家知识产权战略纲要》，2008年12月12日，国务院办公厅印发了《实施〈国家知识产权战略纲要〉任务分工》，将《国家知识产权战略纲要》的任务措施进一步细化为79项，明确了各成员单位在战略实施中的职责任务，同时也有利于加强各成员单位之间的相互配合。

按照《实施〈国家知识产权战略纲要〉任务分工》，从2009年起，联席会议办公室每年都组织各成员单位制定和实施知识产权战略实施年度推进计划。

随着年度计划的逐年推进实施，任务措施从全面推进逐渐到重点突出，从主要是各自独立完成逐渐到相互配合实施增多。在每年的推进计划中，既有阶段性工作，也有延续性工作，还有一些研究探索性工作，实现了阶段完成，延续推进和研究一批、试点一批、实施一批，连续滚动推进，确保了国家知识产权战略纲要的措施全部实施和重点落实。通过年度计划的总结，我们及时总结经验，分析形势，发现问题，研究措施，务求实效，从而更好更深入地实施国家知识产权战略。

表 国家知识产权战略实施年度推进计划统计表

年度	任务措施（项）	成员单位独立完成（项）	成员单位配合完成（项）	研究性工作（项）
2009	240	226	14	23
2010	222	183	39	24
2011	176	128	48	21
2012	90	54	36	10
2013	84	58	26	14
2014	79	29	50	19
2015	80	34	46	7
2016	99	43	56	18
2017	103	55	48	16

2013年10月，经过各成员单位对各自负责任务措施的自评估和委托国务院发展研究中心进行的第三方评估，联席会议办公室完成了对《国家知识产权战略纲要》五年实施情况的评估工作。评估结果表明：《纲要》提出的绝大多数措施得到阶段性落实，任务基本完成，战略实施五年来，我国知识产权战略实施工作机制不断健全，知识产权法规政策体系日益完善，知识产权创造和运用能力大幅提升，知识产权保护水平进一步提高，知识产权的社会环境明显改善，五年目标基本实现。我国已经在数量规模上成为知识产权大国，正处于从数量规模型大国向质量效益型强国迈进的过程中。《国家知识产权战略纲要》实施中面临的主要问题是知识产权保护效果与社会期待存在一定差距、知识产权质量和效益总体不太高、社会知识产权整体素质有待提升、知识产权国际化战略部署不太明确等。同时，我国已进入创新驱动发展阶段，市场主体对知识产权的诉求日益扩大，国际知识产权活动空前活跃，知识产权保护压力持续增大，对《国家知识产权战略纲要》的实施又提出了新的挑战。

2013年8月30日，国务委员王勇召开了全国知识产权战略实施工作电视电话会议，总结了战略实施情况，部署了下一阶段战略实施的重点工作。按照会议部署，联席会议办公室组织开展了《深入实施国家知识产权战略行动计划（2014—2020年）》的编制工作，在知识产权战略实施五年的基础上，在新形势下，系统梳理和全面深入分析了战略实施取得的成绩和经验，以及面对的形势和主要的问题，经过多次反复研究和广泛征求意见，形成了下一阶段的实施工作要点，确保《国家知识产权战略纲要》2020年目标全面实现。

2014年11月5日，国务院常务会审议通过了《深入实施国家知识产权战略行动计划（2014—2020年)》。2014年12月10日，国务院办公厅转发了国家知识产权局等单位《深入实施国家知识产权战略行动计划（2014—2020年)》的通知。

《深入实施国家知识产权战略行动计划（2014—2020年)》的主要内容和特点：

——指导思想是：按照激励创造、有效运用、依法保护、科学管理的方针，坚持中国特色知识产权发展道路，着力加强知识产权运用和保护，积极营造良好的知识产权法治环境、市场环境、文化环境，认真谋划我国建设知识产权强国的发展路径，努力建设知识产权强国，为建设创新型国家和全面建成小康社会提供有力支撑。

——从五个方面提出了2020年的目标，即知识产权的创造水平显著提高、运用效果显著增强、保护状况显著改善、管理能力显著增强和基础能力全面提升，并明确了12项预期指标。

——部署了"促进知识产权创造运用，支撑产业转型升级""加强知识产权保护，营造良好市场环境""强化知识产权管理，提升管理效能"和"拓展知识产权国际合作，推动国际竞争力提升"四项主要行动。

——提出了"知识产权信息服务工程""知识产权调查统计工程""知识产权人才队伍建设工程"三个基础工程和"加强组织实施""加强督促检查""加强财政支持""完善法律法规"四项保障措施。

这些内容突出问题导向，集中资源和精力解决新阶段战略实施面临的关键问题，力求着力重点突破，确保《国家知识产权战略纲要》目标全面实现和努力建设知识产权强国。

国家知识产权战略的全面深入实施，取得了巨大成就，成绩十分显著。在《深入实施国家知识产权战略行动计划（2014—2020年)》中，明确提出了努力建设知识产权强国。随着国家知识产权战略持续实施，我国知识产权创造运用水平大幅提高，保护状况明显改善，全社会知识产权意识普遍增强，知识产权工作取得长足进步，对经济社会发展发挥了重要作用。同时，仍面临知识产权大而不强、多而不优、保护不够严格、侵权易发多发、影响创新创业热情等问题，亟待研究解决。同时，全球新一轮科技革命和产业变革蓄势待发，我国经济发展方式加快转变，创新引领发展的趋势更加明显，知识产权制度激励创新的基本保障作用更加突出。

在这种新形势下，根据国务院总体部署，联席会议办公室又积极组织各相关部门全面分析国内外形势、认真研究存在问题、系统梳理相关政策、充分借鉴国际经验、深入进行调查研究，多次组织经济、科技、法律界专家座谈论证，反复修改完善并征求相关单位意见后，形成了《关于新形势下加快知识产权强国建设的若干意见》。

2015年12月9日，国务院常务会审议通过了《关于新形势下加快知识产权强国建设的若干意见》。2015年12月18日，国务院印发了《关于新形势下加快知识产权强国建设的若干意见》。2016年7月8日，国务院办公厅印发了《实施〈国务院关于新形势下加快知识产权强国建设的若干意见〉重点任务分工方案》。

《关于新形势下加快知识产权强国建设的若干意见》的主要内容和特点：

——指导思想是：按照"四个全面"战略布局和党中央、国务院决策部署，深入实施国家知识产权战略，深化知识产权重点领域改革，有效促进知识产权创造运用，实行更加严格的知识产权保护，优化知识产权公共服务，促进新技术、新产业、新业态蓬勃发展，提升产业国际化发展水平，保障和激励大众创业、万众创新，为实施创新驱动发展战略提供有力支撑，为推动经济保持中高速增长、迈向中高端水平，实现"两个一百年"奋斗目标和中华民族伟大复兴的中国梦奠定更加坚实的基础。

——确定了四个基本原则。一是坚持战略引领，按照创新驱动发展战略和"一带一路"等战略部署，推动提升知识产权创造、运用、保护、管理和服务能力，深化知识产权战略实施，提升知识产权质量，实现从大向强、从多向优的转变，实施新一轮高水平对外开放，促进经济持续健康发展。二是坚持改革创新，加快完善中国特色知识产权制度，改革创新体制机制，破除制约知识产权事业发展的障碍，着力推进创新改革试验，强化分配制度的知识价值导向，充分发挥知识产权制度在激励创新、促进创新成果合理分享方面的关键作用，推动企业提质增效、产业转型升级。三是坚持市场主导，发挥市场配置创新资源的决定性作用，强化企业创新主体地位和主导作用，促进创新要素合理流动和高效配置。加快简政放权、放管结合、优化服务，加强知识产权政策支持、公共服务和市场监管，着力构建公平公正、开放透明的知识产权法治环境和市场环境，促进大众创业、万众创新。四是坚持统筹兼顾，统筹国际国内创新资源，形成若干知识产权领先发展区域，培育我国知识产权优势。加强全球开放创新协作，积极参与、推动知识产权国际规则的制定和完善，构建公平合理的国际经济秩序，为市场主体参与国际竞争创造有利条件，实现优进优出和互利共赢。

——明确了"到2020年，在知识产权重要领域和关键环节改革上取得决定性成果，知识产权授权确权和执法保护体系进一步完善，基本形成权界清晰、分工合理、责权一致、运转高效、法治保障的知识产权体制机制，知识产权创造、运用、保护、管理和服务能力大幅提升，创新创业环境进一步优化，逐步形成产业参与国际竞争的知识产权新优势，基本实现知识产权治理体系和治理能力现代化，建成一批知识产权强省、强市，知识产权大国地位得到全方位巩固，为建成中国特色、世界水平的知识产权强国奠定坚实基础"的目标。

——提出了"推进知识产权管理体制机制改革""实行严格的知识产权保护""促进知识产权创造运用""加强重点产业知识产权海外布局和风险防控，加强维权援助"和"提升知识产权对外合作水平"五个方面主要任务。

——从"加强组织领导""加大财税和金融支持力度""加强知识产权专业人才队伍建设"和"加强宣传引导"四个方面部署了组织实施和政策保障。

《实施〈国务院关于新形势下加快知识产权强国建设的若干意见〉重点任务分工方案》共106条，措施具体，责任明确。

《关于新形势下加快知识产权强国建设的若干意见》是国务院又一专门部署知识产权工作的重要纲领性文件，具有重点性和前瞻性，是我国知识产权事业未来发展，特别是知识产权强国建设的重要遵循和行动指南，具有重大的现实意义和深远的历史意义。

以上是我对国家知识产权战略和知识产权强国建设工作的一个简要的全面回顾，也是一次全面和更深入的认识。作为一个知识产权工作者，尤其是从事了10多年知识产权战略和知识产权强国建设的亲身经历者，我既参与了重要文件的研究制定，又从事了战略实施的具体工作，也看到了所取得的显著成效。能为这一事业而努力工作，并作出自己的一份贡献，我觉得机会难得、十分有意义、深感荣幸和自豪。我由衷地期待着在党中央和国务院的正确领导下，在全社会的共同努力下，全面实现知识产权战略目标，加快把我国建设成知识产权强国，早日实现中华民族伟大复兴的中国梦。

砥砺十年实施战略终不懈
励精图治建设强省今有成

——写在《国家知识产权战略纲要》实施十周年之际

马宪民[*]

2008 年 6 月 5 日，国务院颁布《国家知识产权战略纲要》，决定实施国家知识产权战略，迄今已是十年。巧合的是，我也是当年调入广东省知识产权局工作的。有机会全过程亲历并参与知识产权战略实施，真可谓三生有幸，感受良多。

十年来，广东认真贯彻落实中央决策部署，坚持以实施知识产权战略为主线，以建设知识产权强省为目标，围绕中心、服务大局，大力推进知识产权创造、运用、保护、管理和服务，知识产权事业蓬勃发展，实现了由知识产权大省向知识产权强省跨越的良好开局，在全省供给侧结构性改革、实施创新驱动发展战略和构建开放型经济新体制中发挥了重要支撑作用。

一、高层次谋划，大力度推进知识产权战略实施

广东省委、省政府高度重视知识产权战略实施，采取有效措施大力度推进，历任省委省政府领导都为此倾注了大量心血。

（一）国家纲要与广东纲要同步部署、协同实施

早在 2005 年，省政府就专门成立"知识产权战略工作领导小组"，启动省级战略的研究和制定工作。经省委常委会审议通过，省政府于 2007 年 11 月颁

---

[*] 马宪民：广东省知识产权局局长、党组书记。致力于推动知识产权强省建设和知识产权战略实施。入选 2015 年中国知识产权有影响力人物。

布《广东省知识产权战略纲要（2007—2020年）》。时任省委书记张德江同志对纲要的内容和纲要的制定工作都给予充分肯定和积极评价。在《国家知识产权战略纲要》颁布后，广东加强部署，将实施国家纲要与省纲要紧密结合起来，全面推进知识产权事业蓬勃发展。2010年，时任省委书记汪洋同志在广东省知识产权服务中心视察时强调要"突出重点，着力深入实施知识产权战略纲要"。2015～2016年，时任省委书记胡春华同志连续两次出席全省知识产权工作会议，推进战略实施。2008～2017年，历任省长先后连续9次出席全省知识产权工作会议，就加强战略实施作重要部署。2015年，省政府制定《广东省深入实施知识产权战略推动创新驱动发展行动计划》。2016年，省政府颁发《关于知识产权服务创新驱动发展的若干意见》。省政府专门设立战略推进经费，省级财政知识产权专项资金由2008年的0.5亿元增长到3.8亿元。

（二）战略实施与强省建设同步决策、协同推进

几乎与《国家知识产权战略纲要》颁布的同一时期，2008年6月，省委省政府就在《关于争当实践科学发展观排头兵的决定》中率先提出"贯彻落实知识产权战略纲要，实现从知识产权大省向知识产权强省跨越"的战略目标。2012年1月，更作出了《中共广东省委　广东省人民政府关于加快建设知识产权强省的决定》（以下简称《决定》）。这是国家知识产权战略实施工作在省级层面的创新与实践，是广东省知识产权战略实施目标、任务的进一步提升和加强，引领和指导着广东省的战略实施工作迈向了一个全新的发展阶段。《决定》明确了广东加快建设知识产权强省的发展目标，要求加快实现从知识产权大省到强省的跨越，并部署支持企业建立知识产权制度、实施战略性新兴产业知识产权专项工程等一系列推进措施。2016年，省政府和国家知识产权局联合发布《广东省建设引领型知识产权强省试点省实施方案》，确定了建设引领型知识产权强省的新目标。

（三）战略实施与省局会商同步安排、协同落实

同样是自2008年起，省政府与国家知识产权局建立了高层次知识产权战略合作关系，也是连续10年，开展了三轮高级别合作会商。2008～2017年，时任国家知识产权局局长田力普和现任局长申长雨，时任省长黄华华、时任省长朱小丹、现任省长马兴瑞先后连续10次出席年度省部会商会议。国家知识产权局

支持广东在知识产权强省建设、产业专利预警和导航、知识产权运营交易、快维中心和保护体系建设，以及服务产业转型升级和创新发展等方面开展探索，取得重大突破，构建了知识产权战略在国家与地方两个层面协同实施的典范模式。国家工商行政管理总局与省政府签署建设商标品牌强省战略合作协议，工商行政管理总局商标审查协作广州中心、商标局驻广州办事处、国家商标品牌创新创业（广州）基地等系列商标注册改革重大事项正式启动。教育部、科学技术部、工业和信息化部、国家工商行政管理总局、中国科学院、中国工程院等相关部委都与省政府签订双方或多方协议，坚持高标准、高平台谋划和实施知识产权战略，助推广东知识产权事业实现长远发展。省部高层次战略合作十年来取得了众多硕果，一批重大项目落户广东。如国家知识产权局专利局专利审查协作广东中心作为国家、省、市、区四方共建的国家级重点项目，自2011年成立以来，累计完成发明专利审查结案57万余件，年审查结案超15万件，审批量约占全国总量的1/5，并为地方培养了大批高层次专业人才。目前已正式落户在中新广州知识城美丽的凤凰湖畔，成为当地标志性园区。

（四）战略实施与《条例》《规划》紧密衔接、互为促进

1996年，广东颁布了全国第一部涉及专利保护的地方性法规《广东省专利保护条例》，开创了全国专利保护地方立法的先河。随着知识产权战略的深入实施，面对专利工作的新形势新要求，省人大于2010年12月审议通过《广东省专利条例》，在篇章结构和内容编排上与《纲要》相衔接，完整规范专利创造、管理、保护和运用，对专利权人行使权利予以规制，对处理专利侵权纠纷各方面作了详细规定。省政府先后出台《广东省展会专利保护办法》《关于实施商标品牌战略的指导意见》《广东省专利奖励办法》等配套文件。国务院发布《珠江三角洲地区改革与发展规划》后，广东把该规划指标与战略实施目标相互衔接，相互促进。省政府同意发布的《广东省知识产权事业发展"十三五"规划》也从工作任务、建设目标等方面与战略实施有机衔接。

（五）战略实施在社会各方全面动员、不留死角

根据省委省政府的统一部署，全省市、县两级有效推进知识产权战略的实施和落地，发挥战略的支撑和引领作用。广东组织专家到各地作巡回演讲，宣传知识产权战略纲要。全省21个市全部出台知识产权战略纲要、年度计划或实

施方案，对本地区战略任务进行周密部署和安排。广州提出"把知识产权打造成广州最叫得响的品牌"，积极谋划建设国家知识产权枢纽城市。深圳争创国际化知识产权先行市，不断深化改革，实现专利、商标、著作权统一管理和执法。佛山深入实施鲲鹏、繁星、乘龙、英才、清风、护航、扎根、导航八大计划，高标准推进战略工作。东莞、中山有效提升知识产权战略统筹协调机构层级，均建立了以市长牵头的市级知识产权工作领导小组，指导战略实施工作。汕头积极建设国家知识产权工作示范城市。梅州创建知识产权服务粤东西北创新发展试点市。阳江建立中国阳江（五金刀剪）知识产权快速维权中心。湛江围绕南方海谷建设和海洋产业发展启动特色性知识产权强市建设。茂名大力推进石化领域的知识产权产业化工作。清远积极推进地理标志产品申报和保护。潮州积极推进知识产权质押融资和最具价值版权产品培育工作。揭阳加强中德国金属生态城知识产权保护。以战略实施为抓手，加快建设知识产权强企、强校、强所群体。设定高新技术企业的知识产权准入标准，将知识产权作为高企认定的重要条件。

全省围绕知识产权战略实施，大力培育知识产权文化。在每年"4·26知识产权宣传周"期间，各级职能部门围绕宣传主题，通过召开新闻发布会、设立宣传专栏、制播公益广告、组织专题培训或公开销毁活动、曝光典型案例等方式，在全省范围内掀起尊重知识、崇尚创新、诚信守法的宣传高潮，建立公益主导、社会参与、技术先进、传输快捷、覆盖广泛、城乡兼顾的知识产权文化传播体系。自2013年起，省政府知识产权办公会议办公室每月编制《广东省推进知识产权战略实施简报》，及时反映全省知识产权战略实施动态、举措、成就、经验，以及各地级以上市实施知识产权战略相关情况。

二、全方位部署，多方位实现知识产权战略目标

（一）知识产权改革取得"新突破"

广东省委要求，要全面推进知识产权领域创新改革试验。近年来，广东在知识产权改革方面先行先试，取得重要进展，多项知识产权重大改革事项全面铺开。

2016年7月，国务院作出《国务院关于同意在中新广州知识城开展知识产权运用和保护综合改革试验的批复》，中新广州知识城成为全国首个且是唯一经

国务院批准的知识产权改革试验田。之后，国家知识产权局等14部委联合印发《中新广州知识城开展知识产权运用和保护综合改革试验总体方案》。广东省知识产权局会同广州市政府、广州开发区政府积极推动相关改革措施。该区单独设置了区级知识产权局，实现专利、商标和著作权行政管理的"三合一"，制定颁布知识产权政策"美玉10条"。高标准规划知识产权服务园区，重点建设知识产权保护中心和交易中心双子塔。在战略实施过程中，深圳探索了知识产权综合管理体制改革，形成专利、商标、著作权"三合一"的市场监督管理格局。广州、东莞、佛山、中山等地级以上市的知识产权管理部门均得到了有力的加强，各地知识产权专项资金呈现快速增长态势。

近年来，广东积极统筹推进知识产权强市群建设。广州成为国家知识产权强市创建市，阳江成为国家知识产权试点城市。全省共有国家知识产权试点示范和示范培育城市13个，强县工程试点、示范县（市、区）26家。肇庆端州区获评国家传统知识知识产权保护试点区，实现传统知识知识产权保护试点县区零突破。广东省知识产权局与梅州、江门等市开展知识产权合作会商，推进知识产权强市建设。

（二）知识产权创造实现"高价值"

近年来，广东知识产权发展指数和专利创造指数连续多年位居全国前列。截至2017年底，全省有效发明专利量达20.85万件，每万人口发明专利拥有量18.96件，是2008年的10.8倍，年均增长30.3%，远超国家2020年发展目标，接近创新型国家水平。PCT国际专利申请量连续16年保持全国第一，年均增长28.8%。十年来，获中国专利金奖48项、优秀奖753项，分别是战略实施前20年总量的5.3倍和11.4倍。全省商标有效注册量252.5万件，连续23年居全国首位；驰名商标753件，是2008年的5.5倍；马德里商标有效注册量5638件，继续保持全国首位。地理标志注册商标50件，地理标志产品121件。全省著作权年度登记量达27.5万件。植物新品种拥有量快速增长，林业和农业植物新品种分别达89件和283件。

围绕创新主体，大力推行《企业知识产权管理规范》国家标准，全省通过贯标认证的企业有5211家，企业已经成为广东知识产权创造的主力军。目前全省累计拥有国家级知识产权优势企业162家、示范企业50家，省级知识产权优势企业668家、示范企业200家。

（三）知识产权运用达到"新高度"

广东省委要求，"建设全国知识产权交易中心，把国内外创新资源拿到广东来转化。建设一批具有国际影响的知识产权运营平台，建立完善知识产权发现、评估、转化、运营机制，使知识产权在广东更便利地获得市场运营收益，提高创新者到广东转化创新成果的积极性，为广东发展创新型经济提供更多源头活水"。我们以建设全国知识产权交易中心为战略实施的重点，大力推进知识产权运用，知识产权运用发展指数于 2016 年跃居全国首位，专利运用实力连续 5 年居全国第一。

全省大力推进知识产权质押融资、专利保险、产业基金等多项工作，知识产权运营能力和水平大幅度提升。广东积极承担国家市场化知识产权运营四个试点项目，省政府批准组建"广州知识产权交易中心"，国家知识产权局授牌成立横琴国际知识产权交易中心，一大批民营化、市场化、网络化知识产权运营机构蓬勃发展，2016 年进入产业化阶段有效专利比例达 51%。2017 年 8 月，广东成功举办首届知识产权交易博览会，展示项目 9143 个，参展产品 8223 个，涉及专利 18855 件，促成知识产权交易 7.2 亿元，着手打造"永不落幕的知交会"。近年来，广东建立重点产业知识产权运营基金和知识产权质押融资风险补偿基金，借助中央财政资金成立了广东省粤科国联知识产权投资运营基金。以中央财政资金为引导，募资形成 6 亿元广州市知识产权重点产业运营基金并投入运作。支持广州、深圳、珠海、中山、惠州 5 市分别设立市级知识产权质押融资风险补偿基金。十年来，专利权质押融资登记金额累计超过 380 亿元。商标品牌战略顺利实施。省版权兴业示范基地（集群）110 家，带动全省实现版权产业增加值超过 6800 亿元。

围绕重点产业优化升级，深度开发专利信息资源，开展产业专利态势分析、预警和导航。率先系统部署开展战略性新兴产业专利预警和导航分析，已涵盖 29 个产业领域。

（四）知识产权保护建立"新体系"

广东省委强调："创新是高智力活动，理应获得丰厚回报。我们绝不能走不为创新付费的老路，必须加大知识产权保护力度，依法打击侵犯知识产权的各种行为，切实维护创新者权益，增强全社会知识产权意识，充分激发创新活力。"我们以此为战略实施的关键，大力加强知识产权保护。近年来，广东知识产权保护发展指数连续 5 年保持全国第一，专利保护实力连续多年居全国前列。

在战略实施过程中，广东不断加强知识产权行政执法。各级知识产权行政管理部门依法查处侵犯专利权、商标权、著作权等违法行为，十年来受理并结案各类专利纠纷案件 2.5 万件，商标违法案件 5.4 万件，海关查扣侵权嫌疑货物 6.4 万批次，扣留侵权货物近 9.6 亿件。著作权行政管理系统连续 12 年开展网络治理"剑网"专项行动。公安机关强化集群战役，实施全链条打击，累计立案制假售假犯罪案件 1.9 万宗、破案 1.5 万宗。打造"广交会知识产权保护"金字招牌，连续多年入驻中国国际高新技术成果交易会、中国中部投资贸易博览会、中国（深圳）国际文化产业博览交易会等开展知识产权保护工作；建立互联网知识产权保护机制，完善电子商务执法打假新模式。

加强知识产权司法保护。各级法院充分发挥审判职能，高度重视重大、疑难和新类型案件的审理工作，注重通过司法裁判明确法律标准和行为准则，彰显司法的公信和权威。深入推进知识产权审理审判机制改革，成立广州知识产权法院，建立基层法院跨区集中管辖模式，推进知识产权民事、刑事、行政"三合一"改革试点，提高知识产权保护整体效能。十年来，广东省法院累计受理并审结各类知识产权民事一审案件突破 20 万件，连续多年居全国首位。检察机关依法履行检察职能，强化知识产权法律监督职责，年度批捕知识产权案件数量和人数均为十年前的 3.5 倍。

围绕重点产业发展需求，广东积极探索产业知识产权保护模式。2011 年，国家知识产权局批准组建中国中山（灯饰）知识产权快速维权中心，探索出"集快速审查、确权、维权为一体的一站式服务"模式，为地方特色行业创新发展保驾护航，"中山模式"获得了世界知识产权组织的充分肯定。广东积极推广中山经验，已建成灯饰、家电、家具、皮具、五金、玩具等产业国家级知识产权快速维权中心 7 个。围绕战略性新兴产业发展，获批建设中国（广东）知识产权保护中心和中国（佛山）知识产权保护中心。省政府还建立了知识产权重点保护企业直通车制度。

（五）知识产权支撑呈现"新局面"

在实施知识产权战略过程中，广东大力推进知识产权区域、服务、人才、宣传等各项工作，为全省知识产权事业发展提供了有力支撑。

广东成功打造国家知识产权服务业聚集发展试验区 2 个，省级服务业聚集发展示范区 2 个、试验区 3 个，实现区域内知识产权与创新发展的有机融合。启动省级高新区及孵化器知识产权综合服务平台建设，切实提升区域和孵化器的知识产权服务管理水平。全省拥有国家知识产权分析评议示范、示范创建机构 14 家。实施"百所千企知识产权对接服务工程"，促进知识产权服务机构与企业有效对接。

国家知识产权局区域专利信息服务（广州）中心加载全球专利著录项目数据突破 1.1 亿条，四级专利信息推送服务平台高效运转。全省专利代理机构 287 家，分支机构 239 家，实现代理机构全省 21 个市全覆盖，执业专利代理人达 2009 人。拥有国家知识产权服务品牌机构 5 家、试点培育机构 13 家。人才建设成效显著，各类知识产权人才近 4 万人，国家知识产权专家库专家 23 人、国家知识产权领军人才 23 人、"百千万知识产权人才工程"高层次人才 31 人。建成国家培训基地 5 家，广州与暨南大学共建"广州知识产权人才基地"。

经过多年发展，广东初步建成知识产权多元国际交流合作平台，与北美、欧洲、日韩、东南亚等国家和地区构建差异化合作新模式，积极服务国家"一带一路"战略。粤港澳知识产权合作硕果累累，粤港保护知识产权合作专责小组和粤澳知识产权工作小组牵头完成粤港合作项目 138 项、粤澳合作项目 52 项目。

"倡导创新文化，强化知识产权创造、保护、运用"。党的十九大对知识产权工作进行了重要部署，这是新时代党中央对知识产权工作的新定位、新要求，是在新的历史条件下赋予知识产权工作的新任务、新使命，是做好知识产权工作的根本遵循和行动指南。

下一阶段，广东知识产权战略实施工作的总体要求是，以习近平新时代中国特色社会主义思想为指导，深入贯彻党的十九大和习近平总书记重要讲话精神，围绕中央和省的重大战略部署，按照省委省政府要求，对标国内外最优最好最先进，深化知识产权领域改革，推动广东知识产权高标准保护、高质量创造、高效益运用、高效率服务、高水平开放，加快建设引领型知识产权强省，切实解决战略实施中存在的突出问题，强力推进各项战略措施，坚决保障战略任务全面完成，战略目标圆满实现，更好满足构建经济高质量发展体制、建设现代化经济体系、形成全面开放新格局、营造共建共治共享社会治理格局迫切需要，为广东实现"四个走在全国前列"目标和在新一轮创新发展中再次赢得先机作出积极贡献。

新时代我国知识产权综合管理体制改革的路径探讨

王 露*

习近平总书记在党的十九大报告中指出，中国特色社会主义进入新时代，我国社会主要矛盾已经转化为人民日益增长的美好生活需要和不平衡不充分的发展之间的矛盾，这就要求我们加快建设创新型国家，倡导创新文化，强化知识产权创造、保护、运用。这些都对知识产权管理体制提出了更高要求。

一、我国知识产权综合管理体制改革的目标要求

改革开放前 20 多年，我们创建并不断完善了知识产权行政管理体制。我国最初采取的是将商标、版权和专利等进行分散管理的知识产权管理体制，与世界主要国家的知识产权管理体制有比较大的不同，不符合知识产权集中管理的刚性要求。

2005 年 1 月，国务院成立国家知识产权战略制定工作领导小组，着手制定《国家知识产权战略纲要》。2008 年 6 月，为推进国家知识产权战略，国务院颁布实施《国家知识产权战略纲要》（国发〔2008〕18 号，以下简称《纲要》）。以此为契机，拉开了我国知识产权体制改革的大幕。

这次改革的主要特点是主动改革，探索既有中国特点又与世界接轨的知识产权行政管理体制。《纲要》把"健全知识产权执法和管理体制"作为战略重点之一，要求加强司法保护体系和行政执法体系建设，发挥司法保护知识产权的主导作用，提高执法效率和水平，强化公共服务。深化知识产权行政管理体制改革，形成权责一致、分工合理、决策科学、执行顺畅、监督有力的知识产

---

* 王露：中国行政体制改革研究会常务副秘书长，中山大学兼职教授。曾在高校任教，在财政部、中央金融工委、银监会、中央政法委等部委任职，承担国家知识产权战略实施十年评估专题评估工作。

权行政管理体制。

2015 年 12 月，为加快推进国家知识产权强国战略，国务院又颁布了《国务院关于新形势下加快知识产权强国建设的若干意见》（国发〔2015〕71 号，以下简称《若干意见》）。《若干意见》把知识产权综合管理体制改革作为主要目标，要求到 2020 年，在知识产权重要领域和关键环节改革上取得决定性成果，知识产权授权确权和执法保护体系进一步完善，基本形成权界清晰、分工合理、责权一致、运转高效、法治保障的知识产权体制机制，知识产权创造、运用、保护、管理和服务能力大幅提升，创新创业环境进一步优化，逐步形成产业参与国际竞争的知识产权新优势，基本实现知识产权治理体系和治理能力现代化，建成一批知识产权强省、强市，知识产权大国地位得到全方位巩固，为建成中国特色、世界水平的知识产权强国奠定坚实基础。

2016 年 12 月，中央全面深化改革领导小组第三十次会议审议通过了《关于开展知识产权综合管理改革试点总体方案》（以下简称《试点总体方案》）。2016 年 12 月，国务院办公厅发布通知（国办发〔2016〕106 号），印发《关于开展知识产权综合管理改革试点总体方案》。开启了我国知识产权体制全面改革的进程。《试点总体方案》把"在试点地方深化知识产权综合管理改革，推动形成权界清晰、分工合理、责权一致、运转高效、法治保障的知识产权体制机制"作为工作目标，要求通过深化简政放权、放管结合、优化服务改革，实现知识产权行政管理更加顺畅、执法保护体系进一步完善、知识产权市场监管和公共服务水平明显提升，有力促进大众创业、万众创新，加快知识产权强国建设，为全面建成小康社会提供有力支撑。

二、我国地方知识产权综合管理体制改革的模式与经验

2001 年以来，为适应加入 WTO 的需要，我国探索与世界主要国家接轨的知识产权综合管理体制，先后形成了部际联席会议和各具特点的管理模式和知识产权法院。

部际联席会议制度的建立：2008 年 6 月，国务院颁布实施《国家知识产权战略纲要》，提出建立国家知识产权战略实施工作部际联席会议制度。2008 年 10 月，国务院批复成立由 28 个部门单位组成的国家知识产权战略实施工作部际联席会议，负责统筹协调国家知识产权战略实施工作。联席会议成员单位包括

中宣部、外交部、发改委、教育部等28个部门单位。联席会议办公室设在国家知识产权局，主要负责联席会议的日常工作。2016年3月，国家知识产权战略实施工作部际联席会议升格为国务院知识产权战略实施工作部际联席会议，由国务院领导同志担任召集人，联席会议成员单位由28个增加为31个，统筹协调能力极大增强，职责也作了相应的调整。

部际联席会议在统筹协调国家知识产权战略的贯彻执行方面发挥了重要作用，对我国知识产权体制探索提供了有益的经验。

深圳模式：2004年，深圳市政府首次在我国地方知识产权机构设置方面进行改革尝试，成立了深圳市知识产权局（挂深圳市版权局牌子），将专利和版权的行政管理和行政执法工作划入其职能范畴。同时，深圳市政府撤销了文化局加挂的深圳市版权局牌子，以及原深圳市科学技术局加挂的深圳市知识产权局牌子。2009年，深圳市实行大部制改革，理顺市场监管体制，解决工商行政管理、质量技术监督部门职能交叉、职权不清问题，同时为加强专利、商标、版权以及食品安全的执法监督职责、充分有力保护知识产权，将知识产权局、工商行政管理局、质量技术监督局等职责整合划归市场监督管理局；实际上撤销了知识产权局。2012年2月8日，深圳市市场监督管理局加挂深圳市知识产权局牌子，把深圳市市场监督管理局的知识产权管理职能凸显出来，也标志着深圳知识产权集中管理体制的正式确立。

深圳模式强化了知识产权行政管理中与工商行政管理有关的内容，集中力量进行知识产权有关的市场监管，与质量监管、市场稽查等工商行政管理内容进行高度整合，形成了市场统一监管的深圳模式。

义乌模式：2014年，义乌实施知识产权保护体制改革。义乌市委、市政府以市场监管机构改革为契机，将原来由工商、科技、文化等部门分头负责的商标、专利、版权等知识产权管理职能进行整合，统一归口到义乌市市场监管局，建立了专利、商标、著作权"三合一"的知识产权保护综合监管执法体系，并被誉为"义乌模式"。在2018年实施的国家机关机构改革中，"义乌模式"成为重要的参考模板。

2016年底，义乌下发了《义乌市高标准建设国家知识产权示范城市工作方案（2016—2018）》，提出要深入实施知识产权战略，以支撑产业发展、提高企业和区域创新能力为目的，加大知识产权保护力度，优化知识产权发展环境，全面推进知识产权服务我市经济转型升级，使义乌成为创新活力强劲、运用成效显著、保护水平一流、管理服务高效的知识产权强市，切实在全国起到示范引领作用。为此，义乌加强顶层设计，将原先一些分散性的规划、决定、行动方案进行整合。

"义乌模式"下的知识产权保护体制，实现了监管执法资源的整合，构建了健全的行政执法网络，为高效、全面开展知识产权保护奠定了坚实的基础。"义乌模式"说明，在行政执法队伍改革大方向下，由工商和市场监管部门统一进行知识产权综合管理既符合党中央国务院关于执法体制改革的方向，又充分利用了工商和市场监管部门已有的成熟队伍，弥补了地方队伍不健全的短板，降低了监管成本，有效整合了市场监管执法资源，是知识产权体制改革的路径之一。

"二合一"的苏州模式：2008 年，苏州市设置了独立的知识产权管理的政府工作部门，较早在全国进行专利、版权"二合一"的尝试。2009 年，苏州市成为国家知识产权工作示范城市。2010 年初，国家发改委将苏州列为创建国家创新型城市试点，国家知识产权局正式批准苏州市为国家知识产权示范城市。2010 年 4 月，《苏州市知识产权局（苏州市版权局）主要职责、内设机构和人员编制规定》（简称"三定"方案）出台，设立苏州市知识产权局，为市政府工作部门，挂"苏州市版权局"牌子，正处级建制。2010 年，苏州市知识产权局率先实现专利、版权职能"二合一"，创立了独树一帜、全国特有的"苏州模式"。

苏州知识产权成果令人瞩目，被称为知识产权管理改革的"苏州模式"。此模式发挥了良好的示范效应，影响了国家其他的一些知识产权试点城市的知识产权行政管理模式。

"三合一"浦东模式：2014 年，上海浦东新区率先探索建立专利、商标、版权"三合一"的知识产权行政管理和行政执法机构，建立专利、商标与版权的"一站式"审查与登记窗口服务方式，形成"监管和执法统一、保护和促进统一、交易和运用统一"知识产权工作体系，被称为浦东模式。现在，浦东模式正复制推广到 10 个省市新设立的自贸试验区。

2014 年 11 月，上海浦东新区率先在全国成立了集专利、商标、版权行政管理和综合执法职能于一身的知识产权局。上海浦东新区知识产权局努力在知识产权管理体制创新和保护、运用等方面深入探索，确立了专利、商标和版权"三合一"集中管理体制，构建了"管理和执法统一、保护和促进统一、交易和运用统一"的工作体系，形成了行政保护、司法保护、调解仲裁、社会监督"四轮驱动"的知识产权大保护工作格局，搭建了"投、贷、保、易、服"五位一体的知识产权价值实现平台，为营造国际化、法治化、便利化的营商环境提供了基础保障。特别是通过改革实现了知识产权公共事务"一站式"办理及举报投诉集中受理，做到了"一个部门管理、一个窗口服务、一支队伍办案"，极大地方便了企业和群众办理知识产权业务。

浦东新区知识产权局是兼具行政管理与执法职能的独立的知识产权局，实现了区域知识产权管理和执法体制由分散、单一向综合、整体的转变。

设立知识产权法院的探索：随着我国经济社会发展，知识产权审判的重要作用日益凸显，案件数量迅猛增长，新型疑难案件增多，矛盾化解难度加大。2013年11月，十八届三中全会通过《中共中央关于全面深化改革若干重大问题的决定》，要求"加强知识产权运用和保护，健全技术创新激励机制，探索建立知识产权法院"。2014年6月，习近平总书记主持召开中央全面深化改革领导小组第三次会议，审议通过《关于设立知识产权法院的方案》。2014年8月，十二届全国人大常委会第十次会议表决通过了全国人大常委会关于在北京、上海、广州设立知识产权法院的决定。

2017年8月，最高人民法院院长周强在第十二届全国人民代表大会常务委员会第二十九次会议上作《最高人民法院关于知识产权法院工作情况的报告》，总结了我国设立知识产权法院所取得的积极成效。一是通过审理重大典型案件，确立裁判规则，彰显激励和保护创新的鲜明态度。二是通过加大对知识产权侵权行为的惩治力度，推进社会诚信建设，充分发挥司法保护知识产权的主导作用。三是通过推进审判机构专门化、审判人员专职化和审判工作专业化，统一裁判标准，提高审判效率，对于提升全国法院知识产权审判水平发挥了引领示范作用。四是通过全面落实司法体制改革要求，充分发挥了司法体制改革排头兵作用。五是通过加强知识产权司法领域的国际交流与合作，有效提升了我国知识产权司法的国际影响力。

北京、上海、广州知识产权法院的设立，开创了知识产权审判新局面，对于加强知识产权司法保护具有标志意义。

我国知识产权管理体制改革的经验表明，我国知识产权管理体制存在一些问题，但是可以通过改革的方式进行解决。部际联席会议以及知识产权法院的探索对于完善我国知识产权体制机制作用重大。另外，我国知识产权管理高度不平衡，各地管理能力与水平差距很大。在加强知识产权集中管理的同时，要鼓励地方探索适合本地实际的知识产权管理模式，避免"一刀切"。

三、新一轮知识产权管理体制改革的路径

《试点总体方案》发布后，我国新一轮知识产权综合管理体制改革全面铺开。

2017 年 4 月，国务院批转国家发展改革委《关于 2017 年深化经济体制改革重点工作意见》，其中开展知识产权综合管理改革试点是 2017 年深化改革的重点工作之一。《意见》指出，要健全创新驱动发展体制机制，完善创新创业支撑政策体系。不久，国务院又正式批复设立辽宁、浙江、河南、湖北、重庆、四川、陕西等 7 个自贸区作为新一轮知识产权综合管理体制改革的试验区。

根据国务院《试点总体方案》和国家发改委《意见》，2017 年 7 月，国家知识产权局发函确定第一批知识产权综合管理改革试点地方，确定福建厦门、山东青岛、广东深圳、湖南长沙、江苏苏州、上海徐汇区等 6 个地方为知识产权综合管理改革试点地方，在市级层面（上海徐汇区为区级层面）试点开展知识产权综合管理改革。

第十三届全国人民代表大会第一次会议表决通过了国务院机构改革方案，决定重组国家知识产权局，将国家知识产权局职责、国家工商行政管理总局商标管理职责、国家质量监督检验检疫总局原产地地理标志管理职责整合，重新组建国家知识产权局，由国家市场监督管理总局管理。

按照十九大报告、十九届三中全会《决定》和国务院机构改革方案的要求，参照世界其他国家知识产权和我国知识产权管理体制改革的经验，对我国现行知识产权体制改革提出如下建议。

1. 成立国家知识产权强国战略委员会

在国务院知识产权战略实施工作部际联席会议的基础上，成立国家知识产权强国战略委员会，负责国家知识产权强国战略的制定与协调推进工作。设立国家知识产权强国战略委员会办公室，作为国家知识产权强国战略委员会的办事机构，负责推进协调国家知识产权强国战略的贯彻执行。

2. 设立知识产权综合执法指导机构

知识产权的管理和执法相分离既是知识产权管理科学性的体现，也是各国

在知识产权行政管理方面采取的普遍做法。由于知识产权执法具有自身的专业特殊性，建议重组后的国家知识产权局设立知识产权综合执法指导机构，负责对地方知识产权综合执法机关进行业务指导。

3. 积极推进地方知识产权综合管理改革试点

要积极推进地方知识产权综合管理改革试点，完成知识产权综合管理改革试点工作，及时总结成功经验并适时推广，扩大改革效应。鉴于知识产权发展不平衡，地方特色各异，建议充分考虑各地知识产权管理机构的性质、级别、隶属部门和管理模式的差异，不搞"一刀切"，鼓励地方因地制宜改革地方知识产权管理体系。用好国家全面创新改革试验区、自由贸易试验区、知识产权法院等改革试验平台，积极推进知识产权领域改革，形成可复制、可借鉴、可推广的模式。

4. 强化行政保护和司法保护双轮驱动

要着力建立多元协调的知识产权保护体系，促进知识产权行政保护、司法保护、社会监督有机衔接，实现行政执法与司法裁判标准的有机衔接。如建立重大案件的会商通报制度、移送制度，完善执法协调机制，建立知识产权信息共享云平台，通畅案件查处渠道，提高办案效能，充分发挥行政保护与司法保护相互协调的体制优势。

5. 完善知识产权法律体系

针对司法实践中仍存在举证难、成本高、周期长、赔偿低等问题，完善知识产权法律体系。清理、协调现有的法律、法规，解决目前存在的知识产权立法上规定分散、缺乏统一性等问题，紧跟形势发展需要，完善现有法律规定，适时制定统一的知识产权法典。

回顾往昔　展望未来

——"知识产权中介服务体系"专题研究报告的制定

尹新天[*]

岁月匆匆，转眼之间《国家知识产权战略纲要》颁布施行 10 周年了。当年为制定知识产权战略而不辞辛劳、团结奋战的日日夜夜还历历在目、记忆犹新。

2005 年初，国务院成立了国家知识产权战略制定工作领导小组，正式启动了制定国家知识产权战略的工作。该项工作旨在形成一个战略纲要和 20 项专题研究报告，战略纲要由国务院组织制定，20 项专题研究报告由国家知识产权局、国家工商行政管理总局、国家版权局、国家发展和改革委员会、科学技术部、商务部、国务院法制办公室等 33 家国务院部门分别承担，全面覆盖了知识产权工作的所有领域，阵容之雄壮、声势之浩大、内容之广泛、研究之深入，实为空前未有，堪称我国知识产权制度发展历程中的一座里程碑，充分展示了国家对知识产权工作的高度重视，对进一步推动我国知识产权工作产生了极为深远的影响。

经过辛勤工作，20 项专题研究报告于 2007 年初全部按期完成。在国务院的直接领导下，2007 年 5 月战略制定工作领导小组对纲要草稿进行深入讨论，明确了战略的指导思想、基本原则、战略目标、主要措施和重点任务等主体内容。经广泛征求意见并反复修改，《国家知识产权战略纲要（送审稿)》提交国务院审议。2008 年 4 月 9 日，国务院常务会议审议并原则通过了《国家知识产权战略纲要》，于 2008 年 6 月 5 日由国务院印发。至此，历时两年半的国家知识产权战略制定工作全部完成。

其中，《国家知识产权战略纲要》是提纲挈领、总揽全局的纲领性文件，

---

[*] 尹新天：曾任国家知识产权局条法司司长，国家知识产权局新闻发言人。负责组织起草国家知识产权局关于第二次和第三次修改《专利法》及《专利法实施细则》的修订草案送审稿；参加《国家知识产权战略纲要》的制定工作，并担任"知识产权中介服务体系"专题研究领导小组副组长。

成为全面指导我国知识产权工作的规范；20项专题研究报告的内容更为详尽具体，是形成《国家知识产权战略纲要》的基础，也是对《国家知识产权战略纲要》的诠释。两者相辅相成，共同为促进我国知识产权工作的不断完善和长足发展奠定了厚重基础。

每项专题研究基本上采取了由某一国务院部门牵头、相关国务院部门参与的工作方式。在参加战略制定的33家国务院部门中，国家知识产权局是唯一的其全部职责均集于知识产权工作的部门，很自然地承担了制定国家知识产权战略的协调联络工作，战略制定工作领导小组办公室设在国家知识产权局。不仅如此，国家知识产权局还牵头承担了两项专题研究工作，即"专利战略"和"知识产权中介服务体系"专题。

管理全国专利工作是《专利法》赋予国家知识产权局的职责，"专利战略"专题研究的牵头单位非国家知识产权局莫属。国家知识产权局倾全局之力开展该项工作，将整个专题分解成为若干子课题，分别由国家知识产权局的不同部门承担，同时还设立了该专题研究的总体组，以综合汇总各分课题组的研究成果。

在知识产权中介服务领域，专利代理是比较规范、影响较大的行业。国家知识产权局条法司的职责之一就是管理全国的专利代理工作，当时包括每年组织一次全国专利代理人资格考试，负责全国专利代理机构的设立审批、全国专利代理机构的年检等工作。正因为如此，国家知识产权局条法司便被指定为"知识产权中介服务体系"专题研究的实际承担部门。

几乎在开展国家知识产权战略制定工作的同时，国家知识产权局启动了《专利法》的第三次修改工作，这无疑成为国家知识产权局当时的重点工作之一。从组织开展修改《专利法》的课题研究，到初步形成修改草案，再到广泛征求国内外各方面的意见，完善修改草案，再到参与国务院以及全国人大常委会的审议，条法司无不需要亲力亲为、全力参与。条法司当时只有十几个人，除了上述两项重要工作之外还有诸多日常工作需要正常开展，人员紧张到了捉襟见肘的地步，压力之大可想而知。条法司全体人员知难而上，齐心合力，奋力拼搏，不辱使命，不仅按时完成了"知识产权中介服务体系"的专题研究工作，撰写出合格的专题研究报告；还在2008年10月完成了第三次修改《专利法》的工作。我在条法司工作12年，这段时间是工作最为紧张的一段时间。条法司同仁为有这段拼搏经历而感到自豪。

经局领导研究，国家知识产权局组建了"知识产权中介服务体系"专题研究领导小组，由国家知识产权局副局长贺化任组长，国家知识产权局原局长王景川任顾问，我任副组长，原定的参加部门包括国务院国有资产监督管理委员会、人事部、国家工商行政管理总局、国家版权局、中国科学院、中国工程院。此外，国家知识产权局人事司、国际合作司、专利管理司、规划发展司、专利局审查业务管理部、专利复审委员会、专利局初审及流程管理部、专利局材料工程发明审查部、专利局专利文献部、专利局专利审查协作中心、中国知识产权研究会、中华全国专利代理人协会的领导也成为该专题研究领导小组的成员。

从开展该项专题研究工作的实际需要出发，条法司一开始就向战略制定工作领导小组办公室提出：律师行业是知识产权中介服务体系十分重要的组成部分，专题研究报告不可能不予涉及，因此建议邀请司法部以及律师协会作为专题研究领导小组的参加部门；为使保证研究工作更结合实际，建议邀请开展知识产权中介服务管理工作规模较大、管理经验较为丰富的北京市知识产权局、广东省知识产权局作为研究专题领导小组的成员。条法司的上述建议被战略制定工作领导小组办公室采纳。

鉴于专题研究的成果最终要体现在文字上，要撰写出符合要求的专题研究报告，关键在于要有适合的人选实际承担具体撰写任务。因此，在确立该课题研究领导小组之后，条法司又组建了专题研究工作小组，组长由我兼任，下设两个小组，即研究报告撰写小组和研究课题协调小组。

研究报告撰写小组的负责人是当时审查业务管理部研究处处长冯小兵、条法司条法一处处长姜丹明，成员是：广东省知识产权局副局长唐善新、干部黄喆，司法部律师公证司律师业务处处长牛文忠、处员杨柳，国家工商行政管理总局商标监管处副处长程萌、处员常惠，国家版权局版权管理司信息宣传处副处长段玉萍、处员陈磊，香港专利商标代理有限责任公司驻京办事处副主任马铁良、中国国际贸易促进委员会专利商标事务所专利代理人龙传红、北京连城资产评估代理公司评估师刘伍堂、中国资产评估协会李挺伟、国家知识产权局条法司条法三处负责人杨红菊、国家知识产权局专利局专利文献部文献阅览处处长吴泉洲。

研究课题协调小组的负责人是国家知识产权局条法司专利代理处处长王芸，成员是国家知识产权局规划发展司周洪良、国家知识产权局专利审查协作中心李丽。

"知识产权中介服务体系"专题研究工作启动伊始，条法司牵头于2005年9月初拟定了专题研究方案，提出将整个专题研究划分成为三个阶段。

第一阶段的工作是确定该项专题的一些基本概念，由冯小兵、姜丹明、杨红菊承担，具体内容包括明确中介服务、知识产权中介服务、知识产权中介服务体系的含义；知识产权中介服务涉及的领域和范围；知识产权中介服务机构的类型；知识产权中介服务的地位和作用；本专题研究的指导思想和原则等。

对上述问题，当时并没有现成的得到广泛认同的答案，需要工作小组自己探索。显然，这一阶段的工作是整个专题研究的基础，不打好这个基础，后面的研究工作就不可能正常开展。

该阶段研究工作在较短时间内就初步完成，最终在专题研究报告中指明：

"中介服务"是指受行政和司法部门、企事业单位、社会团体或者个人的委托而提供的专业性服务活动，其特点是：第一，服务性，即以向社会提供服务为宗旨；第二，中介性，即大多介于被服务者和其他相对方之间，以独立身份提供服务，可以就服务活动本身收取报酬，但不是服务活动所产生经济利益或者社会效益的直接受益者。

"知识产权中介服务"是指为行政和司法机关、企事业单位、社会团体或者个人提供的与知识产权有关的中介服务。

从横向上看，知识产权中介服务涵盖所有类型的知识产权，包括专利权、注册商标专用权、著作权、植物新品种权、集成电路布图设计专有权、奥林匹克标志专有权、地理标志、商业秘密，以及近年来在国内外受到高度关注的与知识产权密切相关的遗传资源、传统知识、民间文艺等领域。

从纵向上看，知识产权中介服务涵盖上述各种类型知识产权的创造、管理、运用、保护各个环节，主要包括：

（1）知识产权获权和确权代理服务，包括为委托人获得知识产权而在知识产权申请或者注册法律程序中，以及在知识产权获得之后可能发生的知识产权无效、撤销等法律程序中提供的代理服务等。

（2）知识产权法律服务，包括知识产权民事、行政、刑事诉讼代理和辩护等诉讼业务，以及知识产权司法鉴定、知识产权纠纷仲裁、知识产权法律咨询、知识产权合同审查、知识产权管理规划等非诉讼业务。

（3）知识产权推广应用服务，包括知识产权转让和许可代理、知识产权保护客体的实施与产业化服务、知识产权投资融资服务、知识产权实施应用的市场支持等服务。

（4）知识产权资产评估服务，包括在知识产权许可、转让、出资、入股、质押，国有企事业单位改制，企业合并、分立、清算、置换、拍卖等环节中对知识产权价值的评估服务。

（5）知识产权信息服务，包括知识产权信息检索与咨询、知识产权情报分析、知识产权文献信息数据加工等服务。

从知识产权中介服务的含义出发，同时服从于制定国家知识产权战略的总体要求和专题设置格局，本专题涉及的知识产权中介服务除了包括上述各类服务之外，还包括产业性协会（例如中国信息产业协会、中国音像协会等）提供的知识产权中介服务，但不包括企事业单位内部设立的知识产权管理部门及其工作人员为本单位提供的知识产权服务。

"知识产权中介服务体系"是指由有关法律法规、部门及地方政府规章构成的知识产权中介服务法律规范，由中介服务机构及其执业人员构成的知识产权中介服务执业主体，由政府主管部门、知识产权中介服务行业性协会构成的知识产权中介服务行政管理和自律管理主体，由有关政策措施、保障措施构成的知识产权中介服务基础保障所共同组成的使知识产权中介服务活动能够正常有序开展的整体系统。

第二阶段的工作是在第一阶段研究成果的基础上，分领域对知识产权中介体系进行子课题研究，包括：知识产权法律中介服务体系研究，由牛文中、杨柳承担；专利中介服务体系研究，由马铁良、王芸承担；商标中介服务体系研究，由程萌、常惠承担；版权中介服务体系研究，由段玉萍、陈磊承担；知识产权推广应用中介服务体系研究，由唐善新、龙传红承担；知识产权资产评估与投资中介服务体系研究，由刘伍堂、李挺伟承担；知识产权信息与咨询服务体系研究，由吴泉洲承担。

每个子课题研究都包括：收集整理反映国外、国内相应中介服务体系发展历史和现状的资料数据，并进行分析对比；在全国范围内进行问卷调查，倾听各方面的意见；对我国相应中介服务体系存在的问题进行排查分析；针对这些问题提出需要采取的改进措施。这些子课题的研究内容繁多，是整个专题研究的主干部分，因此所用时间较长，差不多花了一年多时间，直到中期检查之前才基本上完成。

在此期间，安排组织专题研究工作小组成员在北京、广州、南京、成都开展实地调研，并前往香港进行考察。

第三阶段的工作主要是对第一、二阶段的研究成果进行综合归纳，形成知识产权中介服务体系专题研究报告，是形成专题研究报告的实质性工作阶段。在这一阶段，专题研究工作小组频繁地举行全体会议，集中讨论各子课题的研究成果，解决研究成果中存在的问题，集思广益、统一思想，先后形成了专题研究报告的多个草案。最后，尹新天对报告草案最后一稿（第六稿）从头至尾进行梳理修改，形成了上报战略制定领导小组办公室的送审稿。

战略制定工作领导小组办公室将送审稿发给"知识产权中介服务体系"专题研究领导小组的全体成员，要求在规定时间内提出修改完善的意见和建议。专题研究工作小组对反馈回来的全部意见建议逐一进行研究，进而对送审稿作了必要调整。最后，战略制定工作领导小组办公室对20项专题研究报告逐一组织了论证会。在关于本专题研究的论证会上，我代表专题研究工作小组对本专题研究的过程和成果做了汇报，与专题研究领导小组的成员进行了面对面的交流讨论。此后，经再次对专题研究报告作少量调整，本专题研究小组形成了正式的专题研究报告。

专题研究报告指出，我国知识产权中介服务体系存在的主要问题在于：第一，知识产权中介服务人才总量不足，素质不高；第二，知识产权中介服务的运行环境不够完善；第三，知识产权中介服务的法制建设和管理机制尚不完善；第四，知识产权中介服务的基础保障条件较为薄弱。

专题研究报告提出了我国知识产权中介服务体系的发展目标，这就是：

> 创建有利于知识产权中介服务行业发展的市场环境、法律政策环境、管理制度和基础保障条件；造就一支高素质的知识产权中介服务人才队伍；培育一大批服务规范、诚实守信、专业化程度较高的知识产权中介服务机构；拓展服务领域，形成适应社会主义市场经济体制和创新型国家需要的功能完备、运转高效、管理协调的知识产权中介服务体系，提供优质高效的服务，满足全社会的知识产权中介服务需求。

专题研究报告提出的解决前述问题的战略举措包括：

第一，建设高素质知识产权中介服务人才队伍。具体措施包括：加强基础性知识产权高等教育；规范知识产权中介服务人员的执业资质；建立知识产权中介服务的执业培训机制；提高知识产权中介服务行业的国际化水平。

第二，营造有利于知识产权中介服务的法制环境和市场环境。具体措施包括：制定和完善规范知识产权中介服务的法律法规；完善知识产权中介服务行业的管理模式；建立知识产权中介服务的诚信机制。

第三，完善知识产权中介服务的基础保障条件。具体措施包括：强化国家对知识产权中介服务的扶持政策；建立和完善知识产权中介服务专业标准；构建基础数据库和公共信息平台；发挥政府在促进知识产权成果推广应用方面的作用。

时任国务院副总理并分管知识产权工作的吴仪同志全程领导知识产权战略的制定工作，多次举行战略制定工作领导小组会议，听取各专题研究组的汇报。在2006年9月举行的会议上，吴仪副总理逐一对专题研究工作的进展和水平作了点评，"知识产权中介服务体系"专题研究作为工作扎实突出的四个专题之一受到吴仪副总理点名表扬，本专题研究工作小组全体人员无不深受鼓舞。

国务院于2008年6月5日发布的《国家知识产权战略纲要》包括序言、指导思想与战略目标、战略重点、专项任务、战略举措五大部分，在战略举措部分列出了九类举措，第（六）类举措的标题是"发展知识产权中介服务"，具体内容是：

（54）完善知识产权中介服务管理，加强行业自律，建立诚信信息管理、信用评价和失信惩戒等诚信管理制度。规范知识产权评估工作，提高评估公信度。

（55）建立知识产权中介服务执业培训制度，加强中介服务职业培训，规范执业资质管理。明确知识产权代理人等中介服务人员执业范围，研究建立相关律师代理制度。完善国防知识产权中介服务体系。大力提升中介组织涉外知识产权申请和纠纷处置服务能力及国际知识产权事务参与能力。

（56）充分发挥行业协会的作用，支持行业协会开展知识产权工作，促进知识产权信息交流，组织共同维权。加强政府对行业协会知识产权工作的监督指导。

（57）充分发挥技术市场的作用，构建信息充分、交易活跃、秩序良好的知识产权交易体系。简化交易程序，降低交易成本，提供优质服务。

（58）培育和发展市场化知识产权信息服务，满足不同层次知识产权信息需求。鼓励社会资金投资知识产权信息化建设，鼓励企业参与增值性知识产权信息开发利用。

　　"知识产权中介服务体系"专题研究报告在当时是涉及知识产权中介服务工作最为系统全面的研究成果,其内容即使现在来看仍然具有其学术价值和指导意义;《国家知识产权战略纲要》高屋建瓴,高度浓缩提升了《知识产权中介服务体系专题研究报告》提出的战略举措,成为十年来推进我国知识产权中介服务体系不断发展的准则与强大动力。

　　回顾往昔,我们豪情依旧;展望未来,我们信心满怀!借此机会,向"知识产权中介服务体系"专题研究工作小组的领导及全体成员的大力支持和精心指导表示衷心感谢。在开展专题研究的过程中,专题研究工作小组的全体人员齐心协力,亲密无间,频频聚在一起使彼此之间有更多的了解,结下了深厚的友情。作为工作小组的组长,我在此向大家再道一声诚挚感谢,愿友谊长存!

　　下面仅就国家知识产权局在专利代理行业实施《国家知识产权战略纲要》所取得的成就做简单介绍。

　　十年来,特别是在党的十八大、十九大方针路线指引下,国家知识产权局认真贯彻落实《国家知识产权战略纲要》,转变职能,优化服务,促进了我国专利代理行业的健康发展。

　　在完善知识产权中介服务管理方面,取消了原先由省级知识产权局对专利代理机构设立办事机构以及办事机构停业、撤销的行政审批事项,将国家知识产权局原先承担的专利代理人资格认定和专利代理机构设立行政审批改为清单式管理,实行后置审批、告知承诺制,取消了验资证明等多种证明文件,大幅减轻了代理机构设立申请人的负担。审批事项实现全流程网上审批,办事流程、服务指南、审批结果实时公开。

　　在加强行业自律,建立诚信管理制度方面,一是转变监管方式,取消对专利代理机构的年检,实行年度报告公示制度,建立专利代理机构经营异常名录和严重违法专利代理机构名单,加强社会监督和信用体系建设;二是将日常监管和专项整治相结合,在严肃查处专利代理"挂证"、无资质代理、代理非正常专利申请等违法违规行为的同时,全面推行"双随机一公开"监管。

　　在规范执业资质管理方面,不断改革优化专利代理人资格考试,自 2006 年起每年举行考试,2009 年起允许三年内分科通过考试,2014 年起允许在读硕士研究生参加考试,2015 年起实行计算机化考试;资格考试的开放度不断加大,香港、澳门特区居民和台湾居民均可参加考试;增加考点,基本覆盖了全国范围,以方便考生参加考试;全部实现网上报名和在线缴费,考试服务不断优化。

十年来，考试报名人数和通过人数逐年增长。

在法规制度建设方面，印发并实施《专利代理行业发展"十三五"规划》，明确行业发展的目标；完善专利代理法律制度，积极推动《专利代理条例》修订工作。

在提升中介服务质量和水平方面，实施专利代理质量提升工程，推动实施《专利代理机构服务规范》，提升专利代理行业的服务水平；开展专利代理人实务技能全员培训，提升专利代理人向国内和国外提供高水平服务的能力；推行专利代理行业促进工程，各地出台促进行业发展的配套政策措施，形成了国家、地方联动的推进局面。

据统计，截至 2017 年底，全国获得专利代理人资格证人数达到 37200 人，执业专利代理人为 16367 人，专利代理机构达到 1824 家，专利代理行业呈现出规模逐渐壮大、服务能力不断提升、服务范围不断拓展、运行体系更趋健全的良好发展态势。

"俱往矣，数风流人物还看今朝"，在《国家知识产权战略纲要》的推动下，我们坚信我国的知识产权中介服务一定能不断发展壮大，更好地适应新时代的需求，为民族复兴、强国崛起作出应有贡献。

构建知识产权高质量发展的制度和政策环境

吕 薇*

2006 年 1 月，《中共中央 国务院关于实施科技规划纲要增强自主创新能力的决定》提出 2020 年进入创新型国家行列的目标，极大地推动了我国的技术创新活动。2008 年国务院颁布了《国家知识产权战略纲要》（以下简称《纲要》），至今《纲要》实施已经十年。这部《纲要》集聚了各方面的力量和智慧。早在 2005 年，国务院成立了国家知识产权战略制定工作领导小组，开展国家知识产权战略研究，制定国家知识产权战略纲要。国务院的 20 多个部门参加了知识产权战略的前期研究工作。在纲要研究的过程中，国务院发展研究中心牵头承担了"国家知识产权战略目标和发展阶段研究"任务。作为《纲要》研究和制定的参与者，我又参与了《纲要》实施五年和十年的评估，为《纲要》取得的成就感到极大鼓舞。

一、《纲要》推动我国知识产权各项事业快速发展

总体来看，《纲要》实施以来，各部门、各地区协力推进，我国各项知识产权工作取得世界瞩目的进展。知识产权制度进一步健全，知识产权保护环境逐步改善，市场主体创造和运用知识产权的能力不断增强，全社会的知识产权意识得到不同程度提高，知识产权对经济社会发展的促进作用日益显现。

1. 加强顶层设计，构建了部门协调的《纲要》推进机制

《纲要》颁布后，成立了知识产权战略实施工作部际联席会议（以下简称

---

* 吕薇：第十三届全国人民代表大会常务委员会委员，国务院发展研究中心研究员。《国家知识产权战略纲要》实施十年总体评估专家组成员。曾任国务院发展研究中心技术经济研究部部长、创新发展研究部部长。在《国家知识产权战略纲要》制定过程中，担任"国家知识产权战略目标和发展阶段研究"专题组常务副组长。

"联席会议"），统筹协调战略实施工作。联席会议每年都要制定和发布《国家知识产权战略实施推进计划》，对各年的目标任务、重点措施进行细化和部署。各成员单位按照职能分工推动战略实施，各部门分工负责、协作推进，国家知识产权战略稳步推进。建立健全知识产权工作体系，联席会议单位均落实了负责战略纲要推进工作的机构和人员，各地也设立了知识产权管理机构和人员。创新《纲要》推进机制，试点先行，以点带面。相关部门和地区通过开展各种知识产权试点和示范工作，改善了地区的知识产权环境，提高企业运用知识产权的能力，推动企业成为创造和运用知识产权的主体。

2. 知识产权制度环境不断完善

《纲要》颁布后，有关知识产权的政策和法规建设进程明显提速。一方面，知识产权政策逐步融入国民经济和社会发展各领域的战略、规划和政策。知识产权政策从专业部门政策变为各部门的政策。从党的工作报告、国务院的工作报告到国民经济社会发展五年规划，从中央各部门的规划到地方的规划都反映了知识产权的政策，各领域、各行业的政策中也体现了知识产权的内容。不少地区出台了知识产权战略、规划，国家于2016年首次颁布了知识产权专项重点规划——《"十三五"国家知识产权保护和运用规划》。另一方面，知识产权的法律体系不断完善。2008年以来全国人民代表大会常务委员会对《专利法》《商标法》《著作权法》《反不正当竞争法》《促进科技成果转化法》等进行修订；国务院对《专利法实施细则》《商标法实施细则》《著作权法实施条例》《计算机软件保护条例》《信息网络传播权保护条例》《植物新品种保护条例》等进行修订，完善了反不正当竞争、对外贸易、科技、国防等方面法律法规中有关知识产权的规定，加强了遗传资源、传统知识等新型知识产权的制度建设。

3. 深化改革，优化知识产权法治环境

中共中央办公厅、国务院办公厅印发《关于加强知识产权审判领域改革创新若干问题的意见》，设立北京、上海、广州知识产权法院和天津、南京、武汉等15个知识产权法庭，有效提升知识产权专业化审判水平。减少行政对司法干预，建立领导干部干预判案的记录、通报和责任追究制度。司法部门坚持保护知识产权就是保护创新的理念，强化知识产权保护，最高人民法院出台了《知识产权法院法官选任工作指导意见（试行）》《最高人民法院关于北京、上海、广州知识产权法院案件管辖的规定》《中国知识产权司法保护纲要（2016—2020)》《关于知识产权法院技术调查官参与诉讼活动若干问题的暂行规定》

《知识产权法院技术调查官选任工作指导意见（试行）》等文件，为知识产权法院的设立和运行奠定坚实基础。通过修改完善知识产权的法律法规，对于恶意侵权、反复侵权的案件要加大赔偿力度。广东、四川、宁夏等 30 个省、自治区、直辖市建成打击侵权假冒执法司法信息共享平台，2013～2017 年，各级法院审结一审知识产权案件 68.3 万件，起诉制售伪劣商品、侵犯知识产权犯罪 12 万余人，是 2008～2012 年的 2.1 倍。● 加大知识产权典型案例宣传力度，提升人民群众的知识产权保护意识，努力营造全社会参与和支持知识产权司法保护的良好氛围。连续 5 年发布保护知识产权年度十大案例。知识产权行政保护发挥了重要作用。国务院及各相关部门多次组织知识产权综合执法和重点专项行动打击盗版侵权假冒，推进软件正版化，公检法机关和行政执法部门打击知识产权违法犯罪的力度大大提高，取得明显成效，改善了创新创业和营商环境。2013～2017 年，全国共查处专利侵权假冒案件 19.2 万件，商标侵权假冒案件 17.3 万件。

4. 促进了知识产权的创造和运用，为创新驱动发展提供了有力支撑

我国专利申请和商标注册量已经连续多年位居世界第一。2007～2017 年，国内发明专利申请量从每年 58.6 万件增长至 138.2 万件；有效发明专利拥有量从 9.6 万件增长至 135.6 万件；每万人发明专利拥有量从 0.6 件增长至 9.8 件；PCT 专利申请受理量从 0.55 万件增长至 5.1 万件；商标注册申请量从每年 20.7 万件增长至 574 万件；有效注册商标总量从 235.3 万件增长至 1492 万件；著作权年登记量从 15.85 万件增长至 274.77 万件。知识产权的运用能力不断提高。2016 年，我国有效专利实施率达到 50.3%，企业的专利实施率达 59.2%，有效发明专利实施率达到 52.6%；有效发明专利产业化率为 33.8%。●

5. 公众对知识产权的了解增加，尊重和保护知识产权的意识逐步提高

宣传和普及知识产权知识的力度加大，特别是知识产权普及型教育逐步进入大中小学课堂，公众对知识产权的知晓度提高。社会知识产权意识明显增强。根据有关方面的调查，社会公众对知识产权战略的认知率由 2008 年的 3.7%、2013 年的 49.3% 提升至 2017 年的 85.3%；87.7% 的公众认为近 10 年来知识产权总体发展水平持续提升。但是，自觉尊重知识产权的意识有待加强。

---

❶ 最高人民法院在第十三届全国人民代表大会第一次全体会议上的工作报告，2018 年 3 月 9 日。
❷ 国家知识产权局规划发展司. 专利统计简报 [J]. 2018（5）.

二、发挥知识产权支撑创新驱动发展的作用

2012年10月，党的十八大报告提出了实施创新驱动发展战略，强调科技创新是提高社会生产力和综合国力的战略支撑，必须摆在国家发展全局的核心位置。随着供给侧改革的推进和经济结构的调整，创新对经济增长的带动作用明显增强，知识产权成为高质量发展的重要支撑。

1. 新经济和知识产权增长加快，超过经济增长

目前，我国进入经济发展转型期，新兴产业、新模式和新业态层出不穷，战略性新兴产业的增长超过GDP和工业增加值的增长。2017年，战略性新兴产业的增长超过10%，高于工业平均值4个百分点；高新技术产业的增长快于平均工业的增长。2016年财新新经济指数平均值超过30%。

同时，知识产权数量快速增长，远超经济增长。2016年发明专利申请增长21.5%，PCT申请增长44%，商标注册增长28%，计算机软件著作权登记增长39%。企业的创新能力不断增强，成为专利的主体。2017年，在我国国内发明专利申请量和拥有量中，企业所占比重分别达到63.3%和66.4%，较2016年提高1.6个和0.9个百分点。❶

2. 知识产权密集型产业对经济的拉动能力强，具有创新活力和市场竞争优势

2010～2014年，我国专利密集型产业增加值合计为26.7万亿元，占GDP的比重为11.0%，年均实际增长16.6%，是同期GDP年均实际增长速度（8%）的约两倍。专利密集型产业新产品销售收入占主营业务收入的比重为20.7%，出口交货值占销售产值的比重是19.3%，分是同期所有工业产业平均水平的1.8倍和1.7倍。❷

3. 战略性新兴产业创新能力增强，知识产权含量增加

中国战略性新兴产业发明专利申请量从2012年的16.7万件增加至2016年的34.4万件，占全球的比例由2012年的27.0%上升为2016年的44.3%。2012～2016年国内战略性新兴产业发明专利授权量增长速度高于国外在华发明专利授权量的增长速度。国内战略性新兴产业发明专利授权量从2012年的5.7

---

❶ 国家知识产权局知识产权发展研究中心. 2017年中国专利调查报告［R］. 2017-12.
❷ 国家知识产权局规划发展司. 中国专利密集型产业主要统计数据报告（2015）［R］. 2016-09.

万件增长到 2016 年的 10.4 万件；而同期国外在华发明专利授权量从 2012 年的 3.5 万件增长到 2016 年的 5.4 万件。❶

4. 知识产权的数量与地区创新能力与经济实力紧密相关

地区知识产权数量反映了地区的创新能力和经济发展水平。多年来，东部经济发达地区的知识产权数量始终居全国前列。2017 年，东部地区每万人口发明专利拥有量为 18.2 件，是全国平均水平的 1.9 倍，而中部地区、西部地区和东北地区每万人口发明专利拥有量分别为 4.7 件、4.2 件和 5.9 件。❷ 东部地区专利申请、发明专利申请和发明专利拥有量分别占全国的 66%、61.4% 和 70.9%。❸ 近些年来，各地都开始重视创新和知识产权工作，东部、中部、西部的知识产权数量差距逐步缩小，但差距仍然较大。2017 年全国各类专利申请量（不含港澳台，以下同）为 351.3 万件，其中，东部、中部、西部分别为 232.3 万件、57.5 万件和 51.5 万件，同比增长 13.6%、23.5% 和 24.0%。同期，东部、中部、西部发明专利申请量分别为 75.8 万件，23.1 万件和 20.6 万件，同比增速为 10.5%、26.1% 和 28.8%，中西部增长均显著高于全国平均水平。

但是，我们还应看到我国的知识产权发展不能满足创新驱动发展的需要。目前我国的知识产权数量大幅增加，但质量和产业化应用能力亟待提高，仍然面临知识产权多而不优、保护不够严格、侵权易发多发等问题。如，我国的国际科技论文总量和被引用量居世界第二，发明专利申请和商标注册等主要知识产权数量居世界前列，但我国仍是技术和知识产权的净进口国，近些年来专有权利使用费和特许费收支逆差接近 200 亿美元；我国的商标注册量为世界第一，但缺少知名品牌。2016 年，世界最佳品牌 100 强，我国只有 3 个入选；品牌 500 强中我国有 36 个品牌入选，其中大部分是金融、电信、建筑、电力、房地产等重化工业，制造业较少。知识产权保护仍待加强，一些创新型企业反映侵权成本低，维权成本高，往往赢了官司赔了钱，影响创新者积极性。

三、进一步优化环境，促进知识产权高质量发展

党的十九大报告提出，中国特色社会主义进入新时代。新时代的社会主要

---

❶ 国家知识产权局规划发展司. 专利统计简报 [J]. 2017 (11).
❷ 国家知识产权局规划发展司. 专利统计简报 [J]. 2018 (3).
❸ 国家知识产权局规划发展司. 专利统计简报 [J]. 2018 (3).

矛盾已经转化为人民日益增长的美好生活需要和不平衡不充分的发展之间的矛盾，经济已由高速增长阶段转向高质量发展阶段。我国知识产权发展也存在不平衡和不充分的问题。知识产权数量与质量不协调、区域发展不平衡、知识产权创造与运用不平衡、保护还不够严格等问题仍然存在。各种知识产权发展不平衡，专利、商标、版权三种主要知识产权发展较快，而商业秘密、传统知识和遗传资源保护等法律的制定和修改相对滞后，保护比较薄弱，一些新技术、新模式、新业态还缺乏有效的知识产权保护措施。知识产权与经济发展融合还不够紧密，管理体制机制还不够完善。

新时代，要更加重视和发挥知识产权对创新驱动发展的支撑作用。党的十九大报告明确指出，倡导创新文化，强化知识产权创造、保护、运用。2015年12月印发《国务院关于新形势下加快知识产权强国建设的若干意见》。2016年12月，国务院发布《"十三五"国家知识产权保护和运用规划》（以下简称"规划"）明确了"十三五"知识产权工作的发展目标和主要任务，对全国知识产权工作进行了全面部署。规划突出知识产权的保护和运用，以深化知识产权领域改革和严格实行知识产权保护，促进知识产权高效运用。

新时代，我国的知识产权发展面临新形势。一是我国的创新能力发生变化。创新能力从以跟踪为主转向"三跑"并存，在前沿技术领域，迫切需要提高原始创新能力，要求知识产权的创造从数量向质量转化。二是国际情况变化。欧美对我国的知识产权政策从防止侵权，到防侵权和技术竞争并存。我国部分企业进入行业技术前沿，知识产权的国际竞争更加激烈，必须提高知识产权质量，增强国际竞争力。三是实施创新驱动发展战略要求加强知识产权的保护，保障创新者的权益，调动全社会的创新积极性。

新时代，我国的知识产权发展也进入了从数量增长向高质量发展转变的阶段。从数量型转向数量与质量并举，更注重质量；从鼓励创造为主转向鼓励创造和运用并举，更注重运用；从适度保护转向主动保护和严格保护，从注重保护有形产权转向有形资产和无形资产保护并举，从而更好地发挥知识产权制度对于激励创新的基本保障作用，营造优良的知识产权环境，调动全社会的创新潜力和积极性，加快建设科技强国。

1. 多种途径提高知识产权质量

一是增强创新能力，提升知识产权质量。提高知识产权的质量，首先要提升创新能力和科研成果的质量，从而提高知识产权的质量。二是加强审查，提高知识产权的标准，把好入口关。根据我国创新和产业技术发展的特点和规律，确定知识产权审查尺度，严格执行各类知识产权的标准。三是规范知识产权服务业，提高服务能力和质量。在多数企业知识产权管理能力薄弱的情况下，提高知识产权专业服务机构的服务水平，有利于提升知识产权的质量。要建立公平竞争的市场，形成信息公开 + 自律的监督机制，规范和提高知识产权服务质量。

2. 促进知识产权运用，提升知识产权的价值

知识产权的价值在于运用，通过运用使知识产权转变为生产力。运用知识产权应该主要发挥市场的作用，企业根据竞争战略来自主运用知识产权。一是发挥专业技术转移机构的作用，促进大学和科研机构的科研成果转化，从鼓励科研人员个人转化成果为主转变为以专业技术转移服务机构为主。二是发展知识产权交易市场，完善交易规则，促进知识产权的有效利用。三是完善市场竞争秩序，加强知识产权保护，限制不正当低价竞争，形成有利于体现知识产权价值的定价机制，防止劣币驱逐良币。四是政府采购中要注意保护知识产权，将是否侵犯知识产权作为纳入中标审查标准，防止因低价中标而不考虑知识产权是否侵权。五是减少行政性知识产权数量考核，使权利人根据市场竞争需要和成本效益原则，多种形式运用知识产权。

3. 实施严格的知识产权保护，保障创新者的权益

一是提高处罚力度，降低维权成本，提高违法成本。二是统一执法标准，克服地方保护主义。建立跨区域的二审法院，提高审判质量，减少地方保护的影响。三是加强限制滥用知识产权，促进知识产权的公平竞争。根据滥用知识产权的新特点，完善限制滥用知识产权的法律和措施。知识产权抢注和滥诉造成资源浪费，影响实体经济的创新，要建立有效机制，限制因"专利和商标海盗"的抢注和滥诉阻碍实体经济创新。对一些大型跨国企业在华滥用知识产权的行为展开调查，研究有针对性的措施，加强监管。四是加强商业秘密保护，完善人才流动的知识产权保护机制，注意防止因人员流动导致企业商业秘密的盗窃和流失。五是探索新技术、新产业和新业态的知识产权保护模式和标准，逐步完善对遗传资源、传统知识、民间文艺等的保护制度。

4. 处理好政府与市场的关系

知识产权制度是保护和激励创新的基本制度，知识产权既是民事权利，又影响到公共利益和国家竞争力。因此，要处理好政府与市场的关系，既要发挥

市场机制配置资源的作用，又要有效发挥政府的作用。保护知识产权所有者的权益，使其通过知识产权在市场上获得合法收益，是对知识产权所有者最有效的激励。因此，政府的主要任务是创造良好的知识产权制度环境，加强知识产权保护，为企业和市场主体提供更多更好的服务，包括法律法规体系建设、知识产权政策环境的培育、人才培养等。具体的知识产权创造和运用应由权利人根据市场竞争需要自主决策。政府要多用法律、制度、标准和发挥市场机制作用，提高市场主体创造和运用知识产权的内在动力，引导和约束市场主体的行为，减少数量考核、评比等方式干预企业决策。

5. 普及知识与专才培养相结合，营造知识产权文化

目前，知识产权人才短缺已经成为制约我国知识产权发展的重要因素之一。实行知识产权普及教育进中小学课堂，大学要加强知识产权专业课程，特别是理工科的学生应将知识产权作为必修专业课。知识产权专业人才的培养要实行课程教育与实训相结合，要更加重视在实践中培养人才和能力。在国内选择建立一些知识产权实训基地，开展专业人才培育。进一步完善职业资格认证制度，实行政府与行业协会相结合，分类制定知识产权专业服务人员，如审查、代理、律师等的任职资格和标准。将知识产权管理人才纳入国家人才计划，加大知识产权人才的引进力度。

6. 加强知识产权的国际合作，实现知识产权的国际化

知识产权制度是一个全球体系，随着我国越来越多的企业"走出去"，遇到不少知识产权问题。要进一步加强国际合作，为企业"走出去"提供知识产权维权支持。一方面，要积极参与国际知识产权治理。中国作为世界知识产权组织重要的会员国，在知识产权的发展议程和相关议题中，要积极参与，主动作为。加强与外国知识产权机构的合作与协商，为方便中国企业"走出去"提供支持。另一方面，加强国际知识产权信息、法律等咨询服务，服务企业"走出去"，帮助企业解决遇到的知识产权问题。适应企业"走出去"战略，采取多种措施，加大企业在海外的知识产权保护力度，保护企业在海外的知识产权和合法权益。

开启上海建设亚太地区知识产权中心城市新征程

吕国强[*]

随着知识经济和经济全球化深化发展，知识产权已经成为国家发展的战略性资源和国际竞争力的核心要素。知识产权制度已成为当今国际社会公认的激励和保护创新的基本法律制度，保护知识产权就是保护创新，知识产权制度通过为创新成果提供法律保护，使权利人得到合理市场回报，引领创新者源源不断涌现。

上海深入实施《国家知识产权战略纲要》，围绕建设"创新要素集聚、保护制度完备、服务体系健全、高端人才汇聚"亚洲太平洋地区知识产权中心城市的战略目标，知识产权工作实现了跨越式发展，知识产权对支撑经济社会的促进作用充分显现，为上海发展作出了新贡献。

一、顶层设计显著增强

（一）确立建设亚太地区知识产权中心城市战略目标

2012 年 7 月 10 日，上海颁布了《上海知识产权战略纲要（2011—2020 年）》（以下简称《纲要》），提出把上海建设成为"创新要素集聚、保护制度完备、服务体系健全、高端人才汇聚"亚洲太平洋地区知识产权中心城市的战略目标。

---

[*] 吕国强：世界知识产权组织顾问。曾任上海市高级人民法院知识产权审判庭庭长、上海市第二中级人民法院副院长、上海市知识产权局局长、上海市知识产权联席会议秘书长等职；全国知识产权领军人才，全国审判业务专家。兼任中国知识产权研究会副会长、上海知识产权法研究会会长，同济大学、华东政法大学博士生导师。

（二）构建自贸区知识产权管理保护制度

中国（上海）自贸易区是我国设立的首个自贸区，上海积极参与制定自贸试验区的相关法规，最先提出了自贸区知识产权管理与保护工作的思路和运行模式，主要内容包括：严格遵守中国已经加入的知识产权国际公约，营造与国际惯例接轨的知识产权保护环境；探索建立自贸试验区知识产权统一管理和执法的体制，建立专利、商标、版权（以下简称"三合一"）专门行政管理机构；强化知识产权司法保护，设立专门法庭，完善行政保护与司法保护衔接机制；探索建立知识产权长效保护机制，完善司法、行政、仲裁、调解等知识产权纠纷多元解决机制。

上述内容被国务院发布的《中国（上海）自由贸易试验区总体方案》《进一步深化中国（上海）自由贸易试验区改革开放方案》以及《中国（上海）自由贸易试验区管理办法》、中国（上海）自由贸易试验区条例等规定所采纳，填补了国内自贸区知识产权管理和保护制度的空白。

（三）支撑建设具有全球影响力科创中心

2016 年 2 月 25 日，上海发布《关于加强知识产权运用和保护支撑科技创新中心建设的实施意见》。该实施意见以建设知识产权强国为主线，深入实施上海知识产权战略纲要，重点围绕强化保护、促进运用、完善服务、推进改革，提出了十二个方面措施。

2017 年 10 月 16 日，上海发布《关于进一步支持外资研发中心参与上海具有全球影响力的科技创新中心建设的若干意见》，在加大知识产权保护、促进落地、提升服务等方面提出了具体要求。

上海还制定了知识产权人才发展"十三五"规划、商标战略中长期规划纲要、版权工作规划，上海市高级人民法院率先在全国制定了法院知识产权审判"十三五"规划。

（四）加强知识产权与经济社会发展融合

2016 年 2 月，上海发布国民经济和社会发展第十三个五年规划纲要，将"每万人口发明专利拥有量"列入国民经济和社会发展指标，提出至 2020 年上海"每万人口发明专利拥有量"将达到 40 件。

为了进一步促进知识产权与经济社会发展紧密融合，强化与科技、经贸、文教等工作的衔接，上海将知识产权工作内容纳入推进国际贸易中心建设条例、促进中小企业发展条例等地方性法规与政策中，还制定了加强战略性新兴产业知识产权工作、加快知识产权服务业发展、加强服务外包产业知识产权工作、著名商标保护办法、加强品牌建设、推进文化创意和设计服务与相关产业融合发展、改革和完善职务科技成果管理制度的实施意见等文件。

二、数量质量齐头并进

为了促进知识产权创造从数量向质量转变，上海修订专利资助办法，制定了知识产权示范企业、企事业专利工作试点与示范单位、知识产权试点与示范园区评定与管理办法，计算机软件著作权登记、集成电路布图设计登记资助管理办法等，使政策重点向提升质量和知识产权运用、保护、管理能力倾斜，规范了企事业单位知识产权工作。

2008～2017年，上海专利申请量、授权量分别从52835件、24468件增长至131746件、70464件，年平均增长率分别为11.02%和13.52%。其中，发明专利申请量、授权量分别从17931件、4258件增长至54633件、20681件，年平均增长率分别为13.47%和20.47%。每万人口发明专利拥有量从6.8件上升至41.5件；PCT国际专利申请量从384件上升至2100件，年平均增长率为22.35%。企业专利申请比例从74.30%上升至81.60%，年平均增长率为1.21%。专利结构优化，发明专利申请占比从33.70%上升至41.60%。

2008～2017年，上海有效注册商标总量从132920件上升至878460件，年平均增长率为22.1%，每万人口的平均有效商标拥有量为363件。驰名商标数量从61件上升至194件，年平均增长率为14.22%。马德里商标国际注册年度申请量从73件上升至175件，年平均增长率为11.45%。每万户市场主体的平均有效商标拥有量为3751件，是全国平均水平（1520件）的2.5倍。

2008～2017年，上海作品版权登记数从1565件上升至234658件，年平均增长率为137.74%，版权产业增加值从2008年的1394.11亿元上升至2015年的2973.87亿元，年平均增长率为11.50%。版权产业增加值对GDP的贡献率从2008年的9.91%上升至2015年的11.84%，年平均增长率为2.62%。

2008～2017年，上海加大知识产权财政资金投入，从1052.5万元上升至

19251.8 万元，年平均增长率为 82.64%，从财政上保障了知识产权事业做大做强。

三、改革取得重大突破

2014 年 9 月 26 日，中国（上海）自由贸易试验区管委会知识产权局成立，这是国内首个自贸区集专利、商标、版权行政管理和执法职能于一体"三合一"的知识产权局。

2014 年 11 月 16 日，上海浦东新区知识产权局成立，组建了国内第一家"三合一"知识产权局。

2014 年 12 月 8 日，上海市人民政府与世界知识产权组织签署了知识产权发展合作的谅解备忘录。

2014 年 12 月 28 日，上海知识产权法院成立。

2016 年 11 月 17 日，上海国际知识产权学院成立。

2017 年 1 月 13 日，上海知识产权交易中心成立。

2017 年 7 月 18 日，上海徐汇区被列入国家第一批知识产权综合管理改革试点。

2017 年 7 月 25 日，中国（浦东）知识产权保护中心成立。

2017 年 7 月 28 日，上海成为首批国家引领型知识产权强省试点省。

2017 年 9 月 29 日，国家工商行政管理总局商标局在沪设立上海商标审查协作中心。

四、国际国内合作全面拓展

2014 年 12 月，上海市人民政府与世界知识产权组织签署合作备忘录，在知识产权的人才培养、司法保护、信息利用等方面开展全方位合作，至今 WIPO 外观设计法硕士、暑期学校等项目已落户上海。

上海与 WIPO 连续四年合作举办"上海知识产权国际论坛"。上海还承办 WIPO 在沪召开的南亚和东南亚国家知识产权局局长会议、WIPO 与国家工商行政管理总局共同举行中国商标金奖颁奖大会、与国家版权局签署双边合作谅解备忘录等活动；承办了 WIPO 知识产权服务体系有效运用高级研修班、专利纠纷调解与仲裁、视听表演北京条约、数字环境下的版权管理和执法国家区域研讨会。

上海还举办了全球知识产权及创新峰会、中德知识产权合作三十周年、中美经贸知识产权保护环境、中美日欧韩五国专利局合作研讨会等重要会议。

为加快建设上海亚洲太平洋地区知识产权中心城市，上海市人民政府与国家知识产权局举行了第二轮和第三轮合作会商会议，聚焦上海自贸试验区和科创中心建设等国家战略，全方位加强知识产权领域的合作与实践。

上海全力推进长三角地区知识产权工作互联互动，建立了长三角地区专利、商标、版权及品牌建设等合作机制。与江苏、浙江两省定期举办长三角地区"知识产权发展与保护新闻发布会"，举办知识产权服务、海关知识产权保护、律师知识产权法律服务、专利行政执法协作等会议，发布长三角地区品牌建设研究报告，积极推进长三角地区知识产权服务一体化建设。

五、营商环境更加完善

2009～2017 年，上海法院受理知识产权案件数量从 2465 件上升至 15809 件，年平均增长率 31.02%。2008～2017 年，公安部门共破获侵犯知识产权犯罪案件 9549 起、抓获犯罪嫌疑人 20279 人；2010～2017 年，市检察机关公诉部门受理涉嫌侵犯知识产权犯罪案件 3547 件，涉 6980 人。

2008～2017 年，上海共立案受理各类专利纠纷案件 937 件，查处假冒专利案件 271 件；派出专利行政执法人员入驻 343 个大型国际展会，现场受理专利侵权纠纷投诉 2218 件；查处商标违法案件 23461 件，罚款 1.69 亿元，移送涉嫌商标犯罪案件 383 件，没收和销毁侵权商品及标识 992 万件（只）。在全市商业系统持续开展了"销售真牌真品，保护知识产权"承诺活动，连续五届"上交会"实现知识产权"零投诉"目标。

加强世博会知识产权保护。与历届世博会相比，2010 年上海世博会知识产权保护是最系统、最全面的，也是最具有深度、广度的。世博会期间，市知识产权联席会议相关成员单位各司其职、相互配合，强化世博会知识产权保护。上海不仅积极参与制定《世界博览会标志保护条例》《2010 年上海世博会知识产权保护纲要》《涉及世界博览会标志的外观设计专利申请审查规定》等相关国家规定，也出台了地方世博会知识产权保护规定，开展商标、版权保护专项行动，为知识产权保护提供制度保障。世博会知识产权工作成效显著，时任上海市长韩正在当年的市政府工作报告作出了"世博会知识产权保护有力"高度评价，上海市一批单位和个人受到国务院及国家知识产权局等八部门的表彰。

"迪士尼"知识产权保护成效显著。市知识产权联席会议建立"迪士尼"知识产权保护工作统筹协调机制，制定"迪士尼"注册商标保护和服务保障工作的方案，开展保护"迪士尼"注册商标专用权专项行动，从而形成以上海为核心、长三角地区为重点，全国联动的"迪士尼"商标专用权保护格局，2016～2017年，仅上海就查处侵犯"迪士尼"商标专用权案件近200件。市知识产权等部门齐抓共管、形成合力，营造了公平竞争的市场环境，提升了保护知识产权的良好国际形象。

建立知识产权纠纷多元化解决机制。上海制定加强知识产权纠纷人民调解工作的指导意见、人民调解工作规则，编制调解案例汇编，推动全市12个区建立了知识产权纠纷人民调解委员会。上海还着力拓宽维权渠道，降低维权成本，推进仲裁和司法鉴定机构的建设发展，先后组建了知识产权维权援助中心、公证法律服务中心、商事调解中心，并探索将知识产权相关信息纳入上海公共信用信息服务系统和企业信用等级评估标准体系。

推进知识产权文化建设。每年公布知识产权典型案例、白皮书，向外国驻沪领馆、外资企业、外国商会和境内外媒体通报知识产权状况。制作知识产权宣传片、海报，编制知识产权政策与典型案例，广泛宣传知识产权发展成就；还举办知识产权文化建设培训班，在东方网、新民网开通上海知识产权发布政务微博，东方网知识产权宣传频道，充分利用新媒体传播"尊重知识，崇尚创新，诚信守法"的知识产权文化理念，有力促进了全社会知识产权意识整体提升。

六、管理与运用效果显著增强

2008～2017年，上海分别认定"市专利工作试点单位、示范单位"852家和196家；"市知识产权试点园区、示范园区"42家和25家。全市已有124家上海版权示范单位、示范园区（基地），在上海自贸试验区内设立了国家版权贸易基地（上海），上海美术电影制片厂的《大闹天宫3D》获"世界知识产权组织版权金奖（中国）"作品奖。

探索知识产权金融创新，以知识产权运用为目的，开展了知识产权质押融资、专利保险工作，上海先后制定了促进知识产权质押融资工作实施意见、知识产权质押评估实施办法、知识产权质押评估技术规范。2009～2017年，专利权质押融资额从1.15亿元达到6.6亿元，年平均增长率为54.29%；155家企业办理了专利保险，保费额233.44万元，投保金额共计6328.8万元。

2009～2015年，企业专利转让及许可收入累计达到28.57亿元，专利数累计达到3400件。2017年，上海知识产权交易中心成交金额近1.48亿元。

上海制定了促进知识产权运营服务工作和设立产业知识产权运营基金的方案，组建产业知识产权运营创业投资中心，联手推进知识产权运营服务体系建设。推进重大经济科技活动知识产权评议，100余个经济科技项目实施了知识产权分析评议。

七、事业发展基础更趋巩固

服务体系更趋完善，至2017年底，全市共有专利代理机构127家和执业专利代理人1169名，专利管理工程师1208人，专利工作者1.6万人；商标代理机构1618家。市版权局推进全市15个版权服务工作站建设。全国知识产权服务品牌机构7家、全国知识产权分析评议服务示范创建机构9家。

加强知识产权专业人才和高层次人才的培养。同济大学、上海大学和华东政法大学3所高校建立了知识产权学院，并在法学学科下开展知识产权与知识管理类别的人才培养。复旦大学、上海交通大学、华东理工大学等7家单位建立了知识产权研究中心。上海还在同济大学组建了国内首家国际知识产权学院，WIPO首期外观设计法硕士班和国家知识产权局、国家教委"一带一路"知识产权硕士班已在该院开班。

在全市持续开展了知识产权公需科目继续教育，有18万名企事业单位专业技术人员接受了知识产权公需科目继续教育，年平均增长率为8.11%，60余人成为国家知识产权专家库专家以及全国知识产权领域领军人才、高层次人才。

完成国家知识产权局区域专利信息服务（上海）中心验收。上海市知识产权（专利信息）公共服务平台全国注册用户达到9567家，实现了与上海研发公共服务平台之间的对接融合。平台访问量累计超过190万人次，企业依托平台资助建立网上专题数据库累计1352个。

　　加强区县知识产权工作。各区县相继出台了区域知识产权战略行动推进计划，开展了知识产权托管、专利质押、保险等工作。闵行区、宝山区分别成为国家知识产权示范（培育）城区，浦东新区成为国家知识产权试点城区，张江高新科技园区开展了国家专利导航产业发展实验区建设；杨浦区承接了国家区域知识产权促进项目。

　　过去十年，上海在推进知识产权工作中的主要体会有以下几个方面。

　　一是做好顶层设计。做好知识产权顶层设计，最主要是把握好整个国际知识产权发展趋势和动向，要围绕着国家经济、社会发展战略去谋划知识产权工作，围绕着市委市政府中心工作去谋划知识产权工作，只有这样才能真正找到工作的切入点和发力点。

　　上海制定了知识产权战略纲要，该《纲要》具有以下特点：其一是定位准，提出了"建设亚太地区知识产权中心城市"战略目标，具有很强的超前性，讨论中也有不同意见，但是由于先前作了广泛深入的调查研究，听取了方方面面的意见，最后获得市委市政府认可。这个目标的定位与当今国际知识产权发展趋势是一致的，与国家建设知识产权强国，参与国际治理的目标是一致的，与之后上海实施"自贸区"与"科创中心"两大国家战略是一致的，也与目前上海推进"长三角一体化发展"，建设全球卓越城市，建设四个品牌（服务、制造、购物、文化）目标是一致的。其二是层级高。《纲要》先后经过市委、市政府常务会审议由市政府发布，具有很强的权威性。其三是跨度长。《纲要》是首个十年的知识产权规划，时间跨度包括了"十二五"与"十三五"知识产权工作。其四是内容广。《纲要》涵盖了知识产权的方方面面。其五是影响大。市政府专门召开新闻发布会，介绍《纲要》，通过媒体对《纲要》背景、内容及特点作了广泛的报道，还深入企业、园区、机关、学校宣传，大大促进了全社会知识产权意识的提升。

　　建设具有全球影响力的科技创新中心，这是上海承担的重大国家战略任务。为了更好地支撑科技创新中心建设，上海及时发布了关于加强知识产权运用和保护，支撑科技创新中心建设的实施意见，该意见是首个由市委市政府联合下发的知识产权文件，主要是围绕着科创中心建设国家战略，对《纲要》作了进一步细化，是对《纲要》补充和完善，对未来知识产权工作具有指导意义。

　　二是坚持改革创新。只有深化改革才能释放知识产权工作新红利，才能激发知识产权制度新活力，才能打造知识产权工作发展新引擎。

上海在自贸区和浦东新区先后建立了独立运行的"三合一"知识产权局，这是国内首创，开了国内地方知识产权机构改革的先河，引起了很大的反响。浦东新区改革符合国际惯例，全球大多数国家和地区都实施对知识产权的集中管理；符合国家对上海当好改革开放的排头兵、先行者的战略定位。浦东新区是国家综合配套改革试点，理应起到示范作用。20 年前，中国法院首个基层知识产权审判庭和首个"三审合一"（刑事、民事、行政）知识产权审判庭均诞生在浦东新区。浦东人民法院"三审合一"的改革被写入《国家知识产权战略纲要》，并在全国推广复制，对中国知识产权司法体制产生了重大影响。

浦东新区知识产权行政管理和执法体制改革目标，是实现"一个部门管理、一个窗口服务、一支队伍办案"，形成体制合理、保护有力、激励明显、服务到位的行政管理和执法体制。特点是强化管理，加强政府职能转变及管理模式的创新，实现管理和执法高度集中统一，避免政出多门；强化执法，促进执法标准的统一，建立综合、专业、高效执法体系；强化服务，为企事业单位提供知识产权一站式服务。

改革不会一帆风顺，尤其是自下而上的改革更是难上加难。浦东新区解放思想，迎难而上，使改革取得了成功，这主要得益于市委市政府坚强领导，得益于国家相关部门支持，也得益于市政府相关部门全力支持。国务院充分肯定上海自贸区知识产权保护和管理的经验，在进一步深化中国（上海）自由贸易试验区改革开放方案中，提出建立统一的知识产权行政管理体制和执法机制，优化知识产权发展环境，集聚国际知识产权资源，支持推进上海亚太知识产权中心建设。

三是严格知识产权保护。上海提出未来要成为亚洲太平洋地区知识产权申请审查地、知识产权纠纷仲裁与诉讼的首选地之一。目前已形成了以司法为主导、行政执法与司法保护有效衔接、"争议仲裁、纠纷调解、信用管理、行业自律"并行发展的知识产权大保护工作格局。

发挥司法保护知识产权主导地位。推进知识产权司法体制改革，成立知识产权法院。完善知识产权民事、刑事、行政案件"三审合一"，探索实施惩罚性赔偿制度；加大侵权损害赔偿力度，有效遏制反复侵权、群体侵权、恶意侵权行为。审理了一批在全国乃至国际上有影响力的知识产权案件，上海市高级人民法院知识产权庭荣获"世界知识产权组织版权金奖（中国）保护奖"。最高人民法院批准在上海建立"中国法院知识产权司法保护国际交流（上海）基地"。

加强知识产权综合行政执法，完善知识产权行政执法与刑事司法衔接机制，尤其是加大重点领域、重点市场的知识产权执法，加大对侵权假冒行为的打击力度，"双打"工作多次受到全国"双打"工作领导小组的充分肯定。

建立知识产权纠纷多元化解决机制。探索委托调解、行业调解、专家调解等调解方式，支持服务机构、行业协会开展知识产权纠纷调解工作，健全完善司法保护、行政监管、仲裁、第三方调解等知识产权纠纷多元化解决机制。建立知识产权信用体系，健全知识产权维权援助体系，将侵犯知识产权行为的信息统一纳入社会信用记录系统，强化对失信行为的惩戒。

加强知识产权文化建设。不断提高全社会的知识产权意识，在全社会弘扬"以创新为荣、剽窃为耻，以诚实守信为荣、假冒欺骗为耻"的道德观念，形成尊重知识、崇尚创新、诚信守法的知识产权文化。建立了政府主导、新闻媒体支撑、社会公众参与的知识产权宣传工作体系。广泛开展知识产权普及教育，在普法教育、科普宣传、诚信建设、精神文明建设等活动中，增加有关知识产权的内容。推进中小学知识产权教育课程体系建设，引导青少年树立知识产权文化理念，加强知识产权志愿者队伍建设。

四是加快创新资源集聚。大力推进知识产权资源集聚，推进国际知识产权资源集聚。在国家相关部门的指导下，加强与WIPO等国际组织的交流与合作，争取更多的国际组织分支机构和重大项目落户上海。上海积极推动WIPO中国办事处落地，与WIPO签署了知识产权发展合作的谅解备忘录，成为与该组织建立合作关系的首个中国地方政府，在知识产权的人才培养、司法保护、信息利用等方面开展合作。连续与WIPO合作举办上海知识产权国际论坛，推动该组织外观设计法硕士、暑期学校项目首次进入中国。

推进国家知识产权资源集聚。不断加强上海与国家专利、商标、版权等知识产权主管部门的部市合作机制，争取更多的国家知识产权重大项目落户上海，使上海更好地服务长三角地区、服务长江流域、服务全国。市政府与国家知识产权局签订合作会商议定书，与国家工商行政管理总局签署大力实施商标品牌战略的合作协议，争取国家层面的资源集聚。上海成为首批国家引领型知识产权强省试点省。上海国际知识产权学院、上海知识产权交易中心成立，使知识产权工作迎来了新的发展机遇。上海组建了产业知识产权运营创业投资中心、设立产业知识产权运营基金，建立"政府主导打造、社会资本参与、市场化运作"的运营服务模式。

五是依托好两个平台。地方知识产权工作是一项系统工程，做好知识产权工作只有形成工作合力，变"单兵突进"为"齐头并进"，才能真正使知识产权工作取得实效。市知识产权联席会议和区县知识产权局是做好知识产权工作两个重要的平台，上海依托该平台在全市形成了"横向协作、纵向联动、内外统筹"的知识产权工作格局。如在推进浦东新区知识产权改革过程中，市区加强协作，各司其职。市相关部门授权浦东新区，下放管理事权及执法事权。市知识产权局委托浦东新区实施查处假冒专利行为，调解专利纠纷（行政调解）等，市版权局委托浦东新区实施境外图书出版合同登记等工作。市法制办、市编办从法制保障、机构设置等方面加强对浦东新区的指导，共同推进改革试点工作。

近年来，党和政府将知识产权重要性提到了前所未有的高度。在 2018 年博鳌亚洲论坛年会开幕式上，国家主席习近平发表了重要的主旨演讲，将加强知识产权保护作为扩大开放的四个重大举措之一，再一次向世界传递了中国依法严格保护知识产权的坚定立场，赢得国际社会的广泛赞誉。习近平主席的主旨演讲深刻揭示了知识产权制度对于实施创新驱动发展战略的重要作用，对于推动中国制造向创造转变、速度向质量转变、产品向品牌转变的重要意义。

上海将以习近平新时代中国特色社会主义思想为指导，认真落实党中央、国务院和市委、市政府决策部署，以建设亚洲太平洋地区知识产权中心为目标，以建设"五个中心""四个品牌"为突破口，严格保护，聚焦质量，促进运用，营造良好的营商环境，建立健全科学合理、富有活力、更有效率的创新体系，当好排头兵、先行者，为上海建设社会主义现代化国际大都市提供有力支撑。

中国特色知识产权发展道路的江苏探索

朱　宇[*]

2018 年是《国家知识产权战略纲要》颁布实施十周年，中国知识产权事业经过这波澜壮阔发展的十年，走出了一条中国特色的知识产权发展道路，成为世界知识产权大国。江苏省作为科技经济和知识产权大省，为探索中国特色知识产权发展道路作出了自己的贡献，同时也为江苏省经济快速发展提供了强有力的支撑。

一、坚持加强党委政府的领导，融入经济社会发展大局

知识产权制度作为创新发展的基本制度与科技和经济社会发展越来越密切，作为科技经济较发达和开放度较高的江苏省，比较早地认识到加强知识产权工作对创新驱动发展和经济转型升级的重要性。

（一）省委省政府高度重视

2004 年，在酝酿江苏省知识产权战略之初，省里就先后组织开展了江苏高新技术产业知识产权现状分析，江苏经济国际化与知识产权，企业知识产权管理标准等 20 多项课题的研究，为高起点统筹谋划知识产权战略打下了良好的基础。2008 年 6 月 5 日，《国家知识产权战略纲要》颁布后，时任省长罗志军两次召开省政府常务会议，研究江苏如何贯彻落实《国家知识产权战略纲要》，研究制定江苏省知识产权战略纲要，协调落实有关促进知识产权战略实施的配套政策和措施。2009 年 3 月 12 日，省委召开常委会听取省知识产权局关于启动

＊　朱宇：江苏省科技创新协会会长，国家知识产权局专家库专家，国家知识产权专家咨询委员会委员。《国家知识产权战略纲要》实施十年总体评估专家组成员。曾任江苏省知识产权局局长、党组书记，省科技厅巡视员，推动江苏省创建"实施知识产权战略示范省"。

实施知识产权战略有关情况的汇报，时任省委书记梁保华、时任省长罗志军分别作讲话，梁保华书记说启动实施知识产权战略这件事很重大很重要，省委省政府都要高度重视，江苏省知识产权战略实施要走在全国前列。罗志军省长说实施知识产权战略对扩内需、保增长、调结构的作用十分突出，应该作为重点工作推进。同年 3 月 16 日，在全省知识产权工作会议上，罗志军省长强调知识产权战略纲要的实施事关江苏省经济社会发展全局，是全社会的共同任务，各级政府要把做好知识产权工作作为优化发展环境、创新环境，转变发展方式、促进产业升级的重要举措，加强领导、周密部署、精心组织、务求实效。各级领导要深入调查研究，及时解决新情况新问题，努力为知识产权工作创造良好条件。2010 年 11 月 5 日，罗志军省长在全省知识产权保护与执法会上指出，江苏是经济大省、开放大省、科技大省，当前正处于加快转变发展方式、大力发展创新型经济的关键时期。全面加强知识产权保护与执法，着力增强知识产权创造与运用能力，对于江苏省加快提升自主创新能力和产业竞争力，进一步提升对外开放水平，加快实现经济发展方式向创新驱动、内生增长的转变，具有十分重要的现实意义。进入"十二五"规划实施阶段后，2011 年 3 月 4 日，时任省长李学勇对全省知识产权工作作出批示，提出要在新的的起点上实现向知识产权强省跨越的新要求。同年 6 月 29 日，在江苏省与国家知识产权局合作共建实施知识产权战略示范省工作会议上，李学勇省长表示要紧紧围绕加快转变经济发展方式这条主线，把支撑引领发展方式转变作为知识产权工作的出发点和落脚点，扎实推进实施知识产权战略示范省建设。2012 年 3 月 8 日，在国家知识产权局与江苏省合作共建实施知识产权示范省工作会议上，时任省委书记罗志军表示，江苏省将充分运用知识产权这个知识经济社会的基本制度，最大限度地激发全社会的创造活力，大力提升知识产权产出质量，在重点领域特别是战略性新兴产业、高新技术领域，创造出一批核心自主知识产权。2015 年，在省委常委会听取省知识产权局关于加快实施知识产权强省的意见汇报后，罗志军书记强调知识产权是企业开拓国际市场的重要手段，要提升企业运用知识产权制度参与国际竞争能力，支持企业加强知识产权海外布局。2016 年 6 月 16 日，在国家知识产权局和江苏省政府联合召开的引领型知识产权强省试点省建设启动会上，时任省长石泰峰表态要更大力度依法保护知识产权，推进知识产权领域综合改革，使知识产权工作更加有效地服务经济社会发展，为繁荣发展知识产权事业、加快建设知识产权强国作出积极贡献。2017 年 4 月 28 日，国家知识产权局局长申长雨应邀为江苏省委学习会做了题为"知识产权与创新发展"主题报告，时任省委书记李强，省委副书记吴政隆出席报告会。

（二）知识产权纳入全省发展重点工作

为凸显实施知识产权战略的重要性，2009 年 1 月 5 日，省政府以 1 号文件颁布实施《江苏省知识产权战略纲要》。将实施知识产权战略列入 2009 年省政府 50 件实事。2009 年 3 月 16 日，省政府召开全省知识产权工作会议，对贯彻落实《国家知识产权战略纲要》、启动实施江苏省知识产权战略做动员和部署，并决定由省政府办公厅每年制定实施知识产权战略年度推进计划。同年 5 月 20 日，江苏省人大颁布实施《江苏省专利促进条例》。同年 7 月 21 日，江苏省委、省政府将百万元 GDP 专利授权数和发明专利申请数列入科学发展考评体系。2011 年 3 月 8 日，省政府将深入实施知识产权战略，加快创建实施知识产权战略示范省的主要目标任务和措施纳入江苏省国民经济与社会发展"十二五"规划。2011 年 5 月 18 日，省委省政府召开创新驱动大会，明确将实施知识产权战略作为创新驱动战略的核心内容加以推进。同年 11 月 6 日，江苏省十二次党代会再次把"万人发明专利拥有量"和"自主品牌企业增加值占国民生产总值比重"纳入江苏科学发展考核指标体系，强化了依靠知识产权实现创新发展的鲜明导向。2014 年 1 月 27 日，省委常委会将知识产权综合管理改革列入全面深化改革主要内容，将"启动制定知识产权强省规划"列为年度工作要点。2015 年 2 月 15 日，省委、省政府出台《关于加快建设知识产权强省的意见》，把培育高价值专利、高知名度商标、高影响力版权和加快发展知识产权密集型产业作为强省建设的主攻方向。2015 年底，省政府将《江苏省"十三五"知识产权发展规划》列入重点专项规划，提出要站在新的起点，开创知识产权强省建设新局面，努力构筑江苏长远发展的新优势，为江苏高水平全面建成小康社会做出新的更大的贡献。2016 年 3 月 31 日，江苏省国民经济与社会发展"十三五"规划把实施高价值知识产权培育计划，形成一批创新水平高、权利状态稳定、市场竞争力强的高价值知识产权。实施企业知识产权战略推进计划，壮大一批拥有核心知识产权和自主品牌的知识产权密集型企业，培育一批专利密集型、商标密集型、版权密集型产业作为重要任务。随后的 6 个月内，省政府连续出台《江苏省建设引领型知识产权强省试点实施方案》《江苏省知识产权区域布局试点工作推进方案》《江苏省知识产权强企行动计划》《江苏省重大经济科技活动知识产权评议办法》《江苏省专利发明人奖励办法》等 10 个知识产权政策文件。2017 年 3 月 31 日，省政府出台《关于知识产权强省建设的若干政策措施》，提出了 18 条具有较高含金量的举措，进一步完善了知识产权强省建设政策体系，知识产权战略全面融入了江苏发展大局。

二、坚持强化实施机制建设，确保知识产权战略实施取得实效

《国家知识产权战略纲要》颁布后，为确保知识产权战略实施取得实效，在时任副省长何权和徐南平的推动下，江苏探索建立了三个机制。

（一）建立与国家知识产权局的合作机制

2008 年，江苏省提出与国家知识产权局共同创建国家知识产权示范省，国家知识产权局领导认为这个合作定位涉及国家其他许多部门比较难以协调，最后双方一致同意合作定位在"共同创建实施知识产权战略示范省"，以一个省为单位作示范，这在当时并没有先例，所以引起了全国很多省市的关注。2009年 2 月 15 日，时任省长罗志军、副省长曹卫星、省长助理徐南平在南京会见时任国家知识产权局局长田力普、副局长张勤，省政府和国家知识产权局签署了共同创建"实施知识产权战略示范省"合作协议，双方建立合作委员会，由江苏省政府省长和国家知识产权局局长担任主任，商定每年召开一次会议，研究提出实施知识产权战略的年度合作计划和项目。2012 年，时任书记罗志军、省长李学勇率领 6 位省领导和 11 个地方及部门主要负责同志赴国家知识产权局，参加合作共建示范省第四次工作会议，与时任局长田力普、副局长贺化和鲍红等共商知识产权强省建设，副省长何权介绍了江苏省创建实施知识产权示范省工作情况，李学勇省长和田力普局长分别在合作协议上签字，罗志军书记、李学勇省长被聘为国家知识产权战略顾问。田力普局长风趣地说，江苏省这么多重量级领导一同到访，开创了国家知识产权局历史上的多个第一，即省委书记来是第一，省委书记与省长一起来是第一，那么多省级领导来更是第一。2013年 9 月，李学勇省长带领省有关部门赴国家知识产权局参加共建实施知识产权战略示范省第五次工作会议，徐南平、贺化、张峰分别代表江苏省政府、国家知识产权局、工业和信息化部签署共建南京理工大学知识产权学院协议。2016年，江苏省政府与国家知识产权局再次合作建设引领型知识产权强省，李强书

记、石泰峰省长、张敬华副省长会见了申长雨局长和贺化副局长，签订了《知识产权高层次合作会商议定书》，以建设引领型强省为主题，建立了新一轮高层次合作会商机制。事实证明江苏省与国家知识产权局的合作是非常成功的，局省合作机制建立以来，共同推进160余项重点合作项目实施，其中包括投资11亿元的专利审查协作（江苏）中心，向全国推出了包括企业知识产权管理规范、企业知识产权战略、知识产权评议、高价值专利培育等一批示范项目，为推进江苏和国家知识产权战略实施发挥了重要作用。

（二）建立省领导牵头的知识产权联席会议机制

知识产权战略实施涉及很多领域，需要多部门协同推进，为此省政府成立由分管省长召集，知识产权、工商、版权、发改委、科技厅、经信委、教育厅、法院、检察院、海关等32个部门分管领导参加的知识产权联席会议，负责制定和实施江苏省知识产权战略、规划和政策，加强对全省知识产权工作的宏观管理，协调解决跨地区跨部门的重大知识产权问题，组织开展知识产权对外合作与交流等。各联席会议成员单位确定一名分管领导和处室负责人作为联系人负责日常工作。联席会议机制建立后其主要工作，一是每年召开一次联席会议，交流总结上一年度工作，协调解决跨部门跨行业的知识产权问题，研究分析知识产权战略实施面临的新形势，部署落实当年新的战略推进工作任务，有效实现各成员单位的工作联动。二是每年发布知识产权白皮书，向社会公开发布全省知识产权战略实施取得的成效。三是联合召开新闻发布会，介绍全省实施知识产权战略的最新进展和存在的问题，接受舆论和社会的监督。四是联合开展专项行动，如正版真货承诺活动、软件正版化行动、打击假冒侵权专项行动等。各联席会议成员单位按照任务分工，强化工作落实，形成部门协同，合力推进知识产权战略实施的有效机制。各省辖市大体也按照省政府的模式建立政府分管领导召集，各有关部门领导参加的知识产权联席会议。10年来，省政府知识产权联席会议各成员单位共制定700余项年度计划任务，绝大部分都得到顺利实施。

（三）建立知识产权区域试点示范机制

江苏各地经济发展不平衡，科技创新能力差异较大，知识产权发展环境不尽相同，如何引导各地因地制宜推进知识产权战略实施工作，江苏较早开展了区域知识产权试点示范工作并取得较好成效，《国家知识产权战略纲要》颁布实施后，江苏更是加大力度开展区域知识产权试点示范工作。一是积极争取国家知识产权局的支持，推荐符合条件的省辖市列入国家知识产权试点示范城市，推荐知识产权战略实施较好的县（市、区）列入国家知识产权强县工程试点示范。国家知识产权局领导和各司部给予了江苏大力支持，不仅参加试点示范动员，还经常来江苏实地调研和指导。二是开展省市共建工作，省知识产权局先后与南京、盐城、泰州、苏州、南通、扬州、徐州等市及常熟市、南京江北新区政府开展合作共建工作，打造知识产权强市、强县、强区。截至 2017 年，江苏 13 个省辖市已全部成为国家知识产权试点示范城市，76 个县（市、区）、142 个园区成为国家和省知识产权试点示范区域，南京、苏州、镇江三市获批国家知识产权强市创建市。知识产权试点示范机制极大地调动了全省各地实施知识产权战略的积极性和创造性，推动知识产权工作真正进入了高校、科研院所、企业、县区及乡镇，形成了一大批有地方特色的好经验、好做法。引导经费从 2008 年的 7651 万元增加到 2017 年的 87484 万元，形成了省市县联动推进知识产权强省建设的大好局面，有力推动了知识产权战略顺利实施。

三、坚持创新发展，不断探索知识产权发展新举措

在推进知识产权战略实施的过程中，江苏解放思想大胆创新勇于实践，形成了一批具有中国特色、江苏特点的发展思路和工作经验。

（一）以知识产权管理规范化"贯标"，推动企业知识产权管理能力大幅提升

为全面提升企业知识产权管理水平，2005 年在总结企业知识产权试点示范工作的基础上，江苏省知识产权局决定拨款近 100 万元立项研制企业知识产权管理规范，100 万元对当时省知识产权局来说是个大项目，再说谁也不知道能否成功，如果搞失败，100 万就泡汤了。这在当时是需要很大勇气，承受很大风险的，该项目得到国家知识产权局领导的支持和局党组集体决策承担风险。为了提高研制工作成功率，成立了二个课题组背靠背分头研究，结果一个课题组搞歪了，弄了一大堆企业知识产权管理制度，另一个课题组参照企业质量管理标准体系搞出了企业知识产权管理规范，经局领导讨论认为基本可行，2006年，由省知识产权局向省质量技术监督局申请作为省级标准立项，很快省质量技术监督局就批复同意《企业知识产权管理规范》立项。2007 年，在项目研制

后期又选择了 4 家比较典型的企业开展贯标试用并顺利通过验收，2008 年江苏省地方标准《企业知识产权管理规范》经国家质量监督检验检疫总局批准备案后正式发布施行，2009 年 1 月，省知识产权局联合省质量技术监督局等 8 个部门联合决定在全省推广，开创了江苏省大规模推进企业知识产权管理体系建设和知识产权规范化管理的崭新局面。这项创新工作很快得到了国家知识产权局领导的高度认可。在江苏省标推广实施的基础上，2013 年，国家知识产权局和国家质量监督检验检疫总局研制推出了国家标准《企业知识产权管理规范》（GB/T 29490—2013）并在全国推广，2017 年经由世界知识产权组织（WIPO）翻译出版向全球各成员国推荐。截至 2017 年，江苏推动了 8625 家企业参与贯标，其中，已有 2481 家企业被评为合格或优秀、1113 家企业通过国标第三方认证，参与贯标企业和通过认证企业数高居全国第一，企业知识产权意识和能力得到很大提升。

（二）以实施企业知识产权战略推进计划，推动企业核心竞争力大幅提升

在实施全省知识产权战略纲要过程中，江苏始终把加强企业知识产权战略放在突出位置，2003 年，在全国率先推出企业知识产权战略推进计划，支持企业将知识产权战略纳入企业发展战略，从战略的高度创造、运用、管理和保护企业知识产权资源，推动企业高质量推进知识产权创造、运用、保护、管理工作，使知识产权逐步成为企业的核心竞争力。2014 年，该项目计划推出重点项目、一般项目，分类别、分层次地推进企业实施知识产权战略。在项目实施内容上，总结了国内外企业发展中遇到的问题或者薄弱环节以及在实施过程的模式和方法，提炼出一套相对完善的任务手册，其中，重点项目明确要求打造"七个高"，即高标准的知识产权战略尽职调查、高规格的知识产权管理体系、高标准的知识产权战略实施方案、高效能的知识产权信息化平台、高水平的专利分析和导航、高效益的知识产权运营等。一般项目要求企业做到"七个一"，即，引导企业编制好一份战略规划、结合研发产品撰写一份专利分析报告、建设一个专利信息系统、贯彻好一个规范标准、培育一支专业队伍、整理一份知识产权运营台账、打造一面专利文化墙。同时，积极鼓励企业结合实际设计"自选动作"，不断丰富企业知识产权战略内涵，提升知识产权战略实施水平，能够"讲出知识产权战略实施的好故事"。截至 2017 年，承担省市两级企业知识产权战略推进计划的企业数已达 694 家。通过企业知识产权战略推进计划的

实施，江苏省重点产业领域、相关行业和企业知识产权战略实施水平明显提高，2017 年，全省规模以上企业百亿元销售额有效发明专利达 74.5 件，企业核心竞争力明显增强。

（三）以建设高价值专利培育示范中心，引导推动专利事业高质量发展

江苏专利数量多年位居全国第一后，如何全面提升专利质量，支撑产业向中高端发展，越来越成为领导和社会关注的热点。事实上，如何引导全社会提升专利质量并不是一件轻而易举的事，它涉及很多部门很多环节甚至很多技术性问题。2014 年，在全省知识产权局长工作会上首次提出建设一批高价值专利培育示范中心，通过试点探索高价值专利培育的路径和做法，通过示范引导社会不断提升专利事业发展质量。2015 年，江苏省委省政府出台《关于加快建设知识产权强省的意见》，提出支持企业、高校院所、服务机构强强联合，围绕江苏重点发展的战略性新兴产业和传统优势产业开展集成创新，探索培育高价值专利创造新模式、新机制，在主要技术领域打造一批创新水平高、权利状态稳定、市场竞争力强的高价值专利和高价值专利组合，形成可复制、可推广的高价值专利培育模式，到 2020 年，建成 100 个高价值专利培育示范中心。截至2017 年，江苏省已在新材料、生物技术和新医药、节能环保、物联网和云计算、新一代信息技术和软件、高端装备制造等重点领域，组建了 27 家高价值专利培育示范中心，示范中心发明专利申请量和授权量年平均增幅超过 20%，PCT 专利申请量增幅超过 50%，第一批项目已进入验收阶段，已陆续培育出一批高价值专利并得到了市场认可，为江苏专利事业高质量发展发挥了很好的示范作用。

（四）以建立知识产权专业职称制度，推动高端知识产权人才的培养

知识产权事业高质量发展离不开高端人才，知识产权高端人才是一种复合型人才，理想的知识产权人才应有一定的理工背景和扎实的法学基础，并掌握一定的工商管理和经济学知识的人才。但长期以来，知识产权人才没有相应的职称制度，影响了知识产权特别是高素质专利人才的发展，为加快推动知识产权人才队伍建设，吸引高素质人才从事知识产权工作并给予相应的待遇。2006年底，省知识产权局会同省人社厅在江苏省工程职称系列中增列知识产权专业职称，在国内率先建立了知识产权工程师职称制度。省知识产权局会同省人社

厅制定出台知识产权高级工程师、工程师资格评审办法，形成了江苏知识产权专业工程师的评价标准。2008 年全面启动了知识产权专业高级、中级职称申报和评审工作。随着全省培训工作和评审工作的深入开展，江苏还积极推进省辖市中（初）级职称评审委员会的筹建和评审工作体系的建设。目前，全省取得知识产权高级、中级工程师资格的有 791 人，其中，知识产权高级工程师 168人，知识产权工程师 623 人，专利代理人达到 2828 人，知识产权人才总量超过7 万人，人才在知识产权战略实施中的引领作用愈来愈凸显出来。

（五）以开展"正版正货"承诺活动，不断加强市场知识产权监管

为推动流通领域商贸街区、专业市场、行业协会重视知识产权工作，形成知识产权保护长效机制，营造全社会尊重保护知识产权、诚信守法经营的良好环境，2006 年，江苏省知识产权局会同省工商局、省版权局在全国率先开展"正版正货"承诺推进计划。2009 年，"正版正货"承诺推进计划由企业试点推广到街区示范创建，2012 年推广到行业协会示范创建，以商贸街区和行业为平台和抓手，倡导商家企业向社会作出不制售侵犯专利权的产（商）品，不制售侵犯商标权的产（商）品，不制售侵犯著作权的产（商）品，不从事不正当商业竞争活动，商贸街区管委会、行业协会有效行使对大型市场、商户和协会会员的监督职能等四项承诺。截至 2017 年，江苏省级"正版正货"示范创建街区达到 103 个，示范创建行业协会达到 17 家，"正版正货"承诺商家企业超过3200 余家，17 家"正版正货"示范创建街区、行业协会被确定为国家知识产权保护规范化培育市场。"正版正货"承诺活动的开展，对打击侵权假冒商品行为，推动全社会树立"尊重知识产权，保护知识产权，诚实守信，合法经营"的良好风尚起到了较好作用，知识产权保护满意度由 2008 年的 52% 上升到 70.8%。

四、坚持发展是第一要务，实现知识产权事业跨越式发展

江苏省坚持把发展作为第一要务，将充分发挥政府的引导作用和更好发挥市场的决定作用很好地结合起来，打造政府与市场的双引擎，全力推动全省知识产权持续、快速、高质量发展，知识产权发展主要指标如专利申请量、授权量，发明专利申请量、授权量，企业专利申请量、授权量连续多年位居全国第一。

（一）建立知识产权战略实施引导计划

为推进《国家知识产权战略纲要》的贯彻实施，加快知识产权事业发展，江苏努力构建以政府为引导、企业为主体、市场机制推动的知识产权战略实施引导计划，形成了横向覆盖知识产权创造、运用、保护、管理、服务、人才和理论研究，纵向贯通省、市、县（市、区）、园区和企事业单位的知识产权工作支撑体系。"十项引导计划"包括高价值专利培育计划、知识产权区域示范计划、企业知识产权贯标计划、企业知识产权战略推进计划、知识产权运营计划、专利行政执法推进计划、"正版正货"承诺推进计划、知识产权服务产品开发计划、知识产权人才培养计划、知识产权软科学研究计划。"十项重点任务"包括知识产权密集型产业培育、重大项目知识产权评议、专利发明人和专利项目奖、知识产权工程师职称评审、专利技术展示交易、知识产权公共信息服务、知识产权预警和维权援助、知识产权国际交流、知识产权宣传、知识产权金融。近年来，又进一步凝练为"一高三密集四平台"，即培育高价值专利，发展知识产权密集型企业、知识产权密集型园区、知识产权密集型产业，加快建设知识产权信息平台、知识产权保护平台、知识产权运营平台、知识产权国际合作平台。各市、县、区根据自己的创新优势和产业特点也建立了与省引导计划相衔接的引导计划和经费。省级财政引导经费从 2008 年的 0.67 亿元增长到 2017 年的 2.2 亿元，各市引导经费从 2008 年的 7651 万元增加到 2017 年的 87484 万元，从而形成了省、市、县上下联动，合力推进知识产权战略实施的运行机制，知识产权事业进入了快速、高质量发展的快车道。

（二）知识产权量质齐升

从专利产出数量看，2007 年到 2017 年，连续跨过了 100 万、200 万、300 万、400 万，达到 403.8 万件，连续迈上四个大台阶，总量跃居全国第一位，年均增幅达到 19.18%，2017 年比 2007 年增长了 4.78 倍。专利授权总量超 200 万件，年均增幅达到 21.74%，2017 年比 2007 年增长了 6.15 倍；从专利产出质量看，2017 年发明专利申请量超过 100 万件，位居全国第一。发明专利申请量年均增幅达到 27.42%，高于申请量增幅 8.24 个百分点，2017 年比 2007 年增长了 10.28 倍。发明专利授权量年均增幅达到 34.03%，高于专利授权量增幅 12.29 个百分点，2017 年比 2007 年增长 17.70 倍，专利产出质量明显提高；从地区发展看，苏南、苏中、苏北地区专利申请量增幅差距不断缩小，出现了协调发展的良好趋势。2007年到2017年，苏南五市平均增幅达到17.77%，苏中三市达21.86%，苏北五市也达到21.62%；从企业产出看，企业自主创新主体地位逐渐显现，有专利申请的企业数达到32195家，比2007年的4010家增长近8倍，专利申请量大幅攀升，2007年至2017年，年均增幅达到25.00%，2017年专利申请量达到36万件，比2007年增长了8.31倍，并涌现出一批专利大户。据不完全统计，全省企业专利申请量超过100件的企业达到364家，超过500件的达到3家，超过1000件的有1家；从高校产出看，2017年专利申请量达到43232件，年均增幅达到28.41%，2017年比2007年增长了11.18倍。专利授权量年均增幅达到29.83%，2017年比2007年增长了12.60倍，其中，专利申请量超500件的有25家，专利授权量超100件的达到54家。全省国内有效注册商标多年保持两位数增长，累计达到了84.3万件；驰名商标725件，位居全国第二；马德里体系商标国际注册1852件，居全国第四，版权作品登记累计突破50万件，植物新品种授权611个，38个地理标志农产品获得登记保护，均位居全国前列。在中国专利奖评选中，全省累计获得专利金奖19项，优秀奖337项，获奖数连续多年位居全国前列。

在江苏省创建实施知识产权战略示范省和建设引领型知识产权强省的过程中，国家知识产权局领导和各部门给予了极大支持。申长雨局长，贺化、肖兴威、甘绍宁、何志敏、廖涛、张茂宇、徐聪、徐治江等局领导，原局长田力普、王景川，副局长张勤、李玉光、杨铁军、鲍红等精心指导，贡献了很多智慧。江苏省历任省领导梁保华、罗志军、李强、李学勇、石泰峰、吴政隆，何权、曹卫星、徐南平、张敬华、蓝绍敏、马秋林，副秘书长朱步楼、唐建、王志忠、陈少军等也为此付出了大量心血，很多创新举措和成功经验如创建实施知识产权战略示范省、建设引领型知识产权强省、企业知识产权管理规范、知识产权分析评议、知识产权职称制度建立等正是他们精心指导的结晶。也是省知识产权局领导班子、广大干部职工及各地知识产权局和各部门知识产权战线的同志们共同奋斗的结果，由于篇幅和文体的关系在此不能详述。

知识产权战略的成就与任务

刘春田[*]

今年是中国改革开放 40 年，也是《国家知识产权战略纲要》（以下简称《纲要》）实施 10 年。10 年知识产权战略，中国发生了巨大的变化。以国民经济发展的相关指标计：2007 年，美国 GDP 13.98 万亿美元，日本 5.29 万亿美元、德国 3.28 万亿美元，中国 3.01 万亿美元，不及美国的 1/4，不到日本的 2/5，位居世界第四；2017 年，中国 13.31 万亿美元，美国 19.36 万亿美元，日本 4.884 万亿美元，德国 3.651 万亿美元。中国是 10 年前的 4 倍还多，相当于美国 2/3，日本的 2.5 倍。知识产权战略更是稳步推进、成果昭彰：2007 年中国发明专利申请 24.5 万件，远逊于美国、日本；10 年后，2017 年中国发明专利申请达 138.2 万件，比美国、日本、欧盟、韩国四大经济体发明专利申请数量之和还多。与大众创业匹配的商标注册更是如火如荼，到 2017 年底累计申请 2780 多万件，注册 1730 多万件，有效注册商标 1490 多万件。数字反映的是量化的成就，更重要的是数字背后提请我们反思的复杂成因和问题。作为国家知识产权战略孕育、制定以及实施的亲历和见证者，作为《纲要》实施十年评估工作专家组成员，我认为应当适时地总结成就和经验，认清形势，规划未来，提出新的任务。

第一部分　成就与经验

一、国家知识产权战略是改革开放辉煌 40 年的杰出成果

历史指引我们前进。国家知识产权战略不是凭空发生的，它是中国改革开

---

[*] 刘春田：中国人民大学知识产权学院院长，教授、博士生导师；兼任中国知识产权法学研究会会长、国家知识产权专家咨询委员会委员等多项职务。《国家知识产权战略纲要》实施十年总体评估专家组成员。曾参与《国家知识产权战略纲要》的制定工作。

放和现代化进程中的必然产物，也是改革开放的重要组成部分。伟大的思想孕育了伟大的改革开放时代。1978 年党的十一届三中全会，是新中国，也是对当代世界极具影响的伟大历史事件。它开启了中国历史上以"改革开放"为标志的辉煌时代。中国的改革开放改变了世界。从此，中国的社会转型走上了正轨。对内，我们偃旗息鼓，放弃"以阶级斗争为纲"的路线，高扬起众望所归的"以经济建设为中心"的国家发展旗帜；对外，我们放弃"革命与战争"的对外政策，接受了"和平与发展"国际观。我们最大限度地凝聚了全民共识。国家面貌为之一变，民族精神空前振奋。至今，改革开放的亲历者，每每谈及这激荡的 40 年，无不激动不已。党的十一届三中全会以后，以崭新面貌出现的中国，内修法度，外结善缘；改革新政，层出不穷。经济上，复兴私权。1986 年颁布了具有划时代意义的《民法通则》，破天荒地将知识产权确定为私权，开始建设与市场经济相匹配的社会主义法治。这期间，《商标法》《专利法》《著作权法》和《反不正当竞争法》先后颁布实施，建立了知识产权法律体系框架。于是，有了市场经济。自 1979 年《中美贸易协定》到 2001 年加入世界贸易组织，中国经济融入了世界。近 1/4 世纪的努力，构建并铺垫了国家和平崛起的良好的国内、国际环境和前进轨道。这些为中国经济的快速发展提供了良好的条件。10 年前，中国的工业体系、法律体系和对外合作体系基本完备。借助天时、地利、人和，我们不失时机地推出了国家知识产权战略。这是一个伟大的尝试，也是改革开放的杰出成果。种瓜得瓜，种豆得豆。苍天不负中国人。运用上述内外条件，给解放生产力开拓了前所未有的先机。新世纪以来我们披荆斩棘、攻坚克难，尽享法治和全球化的"红利"，一举成为全球第二大经济体。知识产权战略的制定，可谓深耕当下，根植未来。为国家发展，从单一的"摸着石头过河"，到尝试同时通过凝聚共识进行顶层设计，开辟了先河。

二、十周年战略最重要的成就是思想的解放和观念的革新

知识产权战略从孕育到诞生，从颁布到实施，始终伴随创新。十周年战略实施，成果骄人，可以看得见、算得出的成绩，远超预期。在理论研究、制度建设、产业发展、教育改革、知识产权司法体系建设、对外开放等方面，有太多的可圈可点的经验和成就。这些成就有一系列的数据支撑，相信有关部门和

相关专业人士会给我们提供更准确、更权威的资讯发布。本文认为，与可数字化的成就相比，思想解放和观念转变是决定一切的因素。其中，市场观念、创新观念、法治观念、国际话语权观念等看似潜移默化的"形而上"的改变，是更为深刻、更为根本，起决定性作用的转变。这是其他一切转变的前提和基础，是成果数字中的"1"，其他成果是"0"，没有"1"，其他一切，都无从谈起。为此，有人把思想观念归为"第一生产力"，不无道理。正是这些改变，促进了国人的思想解放，实现了国人更大的自由，最终转化为伟大的生产力，创造了今天的辉煌。看不到这一点，就无法认清中国的改革开放。

（一）市场观念

党的基本路线告诉我们，中国将长期处于社会主义初级阶段。这意味着，中国将长期处于市场经济社会。我们的经济建设、法治建设都要在这个基础上进行。因此，我们的政治、文化、法律等保障国家、社会长治久安的上层建筑建设，也以此为己任。市场经济的确立，具有纲领性的作用，它导致我们的基本经济制度和经济运作体制的根本变革，也决定法律制度的选择。毛主席曾指出，市场是一个大学校。商业孕育文明。中央总结和提倡的 24 字"社会主义核心价值观"，其中民主、自由、平等、诚信、公平、文明、友善、和谐、法治等9 个观念来自商业文化，或与市场相关。可见，商业培养优秀的文化和善良的风俗，孕育健康的素质、价值观和高尚的人格。多年来受"左"的影响，计划经济时期形成的对市场，对"商"和"商人"的"无商不奸、无奸不商"偏见，尤其是对"私"和"私有"的妖魔化、罪恶化的意识形态，正在逐渐退出思想、文化领域。这种转变，在国家知识产权战略的成绩单上应当有一笔。我们还从市场经济中逐步认识世界经济及其规则体系，学会了用法律手段和世界交往。

（二）创新观念

创新是对要素和一切可以利用的主、客观资源作出新的配置的行为。创新是对世界的重组。创新靠的是激情和理性的有机融合。创新有无限的潜力和可能。唯有创新才可以实现经济、社会的跨越式发展。一个社会，一个民族，一个国家，能否树立创新精神，能否激发并保持普遍而长久的创新能力和激情，是衡量该社会、民族、国家的思想解放和公民自由程度的重要指标。改革开放的深化，市场经济的建设，产权制度的调整，全球化的推进，辅以知识产权战略的实施，国家通过一系列努力，提供了可资创新的基本社会环境，国民获得了更多的自由。自由是有价值的，自由就是财产。在市场经济和知识产权法治的环境中，自由既为勤劳者提供了用武之地，也为"创造者"设置了天高任鸟飞的广阔平台。工业革命以来，"知识就是财富""知识改变命运"的箴言，已经成为司空见惯的社会生活。互联网时代，没有什么事情是不可以创新的。从颠覆式创新到改进型创新，从技术到制度，从产品到服务，从民事行为到商业模式，在互联网支持下，万事万物，互联互通。创新无所不在。无论是积累式的创新、跨越式的创新，还是爆炸式的创新，创新方式，层出不穷、不拘一格。例如，初时看似"嬉皮士玩具"的"特斯拉"，一旦它的电池或充电技术动力体系的成本低于基于汽油建立的动力体系，必将敲响"石油王国"经济体系的丧钟，颠覆其统治多年的汽车工业财富版图。再例如，在文学艺术领域，看似不起眼的电脑游戏，在互联网的支持下，迅速发展为数以千亿计的新产业。一部《战狼2》电影，可以将投资者乃至艺人造就为亿万富豪。一款传承二百年一袭不变的凉茶，在睿智的创新者眼里，其间蕴藏无限的可能，可造就无穷的商机。通过重构资源和经营体系，移植现代生产和经营方式，将一成不变的手工作坊式的传统的凉茶，脱胎换骨成为大工业产品。点石成金，造就了一个拥有数百亿元市场的产业。同时，运用创新思维，巧用广告，引导消费，将凉茶从医疗性、季节性、地方性，变为跨地区、全天候、享誉华夏、经久不衰的大众饮品，成为一种生活方式。无数的事实表明，智慧、力量和财富藏于广大的民众之中。创新是全民的事业。一个国家的发展，唯有激发大众的创新激情才可以成功。经过40年改革开放，特别是10年知识产权战略实践，中国大众初步形成的创新观念所转化的伟大力量，就是明证。

（三）法治观念

改革开放和知识产权战略实施，有效地推进了中国的法治建设。法治概念源自古希腊，被人类普遍接受。"法治"被认为博大精深，也是两千多年来的先贤不断探讨、追究的重大命题。作为一种治国方略，"法治"可以简单理解为"法律的统治"。当代中国，"法治"更多的是对"人治"而言。改革开放的中心任务就是市场经济和法治建设。知识产权战略作为其组成部分，有效推进了中国的法治建设，逐步促进法治观念的形成。在知识产权角度理解，法治也是科学之治、理性之治、诚信之治、体系之治。其中，"法治观念"又居于核心地位，起决定性作用。法律实践是法治的试金石。司法是法律实践的关键。就大众法治教育而言，一个公正的判决强于一部经典著作所诠释的智慧，也远胜政府苦口婆心的说教。近年来，这样的实践例证越来越多。比如，波及全国，诉讼连绵的加多宝公司与广药关于"红罐包装装潢权益纠纷案"，最高人民法院的终审判决一锤定音，就是一堂很好的"法治"教育课。判决对事实的基本认可，对是非的基本判断，对利益平衡与国家利益之间分寸的拿捏把握，彰显了我国法院的法治观念和大局意识。联系法律理论与制度的实践，结合经济与社会效果，它是"法治观念"和经济发展大局相结合的产物。尽管判决在理论界引发多元议论，给理论研究留下空间，但从社会效果看，无论宏观、微观，都是一份出色的判决。判决可谓"安居平五路"，效果出人意表，诉讼双方，皆大欢喜。市场运作，秩序井然。生产者、经营者、消费者、国家利益多赢，呈最大公约数。从思想观念上，它代表国家释放了最大的善意。它扫除了笼罩在许多人心头的疑云，告诉世人：中国是一个法治国家，讲理的社会。民事主体的正当财产权益、契约自由，受法律保护，无论"公""私"，"中""外"，法律面前人人平等。它所彰显的"法治观念"、大局意识、发展理念，以及国家对社会、企业和公众的关怀，令人感动，可圈可点。它让更多的国民树立了对中国法治的信赖，提高了中国的软实力。

（四）全球观念

科学、理性的全球观，是获得国际话语权的前提。几年前，我看过一段视频，是已故我国驻法国大使吴建民和罗援将军的电视辩论。辩论的主题和内容记不得了，但其中吴大使提供的一个数据，令人难忘。他介绍，我国在 1949 年到 1978 年的 29 年中，走出国门的总计 28 万人次。如今，中国与世界各国建立了千丝万缕、血肉交融的联络，借助国际体系与规则，与世界融为休戚与共、井然有序的地球村，进而促成了中国人极大地改变了对自己、对世界以及与各国关系之观念的转变。这不仅是立足点、视角的转变，更重要的是世界观、思维方式和思想方法的转变，是眼界的升华，是胸襟的开阔。基于这种转变，中国在国际事务的话语权，也出现了"质"的变化。就知识产权领域而言，中美高层经济对话、五国知识产权局长会议机制、金砖五国知识产权对话、各国来华知识产权官员络绎不绝，学术外交、中外专家对话、301 评论、专家谈外事、论天下蔚然成风。在知识产权问题上，发达国家对中国也从"喊话""训话"，到与中国平等的"对话"。这种转变，既反映了世界力量格局的变化，也彰显了中国知识产权能力的变化。中国不再是孤立一隅、封闭落后的农业大国，而是与世界熔于一炉的大体量的工业国家。"一带一路"是我们尝试构建的国际经济关系新模式。建设"和而不同"的人类社会是我们倡导的未来世界发展新方向。理性务实的全球观既是一种知识体系，也是我们的行为准则；既是我们经略国际事务的有效工具，也是一种实实在在的巨大生产力。基于此，我们比任何时候都更加主张和维护全球化。

第二部分　形势和任务

一、深刻领会"新时代"的内涵，从中找出智慧，找出方向，规划知识产权战略的未来

伟大的设计反映的是跨越历史的战略思维。不同历史阶段有不同的历史任务。改革开放前40年，我们基本上是"站在中国看世界"的角度看待和处理中国和世界的关系，奉行的是近似"中学为体、西学为用"的全球观与本土观。"改革开放"一语天然地反映了一种立足国门之内"请人进来"的立场，以及集中精力关注内部事务建设国家的理念和方法。我们的一切政策方略都围绕这个大前提。今天，我们面临的依然是中国现代化这一未竟的历史任务，但是进入一个新时代，观察问题的立场、角度、方法和心态不同了。我们从提出"走出去"的那一刻起，就已经开始考虑用"站在世界看中国"的方法和心态看待和处理全球和本土的关系，认识到中国是世界的一部分，而非相反，并尝试把中国问题置于全球化体系中处理。全球化，反映了以全球为己任的战略思维，这既是一种国家能力的提升，也是中国进入"新时代"的重要标志。与某些国家"逆全球化"的"本国优先"不同，中国高举原本由发达国家主导、缔造和坚持的"多边化""贸易自由""世贸组织"的旗帜，用"一带一路"等中国概念表达我们的发展观和对全人类的历史责任。这是一种以各国平等为前提作出担当的话语权宣示。这意味着我们为了适应全球化，将会进一步深化改革，更要接受和习惯于全球一统的规则。目前，中国和某些国家在全球化问题上态度截然不同。一个要"一事当前，先为自己打算"的"卷帘退朝、保守自闭"倾向；一个矢志不渝地"走出去"与全人类同甘苦、共命运。就如同一个旋转

门，一进一出。若此趋势成真，对世界来说，不是好消息。知识产权天然是个全球问题。过去 10 年，即中国知识产权战略的第一个 10 年，战略实施更多的是专注于国内问题，对外国乃至于全球性的问题关注和研究相对薄弱。如前所述，这不仅是个视角、视野问题，而是一个世界观、全球观、方法论问题，更是一个眼界问题，一种驾驭全球化事物的能力问题。无疑，知识产权更是天然的战略问题。战略问题必须有战略思维、战略眼光和战略态度。为此，我们应当提醒中国的企业和公民，要彻底转变观念、克服浮躁、丢掉幻想、放弃侥幸心理，拒绝邪路。其中，革除陋习，树立创新和诚信是最大财富、是普世价值、是最有效的战略武器的观念。我们可以不要"贵族习气"，却需要"贵族精神"。要有"宁拙毋巧""君子不饮盗泉之水"的气度，用"临渊羡鱼，不如退而结网"的精神，通过踏踏实实的创造、经营、管理与劳动获取财富。这才是最终靠得住的基础的、根本的、全局的、长远的战略行为。环顾英国、美国、德国、日本，乃至于迅速晋级为"新科"发达国家的韩国，没有哪一个是靠"姑息养奸""巧取豪夺"崛起的。

二、客观看待自己，理性看待世界

客观看待自己是心理健康的表现。国事家事，一个道理。中国积 40 年艰苦卓绝的努力，经济有了明显的起色。最令国人津津乐道的，莫过于中国相继超过德国、日本，成为全球第二大经济体。在知识产权领域，最令人自豪的，是中国发明专利的申请量，超过了美国、欧盟、日本与韩国之和。这些来之不易，令人振奋。但是，要清醒地看到，这些变化只是"量变"，不是"质变"。第一，没有改变世界经济力量的基本格局；第二，没有造成世界经济基本秩序和基本规则的改变；第三，知识产权法治、知识产权战略，没有使中国成为主要是通过创新发展经济的国家；第四，没有改变中国发展中国家的经济性质。如同跑马拉松，第一方阵中，除去第一名为领跑者外，其余都是跟跑者。何况，我们还不具备参与该方阵角逐的能力。平心而论，若按综合国力比较，作为发展中国家，我们与美国、日本、德国乃至英国、法国以及诸多的发达国家相比，经济发展水平不在一个档次上。我们的技术创新水平和专利质量还远远落后于上述诸国。知识产权保护任重道远。我们距离发达国家，尤其是成熟的发达国家，无论软硬、巨细设施，还是经验积累，都还有巨大的差距。对于一个历经磨难，蹒跚前行，主要靠粗放式发展积累财富，并处于艰难发展中的超大型经济体，若以成熟的现代性国家指标为准，无论国家、社会、社会组织、个人的主体地位和意识，以及各主体之间的关系，无论教育、科技、经济运行、医疗卫生、社会福利、公共服务，还是与之相适应的制度等配套设施建设和文化艺术等事业的发展，我们都还是一个成长中的国家。我们百废待兴，还有太多的事要做，太多的课要补，太多的欠账要还。我们的知识产权战略水平不可能超出这样一个国家环境中生存、实施、发展。近来，中国在世界知识产权组织公布的国家创新能力排行榜中，成绩骄人。这是好事。但也要有清醒的认识。既要有自知之明，也要防止被人捧杀。"木秀于林，风必摧之"。况且，扪心自问，我们还没有"牛气"的资本。我们必须保持谦虚谨慎、健康、平和的心态，不可头脑发胀"夜郎自大"，更不应以主导全球、引领未来的"候任"世界领袖心态自居。

习近平主席代表中国政府宣示：我们无意颠覆世界秩序。国人应当有清醒的认识：作为传统国际体系的新成员，中国还是该体系规则的学习者、参与者、维护者和建设者。要看到，在当今国际贸易组织多边贸易、自由贸易机制下，还有很多可以挖掘的体系、秩序"红利"有待中国正当收取。

三、私权观念是知识产权法治的基础，也是知识产权战略的根本保障

知识产权作为私权制度的核心，是经济发展和民族复兴的法律保障。知识产权属于宪法性权利，作为财产制度，它是现代国家必不可缺的基础法律设施。平心而论，健全有效的知识产权制度远比任何"知识产权战略"更有价值。习近平主席在 2018 年博鳌亚洲经济论坛指出："知识产权保护是完善产权制度的最重要内容。"这方面，我们还有很大的努力空间。在市场经济和工业社会，在社会主义初级阶段，知识产权制度，符合自然法则，顺应经济规律，合于人性，是上述三项资源的精到的配置形态。私权即恒产。早在两千多年前，孟子就指出："有恒产者有恒心，无恒产者无恒心。"（《孟子·滕文公上》）这在有财产的社会，是人性，也是永恒的至理。在社会主义初级阶段，财产制度是市场经济的客观要求和法律保障。没有私权制度的复兴，没有对私权的充分、有效保护，就没有生产力、创造力的真正解放，就没有民族复兴。作为上层建筑，知

识产权制度是广度、深度激发人的创造力的"精神原子弹",是收揽精英人才、聚拢优质资源、保障竞争优势和实现跨越式发展的最有效的工具。世界贸易组织的 TRIPS 反映了各国对知识产权的私权属性共识。在我国,民法制度是赋予和保障私权的基础性法律。我国《民法通则》和《民法总则》相继规定了知识产权。但是,实践中我国的知识产权保护水平差强人意,甚至远远低于我们的经济发展水平。从创造者的实际财产地位,可以观察到中国知识产权法治的真实状况。短板决定全局。我们以音乐著作权为例,据全球词曲作家联合会公布的全球包括 123 个国家 239 个成员机构 2016 年的版税结算报告,全年总收入为92 亿欧元。其中,欧洲占 52 亿元。欧洲有 8 亿人口,每年人均支付音乐词曲版税为 6.44 欧元。美国占 17.6 欧元,3.24 亿人,人均支付 5.42 欧元。经济落后的非洲占 7600 万欧元,12 亿人口,人均支付 0.063 欧元。中国占 2300 万欧元,按 14 亿人口计算,人均 0.016 欧元。在美国,随着传播技术的发展,作品商业新使用方式不断繁衍派生。迄今,音乐词曲作者的版税收入种类繁杂,包括机械复制版税、印刷版税、公开播放版税、同步许可版税、机械同步版税、数字下载机械复制版税、流媒体机械复制版税、非交互式数字流媒体公开播放版税、交互式流媒体公开播放版税、数字同步许可版税、数字出版版税、彩铃机械复制版税、彩铃公开播放版税等 13 种之多。仅此一项,美国人均向作者支付的音乐词曲著作权使用费,就是中国的 338.75 倍。上述统计还提示,我们对创作者利益的尊重与保护,甚至落后于非洲。管中窥豹,见微知著,由此可知我们还有多大的差距,也就不难理解为什么党中央把保护知识产权提到如此高的地位。基于此,为强化知识产权的私权观念,我国立法有必要提高知识产权法律的位阶,理应在正在建设中的《民法典》中单独设立"知识产权编"。

四、科学态度是知识产权战略实施的道路保障

(一)合理运用"国家能力"、市场能力、企业能力和个人能力实施知识产权战略

各国都有利用国家能力组织经济活动的实践。但是,由于制度不同,中国具有与欧美国家不同的更为强大的国家能力。突出表现是具有最大限度的集中

与整合优势资源办事的"举国体制"。这对于一个幅员辽阔、人口众多的超大型国家，其对资源的调动能力、配置能力、动员能力、执行能力上的优势，无与伦比。这保障国家获得更大的自由，是重要的生产力，是优于其他财产形态的国家核心财产，也是中国敢于在世界面前坦言自信的本钱。这一中国特色也招来某些国家的批评，并把这一情况作为否认中国的完全市场经济国家地位的重要理由。实际上，正是这一国家能力，保障了我国在国家重大建设上的跨越式发展。国际上经常把中国和印度的竞赛比作"龙象之争"。中印同是二战后解放的亚洲国家，几乎同样的人口，同处于发展中阶段。众所周知，印度有诸多优于我国的国情要素，这经常令印度朋友引为自豪，比如：8.5亿30岁以下的年轻人口，2亿人以上使用英文工作和生活，传统的市场经济，英国人遗留下来的成熟的民主制度和完善的法治。与中国相比，印度这五个要素堪称"A货"，令人艳羡。印度由此而备受西方推崇。中国这五项指标充其量属于"B货"。但是历史却开了个玩笑，在中国手里，居然可以把五个"B货"组合得出神入化，转化为比任何单项指标简单相加都强大得多的能力。2017年中国GDP为13.31万亿美元，印度则为2.6万亿美元，不及中国的零头。以基础设施建设为例，到2017年，中国高速公路超过13万公里，居世界第一。高速铁路超过2.5万公里，占全球60%以上。反观印度，高速公路不到1000公里，高速铁路为零。中印之别，高下立判。剔除其他因素，中国的制度优势所激发和释放的国家能力，尽显无遗。这种能力，可以点石成金，化腐朽为神奇。

同时，必须看到，"举国体制"用的是财政的钱财，政府的财力是有限的，国家能力发挥作用的空间是有限的。我们不可能凡事动辄全民动员、举国攻关。生产力是多元的。要学会调动一切积极因素创造财富，推动社会进步。社会、市场、企业和个体生命中孕育着无限的积极性和创新活力，他们才是财富生产的主体，是财富之源。国家的职责之一，是为社会成员每一个头脑和个性创造据以发展的条件。知识产权战略作为国家政策，并不属于"举国体制"中的"集中力量办大事"的事项，不是用财政力量调动和换取企业、民众的创新。恰恰相反，其最终目标是依靠私权制度和法治激发企业和个体的创新与生产能力，让社会财富如涓涓细流汇入大海，通过市场转化为巨大的财富，以保障强大的国家能力。总之，知识产权机制是向市场要钱，而不是向财政要钱。

（二）尊重科学，尊重市场，尊重经济规律，让知识产权回归自己

最近，有文章表达了对中国专利申请数量"暴涨"式攀升的担忧。文章认为，造成这种现象的主要原因一是片面追求专利数量，二是地方政府不当资助专利申请。对上述问题，有观点解读为专利"大而不强"，良莠不齐有垃圾。也有观点认为是知识产权"大跃进"。本文认为，是否也可以再换一个角度看待此事。第一，不孤立地判断某一个事物的得失成败。把问题放在一个整体大环境中认识与衡量，各种数据相互参酌、印证，或许会得出不同的结论。因此，从不同的角度看，称中国发明专利申请的数量攀升"失控"，或许言之尚早；称"暴涨"，或"大跃进"也可以说有些言重。总之，同一事物可以有不同的解读方式，无关对错，不必强求一致。本文开头有意引述了众所周知的 GDP 等统计数据。其中，中国 2007 年的 GDP 为 3.01 万亿美元，2017 年为 13.31 万亿美元，后者大约是前者的 4.4 倍。2007 年发明专利申请为 24.5 万件，2017 年为 138.2 万件，后者大约是前者的 5.6 倍。如果我国 10 年 GDP 的增长属于中等速度的话，那么就可以不再把与 GDP 增长大致相同的发明专利申请量的增长，看作是"暴涨"和"大跃进"。平心而论，这一数字，比较客观地反映了中国社会进步和 10 年知识产权战略的成就，大体是合理的。当然，我们也不要误判，与美日等发达国家相比，我们的技术和专利质量，还有相当大的上升空间。第二，辩证地看待世间的事物。一切事物的好坏、优劣、正负，以及精华与垃圾，都是相对的。它们在一定条件下是可以转化的。关键看申请专利的目的是什么。目标正当，经营有为，束之高阁的"死"专利，也有可能激活。咸鱼翻身，或有用场。成败得失，端在企业家的眼光、见识、灵气和战略设计。因此，要鼓励企业到全球大市场去经历大风大浪。企业经营，市场竞争如同下象棋。企业是一个多元角色与资源的复杂组合。既不可能都是将帅，也不能都是车、马、炮大杀器。刀枪剑戟、各色人等，伙房、马夫，各有分工，不可或缺。企业经营，既要有核心技术，也要有非核心、边缘甚至"垃圾"技术。即便是真的垃圾，垃圾也有垃圾的用处。"卒子"过河，以一当十。技术质量不高，不等于专利质量不高；专利质量不高，不等于专利组合不高，更不等于专利战略不高。凡事皆看人为。若神机妙算，配置得当，发挥"撒豆成兵""过河卒子"的潜能。"垃圾"也可变废为宝，化腐朽为神奇也不意外。这就是创新。

知识产权界呼吁让商标、专利回归本质，主张引导企业向市场要钱，而非

向财政要钱，无可厚非。如果相当多的企业通过申请和取得专利授权而从政府获得的钱，大于从市场上获得的收入，也就是说不仅不创造价值，还"透支"社会财富，那就不是成功的专利，鼓励专利申请的政策就应当及时调整。知识产权毕竟是企业的财产，如何左右，应由市场引导，企业支配。政府要树立私权意识，摆正自己的位置。政府在私权领域，在市场上，要甘当配角，甘于"为他人作嫁衣裳"，不可以代替企业决策。人们批评美国政府在知识产权问题上重拾"301调查"大棒是"越俎代庖"，我们不应当犯同样的错误。

（三）尊重宪法、法律，尊重司法，谨守分际

法治是中国人民对社会长治久安的理想追求。党中央矢志建立社会主义法治。其中，尊重司法权是法治的核心内容。应当明确，司法权是宪法赋予人民法院的排他权力。我们的社会主义法治不同于西方法治观念和机制中的"司法独立"。但我们主张中国特色的"独立司法"。在中国，根据宪法，人民法院是国家的唯一审判机关。宪法并没有把审判权力赋予其他部门和组织。司法机关及其司法活动只服从宪法和法律，独立于其他立法、行政机关之外，不受立法机关、行政机关、社会团体和个人的干扰。如同行政权是宪法赋予政府的独占权力，不受司法机关干扰和左右一样，司法权同样神圣不可侵犯。这是法治的基本准则。因此，在未来知识产权战略规划中，应当注意以法治的理念和标准设计和规范政府的行为。

执法体制改革与国家知识产权战略

李明德*

一

2004 年 10 月，国务院作出决定，制定国家知识产权战略。随后，国务院成立战略制定工作领导小组，确立相关的研究课题，落实具体的承担单位。在战略制定领导小组确定的 20 个子课题中，有一个"改善国家知识产权执法体制问题研究"，由中国社会科学院知识产权中心承担。

记得是在 2005 年 3 月中旬，正在参加全国人民代表大会年度大会的郑成思教授给我打来电话，说战略制定工作领导小组已经确定，由中国社会科学院承担"改善国家知识产权执法体制问题研究"的课题。郑成思教授还在电话里说，这个课题涉及执法体制改革的问题，比较敏感，战略制定工作领导小组决定将这个课题的研究工作交给中立的学术机构，从学术研究的角度提出改善我国知识产权执法体制的意见和建议。郑成思教授还特别提到，他已经担任了战略制定工作领导小组的顾问，不便于直接参与"改善国家知识产权执法体制问题研究"课题的工作，因而要求我负责具体的组织协调工作。

20 个子课题确定之后，战略制定工作领导小组向承担研究任务的国务院部委和相关单位发函，要求认真组织和实施相关的工作。中国社会科学院在接到战略制定工作领导小组的公函之后，决定由当时担任秘书长的朱锦昌先生负责课题研究的组织工作。随后，朱锦昌先生来到中国社会科学院法学研究所，与

* 李明德：中国社会科学院知识产权中心主任，中国社会科学院法学研究所二级研究员，国家知识产权专家咨询委员会委员，中国法学会学术委员会委员，中国知识产权法学研究会常务副会长，《国家知识产权战略纲要》实施十年总体评估专家组成员。2004～2008 年参与国家知识产权战略的研究与制定工作，主持"改善国家知识产权执法体制问题研究"的课题。

当时担任所党委书记的陈甦研究员，与知识产权研究室的李明德、李顺德、唐广良、张玉瑞、周林一起，商议了课题组的人员组成，以及相关研究工作的设想。会议商定，由朱锦昌担任课题组组长，由陈甦担任副组长，由李明德担任学术秘书，负责具体的组织和研究工作。

2005 年 4 月中旬，课题组在中国社会科学院的办公大楼召开了"改善国家知识产权执法体制问题研究"课题的启动会议。学术秘书李明德介绍了课题组的组成人员和初步拟定的研究方案，课题组长朱锦昌和副组长陈甦强调了课题研究的重要性，要求全体成员按照时间进度，高质量完成课题的研究工作。课题组由 22 个成员组成，成员来自全国人大教科文卫委员会、最高人民法院、国家法官学院、国家知识产权局、国家版权局、国家工商行政管理总局和中国社会科学院法学研究所。

自 2005 年 6 月开始，课题组成员进行了频繁的调研活动。在国内方面，课题组前往国家知识产权局、国家版权局、国家工商行政管理总局、北京市高级人民法院，以及上海、深圳、广州、武汉、西安等地进行了调研。在国外方面，课题组前往日本、新加坡、泰国、印度、德国、法国、英国、比利时、荷兰、意大利等国进行了调研。针对每一次的调研活动，课题组都指定了一名成员全权负责，包括作出详细的记录和整理相应的调研纪要。除此之外，课题组还召开了若干次学术研讨会议，例如与学术界的研讨会、与政府部门的研讨会、与律师实务界的研讨会，以及课题组内部的研讨会。同样，就每一次研讨活动，课题组都指定专人作出详细记录，并且整理出了会议纪要。

到了 2006 年 10 月，按照战略制定工作领导小组的要求，中国社会科学院提交了"改善国家知识产权执法体制问题研究"的课题报告。按照战略制定工作领导小组的要求，报告的正文为 25000 余字。不过在报告之后，我们附上了历次的调研纪要和研讨会议的纪要。应该说，这些调研纪要和学术研讨纪要，是课题组得以描述我国知识产权执法体制现状和问题的依据，也是课题组提出相关建议的依据。事实上，改善国家知识产权执法体制的许多建议，就是直接来自于相关的调研和学术研讨。从某种意义上说，课题组并没有提出多少创见性的改善建议，不过是将来自各方面的意见和建议加以概括、归纳和总结，使之系统化而已。

早在课题立项之初，郑成思教授就叮嘱我，课题研究结束之后，一定要出一本书，将研究成果推向社会。同时，按照战略制定工作领导小组的意见，各个课题组的研究成果，除了向战略制定工作领导小组提交以外，可以自行使用和出版。2007 年春节之后，中国社会科学院知识产权中心商定，由李明德、李顺德、唐广良、周林、管育鹰和姜艳菊，分别从行政执法、司法和二者关系的角度，撰写书稿，阐述我们对于改善国家知识产权执法体制的看法。我们还商定，邀请课题组的副组长、法学研究所的党委书记陈甦研究员撰写序言。

到了 2008 年 8 月，由中国社会科学院知识产权中心汇编的《中国知识产权保护体系改革研究》一书出版，共计 40 万字。其中收录了唐广良研究员撰写的《中国知识产权执法体制的昨天、今天和明天》、管育鹰研究员撰写的《中国知识产权执法体系相关问题探讨》、李顺德研究员撰写的《关于加强知识产权行政执法和行政管理的思考》、周林研究员撰写的《中国版权行政执法研究》、李明德研究员撰写的《中国知识产权司法体制的改革思路》以及姜艳菊博士撰写的《试论知识产权案件的专门化审理》。据悉，在战略制定工作领导小组确定的 20 个子课题中，以公开出版的方式而将研究成果公之于世的，为数不多。

说到"改善国家知识产权执法体制问题研究"的课题，不得不说起我国著名知识产权法学家、中国社会科学院知识产权中心的首任主任郑成思教授。郑成思教授是我国现代知识产权法学研究的开拓者，无论是在知识产权法学的一般理论方面，还是在具体的版权、专利、商标和制止不正当竞争理论方面，都发表了大量的研究成果，深刻地影响了我国的知识产权立法、司法和行政执法。在制定国家知识产权战略的过程中，他受聘担任战略制定工作领导小组的顾问，就国家知识产权战略的制定提供了大量的建设性意见和建议。同时，他还担任"改善国家知识产权执法体制问题研究"课题的顾问，为课题组的研究方向和相关的结论提供了大量建设性的意见和建议。与此相应，中国社会科学院最终提交的关于改革我国知识产权执法体制的研究报告，以及最终出版的《中国知识产权保护体系改革研究》一书，都倾注了郑成思教授的心血。郑成思教授于 2006 年 9 月 10 日因病逝世，永远离开了他所热爱的知识产权事业。然而，他所开创的知识产权学术研究事业，仍然在蓬勃发展。今天，我们评估《国家知识产权战略纲要》（以下简称《纲要》）实施十周年，也是对于郑成思教授突出贡献的纪念。

二

中国社会科学院课题组在接受了"改善国家知识产权执法体制问题研究"

课题的任务之后，在调研活动和相关学术研究的基础之上，逐步形成了课题报告的思路。这就是后来报告中所说的"明晰两条线"和"理顺三个关系"。

其中的"明晰两条线"，是指明确知识产权行政执法和司法的各自职责，合理配置资源，对于知识产权提供有效有力的保护。课题组认为，我国已经形成了具有自身特色的知识产权保护体系，也就是行政保护和司法保护的双轨制。然而，随着知识产权保护实践的发展和国家政治体制的改革，双轨制的侧重点应当有所变化。从知识产权是一种私权的角度来看，知识产权执法的重点和资源的配置，应当逐步向司法倾斜。正是基于课题组的以上思路，2008年6月发布的《纲要》明确提出了"司法主导"的说法。具体说来，《纲要》第9条规定，健全知识产权执法体制，"加强司法保护体系和行政执法体系建设，发挥司法保护知识产权的主导作用，提高执法效率和水平，强化公共服务"。

其中的"理顺三个关系"，是指理顺知识产权行政管理体系内部的关系，理顺知识产权司法保护体系内部的关系，以及理顺知识产权行政管理体系和司法保护体系之间的关系。知识产权行政管理体系内部的关系，主要是指国家知识产权局的专利管理系统、工商行政部门的商标管理系统和版权部门的版权管理系统；知识产权司法保护体系内部的关系，主要是指知识产权民事审判、行政审判和刑事审判的关系，以及知识产权案件一审和二审的关系；两个系统之间的关系，则主要是指知识产权行政执法与司法审判的衔接，以及行政确权与司法复审的衔接。

在"明晰两条线"和"理顺三个关系"的基础上，课题组还提出，改革和完善我国的知识产权执法体制，应当坚持几个原则。例如，完善知识产权执法体制，必须与国家的政治体制改革和司法体制改革相一致，不能与之相脱节，不能单纯地就知识产权执法体制的改革而提出改革建议。又如，完善知识产权执法体制，应当参考世界各国的成功经验和做法。提出知识产权执法体制改革的建议，既不能闭门造车，又不能盲目跟从。除此之外，课题组还提出，完善知识产权执法体制，应当与建设创新型国家的总体目标相一致，应当充分体现我国在知识产权保护方面的立场和政策取向。

依据"明晰两条线"和"理顺三个关系"的思路，依据改革和完善知识产权执法体制应当坚持的几个原则，课题组提出了以下五条建议。

第一，整合现有的知识产权行政管理部门，实行"三合一"或者"二合一"。其中的"三合一"是指，将知识产权局（专利局）系统、商标局系统和版权局系统整合为一个部门，统一处理有关知识产权行政管理事务。其中的"二合一"是指，将知识产权局（专利局）系统和商标局系统整合为一个部门，统一处理有关工业产权的行政管理事务；至于版权方面的事务，则仍然由单独的版权行政管理部门予以处理。而且，这里所说的"系统"，不仅是指中央政府部门内的相关机构，而且包括地方各级人民政府中的相关机构。

第二，将行政管理和行政执法的职能分离。按照建议，国务院知识产权行政部门，主要负责专利审查、商标注册和版权登记的事务，不承担行政执法的任务；地方各级政府中的知识产权行政部门，主要承担本辖区内的知识产权行政事务的管理，不再承担行政执法的职责。同时，整合现有的专利、商标、版权执法队伍，包括整合技术质量检验检疫的行政执法队伍和文化执法队伍，形成一支统一的市场执法队伍，全方位地负责经济市场和文化市场的执法职责，包括处罚假冒和盗版。

第三，加强知识产权审判职能，实行"三合一"，统一审理知识产权的民事、行政和刑事案件。这是针对当时的知识产权案件分别由民事审判庭、行政审判庭和刑事审判庭审理，审判思路和审判标准不一而提出的建议。

第四，集中技术性较强知识产权案件的审理权限，适时设立知识产权上诉法院。其中的技术性较强案件，是指关于专利、植物新品种、集成电路布图设计、商业秘密和计算机程序的案件。根据建议，一是将技术性较强的知识产权案件集中到若干个中级人民法院审理，其他中级人民法院和基层法院不再审理技术性较强的知识产权案件。二是适时设立知识产权上诉法院，统一受理来自全国各地的技术性较强知识产权案件的上诉案件。课题组还特别提出，全国性的知识产权上诉法院应当设立于北京市高级人民法院之内，由该院的知识产权审判庭承担起知识产权上诉法院的职责。

第五，将专利复审委员会和商标评审委员会规定为准司法机构，二者作出的有关专利申请和商标注册申请的决定，以及有关专利权、注册商标效力的决定，视为一审判决。如果当事人不服可以直接上诉到北京市高级人民法院，从而省去北京市第一中级人民法院的一个环节。课题组还建议，作为长远规划，专利复审委员会不再就已经授权的专利权的效力作出决定，商标评审委员会不再就已经注册的商标的效力作出决定。与此相应，在专利侵权纠纷或者商标侵权纠纷中，受理案件的法院可以直接就专利权的效力或者注册商标的效力作出判定，进而作出必要的判决。如果当事人不服，可以上诉到全国性的知识产权高级法院。

显然，对于我国知识产权保护体制中存在的问题，中国社会科学院课题组的上述建议，不仅具有针对性，而且具有可操作性，从而得到了战略制定工作领导小组的高度肯定。具体说来，课题组所提出的五点建议，至少有三点反映在了 2008 年 6 月颁布实施的《纲要》中。例如，《纲要》第 45 条中规定："研究设置统一受理知识产权民事、行政和刑事案件的专门知识产权法庭。"又如，《纲要》第 45 条中还规定："研究适当集中专利等技术性较强案件的审理管辖权问题，探索建立知识产权上诉法院。"再如，《纲要》第 46 条中规定："改革专利和商标确权、授权程序，研究专利无效审理和商标评审机构向准司法机构转变的问题。"值得注意的是，关于"三审合一"、上诉法院和准司法机构的表述，都使用了"研究"的字词。这是因为，战略制定工作领导小组考虑到，即将颁布实施的《纲要》是一个政府性的文件，使用"研究"的术语表明了这是一种政策性的建议。

除此之外，中国社会科学院课题组提出的另一条建议——将行政执法和行政管理职能分离，也在某种程度上反映在《纲要》中。具体来说，《纲要》第 9 条对于知识产权的行政执法和行政管理分别作了规定。关于前者的规定是："加强司法保护体系和行政执法体系建设，发挥司法保护知识产权的主导作用，提高执法效率和水平，强化公共服务。"关于后者的规定是："深化知识产权行政管理体制改革，形成权责一致、分工合理、决策科学、执行顺畅、监督有力的知识产权行政管理体制。"大体来说，《纲要》第 9 条的规定虽然没有明确使用"行政执法与行政管理分离"的术语，但在实质上却反映了行政执法和行政管理的分离。

基于《纲要》的上述规定可见，中国社会科学院课题组提出的五条建议，有"三条半"得到了反映。

三

自 2008 年 6 月《纲要》颁布以来，我国的立法、司法和行政部门，积极推进了各项措施的落实。在此过程中，中国社会科学院课题组提出的一些建议，也逐步得以落实，或者正在落实。下面分别论述。

（一）整合知识产权行政管理机构

在历史发展的过程中，我国形成了版权、专利、商标的行政事务由不同的行政部门管理的格局。在推进政治体制改革的过程中，原来的中国专利局虽然于1998年改名为"国家知识产权局"，但是并没有将商标和版权的事务纳入进来。在制定国家知识产权战略的过程中，中国社会科学院课题组提出了"三合一"（专利、商标和版权合一）或者"二合一"（专利、商标合一）的建议。课题组还特别指出，专利和商标的"二合一"，属于19世纪和20世纪的观念，例如很多国家都设立了"专利商标局"。展望21世纪的知识产权保护格局，我国应当采纳专利、商标、版权"三合一"的方案。

显然，机构改革和机构合并是一个敏感的话题。记得在2006年9月向战略制定领导小组汇报课题进展的时候，时任国务院副总理吴仪对于其他课题的汇报都没有发表现场的评论。而对于中国社会科学院课题组提出的"三合一"或者"二合一"的方案，吴仪副总理则进行了现场评论。例如，无论是"三合一"还是"二合一"，都是学术界提出的观点，具有参考意义。又如，即使机构合并或者机构改革，也是下届政府的工作。同样是由于机构改革和机构合并的敏感性，2008年6月颁布实施的《纲要》，没有提及"三合一"或者"二合一"的问题。

然而到了2018年3月，全国人民代表大会作出决定，重新组建国家知识产权局。具体说来，将国家知识产权局原有的专利管理职责、国家工商行政管理总局的商标管理职责和国家质量监督检验检疫总局的原产地地理标志管理职责合并，重新组建国家知识产权局，由国家市场监督管理总局管理。其中的原产地地理标志，其实就是证明商标的一种，只是因为管理机构的分立而纳入了原来的国家质量监督检验检疫总局。这样，中国社会科学院课题组当年所提出的专利和商标的"二合一"方案，就在2018年国务院机构改革的过程中得以实现了。

展望未来，是否能够实现专利、商标、版权行政管理的"三合一"，还是一个值得进一步探讨的问题。

（二）行政执法与行政管理的分离

在制定国家知识产权战略的时候，不仅版权、专利、商标的行政管理分属于不同的部门，而且相关的执法队伍也分属于不同的部门。与此相应，无论是版权行政执法部门还是专利行政执法部门，甚至是商标行政执法部门，都要求增加执法人员和强化执法手段，以便有效有力地保护各自面对的知识产权。然而在另一方面，又出现了版权执法人员不能对于假冒商品执法，或者商标执法人员不能针对盗版商品执法的尴尬局面。

基于此种情况，中国社会科学院课题组提出建议，应当将版权、专利和商标的行政执法人员加以整合，形成一支强有力的知识产权行政执法队伍。在这方面，课题组还特别提出，可以现有的工商行政执法队伍为基础，纳入专利和版权行政执法人员，形成一支专门的知识产权执法队伍。同时，作为另一个选择方案，一方面集中商标、专利和版权行政执法队伍，另一方面整合技术质量监督检验检疫的执法队伍和文化执法队伍，形成一支统一的市场执法队伍，全方位地负责市场行政执法。在这方面，为了有力有效地进行市场执法，可以建立类似于某些国家的"经济警察"的行政执法队伍。

如前所述，《纲要》的相关条文分别规定行政管理和行政执法，部分反映了中国社会科学院课题组的建议。然而在《纲要》颁布以后的若干年中，相关机构并没有在行政管理和行政执法的分离方面有所作为。到了2018年3月，全国人民代表大会作出决定，将专利管理、商标管理和原产地地理标志管理的职责合并，重新组建国家知识产权局。同时，新组建的国家知识产权局由国家市场监督管理总局管理。按照这个改革方案，在市场监督管理的体系之下，不仅实现了专利、商标（包括地理标志）行政管理的合一，而且有了整合专利、商标、地理标志行政执法队伍的可能性。同时，在市场监督管理的体系之下，有可能将原来的工商、专利和质检部门的执法队伍加以整合，形成一支统一的市场执法队伍。

至于版权执法的问题，早在2005年的时候，国务院就已经授权各省、自治区、直辖市设立文化市场综合执法机构和队伍，将原来的文化、广播电视、新闻出版部门各自设立的执法队伍，以及"扫黄""打非"的队伍，合并到新设立的文化市场综合执法机构和队伍。这样，在文化市场的行政执法方面，就形成了一支综合行政执法队伍。

展望未来，是否有可能将文化市场综合执法队伍与隶属于市场监督管理部门的执法队伍加以整合，还有待于相关部门的探讨。

（三）知识产权审判的"三审合一"

应该说，在中国社会科学院课题组提出的五条建议中，关于知识产权审判的民事、行政和刑事的"三审合一"，是最早得以落实的建议。在这方面，上海浦东新区人民法院早在 1996 年就率先进行了"三审合一"的试点，由知识产权审判庭统一审理有关的民事、行政和刑事案件。在此之后，山东省青岛市市南区人民法院，广东省广州市天河区人民法院、深圳市南山区人民法院、佛山市南海区人民法院，以及陕西省西安市中级人民法院，都进行了"三审合一"或者"二审合一"的试点。

在制定国家知识产权战略的过程中，中国社会科学院课题组依据当时已经存在的做法，提出了知识产权审判"三审合一"的建议，进而被写进了《纲要》之中。在具体的建议中，中国社会科学院课题组还针对"三审合一"的试点状况，提炼了"浦东模式"和"西安模式"的做法。所谓"浦东模式"，是指在某一个知识产权审判庭中，不仅有审理知识产权案件的民事法官，还有若干名刑事法官，主要审理有关知识产权的刑事案件。所谓"西安模式"，则是指针对一个具体的知识产权案件，由知识产权审判庭的民事法官与刑事审判庭的法官组成临时的合议庭。在日常的业务活动中，民事法官和刑事法官仍然在各自的审判庭工作。

《纲要》颁布实施以后，最高人民法院自 2009 年开始落实知识产权审判"三审合一"的建议。在这方面，最高人民法院先是在若干个基层人民法院和中级人民法院进行试点，然后在全国各级法院推广。在"三审合一"推广的过程中，不仅有了"浦东模式"和"西安模式"，而且还有了其他的一些模式。时至今日，知识产权审判的"三审合一"，以及各种方式的"三审合一"，已经成为普遍认可的做法。

（四）技术类知识产权一审案件的集中管辖和统一上诉

在制定国家知识产权战略的过程中，中国社会科学院课题组提出了集中技术类知识产权案件的一审管辖，以及针对技术类知识产权案件设立全国性的知识产权法院的建议。这个建议纳入了《纲要》之中。然而在具体的实施过程中，却遇到了技术类知识产权案件一审管辖过于分散的困境。例如，关于专利纠纷一审案件的管辖法院，在一开始仅限于省、自治区、直辖市政府所在地的中级人民法院和几个经济特区的中级人民法院。然而到了 2006 年底，已经有 62 个中级人民法院可以管辖专利的一审案件。再到后来，最高人民法院甚至指定了个别基层法院管辖有关实用新型和外观设计的一审案件。根据相关的统计数字，截至 2013 年底，全国共有 87 个中级人民法院可以管辖专利一审案件，45 个中级人民法院可以管辖植物新品种一审案件，46 个中级人民法院可以管辖集成电路布图设计一审案件，另有 7 个基层法院可以管辖实用新型和外观设计一审案件。依据这样的一审管辖格局，不仅难以实现一审案件的集中管辖，而且难以实现二审案件的集中管辖。从某种意义上说，这是一个失败的做法。

2014 年 8 月，全国人大常委会作出《关于在北京、上海、广州设立知识产权法院的决定》，为集中管辖技术类知识产权案件带来了新的曙光。按照全国人大常委会的决定和最高人民法院的司法解释，在北京、上海、广州设立知识产权法院，专门审理有关专利、植物新品种、集成电路布图设计、技术秘密和计算机软件的一审案件。同时，三个知识产权法院可以先在本省和直辖市内跨区域管辖技术类知识产权案件，并且在三年以后跨越省、自治区、直辖市而管辖技术类知识产权案件。按照决定的精神，尤其是跨区域管辖技术类知识产权案件的精神，将相关的案件集中到若干个知识产权法院，就会实现技术类知识产权一审案件的集中管辖。

目前，我国正在建设一个全新的知识产权法院体系，即审理有关专利、植物新品种、集成电路布图设计、技术秘密和计算机软件的案件。这个体系包括管辖一审案件的知识产权法院和统一受理二审案件的知识产权高级法院。在这方面，我们应当吸取原来技术类知识产权一审法院过于分散的教训，避免设立过多的知识产权法院。在笔者看来，关于技术类知识产权案件的一审管辖，可以在考虑地域性因素的基础上，设立 5 ~ 8 个知识产权法院，以及 20 个左右的派出法庭。与此同时，设立全国性的知识产权高级法院，受理来自知识产权法院的二审案件，实现技术类知识产权案件的统一上诉。

（五）准司法机构的问题

在制定国家知识产权战略的过程中，中国社会科学院课题组建议，将专利复审委员会和商标评审委员会规定为准司法机构，减少专利和商标确权的环节。这个建议虽然纳入了《纲要》，但在很长的时间里也没有落实。具体来说，在 2008 年修订《专利法》时，有部门曾经建议，将专利复审委员会规定为准司法机构。然而这个建议没有得到立法机关的接受。全国人大常委会认为，仅仅从知识产权的角度来看，将专利复审委员会和商标评审委员会规定为准司法机构有其合理性。但是放眼整个国家的司法体系，则会发生将来是否有必要将有关森林、海事、铁路的专门机构规定为准司法机构的问题。与此相应，基于全面和慎重的考虑，2008 年修订《专利法》时没有将专利复审委员会规定为准司法机构。

然而，2014 年在北京、上海、广州设立三个知识产权法院，2018 年将专利、商标（包括地理标志）的行政事务加以整合，又为专利复审委员会和商标评审委员会转化为准司法机构提供了新的契机。一方面，专利复审委员会和商标评审委员会作为行政复审机关，应当仅仅受理不服国家知识产权局有关专利授权、商标注册决定的案件，不再受理有关专利权和注册商标效力的案件。当事人不服专利复审委员会和商标评审委员会的决定，可以上诉到将来的知识产权高级法院，由其作出终审判决。另一方面，针对专利、植物新品种、集成电路布图设计、技术秘密和计算机软件的一审案件，经过全国人大常委会的授权，设立了专门的知识产权法院审理。与此相应，作为专门审理技术类一审案件的法院，知识产权法院完全可以在相关案件的审理中，既判定涉案的专利权或者注册商标是否有效，又作出侵权与否的判决。当事人不服一审判决，则可以上诉到全国性的知识产权高级法院。

展望未来，随着专门的知识产权法院体系的建设，完全有可能将专利复审委员会和商标评审委员会改造为准司法机构。

四

回顾制定国家知识产权战略的过程，中国社会科学院课题组针对国家知识产权执法体制的改革和完善，提出了一些意见和建议。其中的一些意见和建议，不仅反映在《纲要》中，而且在后来的司法改革和行政体制改革的进程中得以落实。显然，这是对于课题组全体成员辛勤劳动的最大肯定。

目前，我国正在进行《纲要》实施十周年的评估工作。回顾十年之前，在很多人看来，制定国家知识产权战略，包括提出一些实施国家知识产权战略的举措，属于超前之举。然而，我国知识产权事业十年来的迅速发展，证明了制定和实施国家知识产权战略的必要性。无论是从促进我国社会经济发展的角度来看，还是从提升全社会的知识产权意识来说，2008 年 6 月颁布实施的《纲要》都发挥了积极和巨大的作用。

按照国家知识产权战略制定工作领导小组的设想，2008 年 6 月颁布的《纲要》将在 2020 年完成其历史使命。目前，国家知识产权局和国务院的相关部门，正在考虑制定下一步的"知识产权强国战略"，为我国 2020 年至 2035 年的知识产权事业勾画蓝图。可以预见，在未来的知识产权强国战略中，完善和改革知识产权执法体制，仍然是一个重要的课题。因为，一个资源配置合理、权责清晰的执法体制，包括行政执法体制和司法体制，将会严格和有力地保护知识产权，进而推动我国知识产权事业的迅速发展。

化解矛盾　推动进步

——中美知识产权交流漫谈

杨国华*

引　子

2008 年颁布的《国家知识产权战略纲要》（以下简称《纲要》）是一份重要的国家战略文件，为提升知识产权创造、运用、保护和管理能力以建设创新型国家描绘了一张"全景图"。《纲要》共分五个部分，包括序言、指导思想和战略目标、战略重点、专项任务、战略措施等内容。其中，在"战略措施"最后，即《纲要》全文最后一段 [（九）（65）]，提出了"扩大知识产权对外交流合作"，其中包括"加强知识产权领域的对外交流合作"和"建立和完善知识产权对外信息沟通交流机制"。

根据我的理解，这个内容既包括专利、商标、版权和地理标志等知识产权专业主管部门与外国相应机构之间的合作，例如国家知识产权局与欧洲专利局（EPO）、日本特许厅（JPO）、韩国知识产权局（KIPO）和美国专利商标局（USPTO）所建立的"五局"合作机制，也包括商务部牵头的知识产权对外谈判 [参见商务部职责："……牵头负责多双边经贸对外谈判，协调谈判意见并签署和监督执行有关文件，建立多双边政府间经济和贸易联系机制并组织相关工作，处理国别（地区）经贸关系中的重要事务……"]。

商务部牵头的知识产权谈判，既有世界贸易组织（WTO）、区域和双边经贸协定中知识产权章节条款的谈判，也有一些专项谈判，例如中国与欧盟以及

---

* 杨国华：清华大学法学院教授。曾任商务部条约法律司主管知识产权工作的副司长，中国驻美大使馆首任知识产权专员。

与瑞士的地理标志协定谈判，更有中外双方的定期交流机制，即"知识产权工作组"。双边工作组共有 6 个，分别是与美国、欧盟、瑞士、日本、巴西和俄罗斯等建立的。其中，中美工作组活动最为频繁，每年一次司局级和一次副部级会谈，而涉及的内容也最为广泛，从立法到执法，从政策到案例，从信息交流到相互指责，无所不包。

在我看来，中外知识产权交流，是国家知识产权战略和国际经贸交流的重要组成部分，能够起到化解国际矛盾、推动知识产权产进步的重要作用。本文从中美知识产权交流的角度，结合自身经历，谈谈这方面的感想。本人较早关注和研究中美知识产权问题，进入（原）外经贸部/商务部工作后，一直参与相关交流活动，其间担任过中国驻美大使馆首任知识产权专员主管中美知识产权工作组工作，因此有一定实务经验和切身感受。

一、早期关注和研究

我对中美知识产权问题的关注，远在 20 世纪 90 年代初，我只是一个在校硕士研究生的时候（1991 年）。那种关注，不是因为我有多少学术敏感性，而是因为那时正在进行首次谈判，媒体报道很多。美国要求中国在知识产权立法方面做一些事情，例如修改《专利法》和《著作权法》，制定《反不正当竞争法》，加入《保护文学和艺术作品伯尔尼公约》等。美国认为，中国知识产权立法不完善，使得美国知识产权在中国得不到保护，因而损害了美国的经济利益。谈判中，美国威胁说，如果中国不做这些立法工作，将对中国实行贸易制裁。美国这种做法显然是霸道的，但是将专利保护范围扩大到药品，保护期延长到国际惯例的 20 年，保护计算机软件，以及反对不正当竞争和加入国际条约等，却是知识产权法律制度的进步；即使不是为了单方面保护美国的知识产权，而是为了鼓励中国自己的创新，也应该加强保护知识产权。因此，后来双方就这些问题达成《关于保护知识产权的谅解备忘录》（1992 年 1 月 16 日），中国作出相应承诺，是应有之理。后来经过研究发现，美国关注中国知识产权问题，事实上从 20 世纪 80 年代末期就开始了，并且直接促成了中国制定第一部《著作权法》（1990 年）。谈起这段往事，一些知识产权前辈常常感叹：对是否应该保护著作权，当时政府和学界都有很多争论，是中美谈判促成了此事。

中美第二、第三次知识产权谈判的时候（1994～1996年），我是在校博士研究生。我自然而然地继续予以关注，甚至以此作为博士论文的题目。这两次谈判，美国也是依据其贸易法"301条款"的调查结果，要求中国采取打击盗版的措施，特别是采取强有力措施关闭地下光盘生产线。这两次谈判更加激烈，以至于双方差点爆发贸易战——两个国家都公布了贸易制裁和反制裁产品清单。双方最后达成协议，中国承诺加强知识产权执法制度和措施。关于这两次谈判，我已经有一些感性认识。首先是北京的商场门口和过街通道，随处可见一些人在纸箱上摆着盗版电影的碟片，而在中关村一带，贩卖盗版软件更是堂而皇之登堂入室。这种现象显然是不正常的。不仅如此，盗版碟内容多半是中国电影，因为盗版商并不在意进口还是国产，只要赚钱就行。其次是谈判最为关键的时刻（1996年6月），双方都公布了报复产品清单，我来到谈判牵头部门（原）外经贸部实习，见证了剑拔弩张、挑灯夜战的场面。但是说实话，对于为什么双方那么高调打架，最后却能达成协议，我并不明白。

我研究资料，结合时事，完成了博士论文《美国贸易法301条款研究》，后来又出版了同名专著（1998年）。这好像是第一本，并且到目前仍然是唯一一本这方面的专著，其中对中美知识产权谈判进行了比较详尽的梳理，特别是原汁原味介绍了美国关注知识产权问题的原因和理由。

二、外经贸部初期工作经验

学校毕业（1996年）后，我进入（原）外经贸部条约法律司（条法司），部分工作与中美知识产权谈判相关，仍然跟"一般301""特殊301"和"超级301"等打交道。毕业论文研究一个非常专业、狭窄的美国法律，工作后直接从事这方面的实务，世界上恐怕没有这样的先例。

然而，这段时间，中美知识产权问题，已经从激烈冲突转向交流合作。中美在"商贸联委会"项下成立了知识产权工作组，每年召开一次会议。由条法司牵头，邀请专利、商标、版权、海关和公安等部门组成中方代表团，与美国贸易代表办公室和专利商标局等组成的美方代表团定期召开会议，一年在北京，下一年在华盛顿。由于经济发展和创新社会的需要，中国的知识产权立法不断完善，知识产权执法不断加强，每次工作组会议都有很多新内容可以交流。中方会向美方解释这些法律、政策和做法，而美方也会提出进一步的要求。双方经常会有争执，但是并没有导致严重对抗。

中美知识产权交流的方式，渐渐成为其他国家效仿的模式，中国陆陆续续与本文开头提到的国家成立了 5 个工作组。其中，中欧知识产权合作最为成功，从 2000 年开始由双方出资建立了合作项目，加强信息交流和能力建设。我有幸成为项目办公室第一任中方主任，负责协调中方相关部门项目的执行。后来连续两期项目结束，第三期项目正在落实的时候（2009 年），中欧双方在布鲁塞尔举行了一次总结会，这个项目被称为"中欧经贸合作的典范"。后文还会提到，这个典范又反过来影响中美知识产权交流，推动了一项中美协议的达成。

这个阶段，中外知识产权交流与合作已常态化，中外双方越来越认识到知识产权在双边经贸关系中的重要性，并且越来越发现这个领域大有可为。

三、驻美知识产权专员

2005 年，在中美商贸联委会上，美国提出了一个新想法：中国派一个人到美国，帮助美国企业协调解决在中国遇到的知识产权问题。这个职务，在英文里有一个专门名称：ombudsman，即专门协调解决问题的人。于是，就有了我被派往中国驻美大使馆担任"知识产权专员"。

知识产权专员的工作基本上有三项：一是帮助美国企业，特别是中小企业协调解决问题，二是参加美国知识产权主管部门的一些活动，三是沟通中美知识产权部门之间的关系。在近 3 年时间里（2006 年 1 月至 2008 年 9 月），我在"前方"直接负责知识产权工作。有时候接到美国企业的电话，或者与美国企业见面，了解了有关情况后，会与国内的国家工商行政管理总局商标局等部门协调联系，争取得到重视和解决。有时候参加美国专利商标局组织的"路演"（roadshow），与他们一起到外州组织大型宣讲会，他们介绍美国知识产权保护路径，我则介绍中国的知识产权制度和进展。当然，每年举行知识产权工作组会议，我也负责联络组织。我的工作有一定成效，得到了中美双方政府部门和企业界的认可。当年（2006 年）美国公布的"特别 301 报告"就提到了我的工作，认为"此人促进了中美政府官员之间的交流并为美国企业，尤其是中小企业提供了信息"。根据这段经历，我后来出版了《中美知识产权问题概观》（2008 年）。

3 年经历的事情不少，但是印象比较深刻的是两个事件。一个是花旗参仿冒。美国政府举行了一个企业见面会，邀请我参加。一位种植花旗参的威斯康星州农民，怯生生地向我们讲述世界各地的假冒花旗参对他们世世代代从事的行业所造成的毁灭性打击，最后还红着脸给与会者每人赠送了一只小小的人参。另一个是假药进口。在一次"路演"大会上，一个人泣不成声地讲述自己的亲人服用了正规药店购买的假药而贻误治疗不幸死亡的悲惨故事。这两件事让我感到，知识产权保护不仅涉及利益，甚至生死攸关，中美之间的确应该加强知识产权交流与合作。

四、知识产权工作组主管

从使馆回到商务部条法司，我开始主管知识产权工作，特别是中美知识产权工作组（2008 年 10 月至 2014 年 8 月）。每年两次，我会牵头组织国内 14 个部门（除了上文提到的知识产权专业部门，还涉及最高人民法院和全国人大常委会等综合部门）与美国举行工作组会议，一次司局级，另一次副部级。工作组会议成果，会向中美商贸联委会汇报。连续若干年，知识产权都是中美商贸联委会项下十几个工作组中最有成效的，甚至后来渐渐成为中美商贸联委会的首要议题。中美之间也许有很多分歧，但是知识产权领域可能是分歧最小，也最容易合作的领域，因为美国为了自己的经济利益要求加强保护知识产权，而中国为了建立创新型国家也需要加强保护知识产权，殊途同归。在相同的目的下，中美双方应该做的，就是一起商量与合作，争取获得最好效果。

在合作的大背景下，我觉得有两件事情值得提及。

首先是《中美知识产权合作项目框架协议》（2011 年）的签订。这是中方主动要求美方签订的合作文件。中方的灵感当然来自中欧知识产权合作，认为这种机制化的合作模式，有利于双方关系的发展和相关问题的解决。美方一开始不愿签订这个协议，因为美方从来都是指手画脚惯了，都是指责别国这不好、那不好，从来没有与任何国家签订过这样的合作协议，也声称没有任何经费承担这样的项目。然而，中方反复解释，双方反复协商，在很短时间内签订了协议，成为当年中美经贸合作的重要成果。

其次是专业技术问题的研讨模式。美方要求中方加强计算机软件保护，实现软件正版化。在此背景下，美方要求中方建立"软件资产管理制度"，即将软件作为固定资产管理，提供购买和更新的配套资金。双方邀请软件和财务专家来到工作组会场，就这项制度的操作细节问题进行探讨。研究的结果是，中方认为应该建立这样一项确保软件正版化的机制，并且后来在全国予以实施。然而，研究也发现，美方所谓的统一适用的管理监控盗版的软件并不存在，因此随后再也不提要求中国购买安装这种软件。知识产权涉及很多专业问题，政策官员不一定真懂，而专家的介入，有效消除了不必要的误解。

从参与到负责中美知识产权交流与合作，我一直与同事们分享一个想法：这种工作并非知识产权专业工作，像审查专利或批准商标那样，需要专门知识，甚至理工科方面的训练。那么，知识产权交流的价值究竟在哪里呢？我经常举一块三明治的例子，两块面包，中间是肉和蔬菜；一块面包是外国政府，另一块面包是国内知识产权专业部门，而中间部分就是交流工作，即促进国内外交流，化解中外矛盾，促进国内知识产权进步。面包固然有价值，而中间部分更有价值。中美知识产权工作组，不应该沦为互相指责的"口水战"，而应该切切实实发挥作用。

结束语

2014年，《深入实施国家知识产权战略行动计划（2014—2020年）》发布，其中特别提到了"加强涉外知识产权工作"，包括"巩固和发展与主要国家和地区的多双边知识产权交流"。

本文写作时，正值中美贸易战大规模爆发，中美双方同时公布了价值500亿美元的报复清单，而美国对中国的主要指责，就是所谓的知识产权保护不力、强制技术转让和盗窃商业秘密等。事实证明，中美知识产权交流意义重大，不仅能够影响知识产权制度，甚至能够影响中美关系和中国发展。从这个意义上讲，知识产权对外交流合作在国家知识产权战略中的地位应该得到提升，甚至提升到更为广泛的国家战略高度。

国防知识产权战略实施工作回顾

杨建兵[*]

国防知识产权作为《国家知识产权战略纲要》（以下简称《纲要》）确定的七大专项任务之一，是国家知识产权战略的重要组成部分，也是国防领域唯一的国家知识产权战略实施任务。自2005年正式启动国家知识产权战略研究制定工作十多年以来，我们通过参与国家知识产权战略研究、组织实施国防知识产权战略，首次在国家层面初步建立了统一领导、军地协调的国防知识产权战略组织实施工作机制，国防知识产权创造、运用、保护、管理和服务各项工作有力推进，取得了较好成效。

一、开展战略研究，国防知识产权作为专项任务纳入《纲要》

2005年，国务院成立了国家知识产权战略制定工作领导小组，国家知识产权战略研究制定工作正式启动。"国防知识产权问题研究"是国家知识产权战略研究的20个专题之一。按照国家知识产权战略制定工作小组办公室的统一部署，原国防科工委会同原总装备部组建了"国防知识产权问题研究"专题组。专题组由国防科工委孙来燕副主任任副组长，科技与质量司沙南生副司长任常务副组长，总装备部技术基础局王峰局长任副组长，国家发展改革委、财政部、科学技术部、信息产业部、国资委、国家工商行政管理总局、国家版权局、国家知识产权局和总装备部等九个部门为责任单位，成员包括40余位知识产权专家、工程技术专家、大学教授和军队专家，共同参与专题研究。专题围绕国防知识产权产生的环境特点，针对国防知识产权制度运行的现状和特殊性进行深

---

* 杨建兵：华中科技大学博士，研究员，全国知识产权领军人才。曾任国防知识产权局副局长兼总工程师。在《国家知识产权战略纲要》制定过程中，作为主要参与者负责"国防知识产权问题研究"专题研究。主持起草了《国防知识产权战略实施工作方案》。另，在本文的撰写过程中，肖霁轩、李晓红、王强、欧宁均有所贡献。

入分析研究，进而提出国防知识产权发展的战略目标、切实可行的政策措施及规划建议。

为使专题研究切合国防知识产权现状、所提建议具有针对性，专题研究组于 2005 年 10 月下旬至 11 月中旬，组织调研了 28 家具有典型代表性的军工企事业单位和国防高校。调研分三组进行，分别由科技与质量司成果与知识产权处赵勇强处长、冯静助理调研员和原国防专利局杨建兵副局长任组长，专题组骨干研究人员、集团公司业务主管和部分省（市）国防科工办相关人员参加调研，分别赴华北、东北、西南和华东等地区对 26 家单位进行了实地调研，对 2 家单位进行了书面调研。被调研单位包括 21 家各军工集团研究院所和企业、1 家中物院单位、5 所军工高校、1 家部队研究所。这些单位既有保军单位也有非保军单位，既有高校也有研究院所和企业，既有总体系统单位也有分系统和配套厂所。专题组发放了 100 多份调研问卷（调研问卷内容涉及 7 个方面、42 个问题、128 个项目），被调研人员包括单位领导和知识产权管理人员，以及从事教学、科研、生产和经营的专业人员。

专题组分析了大量国内外资料，召开了 5 次工作会议和 30 多次专家研讨会，对重大问题进行了深入研讨。先后完成国内情况报告、国外资料分析报告、关键问题研究报告，在此基础上形成《国防知识产权问题研究》总报告，以及《国防知识产权特点与战略作用研究》《国外国防知识产权管理概况分析》《国防专利制度运用研究》和《国防知识产权政策法规研究》等五个分报告，完成了《国防知识产权专题调研报告》《国防知识产权问题专家调查分析报告》等，并广泛征求有关部门和单位意见。2007 年 6 月，课题通过国家知识产权战略制定工作小组办公室的统一验收评审。

2008 年 6 月 5 日，国务院发布了《国家知识产权战略纲要》，建立了由国家知识产权局牵头、总装备部等 28 个相关部委作为成员单位的国家知识产权战略实施工作部际联席会议制度，统筹协调推进战略实施。同年 12 月 16 日，国务院办公厅以国办发〔2008〕127 号文《国务院办公厅关于印发实施国家知识产权战略纲要任务分工的通知》，明确了总装备部牵头负责组织国防知识产权部分的战略实施任务，参与部门有工业和信息化部、科技部等。提出的国防知识产权部分的战略实施任务具体为：一是完善国防等方面法律法规中有关知识产权的规定。二是将知识产权管理纳入国防科研、生产、经营及装备采购、保障和项目管理全过程，增强对重大国防知识产权的掌控能力。发布关键技术指南，在武器装备关键技术和军民结合高新技术领域形成一批自主知识产权。建立国防知识产权安全预警机制，对军事技术合作和军品贸易中的国防知识产权进行特别审查。三是完善国防知识产权保密解密制度。在确保国家安全和国防利益基础上，促进国防知识产权向民用领域转移。鼓励民用领域知识产权在国防领域运用。四是建立国防知识产权信息平台。五是完善国防知识产权中介服务体系。

二、统筹组织谋划，推进国防知识产权战略实施有序开展

中央军委对国防知识产权战略实施高度重视，把"推进国防知识产权战略实施工作"列入 2010 年和 2011 年工作要点。

2009 年 5 月，为落实《纲要》中国防知识产权专项任务，切实做好国防知识产权战略实施工作，完成《任务分工》中赋予的各项任务，原总装备部会同科技部、工业和信息化部、国家知识产权局、国防科工局，成立以原总装备部李安东副部长为组长的"国防知识产权战略实施领导小组"，统一领导战略实施工作；领导小组办公室设在原总装备部电子信息部，负责日常事务运行。国防知识产权战略实施工作经费由原总装备部安排专项经费解决。专家队伍主要由涉及知识产权、国防科技与武器装备管理等领域的相关专家组成，为战略实施工作提供技术支撑。

2009 年 11 月，领导小组颁布了《国防知识产权战略实施方案》，《实施方案》结合国防知识产权工作以及国防科技和武器装备建设的现实需求，制定了2015 年和 2020 年的中长期发展目标，明确了 19 个专项任务及其牵头部门。各专项任务牵头部门会同参与部门成立专项任务工作组，具体负责实施方案的研究论证。

2009 年 12 月 2 日，国防知识产权战略实施领导小组成员单位、军队和国防科技工业系统知识产权主管部门 300 余人，在北京召开"国防知识产权战略实施动员部署会议"，全面部署了国防知识产权战略实施工作任务。总装备部副部长韩延林、国家知识产权局局长田力普、总装备部科技委副主任卢锡城出席了会议。解放军报、科技日报、中央人民广播电台等 30 多家媒体报道了会议情况。

2011 年 9 月，各相关单位完成了 19 个专项任务实施方案论证。2012 年，

根据《实施方案》的要求，在各专项任务实施方案论证报告的基础上，国防知识产权战略实施小组将《实施方案》中的任务进一步深化论证，于同年8月印发了《国防知识产权战略实施专项任务实施方案》，从构建国防知识产权法规政策体系、加强国防科技和武器装备建设中的知识产权管理、健全国防知识产权支撑体系三个方面，确定了65项工作任务。

2012年8月2日，国务院和军队有关部门、国防科技工业系统的领导和代表共350余人，在北京召开了"国防知识产权战略实施工作会议"，总结了国防知识产权战略实施第一阶段工作，全面部署了第二阶段任务。会议期间，向在全国范围内举行的国防知识产权知识竞赛活动中获奖单位和个人代表颁奖，为总装备部国防知识产权局揭牌。总装备部科技委主任兼副部长李安东、国家知识产权局局长田力普、总装备部副部长刘国治、总装备部科技委副主任卢锡城等领导出席会议。中央电视台军事频道、光明日报、解放军报、科技日报、中央人民广播电台等40多家媒体报道了会议情况。

2012～2017年，分年度拟制《国防知识产权战略实施工作要点》，通过将国防知识产权战略实施相关研究和试点等任务纳入年度计划项目安排，逐年推动落实。2016年，将国防知识产权工作纳入《关于经济建设和国防建设融合发展的意见》明确的工作任务，与国务院和军队有关部门一起联合推动。

三、《纲要》实施十年以来国防知识产权工作取得的成效和经验

（一）以政策法规体系构建为抓手，建立和完善相关法规制度

法规体系建设是国防知识产权战略实施任务中的重中之重，事关战略实施全局。政策和策略是国防知识产权战略实施的生命，充分发挥国家和军队的政策导向作用，至关重要。在政策法规体系构建方面主要开展了以下工作：一是规划国防知识产权法规体系。完成《国防知识产权法规体系建设方案及任务分工》初稿拟制，提出国防知识产权法规体系框架及各部门任务分工。二是开展基础法规拟制。完成《国防专利条例》修订草案初稿，联合国家版权局完成《军用计算机软件著作权登记暂行规则》上报稿，联合国家知识产权局开展《军用集成电路布图设计登记办法》必要性和可行性研究；三是制定相关政策。

完成《关于贯彻落实创新驱动发展战略 加强新形势下国防知识产权工作的意见》《关于妥善处理国防知识产权权利归属和利益分配等若干问题的意见》《关于促进国防知识产权向民用领域转移 鼓励民用领域知识产权在国防领域运用的若干意见》初稿拟制，已征求有关部门和单位意见。开展国防知识产权维权保护体系建设论证和试点工作，拟制《国防专利行政执法办法》初稿。

（二）以国家和军队体制机制改革为机遇，推进知识产权融入融合

国防知识产权战略实施以国家和军队正在进行的深化改革为契机，加强国防科研与武器装备建设中的知识产权管理，推进知识产权工作逐步融入主渠道和全过程。一是在《装备条例》等顶层军事法规中明确知识产权条款，理清采购方和承制方在知识产权权利归属、利益分配、实施许可、定价计价、技术资料许可使用等问题上的权利义务关系。二是颁布实施《装备承制单位知识产权管理要求》国军标，从装备预先研究、型号研制、生产、维修保障等各阶段，以及招投标、合同订立履行等各环节，明确装备承制单位知识产权工作的特殊要求。三是将知识产权合同标准条款纳入装备研制、装备订购、装备保障等三类装备采购合同范本。四是加强国防科研、生产及经营的全过程知识产权管理。研究建立国防发明报告、涉军企事业单位重大经济活动国防知识产权审议制度。组织开展装备采购合同订立阶段知识产权管理试点、实施国防科技创新主体国防知识产权管理试点和示范工程、民营高科技企业国防知识产权创造与转化应用试点。

（三）以国家安全和国防利益为宗旨，服务军事技术合作与军贸

加强军事技术合作及军品贸易中的知识产权管理，研究拟制装备技术引进、引进装备技术再利用、军品出口过程中的知识产权管理制度。开展引进装备技术知识产权问题研究，研究拟制装备技术引进合同知识产权问题谈判指南、引进装备技术再利用知识产权管理办法，研究编制政府间知识产权保护协议范本，开展相关试点。开展军品出口立项知识产权审查制度研究。参加中俄、中白军技合作知识产权工作，拟制完成中俄、中白军技合作知识产权保护谈判预案，提出谈判对策建议，为谈判提供技术支撑，为中俄、中白军技合作顺利开展铺平了道路。

（四）以创新要素有效配置为目标，促进知识产权的军民双向转化

促进军民用技术双向转化实施，国防知识产权制度促进军民融合深度发展的"桥梁"作用日益凸显。一是规范国防专利定密解密工作程序，研究拟制了《国防专利定密解密工作规程》，已进入报批程序。二是国防专利制度设立30年来，首次集中对涉及20多个部门900多家单位的国防专利，开展密级核定和解密降密工作，解密3000余件国防专利，在全军装备采购信息网及国家和地方相关知识产权运营平台发布。三是协调国家统计局和国家知识产权局，将国防专利信息纳入国家统计渠道，推动国防专利与普通专利同等享受国家和地方相关政策待遇。协调国家工商行政管理总局商标局，解决了部分具有国防应用背景和应用价值的商标续展问题。四是协调上海市知识产权局、中关村科技园区管委会开展国防知识产权政策法规、转化应用、学术交流等试点示范工作，探索区域性国防知识产权管理工作模式，引导有关单位开展国防知识产权转化运用工作。兵器工业一机集团277件国防专利转让，整体评估作价14亿元人民币。航天科工集团1万余件专利建立航天云网专利池，与河北省廊坊市政府合作成立航天科工军民融合转化基地，开展线下转化运用工作。

（五）以强化保护和运用为纽带，建立和完善支撑服务体系

一是建立国防知识产权信息平台，开展国防专利代码化加工，提供全文检索公共服务，向军内外有关单位发布《国防专利内部通报》，促进国防专利信息传播应用和国防知识产权信息军地共享。结合装备研制需求开展140项国防关键技术领域开展专利战略研究和态势分析，为关键技术科研攻关提供支撑。二是组织开展国防知识产权服务专项行动。着眼装备承制单位实际需求，组织国防知识产权技术服务机构，开展知识产权创造、管理、转化及保护对口服务。加快国防知识产权服务改革，开展国防专利代理行业准入退出机制等问题研究，拟制完成《国防专利代理管理办法》初稿。三是加强国防知识产权审批能力建设。推进国防专利审查员队伍建设，提高国防专利审查质量，审查能力在原有基础上增长近10倍，启动国防专利电子审批系统建设，电子申请率达85%。制定国防专利文献数据规范和加工规则，完成全部国防专利全文信息数字化加工。组建了国防知识产权局专利复审委员会，制定了《国防专利复审和无效宣告工作流程》，聘请兼职复审员对复审请求开展审查工作。开展军用计算机软件著作

权登记试点，开始受理军用计算机软件著作权登记。四是开展系列宣传培训活动。以"4·26世界知识产权日"为契机，每年举办国防知识产权学术交流研讨会，在全国范围举办"国防知识产权知识竞赛"活动。编制国防知识产权宣传材料、战略实施宣传片及《国防知识产权战略实施工作简报》，委托有关机构和高校开展国防知识产权专业教育，开展国防专利代理人执业培训，到机关和基层单位宣讲国防知识产权知识，培养国防知识产权工作人才队伍。

《纲要》实施十年以来，国防知识产权工作以国防知识产权战略的全面实施为牵引，以国防知识产权政策法规体系的建立和完善为主要载体，通过开展国防关键技术的专利态势分析和预警，加强军事技术合作与军贸中的知识产权管理，构建完善的国防知识产权支撑服务体系，不断推进国防知识产权管理与国防科研和武器装备建设相互融合，有力地服务了创新驱动发展和军民融合深度发展战略决策。

四、未来工作展望

党的十八大、十九大提出了深化国防和军队改革的总体部署，国防知识产权领域面临改革发展的新形势、新需求。依法治军从严治军要求提高国防知识产权工作的法治化水平，国防科技创新驱动发展要求切实发挥知识产权激励国防科技创新的导向作用，军民融合深度发展要求充分利用市场手段优化军民领域创新资源配置。今后一段时间国防知识产权工作的主要任务为：

一是进一步健全国防知识产权法规政策制度。完成《国防专利条例》修订，健全国防专利、国防技术秘密、军用计算机软件著作权、军用集成电路布图设计、技术资料权等政策法规，完善国防领域法规制度中的知识产权条款，形成完善的国防知识产权法规政策体系，逐步明确国防知识产权权利归属和利益分配问题，科学界定装备采购领域国防知识产权使用费，促进创新主体完善知识产权管理。

二是进一步提升国防知识产权运用能力。利用知识产权手段，使一批武器装备关键技术和军民结合高新技术获得知识产权保护，在国际和国内的关键技术领域进行知识产权战略布局；进一步完善国防知识产权信息平台、交流渠道、转化机制等公共服务，使大批具有市场主体资格的服务机构、运营机构、金融机构、权利主体及企业等，能够顺畅地运用市场手段开展国防知识产权的军民双向转化，国防知识产权的价值能够得以充分体现。

三是进一步完善国防知识产权保护体系。充分利用国家知识产权司法和行政等多种渠道，建设多元化的国防知识产权纠纷处理机制，建立健全军地联动的国防知识产权维权保护体系，完善行政执法规章制度和人员队伍建设，依法有效规制国防知识产权侵权行为，使权利人的合法利益得到法律保护，使侵权者寸步难行。

四是进一步推进知识产权领域军民融合发展。积极推进与国家知识产权局联合开展的知识产权军民融合试点工作，本着充分利用国家资源的原则，探索将解决国防专利享受地方同等待遇、便利地方国防专利申请人就近办理业务、完善民营主体申报国防专利的定密渠道及开展地方普通专利申请的保密审查、下调国防专利实施备案及转让审批层级、建立国防知识产权军地联合维权工作机制、引导地方专业机构开展国防专利代理服务、引导地方专业机构开展国防知识产权信息服务、引导地方专业机构开展国防知识产权转民用服务等 8 项适于地方政府部门承担的国防知识产权事务，交由地方承担或联合开展。

中国知识产权事业的光荣与梦想

——纪念《国家知识产权战略纲要》实施十周年

吴汉东[*]

从读书到从教，我与知识产权结伴同行已有三十余年。在《国家知识产权战略纲要》实施十周年的特别日子里，作为中国知识产权法学的研究者和传播者、中国知识产权战略实施的见证者和推动者，回想与知识产权同仁共同走过的岁月，不禁心潮澎湃，感慨万千。

关于知识产权在国家发展中战略地位的认识，兴起于 2001 年中国加入世界贸易组织（WTO）之后。WTO 机制将知识产权、市场竞争、对外贸易结合起来，构建了国际经贸领域的法律秩序，也奠定了成员方经济发展的战略框架。这一问题引起了中国知识产权界的关注。作为学者，我最初的认识主要限于专利战略与企业发展。2002 年 9 月，我与时任国家知识产权局副局长田力普同志出席"WTO 与法律服务国际研究会"，在演讲中都言及 WTO 框架下知识产权制度的重要作用。本人提到："基于知识经济时代的经济发展特性，专利战略已成为中国企业实施可持续发展的战略选择、开展市场竞争的战略重点、进行对外贸易的战略举措。"上述观点整理成文后，以《WTO 与中国企业专利发展战略》为题发表在《中南财经政法大学学报》2003 年第 6 期。对于自己而言，从国家战略层面认识知识产权制度，并参与国家战略框架设计的研究工作，始于 2005 年。受国家知识产权战略制定工作领导小组办公室常务副主任、时任国家知识产权局副局长张勤同志的委托，我和其他两位学者分别承担了"国家知识产权战略纲要（专家建议稿）"的研究任务。我在后来完成的"建议稿"中，将战

---

　　* 吴汉东：中南财经政法大学原校长、资深教授、博士生导师，知识产权研究中心名誉主任，兼任教育部社会科学委员会法学学部委员、国务院反垄断委员会专家组成员、国家知识产权专家咨询委员会委员、《国家知识产权战略纲要》实施十年总体评估专家组成员。曾主持起草《国家知识产权战略纲要（专家建议稿）》。

略纲要分为"战略意义""战略定位""战略内容""战略主体""战略政策""战略决策"和"战略措施"七个部分，其间的一些内容观点为国家知识产权战略的规范性文件制定提供了有益的思想资料。2006年5月，我和中国社会科学院法学研究所郑成思研究员走进中南海，在中央政治局第31次集体学习会上讲解"国际知识产权保护和我国知识产权保护的法律和制度建议"。这个讲解材料从大纲设计、内容安排到文字表述，得到了国家知识产权局原局长王景川同志、时任局长田力普同志及全体局领导的悉心指导。根据安排，我讲解的是"中国知识产权制度建设"。在讲解中，我们建议"贯彻落实科学发展观和创新型国家建设目标，积极制定和实施国家知识产权战略"。时任总书记胡锦涛同志发表重要讲话予以肯定，强调指出"抓紧制定并实施国家知识产权战略"，"充分发挥知识产权在增强国家经济科技实力和国际竞争力、维护国家利益和经济安全方面的重要作用，为我国进入创新型国家行列提供强有力的支持"。

2008年6月5日，《国家知识产权战略纲要》正式颁布实施。国务院批准成立了由国家知识产权局牵头、28个部委参加的部际联席会议制度，形成了在国务院领导下的部际联席会议统筹协调、各地区和各部门分工负责、协作推进的战略实施体系。这十年来，中国知识产权学人的光荣与梦想，就是以"笔"和"言"，书写知识产权制度的"正能量"，发出知识产权事业的"好声音"，为"知识产权战略实施"鼓与呼。我作为学者，在这十年写过最多的文章是知识产权战略问题，既有在《法学研究》《中国法学》等刊物发表的学术研究论文，也有在《人民日报》《光明日报》《中国知识产权报》等媒体刊载的理论宣传文章。其间主持的国家社科基金重大研究项目《科学发展与知识产权战略实施》，以学术研究和政策研究相结合，分析了知识产权战略实施的理论基础、国际环境、组织保障、支撑体系、协同机制、绩效评估等，该成果入选了2011年《国家哲学社会科学成果文库》。这十年来，我作过最多的讲座也是知识产权战略专题，从中央部委到地方省市、从企业到高校作了百余场讲座，其讲题主要是"创新发展与知识产权"。此外，作为首席专家，本人还为原国家广电总局、文化部以及湖北省、西藏自治区等单位和地方起草了关于战略实施的方案。时至2015年，我国实施知识产权战略取得显著成效，知识产权事业"十三五"发展规划完成预期目标，在这一情势下，国务院出台了《关于新形势下加快知识产权强国建设的若干意见》。这一重要文件关系到国家深入实施知识产权战略的阶段转折和目标提升，我有幸参与最初的讨论和论证，并和国家知识产权局保护协调司的张志成司长在中国政府网同台作了现场视频解读。国家知识产权战略实施十年，成为我学术人生的重要经历。

《国家知识产权战略纲要》的颁布和实施，是中国知识产权制度建设三十多年来最具时代意义、最具国际影响的一件大事。其时代意义在于，国家知识产权战略的出台，标志着知识产权制度在中国完全走向战略主动。知识产权政策的战略化，即是主体通过规划、执行、评估等战略举措，谋求战略目标实现而采取的全局性、整体性的谋略和行动安排。知识产权战略制定和实施，既是建设创新型国家、全面实现小康社会的制度支撑，也是转变经济发展方式、推动经济高质量发展的政策抉择。其国际影响在于，中国是世界上最大的发展中国家，知识产权战略实施为"超大型崛起"的中国带来巨大的发展能量。可以说，知识产权战略作为全社会的制度创新和实践创新，这一做法及其成效对发展中国家具有带动作用，对发达国家产生振动影响。对此，现任世界知识产权组织总干事高锐先生给予了高度评价：中国将知识产权上升为国家战略，其经验值得其他国家特别是发展中国家学习。

从发展中大国成长为知识产权大国，并走向知识产权强国，是国家知识产权战略实施十年的光荣历程。当今中国已成为全球第二大经济实体、第一工业制造大国、第一出口贸易大国，在世界政治、经济、科技、文化、教育等方面居于重要地位。2016年，中国新发明专利的数量占全球总量的68.19%，版权产业的贡献率占到国民生产总值的7.33%，注册商标量连续十多年位居世界第一。对于中国的创新发展而言，知识产权起到了重要的战略支撑和制度保障作用。总体来说，知识产权战略实施成效显著，制度运行健康有序。但是也应看到：知识产权对经济与社会发展的贡献率还有待提高，知识产权有效运用的能力仍需进一步增强，知识产权保护环境还要加大力度进行治理。遵循习近平总书记的新时代法治思想和新发展理念，我们应认真总结知识产权事业发展的经验，准确把握知识产权制度运作的未来努力方向，对知识产权战略作如下定位。

1. 知识产权战略既是国内战略，也是国际战略（战略属性）

知识产权是现代各国转型发展的战略选择，但是中国崛起有其特殊性，它不仅蕴含巨大的发展力量，也会产生巨大的治理难题，这就决定中国知识产权的政策发展和战略推进，必然是对以往大国崛起模式的超越，而不可能是简单的模仿和复制。在这里，知识产权战略的有效实施，必须注意治理能力的现代化提升和政策规范的法治化约束。同时，知识产权战略实施应置身于宽阔的国际背景，中国应有"知识产权大国"和"负责任大国"的国际担当。习近平总书记关于全球治理的重要思想，诸如"构建人类命运共同体""构建以合作共赢为核心的新型国际关系""推动国际秩序与全球治理体系朝着公正合理的方向发展"的论述，为我们解读知识产权国际制度变革、探求知识产权事务国际方略提供了指导方针。在知识产权领域，中国从国际规则的被动接受者转变为有影响力的积极参与者，其知识产权国际战略行动应包括：推动知识产权全球治理体系改革，扩大发展中国家在国际事务中的代表性和发言权；在知识产权国际规则制定中，更多提出中国方案，贡献中国智慧；促进南北对话和南南合作，妥善解决知识产权国际争端。

2. 知识产权战略既是国家战略，也是企业战略（战略主体）

从战略制定和实施的主体角度来看，知识产权战略包括国家战略、地区战略、产业战略和企业战略四个方面。从政策科学层面而言，知识产权是一个战略体系构成，应做到国家的宏观战略与企业的微观战略相结合，纵向的产业战略与横向的地区战略相协调。国家战略是对地区战略、产业战略和企业战略制定和实施的指导方略，企业战略是对国家战略、地区战略、产业战略最终落实的基础，而产业战略与地区战略则是联系或指导其他战略的桥梁和纽带。对于国家战略而言，政府在知识产权领域虽不能成为市场参与者，但应是政策的制定者、市场的监督者和全局的指挥者，其战略任务主要是提供制度产品（包括法律制度、公共政策）、营造市场环境、维护法律秩序。在整个战略体系中，当下及今后战略实施的重心是发挥企业的主体作用，企业是市场经济的主体，也是科技创新的主体，当然也是知识产权的主体。企业知识产权战略是国家战略体系中的基础战略，也是自身发展战略构成中的核心战略。围绕知识产权，构建和实施全球化的竞争战略、市场化的运用战略和一体化的管理战略，是企业知识产权战略的重点内容。可以认为，提升政府现代化治理能力和发挥企业市场化主体作用，将会决定知识产权战略实施的最终成效。

3. 知识产权战略既是竞争战略，也是发展战略（战略内涵）

在空间维度上，国际市场的竞争就是知识产权竞争。在当今经济全球化与知识产权一体化的国际背景之下，知识产权在国家经济社会发展中具有高度的战略内涵，是科技、文化、经贸领域开展国际竞争的主战场。也就是说，知识产权的数量和质量、结构和布局、产出和效益，已成为衡量一个国家、一个地区、一个产业、一个企业核心竞争力的重要表征。在时间维度上，国家现代化过程也是制度创新和知识创新的过程，知识产权具有自身制度创新之属性，又有保障知识创新之功能，以至被称为"创新之法"和"产业之法"。可以认为，现代经济整体上依赖于某种形式的知识产权，与专利、版权、商标相关联的知识产权密集型产业是发达国家的经济支柱。从上述战略内涵的基本要求出发，我国知识产权战略实施应表现出竞争力和发展力的综合绩效，其评估指标包括核心技术专利的拥有量、发明专利域外布局、专利技术的应用率和产业化水平，版权产品在国际市场的占有率、版权产业对经济发展的贡献率，商标的附加值构成、知名品牌的拥有量及其在国际贸易中的竞争力等。

4. 知识产权战略既是创新战略，也是法治战略（战略地位）

从现代化和法治化的国家发展战略来说，我们正在建设的知识产权强国应该具有两个方面的基本品质，它既是创新型国家，也是法治化国家。习近平总书记提出的新发展理念，是统领当代中国经济社会发展全局的指导思想。新发展理念以创新发展为首要，知识产权战略即是国家为推动创新发展而作出的全局谋划和顶层设计。在国家创新体系中，知识产权作为一种产业化的制度创新，构成创新发展过程的内驱动力；同时，知识产权作为一种产权化的知识创新，成为创新发展成果的外在表现。概言之，知识产权战略是创新驱动发展的基本方略。习近平总书记关于新时代法治思想，则为践行知识产权法治提供了重要指引。知识产权战略是全面依法治国战略的重要组成部分。在国家治理现代化和法治化的战略布局中，知识产权战略实施的法治任务是建立"系统完备、科学规范"的知识产权法律体系，维系"健康有序、公平开放"的知识产权市场环境，营造"尊重知识、崇尚创新"的知识产权文化氛围。总体而言，知识产权战略是国家创新驱动发展战略和全面依法治国战略的重要构成，承担着提升创新发展实力和创新环境治理能力的重要使命。

当前，国家知识产权战略实施正处于阶段转折和目标提升的重要时期。根据党的十九大精神，我们必须着眼世界变革大势，围绕中国发展大局，做好知识产权创造、运用和保护的重点工作，通过知识产权战略实施，以增强创新能力、健全创新机制、优化创新环境、实现创新发展为愿景，创造中国知识产权事业的世纪辉煌。

《国家知识产权战略纲要》
对我国军民融合发展的影响

谷满仓[*]

一、引　言

　　军民融合已经成为国家战略，党的十八大作出"坚持走中国特色军民融合式发展路子，坚持富国与强军相统一"的战略部署。2015 年 3 月，习近平主席在出席十二届全国人大三次会议解放军代表团全体会议时强调，把军民融合发展上升为国家战略。2017 年 1 月 22 日，中央政治局召开会议，决定设立中央军民融合发展委员会，由习近平任主任。2017 年 3 月，习近平总书记在出席十二届全国人大五次会议解放军代表团全体会议时强调，深入实施军民融合发展战略。❶ 党的十九大报告指出，要更加注重军民融合，坚定实施军民融合发展战略，形成军民融合深度发展格局。可以预见，在今后相当长的一个时期内，推动军民融合深度发展，已经成为我国武器装备发展和国民经济建设的重要战略任务。知识产权是法律赋予权利人对科技成果一定时期内独占支配的权利，保障权利人投入的智力劳动成果获得收益。知识产权制度能够从法律层面，对军地双方拥有的发明创造及应用过程中的利益关系进行调整，激发军地双方的创新活力，是军民领域科技成果双向转化应用顺利进行的基础和保障，是军民融合的结合点和着力点。本文将为推动军民融合战略的实施，促进军民融合的发展，国家层面、军民融合主体层面采取的一系列知识产权手段称作"知识产权

　　* 谷满仓：北京海鹰科技情报研究所所长，研究员，曾任中国航天科工集团三院科研生产质量部副部长，三院三十一所副所长。长期从事装备科研管理和知识产权工作，承担国家知识产权战略实施十年评估专题评估工作。
　　❶ 刘宏葆. 推进军民融合深度发展的三个着力点 [J]. 国防, 2015 (5): 38 – 39.

军民融合"。

2008年6月5日，国务院颁布了《国家知识产权战略纲要》（以下简称《纲要》），标志着国家正式实施知识产权战略。《纲要》是指导我国全面提升知识产权创造、运用、保护、管理和服务能力，建设创新型国家，实现全面建设小康社会目标的纲领性文件。如今，《纲要》已经实施十年，充分发挥了知识产权制度对军民融合发展的推动作用。在国家高度重视军民融合发展的新形势下，知识产战略也应当与时俱进，适应新时代的要求。为深化知识产权领域改革，加快知识产权强国建设，进一步发挥知识产权对军民融合发展的推动作用，有必要对《纲要》实施十年以来对我国知识产权军民融合发展产生的影响进行研究。

《纲要》实施以来，我国相关部门已颁发了一系列军民融合制度规定，对军民融合中的知识产权工作进行了规范；颁发了一系列知识产权规定，尤其是国防知识产权制度的发展，对军民领域知识产权双向转化有很大的促进作用。为实现军工技术军民共享，各军工集团、军工院校都已建立了本单位的知识产权军民融合制度，通过知识产权手段推动军民融合发展。同时，市场上也涌现了一大批军民融合服务机构，对外提供知识产权军民融合服务。可以说，《纲要》的实施对我国军民融合发展起到了正面的推动作用。本文将结合新形势要求，从我国知识产权军民融合政策法规、知识产权军民融合管理机制建设情况、知识产权军民融合服务体系建设情况三个层面，探讨《纲要》的实施对军民融合产生的影响，分析现存的问题与挑战，提出进一步完善知识产权军民融合工作的建议，供相关单位参考借鉴。

二、知识产权军民融合政策法规建设情况

《纲要》实施以来，国家层面、地方政府颁布了相关政策，对知识产权军民融合工作提出了要求，指导"军转民""民参军"工作；国防科技工业局、装备发展部作为国防知识产权主管部门出台了一系列专门的知识产权军民融合政策，重点解决国防知识产权及民参军知识产权问题。知识产权军民融合政策法规建设主要体现在以下几个方面。

（一）顶层规范指导知识产权军民融合工作

为落实《纲要》任务要求，国务院办公厅、中央军委、军民融合发展委员

会等管理部门从顶层设计入手，相继出台了一系列知识产权军民融合政策规章，从方方面面规范军民融合过程中涉及的知识产权问题。如 2017 年 4 月 12 日，科技部、中央军委印发《"十三五"科技军民融合发展专项规划》，指出要强化分配制度的知识价值导向，促进创新成果转化收益合理分享。完善全国知识产权运营公共服务平台，鼓励建设区域性军民融合特色知识产权服务平台，形成军民科技创新资源共享的知识产权运营服务能力。把知识产权作为科研、生产、采购和服务的保障要素，完善成本核算办法，引导民用领域知识产权在国防和军队建设领域运用，鼓励国防知识产权向民用领域转化。2017 年 9 月 15 日，国务院办公厅颁布《国家技术转移体系建设方案》，优化军民技术转移体制机制。2017 年 11 月 23 日，国务院办公厅颁布《国务院办公厅关于推动国防科技工业军民融合深度发展的意见》，指出要统筹建设国防科技工业科技成果转化平台，定期发布《国防科技工业知识产权转化目录》，推动知识产权转化运用。推动降密解密工作，完善国防科技工业知识产权归属和收益分配等政策，推动国防科技工业和民用领域科技成果双向转化。《纲要》实施后，我国相关部门对知识产权军民融合重视程度不断提高，知识产权军民融合政策体系设计不断完善。

（二）出台专门知识产权军民融合政策法规

知识产权军民融合主要包括国防领域知识产权向民用领域转化，民用知识产权转为军用。国防知识产权向民用领域转化过程中主要包括国防知识产权权利归属、利益分配、解密降密、处置运用、使用费计价等具体问题；民参军过程中主要涉及民营企业使用费计价、知识产权保护等问题。针对知识产权军民融合中存在的国防知识产权战略实施领导小组、装备发展部和国防科工局颁发了一系列政策规范指导知识产权军民融合工作的开展。

一是加强国防知识产权制度顶层设计。目前，装备发展部国防知识产权局已研究提出《国防专利条例》修订意见，现已纳入国家和军委的立法计划。2009 年，依据《纲要》，国防知识产权战略实施领导小组围绕国防知识产权重点问题，发布《国防知识产权战略实施方案》，顶层部署提出 19 项国防知识产权战略实施专项任务。[1] 2012 年，领导小组发布《国防知识产权战略实

---

[1] 冯媛. 军民融合战略下的国防知识产权制度研究：基于国内外比较分析 [J]. 中国科技论坛，2016（7）：148 – 153.

施专项任务实施方案》，顶层部署国防知识产权战略实施专项任务实施总体方案。

二是推动军品科研中的国防知识产权管理。2013年，总装备部印发《关于开展军队科研单位知识产权管理工作试点的通知》，组织军队科研单位将知识产权管理纳入装备科研全过程。2015年，国防科工局颁布《关于全面推进〈企业知识产权管理规范〉国家标准的指导意见》，指导各大军工集团开展《企业知识产权管理规范》贯标工作。2017年，装备发展部国防知识产权局发布《装备承制单位知识产权管理要求》，以国家标准《企业知识产权管理规范》为基础，结合装备领域有关特点编制，指导装备承制单位知识产权管理工作的开展。

三是推动国防专利解密工作。装备发展部积极开展国防专利定密解密管理立法研究，研究起草《国防知识产权保密和解密管理规定》。建立国防专利定密解密暂行工作规程，规范国防专利定密解密工作，现已集中解密3000余件国防专利，并向社会发布。

四是积极推动国防科技工业科技成果转化。2015年，国防科工局根据新修订的《促进科技成果转化法》，颁布《关于促进国防科技工业科技成果转化的若干意见》；印发《国防科工局关于印发〈军工技术推广专项管理细则〉的通知》《国防科工局关于"十三五"军工技术推广专项的指导意见》，指导军用知识产权向民用领域转化。

（三）推动区域知识产权军民融合政策

为落实国家层面政策，各地政府部门颁布区域知识产权军民融合政策，指导区域知识产权军民融合工作的开展。2014年4月29日，湖南省人民政府办公厅颁发《关于加快推进军民融合产业发展的若干政策措施》；2015年4月7日，江西省人民政府办公厅颁发《关于深化军民融合加速推进军民结合产业发展的意见》；2018年1月22日，为加快浙江省军民融合产业发展，进一步提升发展水平，浙江省人民政府发布《关于加快军民融合产业发展的实施意见（征求意见稿）》。2018年4月，成都高新区发布《加快军民融合产业发展的若干政策措施》，从军民融合企业项目建设、企业壮大、能力提升、平台建设、市场开拓、人才聚集、金融支撑等9个方面给予支持。

三、知识产权军民融合管理体系建设情况

（一）知识产权军民融合统一协调管理机制建设情况

知识产权军民融合过程涉及国防知识产权向民用领域转移以及民用知识产权向国防领域转移。其中，民用知识产权向国防领域转移过程中的知识产权问题适用于普通的知识产权制度，由国家知识产权局主管。国防知识产权管理是一个复杂的，与多方面联系紧密的有机系统。按照《纲要》的统一部署与安排，明确由原总装备部牵头负责组织国防知识产权部分的战略实施工作。目前，我国已初步建立了国防知识产权统一协调机制，原总装备部会同工业和信息化部、科学技术部、国防科工局、国家知识产权局，成立了国防知识产权战略实施领导小组，统一领导和协调国防知识产权战略实施工作，军委批准成立了国防知识产权局。我国国防知识产权管理的工作分别由军队和地方两部分负责。国防科工局负责地方系统的国防知识产权管理工作，装备发展部国防知识产权局负责军队系统的国防知识产权管理工作，负责受理、审查和管理国防专利。❶

（二）典型军工集团知识产权军民融合管理机制建设情况

国有军工集团主要集中于核、航天、航空、船舶、兵器、电子信息六大领域，是国防科技工业的核心力量，是推进我国军民融合的主力军，是推进军民融合协同创新的主体。国有军工集团以充分发挥知识产权激励创新、促进创新成果转化的关键作用为主线，以提升知识产权数量和质量、优化知识产权结构、取得知识产权经济效益为目标，深化改革、推动转化、服务双创、拓展渠道、提升管理、夯实基础，实现了国有军工集团公司在知识产权创造、运用、保护和管理综合水平的持续提高。表现在以下几个方面。

1. 知识产权管理制度体系进一步完善

各国有军工集团完成了《知识产权管理办法》《商标管理办法》《保密管理

---

❶ 冯媛. 军民融合战略下的国防知识产权制度研究：基于国内外比较分析 [J]. 中国科技论坛，2016（7）：148－153.

规定》《品牌管理办法》等知识产权相关规章制度的制修订工作，进一步完善了知识产权管理规章制度体系。其中，《知识产权管理办法》从促进转化、规范管理、防范风险等方面进行了修订，实现了与最新国家法规政策的有效衔接。同时，在传统单纯考核专利数量的基础上，增加结构型和效益型指标，促进专利数量、质量、效益同步提升。此外，完善了专利计划考核规则，增大了超额完成任务的加分奖励，也对未完成任务的予以扣分惩罚。

2. 知识产权规范化管理水平不断提升

2016 年，中国船舶重工集团、中国航天科工集团根据国家知识产权局等八部委的通知要求，启动了首批包括总体部、总装厂、配套科研企业、民品上市公司等在内企事业单位的知识产权管理国标试点工作。通过试点工作，各试点单位查摆了知识产权管理存在的问题，弥补了人事管理、合同管理等中知识产权管理的不足，有效提高了单位知识产权管理水平。同时，中国航天科工集团四院万山公司、十院航天电器、航天晨光等单位正式申请或已通过国家标准认证。

3. 专利数量再攀新高，专利质量持续优化

选取航天科技、航天科工、航空工业、航空发动机、船舶重工、船舶工业、兵器工业、电子信息产业、电子科技、兵器装备、核工业等 11 大军工集团，截至 2016 年底，累计有效专利数 114410 件，其中有效发明专利数 48483 件；2016年申请发明专利 25864 件、授权发明专利 12078 件。

4. 大力推进线上线下知识产权运营体系建设

为有效支撑军民融合，加速以知识产权为核心的高科技成果向其他军用领域和民用领域转移转化，中国航天科工集团为推进知识产权转化，成立了航天军民融合成果转化基地，其主要布局采取"1 个中心 + 若干个基地"的发展架构，借助于互联网的分布式模式，推进航天军民融合成果转化工作。京津冀，利用北京创新能力优势，作为知识产权梳理、分析、评估、聚集中心；利用浙江经济活跃的需求资源，与省科技厅建立稳定的合作关系，并与桐乡市政府共同打造"互联网 + 军民融合成果转化平台"，将触角延伸到台州、舟山、金华等地区，力争首先打开长江中下游。以绵阳科创园为起点，涉足四川，推进知识产权成果转化基地的建设。

四、知识产权军民融合服务体系建设情况

（一）知识产权军民融合公共服务现状

为贯彻国家军民融合战略，推动知识产权军民融合工作，促进军地双方知识产权的流转交易，国家知识产权局、国防科工局、各地政府层面积极推进知识产权军民融合公共服务。

1. 推动军民两用技术专利优先审查

2017年6月，国家知识产权局发布《专利优先审查管理办法》。《办法》虽然没有明确针对军民两用技术，但是对涉及节能环保、新一代信息技术、生物、高端装备制造、新能源、新材料、新能源汽车、智能制造等国家重点发展产业的专利申请以及对国家利益或者公共利益具有重大意义的专利申请进行优先审查。《办法》中所说的技术均具有军民两用性，在军民领域均具有广阔的应用前景。对军民两用技术专利进行优先审查，及时对军民两用技术提供知识产权保护，是保障军民科技成果转移转化的重要前提。

2. 举办知识产权军民融合会议培训

近年来，政府部门重视知识产权军民融合工作，举办了一系列活动，旨在通过政府层面，宣传推广知识产权军民融合的必要性，搭建军民融合主体之间沟通的桥梁。根据"民参军"单位的需求，大力开展国防知识产权培训，例如，国防知识产权局在山西、四川、江苏、湖北、湖南等省，成功举办了多期国防知识产权培训班。2018年5月，第四届国防知识产权军民融合论坛在北京举行，以"完善国防知识产权保护和运用体系　促进军民融合深度发展"为主题。

3. 建设国防知识产权信息平台

为深入贯彻落实军民融合国家战略和习主席关于军民融合深度发展的一系列重要论述，推动国防知识产权建设军民融合在更广范围、更高层次、更深程度上发展，装备发展部国防知识产权局依托全军武器装备采购信息网，正式上线运行国防知识产权信息平台，对外提供信息查询服务。

4. 建设知识产权军民融合公共服务平台

为推动区域知识产权军民融合工作的开展，促进军地双方信息交流，打破

军地双方信息壁垒，各部委、地方政府积极建设知识产权军民融合公共服务平台。为贯彻党中央、国务院关于加强知识产权运用的总体部署，规范专利运营业态健康发展，建立健全专利运营服务体系，构建开放、多元、共生的基于专利运营服务的创新生态系统，财政部、国家知识产权局在西安建设国家知识产权运营军民融合特色试点平台，简称"中国军民融合平台"。平台已经具备一套完善的运营体系，整合了大量的军民融合成果，也促成了一批成功案例。浙江、绵阳等地方政府也建立了本区域的军民融合服务平台。

（二）知识产权军民融合中介服务现状

《纲要》实施以来，我国涌现出一大批知识产权军民融合中介服务机构，针对军民融合主体的特定需求，提供定制化服务，作为对政府公共服务的支撑与补充。

1. 知识产权军民融合服务行业规范制定情况

2017年，为保障军民融合发展战略顺利实施，规范以"军民融合"名义开展的有关活动，中央军民融合发展委员会办公室印发《关于规范以"军民融合"名义开展有关活动的通知》。通过发布《通知》规范军民融合中介服务的市场秩序，充分发挥市场机制作用，引导科技服务机构参与军民两用技术转移转化。2018年，最新的"军民融合科技服务机构推荐名录"也已更新完成。更新后的推荐名录由50家机构组成。

2. 发布军民融合科技服务机构推荐名录

为落实军民融合发展战略，充分发挥市场机制作用，引导科技服务机构参与军民两用技术转移转化工作，2017年3月，工信部军民结合推进司遴选了一批服务热情高、社会信誉好、综合实力强的机构，发布《军民融合科技服务机构推荐名录》。《名录》将军民融合科技服务机构分为科技评估类、供需对接类、创业孵化类、管理咨询类、科技融资类5类。《名录》的发布，规范了军民融合科技服务机构的类型及业务范围，有助于知识产权军民融合市场的有序发展。

3. 知识产权军民融合信息化平台建设情况

评估组对市场上较为活跃的知识产权军民融合中介服务平台进行了梳理。可以看出，目前市面上的知识产权军民融合中介服务机构多数上都采用互联网的方式，通过建立军民融合信息服务平台，整合军方和地方的供需信息，旨在打破军地双方之间的信息壁垒，比如说兵工宝军民融合科技平台、军地网、桐乡航天军民融合双创平台等。上述服务机构中，包括对外推广军工技术的军工集团，如中国兵器、航天科工等军工集团；军地网、华鼎军民融合科技服务平台、中军创为代表的具有军工背景的地方企业。各个机构都通过自己的渠道，通过政企合作的形式，收集各领域的军地知识产权成果、需求信息，并为军民融合主体提供配套的知识产权服务。

五、结　论

（一）知识产权军民融合发展总体情况

总体上看，国家知识产权战略实施十年来，知识产权军民融合工作取得了明显进展，具体体现在以下几个方面。

1. 知识产权军民融合政策法规体系建设明显加快

一是国家修订的法律中对知识产权军民融合作出了明确规定，如《促进科技成果转化法》规定，国家建立有效的军民科技成果相互转化体系，完善国防科技协同创新体制机制。军品科研生产应当依法采用先进适用的民用标准，推动军用、民用技术相互转移、转化。二是党中央、国务院、中央军委，以及军地有关部门出台的相关政策对知识产权军民融合提出了要求，如中共中央、国务院、中央军委发布的《关于经济建设和国防建设融合发展的意见》中，明确提出推进军民技术双向转移和转化应用。国务院印发的《国家技术转移体系建设方案》中提出，要深化军民科技成果双向转化。科技部、军委科技委联合印发的《"十三五"科技军民融合发展专项规划》中提出，促进军民科技成果双向转化，重点是推动军民科技成果相互转化体系建设，推进知识产权战略实施。三是知识产权军民融合相关政策法规陆续出台，如装备发展部印发了《装备承制单位知识产权管理要求》，国防科工局发布了《关于国防科技工业推进知识产权强国建设的指导意见》《国防科技工业知识产权转化目录》等政策要求。四是积极推动知识产权军民融合政策法规出台，如完成了《关于妥善处理国防知识产权权利归属和利益分配问题的若干意见》《关于促进国防知识产权向民用领域转移鼓励民用领域知识产权在国防领域运用的若干意见》《军用计算机软件著作权登记工作暂行规则》等征求意见，即将发布施行。

2. 知识产权军民融合管理体系进一步健全

一是初步建立了国防知识产权统一协调机制，原总装备部会同工业和信息化部、科技部、国防科工局、国家知识产权局，成立了国防知识产权战略实施领导小组，统一领导和协调国防知识产权战略实施工作，军委批准成立了国防知识产权局。二是创新主体知识产权管理体系进一完善，各军工集团公司、工程物理研究院，以及军工和军队科研机构、高校设立了知识产权管理机构，建立了较完善的知识产权管理制度，如航天科工集团公司根据国家知识产权战略实施要求，修订了知识产权管理办法。三是军民结合高技术领域知识产权管理工作不断强化，如北斗导航、探月工程等重大科技专项，主管部门和机构专门建立了较完善的知识产权管理制度，为专项的研制提供了重要支撑。

3. 国防领域知识产权创造能力大幅度提升

一是知识产权拥有量持续增长，为军民融合积累了雄厚的知识产权资源，以军工集团为例，2016 年，航天科技、航天科工、航空工业、航空发动机、船舶重工、船舶工业、兵器工业、电子信息产业、电子科技、兵器装备、核工业等 11 大军工集团发明专利为 25864 件、授权发明专利 12078 件。截至 2016 年底，累计有效专利数 114410 件，其中有效发明专利数 48483 件。二是知识产权创造水平明显提升，资料显示，以信息化为特征的高技术领域国防专利比例不断增大，基础性、前沿性技术成为增长的主体，如某新型导弹及新型防空导弹等重点型号获得国防专利均突破 100 件，载人航天、探月工程、北斗导航、载人深潜等高科技工程中，创造了一批高水平的核心专利，据统计，截至 2016 年底，有关卫星导航中国专利申请近 16000 件中，国内申请为 12000 余件，占 75%。

4. 军民融合知识产权双向转化运用能力大幅度提升

一是知识产权运用模式不断创新，实践中，通过网络平台、专利拍卖、专利池、知识产联盟等多种运营模式，促进国防知识产权在民用领域运用，如福建、北京等省市成立了军民融合知识产权联盟，河北、河南等省建立了军民融合知识产权交易中心，航天科工集团通过航天云网建立了专利池，促进航天科工集团知识产权运用。二是知识产权成果信息交流方式不断创新，实践中，通过网络平台、展览会、交易会等方式，发布国防知识产权成果信息，如国防知识产权局集中解密 3000 多件国防专利，并通过武器装备采购信息网向社会发布，促进了国防领域知识产权在民用领域运用。三是军民融合产业快速发展，通过设立军民融合基金，建设军民融合产业园，制定产业扶持政策等措施，促进军民结合高技术产业发展，据2016年度《中国卫星导航与位置服务产业发展白皮书》中显示，我国卫星导航与位置服务产业总体产值已突破2000亿元大关，达到2118亿元，较2015年增长22.06%。四是大力促进"民参军"，国家和军队在开放武器装备科研、生产、采购等方面，通过制修订一系列政策法规，建立武器装备采购信息发布制度，为民口单位利用其技术优势进入军品市场营造了良好环境，有力地促进了民用领域知识产权在国防领域运用。据统计，截至2016年3月，获得武器装备科研生产许可证的民营企业有1000多家，比"十一五"末期增加127%。

5. 知识产权军民融合服务水平逐步增强

一是国防知识产权公共服务体系不断完善，国防知识产权局依托全军武器装备采购信息网，上线运行国防知识产权信息平台，对外提供信息查询服务。根据"民参军"单位的需求，大力开展国防知识产权培训，例如，国防知识产权局在山西、四川、江苏、湖北、湖南等省，成功举办了多期国防知识产权培训班。国家有关部门和地方政府陆续建成了多个军民融合知识产权交易公共服务平台，如国家知识产权局、科技部分别在西安、绵阳等地建立了军民融合知识产权运营平台，这些平台搭建起知识产权与军民融合的桥梁，打通专利技术与产业实现的壁垒。二是军民融合知识产权服务向广度发展。三是军民融合知识产权服务向深度发展，随着国防知识产权事业快速发展，特别是国防专利申请量的大量增长，为其他国防知识产权服务开展创造了条件。目前国防专利代理机构服务领域已从专利代理向国防知识产权信息、咨询、转化、培训等全服务领域拓展。四是国防知识产权服务向深度发展。近年来，国防知识产权信息服务由专利查新向国防关键技术专利态势分析、专利战略研究、专利产业、收购国外公司专利调查分析等高端信息服务发展。

（二）面临的形势与挑战

新形势下，我国知识产权军民融合工作仍存在以下实际问题需要解决。

1. 知识产权军民融合政策法律法规体系有待完善

知识产权法规制度的建设，是军民融合工作开展的基础和保障。一是虽然国家已建立了较为完善的知识产权制度，但由于军民融合在管理体制、运行环境、产权归属及利益分配、实施运用、信息交流等方面存在特殊性，现行知识产权法律法规不能完全适用如今军民融合的发展。二是我国目前的知识产权制度中，大多数是各部委为规范知识产权军民融合工作颁布的各种指导意见，还没有规范知识产权军民融合工作的专门法律法规。军民融合过程中知识产权权利归属、处置运用、收益分配、国防知识产权解密等关键问题还未完全解决。三是《纲要》中提出的《国防专利定密解密暂行工作规程》等文件还未正式发布，需要加快相关文件修订进程。四是国家层面的政策法规在国防系统内难以贯彻落实。比如说，因国有资产管理、收入分配等方面配套政策的不健全，军工企事业单位难以有效落实新修订的《促进科技成果转化法》。

2. 对知识产权军民融合的认识不到位

军民融合和知识产权都已经发展成为国家战略，国防科技和装备建设领域长期以来实行完全计划管理模式，科研成果大多由国家投资产生，习惯于无偿调用，未形成尊重和保护知识产权的良好氛围。军民融合工作开展过程中，随着军民融合深度发展，装备采购逐步引入竞争机制，知识产权作用日益凸显，参与国防科技和装备建设的主体对自身利益的关注迅速提升，知识产权保护意识空前提高。但目前由于对知识产权的地位和重要作用认识不足，知识产权创造和保护还没有摆在重要位置，致使一些知识产权问题未得到有效解决，从而影响到装备创新和国民经济发展发展。

3. 军民融合项目管理与知识产权管理结合不紧密

知识产权管理是项目管理的一个重要组成部分。但目前，我国在军民融合科研项目规划、计划、立项、执行、验收和评价等各个环节中，知识产权的管理尚未跟上，不仅影响了装备创新的水平，而且影响了国民经济领域的有效配置和创新成果的利用效率。目前，国家知识产权相关政策法规与国防科研生产管理制度融合性不够，国防知识产权管理涉及多个部门，相关问题有待进一步深入研究和沟通协调。

4. 知识产权军民融合行业缺乏数据标准

评估发现，各部委各地政府、第三方服务机构都重视通过信息化的手段，建设知识产权军民融合信息平台，整合各自的军民融合资源，对外提供服务。但是，目前国家和地方、行业相关平台尚未建立有效互联互通机制，不利于知识产权信息高校流转和综合运用。各平台之间缺乏交流，各有一套自己的数据标准，各平台之间的数据并未有效打通，缺乏统一的数据标准，数据价值未能充分体现。

（三）知识产权军民融合工作完善建议

1. 提高军民融合主体知识产权意识

提高军民融合主体知识产权意识，是当前知识产权军民融合工作的一项重要任务。为此，要进一步加强对相关人员的知识产权宣传与培训，提高各级装备部门、装备管理人员和科研人员的知识产权意识，增强其在军民融合过程中知识产权管理和保护的自觉性、主动性和紧迫性，形成有利于知识产权军民融合发展的软环境，营造尊重他人知识产权和保护自己知识产权的良好氛围。

2. 强化军民融合发展中知识产权政策导向作用

积极适应装备采购制度改革的要求，强化装备管理政策的知识产权导向，装备投资、科研、采购、管理、经费、价格、激励、人才等方面的有关政策都应当以促进装备自主创新为主导，充分体现知识产权军民融合创造、管理、保护和应用的政策需求。

3. 完善知识产权军民融合政策法规体系

从顶层设计开始，构建比较完善的知识产权军民融合工作法规体系框架。从体制机制上解决制约知识产权军民融合管理的深层次矛盾和问题，构建有利于知识产权军民融合制度有效运行的法律环境。深入开展知识产权军民融合的理论研究，探索新形势下知识产权军民融合工作的思路和举措。完善国防知识产权转化相关立法。

4. 加强军民融合主体知识产权保护力度

在注重知识产权创造的同时，还应当注重知识产权军民融合的保护，建立知识产权军民融合保护工作长效机制，形成一个保护知识产权的创新环境，从而实现"以创造促保护，以保护促保护"的良性循环。

5. 健全知识产权军民融合管理工作体系

从三个方面建立机构完善、机制协调、运行顺畅的知识产权军民融合管理工作体系。一是建立健全知识产权军民融合工作体系；二是建立知识产权与军民融合过程管理相协调的工作体系，在项目论证、招投标、合同签订、科研、生产等工作中，要明确知识产权管理部门的任务和管理方面的职责；三是积极推动军民融合主体建立和完善知识产权军民融合管理制度和激励机制。

6. 加快知识产权军民融合信息平台建设

加快建设知识产权军民融合管理与服务信息平台。建立信息共享机制，打破条块分割、相互封闭、重复分散的格局，加快知识产权军民融合信息资源的整合利用，实现信息共享。

7. 修订《国家知识产权战略纲要》相关内容

2008 年颁布的《纲要》指导思想、战略目标中并未直接涉及军民融合的内容，对知识产权军民融合的重视程度不够。后续应当在《纲要》指导思想、战略目标中，明确知识产权军民融合工作的战略地位。在《纲要》专项任务中，明确知识产权军民融合政策法规、管理机制、服务体系建设等方面的任务部署。

深入实施知识产权战略 谱写乡村振兴新篇章

宋 敏[*]

近年来，我国农业农村发展取得了历史性成就。粮食生产能力跨上新台阶，农业供给侧结构性改革迈出新步伐，农民收入持续增长，农村民生全面改善，脱贫攻坚战取得决定性进展，农村生态文明建设显著加强，农民获得感显著提升，农村社会稳定和谐。实现农业持续稳定发展、长期确保农产品有效供给，主要依靠科技创新。农业科技是确保国家粮食安全的基础支撑，是突破资源环境约束的必然选择，是加快现代农业建设，实现乡村振兴的决定力量。农业科技进步离不开知识产权事业发展的保驾护航。

一、农业知识产权事业全面有序发展

2008年，为有效应对知识产权国际国内挑战，促进我国实现跨越式发展，保障国民经济全面、协调和可持续发展，我国制定和实施了《国家知识产权战略纲要》（国发〔2008〕18号，以下简称《纲要》），为切实贯彻实施《纲要》，农业部制定实施了《农业知识产权战略纲要》（农科教发〔2009〕12号）。在推进知识产权战略实施过程中，结合农业知识产权种类多、问题新、范围广的特点，围绕提升农业知识产权创造、运用、管理、服务和保护能力开展一列工作。实施国家知识产权战略十年来，各项工作有序推进，农业知识产权事业得到全面有序发展，为新时期现代农业发展和乡村振兴提供了有力支撑。

* 宋敏：中国农科院农业资源与农业区划研究所研究员，博士生导师，全国知识产权领军人才，中国知识产权研究会常务理事。在《国家知识产权战略纲要》制定过程中，曾参与相关专题研究工作。在本文的撰写过程中，任欣欣有所贡献。

（一）农业知识产权制度体系日趋完善

1. 植物新品种保护制度不断完善

新修订的《种子法》将植物新品种保护单列一章写入，提升了新品种保护的法律阶位，同时大幅度提高了对侵权行为的处罚力度，并将侵权案件查处权限下放到了县级农林行政主管部门，加大了行政执法力度。同时，先后制定颁布了《农作物种子生产经营许可管理办法》《农业植物新品种命名规定》和修订了《中华人民共和国植物新品种保护条例实施细则》（农业部分）等部门规章，发布了《农业植物品种权申请审查指南》《农业植物新品种测试工作手册》《农业植物新品种保藏工作手册》等规章。制定了《DUS 测试现场考察技术规范》等测试体系内部规范文件，审定通过了甘薯、苹果等 20 种植物测试指南，完成了玉米、水稻等 9 种作物分子技术标准的技术验证。已针对派生品种保护制度、品种权执法机制、我国加入 UPOV91 文本的可行性等热点问题，研究积累了系列成果，为修订《植物新品种保护条例》及配套规章制度储备了科学依据。

2. 农产品地理标志登记管理等规章制度不断完善

颁布实施了《农产品地理标志管理办法》《农产品地理标志登记程序》和《农产品地理标志使用规范》。修订了《农产品地理标志登记申请人资格确认评定规范》《农产品地理标志登记审查准则》等制度规范和《农产品地理标志登记申请书》《农产品地理标志产品品质检测报告》《农产品地理标志登记审查报告》等格式文本，通过受理公示、普查指导、目录完善等措施，实现了关口前移，减少争议，提高工作的规划性、科学性和可操作性。

3. 农业遗传资源惠益分享制度取得新进展

2009 年 10 月 1 日生效的《全国人民代表大会常务委员会关于修改〈中华人民共和国专利法〉的决定》中对《专利法》的修改新增了有关遗传资源来源披露的款项。2015 年新修订的《种子法》明确了国家对种质资源享有主权，任何单位和个人向境外提供种质资源，或者与境外机构、个人开展合作研究利用种质资源的，应当向省、自治区、直辖市人民政府农业、林业主管部门提出申请，并提交国家共享惠益的方案。2016 年我国正式成为《〈生物多样性公约〉关于获取遗传资源和公正公平分享其利用所产生惠益的名古屋议定书》缔约方，履约执行《名古屋议定书》规定的遗传资源国家主权、知情同意和惠益分享等原则。同时，跟踪研究了《生物多样性公约》有关"遗传资源获取与惠益分享国际制度"国际立法最新进展和《名古屋议定书》，组织开展了水稻、微生物、大豆等遗传资源惠益分享典型案例研究，以及植物新品种保护与农民权利专题研究，正在推进建立农业遗传资源身份登记制度，通过完善制度机制合理调节资源提供者、育种者、种子生产者和农户之间的利益关系。

4. 知识产权转化鼓励政策和知识产权管理制度不断完善

农业部会同科技部和财政部联合印发的《关于开展种业科研成果机构与科研人员权益比例试点工作的通知》（农种发〔2014〕4号），鼓励和引导企事业单位依法建立健全种业知识产权权属划分、奖励报酬等管理制度。为进一步深化种业科技成果权益改革，促进科研成果转移转化、权益分享，农业部、科技部、财政部、教育部和人社部联合印发了《关于扩大种业人才发展和科研成果权益改革试点的指导意见》（农种发〔2016〕2号）。同时，为了促进农业知识产权实施转让的规范化、高效化，农业部组织研究制定和推荐发布了农业专利、植物品种权交易规程和标准合同、农产品地理标志价值评估规程和实施许可标准合同等。

（二）农业知识产权技术支撑体系逐步健全

1. 农业植物新品种保护审查测试、DNA 快速鉴定鉴定检测机构不断完善，技术支撑能力进一步增强

升级改造版了中国农业植物新品种保护网站，实现了品种权申请、审查测试和授权信息的电子化在线化。建成了"ETC"式品种权快速审查模式，授权提速达3倍多，平均审查时间缩短为3.2年/品种。发布了第八、第九和第十批农业植物新品种保护名录，使农业植物保护范围达到138个属或种。建成了由1个中心和27个分中心组成的DUS测试体系，组建专业的DUS测试团队，配备齐全的测试仪器，测试能力得到全面提升，年测试品种能力达7000个左右。

2. 全国各级农产品地理标志工作体系基本健全

成立了141人组成的全国农产品地理标志登记专家评审委员会，授权委托了97家全国农产品地理标志产品品质鉴定检测机构。建设了国家级农产品地理标志示范样板20个。组织开展了农产品地理标志核查员、管理系统、品牌建设、示范创建等专题培训。开展了农产品地理标志资源普查，与中国水稻研究、农科院柑桔所等技术机构合作，构建了粮食、果品等重点领域产品品质指标分

析及参考体系，农产品地理标志登记保护能力稳步提升。

3. 社会化农业知识产权研究、管理和服务体系基本形成

中国农业科学院、江苏省农业科学院等主要农业科研单位，中国种子集团公司、大北农集团等主要农业企业建立了专门知识产权业务部门、配置专职人员、设立专项资金，建立了知识产权管理制度。以农业转基因育种重大专项为重点，建立了项目主管单位和承担单位知识产权责任机制，培训管理人员，推进实施了农业科研项目知识产权全程管理。中国农业科技管理研究会植物新品种保护工作委员会连续举办了九届全国农业知识产权论坛，通过学术交流机制，凝聚社会力量在全国培育和形成了一批专门从事农业专利、品种权、地理标志、农业传统知识和遗传资源等制度研究和信息分析的人才队伍，完成了《农业知识产权》《植物新品种保护通论》《农产品地理标志概述》和《农业遗传资源权属制度研究》等一批理论研究成果。中国农业科学院农业知识产权研究中心研究建立了农业知识产权战略决策支撑系统，形成了农业知识产权信息加工分析、预警和个性化定制提供机制。从2010年起连续研制和发布了《中国农业知识产权创造指数（年度）报告》，成为农业科研、产业发展的重要决策参考。

（三）农业知识产权保护执法初见成效

农业行政管理部门将品种权、农产品地理标志等农业知识产权保护纳入了农业综合行政执法体系，同时新修订的《种子法》将查处品种权侵权行政执法扩展到县级农林主管部门，形成了四级行政执法队伍。印发了《农业部关于加强农业行政执法与刑事司法衔接工作的实施意见》，加强农业知识产权行政执法与刑事司法衔接工作。从2011年开始在全国各地举行打击侵犯品种权和制售假冒伪劣种子执法现场会，现场销毁侵犯品种权和假冒伪劣种子，并组织新闻媒体进行案件曝光报道。结合种子执法年活动和"双打"行动，将种子生产环节、种子生产源头作为执法重点，印发了《农业植物品种权执法专项检查方案》，强化对种子生产许可证的监督管理，打击将授权品种的种子改换名称销售的侵权行为，同时，在山东等22个省（自治区、直辖市）开展农业植物新品种权执法试点工作，建立了与工商、公安、知识产权和司法等部门的协作联动机制，共同开展打击侵犯品种权的违法行为，强化源头监管，有效地遏制了侵权行为，净化了种子市场环境。每年"3·15国际消费者权益日"期间，在全国范围内组织开展农产品地理标志使用专项检查，在全国范围内开展自查抽查，

并组织督查组进行了督导检查，农业知识产权保护力度不断加大，市场环境不断改善，全社会农业知识产权意识明显增强。

（四）培育构建了多元化的农业知识产权服务体系

中国农业科学院农业知识产权研究中心开发建立了全球农业专利、品种权、遗传资源和农产品地理标志等农业知识产权数据采集系统、大数据管理系统及数据分析加工系统和信息提供系统等，目前已初步完成了全球农业专利和生物技术专利、品种权等数据采集，构建了专题数据库，为农业知识产权相关信息查询、动态分析预警及产权交易奠定了数据基础。在中国农业科学院、黑龙江省农业科学院等单位建立了种业科技成果产权交易平台，建立了集授权品种、育种专利和育种材料等种业科技成果展示推介、转化交易和信息发布为一体的种业科技成果产权展示交易平台，保障种业科技成果展示和产权交易的规范透明、公正高效。一些农业科研单位、企业建立了农业知识产权信息、法务和转让交易服务组织。建立了种业知识产权联盟、中国种子协会植物新品种保护专业委员会等社会组织，支持农业企事业单位、农民专业合作社申请境外知识产权保护和开展维权救助。通过举办各种类型种子、农产品交易会，举行植物新品种信息发布和成果交易活动。2016 年智农 361 – 国际植物品种·种子种苗展示交易平台与杨凌农高会合作举办了首届互联网＋国际种业科技成果展，线上线下结合进行授权品种展示和产权交易，现场实现农业知识产权交易额数亿元。2018 年 4 月，黑龙江省农业科学院绥化分院研发的水稻品种"绥育 117349、绥育 115586、绥育 119146、绥 085080、绥锦 089290、绥锦 07783、绥 11151、绥 076076"8 个水稻品种和"绥农 50、绥农 52"两个大豆品种在智农 361 – 国际新品种·种子种苗展示交易平台挂牌交易，完成交易额 1500 余万元。

（五）国际交流合作不断深化

植物新品种审查测试机构积极参加国际植物新品种保护联盟（UPOV）理事会和 TWA 等技术委员会会议，参与相关国际测试指南的研讨，跟踪并研究国际植物品种测试技术和方法。派遣中国专家担任了 UPOV 行政和法律委员会主席，并成功主持了行政和法律委员会第 65、66 届会议。在中国举办了国际植物新品种保护联盟（UPOV）果树技术工作组第 43 届会议、第 34 届自动化和计算机程序技术工作组（TWC）会议、实质性派生品种国际研讨会、中荷植物新品种测试技术培训中欧知识产权 IPKey 项目圆桌会议等，不断提升了我国在国际植物新品种保护领域的地位和影响。全面参与了中欧、中美、中格（格鲁吉亚）等双（多）边地理标志和知识产权磋商对话，组织参加了美国、欧盟等地理标志交流项目，开展中欧农产品地理标志国际合作研究等，国际合作交流能力日益提升。

二、农业知识产权事业发展带来的成效日益呈现

《纲要》发布实施十年来，农业知识产权事业健康发展，取得了明显成效。

（一）调动了全社会农业创新的积极性，农业创新能力大幅度增强

以现代农业发展的需求为出发点，2009 年农业部启动实施了一批农业科研重大项目，提升知识产权的创造能力和我国农业的核心竞争力。启动了 50 个现代农业产业技术体系建设，围绕产业发展需求开展产业技术集成创新，创造自主知识产权。启动实施了转基因生物新品种培育重大专项，着力培育具有重大应用价值和自主知识产权的新品种。通过积极采取措施促进种业事企分离，加速科技资源向企业集聚，并且通过提高种业企业准入门槛和鼓励种业企业兼并重组等政策措施，促进种业企业扩大规模做大做强，重点支持形成了山东登海、奥瑞金、国豪种业、金色农华等一批拥有自主知识产权、竞争力强的大型种子企业。形成了一批具有国际先进水平的农业育种创新主体，以及以植物新品种保护为纽带、拓展农产品增值链、带动农业产业升级和农民增收的基地。截至 2017 年底，农业植物新品种权累计申请量达 21917 件，总授权量达 9681 件，申请量同比增加 52.28%，其中《纲要》实施后新品种权申请总量 17000 件，占比近 80%；授权总量 8000 余件，占比 85% 以上；农业专利申请达到 957444 件，其中发明专利 683864 件，实用新型 273580 件，分别比 2016 年增加 23.86%、24.88% 和 21.37%。2017 年度新公告颁证农产品地理标志 238 个，全国累计登记农产品地理标志 2242 个，比 2016 年增加 11.88%。2015～2017 年，品种权申请量连续三年突破 2000 件，2017 年申请量达到 3842 件，同比增长 50% 以上，稳居国际植物新品种保护联盟（UPOV）成员第一位。

（二）农业企业的创新主体地位凸显，市场竞争力明显增强

在国内植物新品种权申请人中，教学科研单位、企业和个人分别占国内申

请总量的 51.77%、42.45% 和 5.79%。2011 年开始，国内企业和个人的植物新品种年申请量超过教学科研单位，并且出现快速增长的势头。在国内农业发明专利申请中，教学科研单位、企业和个人的申请比重分别为 33.06%、37.84% 和 29.1%。企业和个人的申请比例远超过科研教学单位。

（三）促进了农业国际合作，农业引进来和走出去并驾齐驱

截至 2017 年底，我国农业领域共有德国、日本等 20 个国家的 1502 个涉及玉米、水稻、花卉、蔬菜、果树等非居民新品种申请，占我国申请总量的 6.85%，共授权 494 个，占我国授权总量的 5.1%。我国加入 UPOV 以来，主要向欧盟、美国、越南、日本等 18 个成员申请共 170 件品种权，获得授权的有 58 件。截至 2017 年底，我国共受理来自美国、日本、德国、瑞士、荷兰等国的农业专利申请 70128 件，占我国受理农业专利申请的 7.32%。外国优良新品种和先进技术进入我国，对促进我国农业科技创新、发展外向型农业、带动农产品出口、增加农业收入奠定了良好的基础。目前我国已与全球 150 余个国家和地区建立了种子贸易关系。

（四）知识产权成为带动农民致富的重要力量

据 2016 年对推广面积在 10 万亩及以上的主要粮食作物统计，推广面积前十的授权品种种植面积分别达到常规水稻种植面积的 28.0%，杂交稻种植面积的 7.67%，玉米种植面积的 29.49%，冬小麦种植面积的 32.75%，授权品种正在成为主要粮食作物生产的主力军，为农民增收和国家粮食安全保障做出了重大贡献。随着农产品地理标志登记保护事业的发展，地理标志农产品的种植规模不断扩大，登记农产品地域保护面积达 167.5 万公顷，地理标志农产品年产量达到 180.4 万吨。通过种业科企结合，建立种业知识产权联盟、创建农产品地理标志示范基地等系列活动，推进了农业科企的深度融合，促进了农业知识产权产业化，逐步形成了如章丘大葱、赣州脐橙等具有自主知识产权的农产品生产基地。加大品牌农业建设力度，充分发挥品牌在农业产业化中的功效，引领国家重点龙头企业增强商标意识，培育出了"伊利""章丘大葱"等一批国内外知名品牌，全面提高了农产品附加值，增强了企业知名度与市场竞争力，有力地促进了农业稳定发展和农民持续增收。

三、深入推进实施知识产权战略，谱写乡村振兴新篇章

（一）面临的新形势

与十年前相比，农业知识产权领域出现了一些新变化，面临新的形势。一是农业知识产权地位凸显。实施国家创新驱动发展战略和知识产权强国战略和乡村振兴战略，推进供给侧结构性改革，急需提高农业自主创新能力，依靠自主知识产权提升产业竞争力，带动农业转方式、调结构，实现从低端产业向高端产业发展。二是保护难度增加。现代生物的突破性发展，使得通过修饰性和模仿育种规避品种权变得非常简单。同时随着信息技术的发展，农资、种子和农产品电子商务等虚拟交易方式的隐蔽性和流动性，增加了对农业知识产权保护难度。三是国际压力加大。随着我国农业研发能力的提升，农业科技创新低端尾随向高端跨越发展，我国农业发展必然要直面与发达国家在市场、生物遗传资源等方面的利益竞争，由此引起的国际知识产权纠纷日益成为焦点。

（二）存在的主要挑战

面对复杂多变的国际形势，农业知识产权战略实施也面临着新挑战。

1. 涉及国内外利益关系复杂，应对能力十分有限

农业知识产权不仅涉及生物遗传资源国家主权、国家粮食安全保障，而且涉及广大农民利益。既要应对国际压力，争取有利发展空间，又要合理协调内部关系，解决"三农"问题。但是由于受制度机制、投入和人才等条件限制，目前还很难有效应对国内外复杂事务。我国虽然是植物新品种权申请大国，但是国际化水平很低。一是中国接受非国民申请与授权的比例低，2016年不到10%，而UPOV联盟所有成员接受非居民申请与授权的比例平均为30%，美国占比为50%。二是中国在国外的申请量占比仅为1.25%，远远低于UPOV成员的平均水平为33.5%。三是截至2017年10月，在75个UPOV成员中，有61个成员将保护范围扩大到包括所有的植物种属，其中包括大部分UPOV1978文本的成员。我国是仅有的几个为将全部植物种属纳入保护的UPOV成员之一。四是截至2017年75个UPOV成员中有58个成员签署了植物新品种审查测试国际合作协议。七成以上的UPOV联盟成员均参与了审查测试国际合作，而我国

是为数不多的参与国际合作较少的国家。

2. 侵权现象严重，维权难度大

受传统生产方式的影响，农业领域知识产权意识薄弱，再加之农业生产是在开放分散的空间进行的，新品种等知识产权普遍面临侵权容易，维权取证难的问题。农业知识产权保护任重道远。

3. 植物新品种和农产品地理标志的保护水平有待提高

针对国际植物新品种保护制度的变革，不仅要借鉴发达国家在植物新品种保护上的成功经验和先进的管理机制，不断完善国内相应保护制度和体系。需要积极参与国际交流与合作，在相关讨论和谈判中与其他发展中国家紧密合作，努力主张自己的利益的权益。完善地理标志登记管理体制，严格登记审查质量标准。

4. 农业知识产权的质量有待提高

随着品种权、农业专利申请量大幅度增加，农业知识产权量大不优的问题日趋突出。加强实质性派生品种制度的研究，尽快建立实质性派生品种制度，鼓励育种原始创新。

（三）应对措施

农业知识产权事业发展任重道远。对此，应按照新时期乡村振兴的目标要求，不断深入推进农业知识产权事业发展。

1. 加强理论研究，完善制度

深入研究 UPOV 公约文本以及各国植物新品种保护制度，针对 UPOV1991 年文本中的农民特权、实质性派生品种、国外地理标志保护机制等制度开展专题研究，加强对审查测试新技术的学习，加快推进测试指南的研制，为完善制度顺利加入 UPOV1991 年文本提供科学依据。加速修订《植物新品种保护条例》及其配套规章。完善农产品地理标志登记、管理制度、技术规范和评价体系。建立农业生物遗传资源权属管理办法，推进其与专利法、植物新品种保护制度衔接，完善来源披露和惠益分享制度。

2. 强化专业人才培养和能力建设

继续做好农业植物新品种保护技术支撑体系建设规划的落实工作，完善植物新品种测试机构功能和区域布局，努力建设世界一流的植物新品种测试体系。对知识产权管理、服务及相关工作人员实施分类培训，推进农业知识产权专业人员对外交流。鼓励农业高校开设农业知识产权课程，加快知识产权人才培养。组织全国农产品地理标志专题培训班，开展核查员培训。加强 DNA 等执法鉴定技术研究，制定主要作物的 DNA 指纹图谱鉴定规程，支持建立有资质的品种鉴定机构，完善品种权执法鉴定体系。

3. 促进农业知识产权创造和转化服务

强化知识产权在农业科技创新活动中的导向作用，鼓励以知识产权为纽带，产学研用相结合，培育一批综合运用知识产权、具有国际竞争力的大型农业企业。引导农业知识产权服务业健康发展。吸纳更多的知识产权中介组织为实施农业知识产权战略纲要服务，支持农业企事业单位和社会组织以农业知识产权为纽带开展相关服务活动，指导种业知识产权联盟开展种业知识产权信息共享和维权救助工作。支持和引导农业知识产权信息分析、转化交易、中介代理等服务业发展。

4. 加强农业知识产权执法保护

加强农业行政执法能力建设，强化行政执法手段，严格执法程序，规范执法行为，提高对农业知识产权案件的执法水平和效率，加大对农产品地理标志产品监督抽检力度，实现证后监管常态化。加强农业知识产权文化建设，积极宣传农业知识产权战略实施的典型经验和知识产权保护成果，营造实施知识产权战略的良好氛围。

5. 积极参与国际合作与交流

积极参与 UPOV 的相关会议和活动，争取在植物新品种保护国际事务中发挥积极作用。加强与东亚植物新品种保护论坛，中荷、中德、中日植物新品种保护国际双边和多边合作。实施农业知识产权国际化战略。积极参与中欧、中瑞知识产权工作组有关会议和交流，以实施"中国—欧盟农产品地理标志合作项目"为契机，深入推进中欧农产品地理标志交流合作。主动参与构建生物遗传资源保护国际新秩序，争取有利的国际环境。积极开展农业知识产权对外交流和合作，努力参与国际规则制定，争取更多的话语权。

十年一剑　砥砺前行

——《国家知识产权战略纲要》实施十周年有感

张　平[*]

历史总是在进步中轮回，十年前《国家知识产权战略纲要》颁布时，我们遇到的知识产权国际困境今天似乎再现，而我国的知识产权保护及应用的现状却是今非昔比。十年间，在《国家知识产权战略纲要》的引导下，我国在知识产权创造、保护、管理和应用方面取得了巨大的进步，知识产权这柄市场竞争之剑已经小露锋芒，企业知识产权战略也从无知、觉醒到炼成，进入了新的高度。

在我国开始实施知识产权制度的时候，人们对知识产权战略的认知还仅停留在企业层面，很少提到国家战略高度，但是，2002 年 7 月 3 日，日本建立了知识产权战略会议制度，颁布了《日本知识产权战略大纲》[❶]，提出了"知识产权立国"的口号，这一改我们曾经信奉的"实业救国""教育立国""科技兴国"的理念。一个小小的知识产权问题怎么能与立国相提并论？在专利领域，即使在我国《专利法》实施已经 17 年之久的 2002 年，我国专利申请布局上大多是外国公司的专利申请，特别是在所有技术领域中的发明专利申请几乎是外国公司的天下，专利代理机构也都以涉外代理为主要业务来源，甚至在国外专利申请高峰时专利局的审查部门也承担一部分国际专利申请的翻译业务；在商标领域，国外驰名商标占据了城市的主要街面，在合资合作中，我国企业的商标被雪藏和封杀，我国的执法部门保护的也都是国外商标权人的权利；在著作

　＊ 张平：北京大学法学院教授兼知识产权学院常务副院长，教授，兼任中国知识产权研究会副会长、中国科技法学会常务副会长兼秘书长、中国知识产权法研究会副会长、国家知识产权专家咨询委员会委员、最高人民法院特邀咨询员。在《国家知识产权战略纲要》制定过程中，担任"科技创新与知识产权战略研究"专题组常务副组长。

　❶ 日本知识产权战略大纲 ［M］. 钱梦珊，译//张平. 网络法律评论. 4 卷. 北京：法律出版社，2004.

权领域，当时在打击侵犯国外著作权人的盗版行为，电视里充满了火烧盗版光盘的画面，政府在做软件正版化的推动，首先就是要花费巨资购买正版的电脑操作系统。在这样的知识产权状况和对知识产权制度的认知水平上，突然听到邻国的"知识产权立国"，一时茫然不知所云，又有如醒世惊雷方才觉悟，原来发达国家的经济体系中，知识产权有如此重要地位，在我们还强调用农民工的血汗劳动进行贴牌加工换得 GDP 的增长时，发达国家用一个商标许可就拿走了大部分的利润。难怪他们可以把知识产权作为立国之本。也是在 2002 年，日本颁布了《日本知识产权基本法》❶，成立了知识产权战略本部，全面开始了国家知识产权战略推进计划。那一年，我开始关注"国家知识产权战略"，并组织了研究小组，开始集中翻译、整理日本的"国家知识产权战略"。此时才发现，早在 1997 年，日本就成立了知识产权委员会，发布了《迎接智力创造时代的挑战》❷，专门为日本特许厅提供面向 21 世纪的日本知识产权政策方面的建议。该报告集中讨论了以下问题：

（1）经济全球化和知识产权；

（2）加大在发展中国家的知识产权保护力度；

（3）增加知识产权的价值；

（4）作为经济意义上的资产的知识产权；

（5）与科技有关的基本法律带来的影响；

（6）通过知识产权来实现新科技的不断进步。

该报告提出 8 个进入 21 世纪知识产权保护体系方面的对策，也是后来日本提出的"知识产权立国"以及《日本知识产权基本法》的前期研究基础。

也是在同一年，英国知识产权委员会发布《知识产权与发展政策整合研究报告》，国家知识产权局条法司翻译了此文。这份报告尽管受英国政府委托，但确实由来自世界各地的专家独立自由思考和研究完成的，其任务在于：

• 在包括 TRIPS 这样的国际条约的范围内，怎样最好地规划国家知识产权制度才能使发展中国家从中受益；

• 怎样才能改善、发展由规则和协议组成的国际框架——例如，在传统知

---

❶ 日本知识产权基本法［M］. 中村真帆，译//张平. 网络法律评论. 4 卷. 北京：法律出版社，2004.

❷ 迎接智力创造时代的挑战［M］. 张铭，译//张平. 网络法律评论. 4 卷. 北京：法律出版社，2004.

识保护领域——以及怎样改善、发展 IPR 规则和包括使用基因资源这样的制度之间的关系；

● 需要更广泛的政策体系以补充知识产权制度，这些知识产权制度包括：例如通过竞争法规、法律来控制反竞争做法。❶

看过这份报告，国人才开始重视知识产权制度的另一层面，那就是知识产权制度不仅能促进创新，也可能阻碍创新，不仅可以促进市场竞争，也会阻止公平竞争。特别是在一个开放的经济体中，原来弱势的中小企业可能被知识产权强势企业所吞噬，排斥在市场竞争之外。为了维护知识产权制度对经济、科技、文化产业的平衡发展，竞争法对知识产权保护的规制是非常必要的。这份报告的前言里说的再清晰不过了："可能是我们所生存的时代鼓励盲信教条。这影响了很多方面，也肯定影响了整个知识产权领域。一方面，发达国家一些有影响力的游说议员相信，所有的知识产权都对商业有利，普遍地对公众有益，并能作为技术进步的催化剂。他们相信并呼吁：既然知识产权是有好处的，那么知识产权越多越好。另一方面，发展中国家一些充满抱怨的游说议员认为，知识产权可能会削弱本地工业和技术的发展，对本地居民有害，除了对发达国家有利外，不会对任何人有好处。他们相信并呼吁：既然知识产权是有害的，那么越少越好。实施 TRIPS 的作用并没有导致存在分歧双方之间的隔阂缩小，而是更加促进了双方坚定已有的观点。那些支持更多知识产权和支持建立'水平竞技场'的人欢迎 TRIPS 作为实现他们目的的有用工具。再一方面，那些认为知识产权对发展中国家是有害的人相信，在 TRIPS 实施之前，经济竞技场是不平等的，它的引入加重了不平等性。人们如此坚定、真诚地坚持这些观点以至于不时表现出来哪一方也不愿意听取另一方的意见。""对于知识产权制度是有利还是有害，发达国家在长期的交换中已经达成知识产权和解。虽然在某些时候不利的方面超过有利的方面，但是基本上发达国家经济能力很强，并建立了法律机制来克服引起的问题。在其有利的方面超过不利方面的范围内，发达国家利用提供的机会创造了财富、增强了基础机构。而对于发展中国家和最不发达国家来说，情况可能就不是这样。"❷

该报告提出的建立法律机制克服知识产权制度的不利一面即是通过制定

❶ 参见国家知识产权局条法司译本。
❷ 参见国家知识产权局条法司译本。

《反垄断法》来防止知识产权的权利滥用，而当时我国并没有《反垄断法》，所以，在知识产权制度的运行方面我国缺少了一个轮子，变得非常不平衡，才会导致在知识产权制度实施近 20 年的时候，市场主体还没有进入角色，当时少有的几家国有大型企业的专利拥有量仅在十位数，大多数企业在个位数或者没有知识产权。民营企业中也只有华为一枝独秀，大多数民营企业的产品在走出国门的时候都遇到知识产权诉讼的阻止。

此时看到这份来自发达国家的知识产权报告才给我们展示了知识产权制度的两面性。

也是在 2002 年，美国专利商标局发布了《21 世纪战略计划》❶，该计划以全球为视角，展望了一种美国发明人为在世界范围内保持竞争优势所需要的专利商标体系。美国专利商标局也提出了非常具体的发展目标："致力于创建一种高效率、高生产率、对市场反应灵敏的组织机构，并支持 21 世纪的以市场驱动为中心的知识产权制度。"这份报告强调了美国专利商标局需与其他国家的知识产权组织在自动化、全球专利分类和检索方面的相互合作。该计划不仅要求美国专利商标局在行为上的转变，还要求知识产权制度内的所有参与者都进行适当的行为上的转变。这份报告给我的直接启示是：知识产权制度是市场驱动型制度。这也成为我日后参与国家知识产权战略研究中的定位点和主要研究结论："知识产权制度诞生于市场经济，发展于市场经济，服务于市场经济。知识产权制度以市场经济为服务对象，其本质作用是鼓励垄断，通过获得垄断权激励市场主体进行创新。远离市场的创新与竞争活动，知识产权制度无法发挥作用；市场经济不完善的领域知识产权制度的作用有限。中国目前的市场经济还相当不完善，还属于发展中国家，知识产权的创造和应用能力都很薄弱。在引入一个更加有力的知识产权保护体系之后，短期内可能看不到知识产权对国家经济发展的直接贡献，这是因为强有力的保护体系所带来的收益可能需要较长时间才能体现出来。成本和收益在这方面的矛盾更难动员未来的受益者进入当下的投入之中，特别是对于国有企业来说，在管理模式和企业经营模式上，在资本运用方式上，都没有实现从对以传统资本运营向以知识产权为核心的资本运营的转型。在市场营销环节，对一些操作性极强的因市场区分策略产生的专利许可、专利联营引起的知识产权竞争问题明显应对不足。所以，要实现创新型国

❶ 张平. 网络法律评论 [M]. 4 卷. 北京：法律出版社，2004.

家的目标，依然任重道远。而在实施国家知识产权战略上，制定出既符合国际惯例又符合国情的产业政策更具有重要意义。"❶

正是基于上述研究基础，2004 年我和当时还在条法司工作的何越峰副司长一起策划了一本书，书名就是《论国家知识产权战略》，计划评论一下几个主要国家的"国家层面"的知识产权战略计划或者纲要并给出对我国国家知识产权战略的思考和建议，出书计划已经报给知识产权出版社，由时任知识产权编辑室主任李琳老师担任责任编辑，出书预告很快就发布了。就在这时，国家知识产权局开始酝酿筹备国家知识产权战略研究计划，我们两位作者自知这个书名会产生一些混淆，也希望等我国的国家知识产权战略清晰之后再做主张，此书搁浅，而后放弃，李琳老师理解我们的想法，也没有算作我们违约。

2005 年，国家知识产权战略研究正式开始，由时任国务院副总理吴仪领导，国家知识产权战略制定工作领导小组办公室牵头，20 个部委参与其中，共分为 20 个专题组，一个总纲组。由各相关部委的部长（副部长）任专题组长。其中专题三是"科技创新中的知识产权问题研究"，由时任科学技术部副部长李学勇任专题组长，我担任专题组常务副组长。整个项目的专家组成依托于北京大学知识产权学院，整合科学技术部、国家知识产权局、清华大学、中国科学院、上海大学、同济大学、中南大学、武汉大学、北京航空航天大学等研究机构，广东、湖南、湖北、辽宁、上海、重庆等地方科技厅以及华为公司、方正集团、大唐电讯等产业资源共计 47 人组成专业骨干研究团队。自 2005 年 12 月签订任务书至 2006 年 12 月完成研究报告，至 2007 年 1 月首批通过验收，在一年的时间里，我们进行了大量的国内调研和国外资料翻译，尽管我们参与的是"科技创新中的知识产权问题"研究，但是该题目涉及对整个知识产权制度与科技创新的关系问题。该专题的研究过程也是研究团队对知识产权制度重新认识的过程，客观、独立、理性认识我国科技创新中的知识产权问题和今后发展中的对策是我们秉持的基本研究原则。WTO 创设的国际知识产权制度改变了科技创新成果平等利用的法律格局。发达国家重新调整了创新战略，利用知识产权制度争夺国际贸易市场。知识产权制度已不仅仅是激励创新的法律保障，更被用作巩固科技优势、贸易地位、垄断和控制国际市场的战略工具。国家间技术先进性竞争已经演变为技术垄断性的竞争。必须让我国的科技界认识到仅

❶ 参见：张平. 论知识产权的产业政策原则［J］. 北京大学学报（社科版），2012（5）.

有创新能力和创新成果是不够的，还要将创新成果权利化、市场化。

白驹过隙，在《国家知识产权战略纲要》实施五周年的时候我曾经写过一篇小文，今日读来，犹若昨日重现，我国在知识产权问题上面对的困局仍在，我的思考仍在。不妨将这篇文章全文附于下，也算作十周年的再度思考。

国家知识产权战略实施五周年有感❶

回顾过去五年，在国际贸易体系下的国家之间、企业之间的知识产权战略竞争异常激烈，知识产权制度远超过法律应用的范畴，已然成为国家之间政治、经济、科技和文化竞争的工具。

1. 知识产权制度让跨国公司占尽利益

从历史上看，知识产权制度并不是在 WTO 框架下建立起来的，但是 WTO 框架为知识产权制度的一体化创造了前所未有的条件。这种一体化是建立在 TRIPS 有关知识产权的最低保护水平之上的。在知识产权与国际贸易结为一体的大背景下，"强保护"的知识产权为各跨国公司进入发展中国家市场牟取暴利提供了极大的制度便利。

通过在某一产业、行业精心的知识产权布局和不公平的合资合作协议，跨国公司可以独占相关领域的竞争优势，坐收巨额的许可费用。我国的汽车领域和日用化工领域是最为明显的例子，彻底开放的市场没有为国内企业换来竞争优势，在这两个领域的贴牌制造反而让早先还有一定研发基础的产业失去创新的机会。汽车产业由于早期签订的合资协议中对中方创新和申请专利的约束，导致在合资生产中中方没有任何创新权利和任务可言。难怪在我国《专利法》实施 20 年之后，几大汽车公司没有什么专利申请，早先希冀的"以市场换技术"的开放目的没有达到，汽车产业用了 30 年的时间也没有形成有竞争优势的汽车品牌，相比韩国和日本，同样也是用 30 年的发展时间，汽车产业在世界的影响力大不一样。我国日用化工领域更为悲惨，当年还有一些洗涤、护肤用品的知名商标，像"熊猫"洗衣粉、"雪花"膏、"大宝"SOD 蜜等今天已经"销声匿迹"。跨国公司在日用化工领域没有发动太多的专利战术，但是通过企业收购和"雪藏"商标也达到了垄断市场的目的。而在 IT 领域，在跨国企业强大的知识产权优势下，开放的市场导致的是国内企业支付高昂的许可使用费，

---

❶　张平. 国家知识产权战略实施五周年有感［J］. 中国法律，2013（5）.

本可以利用巨大的国内市场换取先进的技术，至少应当换得知识产权利用上的优惠，但在缺少谈判技巧以及国内各部门缺少协调的情况下，从整个产业来看，国内产业依然处于"被许可方"地位。专利与技术标准相结合，进一步固化了跨国公司的技术优势。跨国公司将其专利技术与技术标准捆绑在一起，联合经营，打包许可，一方面在国际标准化机构中控制着标准实施的专利政策，另一方面推动国内实施国际标准的义务，双管齐下，国内企业无法逃脱标准专利的进攻与围堵。

在国外驰名商标强大的市场效应以及国内企业所谓"加工经济"的贴牌政策下，国内企业既付出了高昂的商标许可费，也没有在消费者市场中占据一席之地，在中国这个国际贸易市场中，人力成本比较优势所获得的利益与跨国公司的收益相比相形见绌。

2. 欧美的国内法挡住了中国企业的出门之路

欧美发达国家对贸易自由向来都奉行"双重标准"，对自己企业进入他国市场高举"自由竞争"大旗，对外国企业进入本国市场却严守贸易保护主义。

美国的"337调查"就是最明显的贸易保护主义法案。历史上，凡是对美国国内市场构成竞争的外国企业，几乎都遭到过"337调查"。当中国企业天真地认为在加入WTO之后就可以自由进入美国贸易市场时，面对的正是"337调查"的当头棒喝。来自美国国际贸易委员会（ITC）公布的最新数据显示，中国已经连续10年成为遭遇美国"337调查"案件数量最多的国家。刚刚过去的2012年，中国企业遭受美国"337调查"13起，虽然同比有所减少，但仍处于历史高位，而且应诉的难度越来越大。2013年初，ITC宣布，对包括华为、中兴在内的多家厂商生产的3G和4G无线设备发起"337调查"，以确定这些产品是否侵犯美国公司的专利权。"337调查"以贸易救济为名，行单边制裁性质的贸易保护行为之实，其启动门槛低，应诉费用高，成为中国企业进入美国市场的重要贸易阻碍，也成为一种新型竞争手段和隐形知识产权壁垒。

发达国家关注知识产权保护，更多的是出于维护其自身利益的考虑。一方面，发达国家把知识产权保护当成进入市场的"矛"，使其拥有知识产权的大企业在进入中国市场后能够获得最大利益；另一方面，也把知识产权当成市场防守的"盾"，对中国企业进入国外市场设置重重壁垒。相比之下，中国企业的知识产权之"矛"不够锋利，知识产权之"盾"不够坚实。作为知识产权战略实施主体的企业在产品的知识产权布局上缺少预见性和市场规划，获得知识产权的动力多来自短期利益的期求，也使其在走出国门时无法利用知识产权"武器"。

3. 区域和双边贸易协定：我们还将失去什么

在 WTO 框架下占尽利益之后，发达国家为了进一步推动知识产权保护水平的提高，开始通过区域贸易和双边贸易谈判寻求 WTO 之外的知识产权惠益。考察相关区域贸易协定中的知识产权政策，可发现其具有一个共同特点，即包含超过 TRIPS 标准的义务，这通常被称为"超 TRIPS"（TRIPS - plus）规则。它主要包括几种情形：第一，针对 TRIPS 未涉及的问题作出规定；第二，针对 TRIPS 已有规定的问题，设定高于 TRIPS 的义务；第三，针对 TRIPS 允许选择的授权性条款，取消其灵活性将其转为强制性义务。例如，美国近年来通过双边自由贸易协议（FTA）逐个迫使其贸易伙伴提高知识产权保护水平，谋求比 TRIPS 更为严格的保护标准。

在 FTA 为代表的区域和双边贸易协定框架下，只有点对点的贸易伙伴谈判，不再有面对面的对峙。发展中国家与发达国家划分和南北集团结盟的实质意义已经大为削弱，这不仅使得既有国际条约给予发展中国家的特殊待遇不复存在，也使得本可以借助结盟的集体力量弥补相对弱势不足的发展中国家陷入更加不利的地位。欧美发达国家通过逐个击破的手段逐步提高国际知识产权保护水平，当越来越多的发展中国家市场被攻破后，最后坐上谈判桌的国家只能面对"被围剿"的尴尬。这是当前实施国家知识产权战略所必须重视的一个新情况、新形势。

4. 专项打击行动的局限

中国知识产权的运动式执法既是法治不完善的无奈选择，也是应对国际压力的被动所迫。中国知识产权制度的建立与改革开放大门的开启基本是同步的，在改革开放初期，知识产权专项打击行动是国家整个运动式执法的一部分。但在市场经济相对完善的今天，知识产权专项打击行动仍然时有出现，不能否认这背后的国际压力。当国家领导人与外国领导人的对话仍离不开知识产权保护的话题时，不定期的知识产权专项打击行动就不会停止。

"双打""亮剑""剑网""护航"等专项行动，刑事、行政责任并举，确实严重打击了恶意侵害知识产权的行为，但由此带来的问题是，作为 TRIPS 确定的"私权"有被"公权"过度保护的嫌疑。

面对赤裸裸的利益诉求，发达国家所声称一直捍卫的民主、法治等基本价值被远远抛弃一边，外国政府的领导人可以直接过问在中国的知识产权案件，领事馆也极力向各级政府部门施加影响。甚至，某些外国组织直接参与到专项打击行动中。专项打击行动短期效果明显，但行政执法成本高昂，普遍利用公权力维护私权的合理性存在问题，对我国知识产权战略目标的实施能起到何种作用尚待研究，而在外部政治和经济压力之下所采取的"专项行动"也有损于中国的法制建设。

5. 知识产权刑事责任扩大的趋势

知识产权侵权入刑及刑事责任强化是近年来知识产权执法的趋势。这里既有震慑具有严重社会危害性的知识产权犯罪行为的需要，也有迫于国际压力的背景。例如，2007年，美国向WTO提起申诉，指控中国知识产权刑事立法门槛过高，不利于知识产权保护。之后，最高人民法院和最高人民检察院出台了司法解释，将侵权数额的"严重"程度下调，以降低刑事责任的门槛。在1997年《刑法》通过之后，知识产权刑事保护的完善主要通过制定和发布司法解释来实现。司法解释的适用在某种程度上又受到相应时期的司法政策影响，而知识产权司法政策又是整个国家知识产权政策的一部分。伴随知识产权保护力度增强的需要，知识产权刑事责任扩大化的趋势日益明显。根据最高人民法院今年4月份发布的《中国法院知识产权司法保护状况白皮书（2012）》，民事、行政、刑事三类知识产权案件中，刑事一审案件的增长速度最快，高达129.61%，在我国企业尚没有对知识产权制度充分认识和利用的情况下，当整个社会对知识产权的管理还准备不足的情况下，知识产权刑事执法会被用来限制正常的市场竞争。

一般来看，市场竞争中发生知识产权纠纷属于正常现象，企业间知识产权纠纷应当先通过民事程序解决。但是，强大的刑事威慑力能够更有效地阻止竞争对手，愈来愈多的权利人愿意诉诸刑事手段维权。过度通过刑事手段解决市场行为，将会带来公权力寻租、滥用职权的风险，严重的制裁后果也会扼杀产业发展与科技进步，进而与鼓励科技创新的政策方向产生冲突。因此，只有在有严重社会危害性的情况下，才能启动刑事制裁这一最后手段。事实上，有时权利人在民事官司中可能会越打越亲密，越打越合作，比如松下和索尼打了几十年，也未见有刑事诉讼；三星和苹果互有上亿美元的赔偿诉讼，也未见有对两家公司的高管采取刑事强制措施。

尤其需要注意的是，真正能够通过刑事手段实现自身诉求的往往是一些实力雄厚的大企业。其中不乏同时拥有经济资源、政治资源和法律资源优势的跨国公司。这种情况下，知识产权保护制度很可能异化为谋取市场话语权和支配权的手段，会偏离它激励创新的初衷。

6. 知识产权执法受到外部影响

知识产权执法机关肩负着践行法治原则、保护知识产权、维护公共利益的使命。在具体的知识产权案件处理中，执法机关应秉持公平、公正的基本原则定纷止争，不能受到案件任何一方不合理的影响。然而，在许多知识产权案件中，国外的政府部门、领馆、使馆以及行业联盟机构直接对我国公权力机关施加影响。他们早已忘记，在很多场合下被他们诟病的中国司法不独立此时正在受他们的干预，他们在指责的同时也在践踏着中国法治。

更令人思考的是，外资企业、机构等以在打击对外资企业知识产权的侵权犯罪中做出突出贡献为由，授予我国某一政府机构的"褒奖"，可能就是对另外一些政府机构业绩的"贬损"。2011年6月，全球反假冒组织再次将中国海关评为"全球反假冒最佳政府机构奖"，中国海关是本年度全球唯一获此奖项的政府机构，而查扣的假冒产品依然以出口为主。这样的颁奖说明什么？是作为政府机构的海关积极作为的业绩？还是另一些政府部门不作为或作为不利的"劣迹"（打假不利，依然有如此之多的假冒产品被制造和出口）？数量如此之高的侵权产品在海关被扣押，足以说明中国的知识产权保护状况堪忧，为有些国家在WTO起诉中国又提供了直接的证据。这样的评奖可谓是一箭双雕，反过来就是政府间谈判的"把柄"，使我们落进悖论之中。

7. 对知识产权制度的再认识

知识产权制度的核心是通过授予垄断权鼓励市场主体的创新活动，最终实现利益价值。市场、垄断和创新是知识产权制度的三个基本点，利益追求是核心目标。

第一，市场经济是知识产权制度实施的前提。没有完善的市场经济，就不会有完善的知识产权制度。在市场经济不完善的领域里，知识产权制度的作用也就非常有限。知识产权制度以市场经济为服务对象，对远离市场的创新和竞争活动，知识产权制度无法发挥作用。有创新能力的主体如果不参与市场竞争就不会有知识产权保护的需求。因此，国家知识产权战略的实施应当以市场经济最活跃的领域为重点。企业知识产权战略应当以市场竞争为引导。在知识产权的保护和利用上，不同的市场主体有不同的战略考量。

第二，垄断是知识产权制度实施的必然。知识产权制度本质上就是一种法定的垄断制度。没有垄断欲望的市场主体不会致力于寻求知识产权的创造、保护、运用和管理。垄断是一把双刃剑，利用好知识产权制度就要把握好垄断的利弊，通过合理设置知识产权的例外制度，平衡好垄断的积极作用和消极影响。因此，国家知识产权战略的实施既要认识到知识产权对社会经济的促进作用，也要认识到知识产权运用不当、过当也会对社会经济造成不利影响，在坚定地实施知识产权战略的同时，要注意在国情基础上把握知识产权保护的整体节奏、进度和水平。

第三，创新是知识产权制度合理性的表现形式。知识产权制度并不当然具有鼓励创新的功能。创新需要基本的条件：资本、人力、市场以及有远见的企业管理者。即使这些条件都具备，也未必会推动社会的整体创新活动。赋予权利人垄断利益才能让市场主体真正有创新的动力。长久以来，我们一直在传播这样的理念：知识产权制度鼓励创新，没有良好的知识产权保护，就不能鼓励人们的创新活动。这也是许多教科书赋予知识产权制度合理性的原因所在。但这仅仅是其表象，知识产权制度实质是市场竞争的工具，剥去"捍卫智慧""保护创新"的形式，暴露的是赤裸裸的"利益"。今天，我们应当对"知识产权制度保护创新"这一说法重新认识。特别是当知识产权异化为谋取市场话语权和支配权的手段后，出现的"专利蟑螂""专利怪兽""专利寡头"等现象，均背离了它激励创新的初衷。实施国家知识产权战略，有必要对危及创新的知识产权异化现象提早做出预案，避免知识产权制度走入歧途。

8. 知识产权保护与国家发展

我国知识产权制度的确立与完善不仅仅是应对国际压力的权宜之计，更是创新型国家建设的战略决策与制度支撑，是加快经济发展方式转变的内在要求和必然选择。但就现阶段我国的经济发展而言，从国际贸易竞争态势来看，知识产权保护与国家发展之间是有一定张力的。尤其要考虑到，越来越强化的新一轮区域和双边贸易协定中，TRIPS 所确立的发达国家知识产权既得利益集团在巩固其科技优势、贸易优势地位后对后发国家知识产权竞争的进一步限制。

对于中国而言，尽管目前专利和商标的拥有量已经达到国际前列，但是知识产权质量不高、布局不完整、缺少竞争力等一系列问题都造成了在国际贸易中的明显劣势。特别是如果企业盲目追求知识产权数量而忽视其市场竞争性，最终将会伤害到国家的创新体系。如同今日"中国制造"在国际上的评价毁誉参半一样，"中国专利""中国商标"大跃进式的增长最终也会被世人"打入另类"。

结 语

自 2008 年国家知识产权战略实施至今，仅以华为、中兴在美国的知识产权遭遇，就足以让我们认识到知识产权战略的复杂性和政策性：知识产权制度从来就是市场竞争的工具，它可以服务于技术创新，服务于社会进步，但作为制度整体，它只能服务于本国的产业利益。这是在知识产权战略顶层设计和知识产权立法、司法、执法过程中应当一体适用的基本原则。

因此，知识产权制度的实施必须有效地体现出市场竞争的优势，如果一个国家实施知识产权制度多年而市场主体在国际贸易环境下依然没有竞争力，则不能不令人反思制度的实施效果。

回首十年，一路风雨一路彩虹，知产事业风起云涌，知识产权困局仍在，知识产权保护依然任重道远。

运思遣事谋纲要　激情绽放绘鼎纹

——忆知战办文件组

张志成[*]

2005 年 6 月，根据组织安排，我开始参与国家知识产权战略制定的相关工作。2005 年 7 月 29 日，国家知识产权局正式发文，我奉调进入原国家知识产权战略制定工作领导小组办公室（以下简称"知战办"），主持文件组工作，在秘书长文希凯的领导下负责知战办的宣传、重要文件起草和会议安排，为纲要制定和专题研究提供服务。很快，文件组就和全办一起，按照国家知识产权战略制定工作领导小组（以下简称"领导小组"）组长、时任国务院副总理吴仪"认真组织，精心协调，努力做好服务工作"的要求，紧张有序地开展各项工作。

知战办作为一个战略制定的秘书机构，面临着携手二十多个部委办局开展好 20 个专题研究，步调一致地按期保质完成研究的任务，同时也必须为纲要制定面临的重大问题提供政策和决策建议。对于国家知识产权局来说，是一项前所未有的工作，没有经验可循，其难度并不亚于《专利法》的起草制定。在知战办领导下，文件组负责会议、文件、宣传，都是推进战略制定工作的重要抓手。这些工作还需要紧密依靠领导小组的领导和国办的指导，和其他部门以及知战办各协调组密切沟通，政策性很强。到后期，文件组实际上还负责了部分知战办有关国际交流工作，工作压力很大。我和先后在文件组工作的崔海瑛、夏淑萍、王旭（来自成都市知识产权局）等几位同志抓紧学习、积极思考，创新工作方式，努力做好战略制定的服务工作。

一是畅通部门信息交换渠道。文件组推动建立了《知识产权战略制定工作

---

　　* 张志成：国家知识产权局保护协调司司长，法学博士。参加国家知识产权战略研究制定工作，时任国家知识产权战略制定工作领导小组办公室文件组组长，是《国家知识产权战略纲要》起草小组成员之一。

简报》和《知识产权战略制定工作动态》信息报送制度，从 2005 年 7 月到 2008 年 9 月三年多时间，报送工作简报 78 期，动态 36 期。其中，简报主要报道工作进展，动态主要报道各类观点信息。这两份简报延续至今，仍然在发挥着积极作用。《动态》多次得到国务院领导和各部门领导的批示，有力地推动了战略制定工作。

二是建立有效的会议机制推动研究深化。按照知战办统一部署，多次组织召开专题协调会，就战略制定可能存在争议的实体性问题进行协调沟通。针对纲要及专题的有关问题和需求制定了研讨交流计划，组织了领导小组会、联络员会、成果交流会等业务会议数十次。通过召开这些会议，有效地引导了战略制定工作的走向，推进了战略制定工作的研究进程，促进了战略研究工作的深入开展。

三是营造开放的纲要制定环境。经国务院批准，知战办组织了与美国时任商务部部长古铁雷斯的专题交流，双方阐明了有关知识产权的原则立场，沟通协调了相关情况。组织与第三世界网络、无国界医生组织、美国种子贸易协会等各类国际机构或组织的座谈交流。举办知识产权战略国际研讨会，邀请了来自多国、国际组织和非政府组织的专家分享知识产权国际动态。举行了驻华使团征求意见会、外资企业意见听取会等，广泛听取对我国制定战略的建议，彰显透明开放的对外形象。不少会议机制延续至今。

四是深入调研夯实战略研究基础。知战办组织了赴一些发达国家和发展中国家的调研考察，获得了丰富的一手资料和信息，借鉴境外知识产权战略方面的有益经验。走访了全国十多个省份，与电子、机电、轻工业、皮革、纺织品、中药、钢铁等十余个行业协会座谈，准确了解国内各行各业对制定国家知识产权战略的诉求和期待。还参与组织收集和翻译了大量国内外文献，编译了《引领全球知识产权保护与政策》《应变以迎接二十一世纪的挑战》及《知识产权与发展》等文集，夯实战略研究的基础。

五是广泛宣传营造良好的社会氛围。积极邀请经济界、科技界、法律界、知识产权界著名学者和专家为纲要制定建言献策，在学术界扩大纲要研究制定的影响。举行了专题征文活动，受到海内外社会各界的广泛关注，投稿内容覆盖了知识产权战略制定各个方面和知识产权各个领域。其中，国内知识产权权威专家郑成思先生还亲自撰稿，让我们这些后学小辈大为惊讶、深为感动。一百多篇优秀稿件汇编为《挑战与应对——国家知识产权战略论文集》，郑老的

《信息、知识产权与中国知识产权战略若干问题》作为文集的首篇。同时，配合《瞭望》周刊等权威媒体多次发布战略制定相关新闻、专稿，有效地向全社会传递了知识产权战略制定工作的权威信息。

在战略制定后期，纲要具体起草工作主要在领导小组领导下，由文件组以及刘洋主持的协调一组等同志具体负责，时任国务院副秘书长徐绍史、时任国务院副秘书长项兆伦、时任国家知识产权局局长田力普、副局长张勤、时任国办秘书三局局长张崇和等靠前指挥，亲自参与，具体指导，破解了战略纲要制定的很多实质性难题。特别是，纲要的定位问题、谋篇布局问题、基本原则问题、保护的定位问题等，如何斟酌拿捏"合理保护""有效保护""依法保护"等难题终于有了定论，实现了纲要制定工作的最终突破。在初稿形成后，历经与原国务院法制办对接修改、国办秘书局磨稿，前后修改达十数次。2008年4月，时任总理温家宝主持国务院常务会议审议通过了《国家知识产权战略纲要》，并于当年6月5日印发实施。为了贯彻落实十七大提出的"实施知识产权战略"的要求，实施好《纲要》，文件组还积极谋划设计构想战略实施框架，制定战略实施方案，开展了《国家知识产权战略实施绩效评估体系》课题研究，筹划《国家知识产权战略实施绩效评估体系研究总体方案》，为后来科学、合理评估知识产权战略实施工作进行了超前设计。

三年磨砺，一朝永驻。在知战办文件组工作期间，个人所得甚多，所学甚多，战略制定团队勤奋、进取、创新、敢为人先的工作精神至今仍然鼓舞着我。忘不了，吴仪副总理实事求是，严格要求，不留情面，点名批评工作进展不力的部门；忘不了，国务院分管秘书长多次主持和参加会议，认真研究学习知识产权知识，深入分析专题研究成果，提炼总结精华论点；忘不了，国务院领导、局领导深入基层，亲自听取各个工作组一线同志的意见建议；忘不了，国办三局领导和同志们的带领和指导，深夜无眠，字斟句酌，只为每一份文件讲稿表达更全面、更精确；忘不了，知识产权界同仁热情洋溢、积极建言献策、对纲要制定寄予极大期待；忘不了，知战办的同志为了解决一个问题而相互交流碰撞，甚至争得面红耳赤；更忘不了，局内外各部门、文件组的各位同志积极配合，携手并进，圆满完成筹备组织重大活动。

春风送暖花正艳，为花欣作落泥红。知战办已经走进了历史，圆满完成了自己的使命。但《国家知识产权战略纲要》实施的十年足迹中，纲要制定时的观点碰撞和思想火花仍不时闪现，千锤百炼打磨的《纲要》仍然发挥着其纲领性作用，指引着当代知识产权人前进的路。十年来，特别是十八大以来，在以习近平总书记为核心的党中央领导下，我国知识产权事业取得了长足发展，《纲要》确定的大部分目标已经实现或者即将实现，《纲要》各专题研究的设想和政策建言也正在陆续变成现实，我国知识产权创造、运用、保护、管理水平得到了极大提高。展望未来，面向新时代，强化知识产权创造、保护、运用写入了十九大报告，加快建设知识产权强国建设已经成为社会共识，相信中国知识产权战略实施必将取得更大成果，必将有效支撑全面建成小康社会，也必将为国际知识产权制度建设作出中国贡献。

编制和实施国家知识产权战略的时代背景

——纪念《国家知识产权战略纲要》颁布实施十周年

易继明[*]

易继明[*]

《国家知识产权战略纲要》（以下简称《纲要》）于 2008 年 6 月 5 日颁布和实施，至今已经有 10 年了。为了保障《纲要》的实施，国务院专门组建并形成了 28 个部委参加的国家知识产权战略实施工作部际联席会议制度，国家知识产权局内设保护协调司，制定年度性的"国家知识产权战略实施推进计划"和"知识产权保护行动计划"等，推进知识产权事业和创新型国家建设。2016 年 3 月 30 日，国务院发布《关于同意建立国务院知识产权战略实施工作部际联席会议制度的批复》（国函〔2016〕52 号），将原本的"国家知识产权战略实施工作部际联席会议"更名为"国务院知识产权战略实施工作部际联席会议"，联席会议组成单位也由原 28 个增至 31 个，加强了国务院对知识产权工作的组织协调与领导。国家知识产权战略实施 10 年来，我国知识产权事业蓬勃发展，已然成就为一个富有朝气的"知识产权大国"。

遥想《纲要》出台，我也曾为之摇旗呐喊，认为这是建立创新型国家的重大举措。值此之际，我以亲历者身份，透过我当时之管窥与浅见，回顾这一国家战略提出的时代背景，提供一点资料，供后人评说与检视。

一、国内现状

《国家知识产权战略纲要》的编制和实施，有一个总的背景。改革开放以来，国家领导人一直都很重视技术引进工作。而且，还制定了专门的《技术合

---

* 易继明：北京大学法学院教授，北京大学国际知识产权研究中心主任。主要研究方向：知识产权法、民商法、法理学。

同法》，提出"以市场换技术"的发展策略。我们似乎有一个良好的愿望，就是希望别人能够提供给我们先进的技术，我们引进先进技术之后，再消化、吸收，然后在这个基础上进行再创新。当时，就是这样的一个"引进、消化、吸收与创新"的思路。但是，这只是我们自己的一厢情愿。在国际技术市场上，一些先进的技术，往往很难被我们引进。美国、欧盟、日本等对我们引进他们的技术，是有限制的；很多先进的技术被管制，即使你有钱，人家也不会提供给你。例如，加密技术最初作为军用技术受到军方管控，随着电子商务的蓬勃兴起和互联网的发展，虽已转为军民两用技术，并以市场配置资源为基础，但仍旧被以美国为首的西方国家视为关乎国家安全和外交政策利益之实现，成为出口管制的对象。美国最近 10 多年来所酝酿的《加密技术保障安全与自由法案》（Security and Freedom Through Encryption Act，SAFE），制定专节（第 13 节）针对中国进行技术出口管制，节名即为"禁止转移给解放军和共产主义中国军事企业"。❶ 即使从产业创新与竞争的角度，美国也以此作为始终保持其领先优势和信息社会制高点的有力武器。与此同时，一些西方跨国企业，他们的市场战略也是如此。他们不可能把自己顶尖的技术让你引进，往往是将一些一般化的，或其应用很成熟甚至快要淘汰掉的技术，转移到相对落后的国家。之后，这些企业再推出自己的新技术、新产品，让自己的技术与产品在市场上始终保持优势地位。这些企业，一般都采取这样的一种技术战略或市场策略。我们一厢情愿地想引进，然后消化、吸收和再创新，根本得不到别人的响应，甚至被抵制和设限。

在技术引进中，我们本土企业也存在一些自身的问题。早期，我们的技术引进需要由具有技术引进资格与权限的企业来承担；而这些被授权、有资质的企业，大部分都是国有企业。那么，对先进技术的引进，国有企业会不会有内在的动力呢？进一步地说，即使他们出去引进技术，那么他们是否能够真正引进回来先进的技术呢？后来的事实证明，这都是值得怀疑的。产生疑问的原因有很多，腐败因素只是其中的一个方面。比如在引进技术过程中，出于种种原因，最终引进来的技术及其设备可能化为了一堆废铁，放在仓库里无人问津。这种现象，在很多大的国有企业里都曾发生过。国有企业的性质及所有权人的

---

❶ 法案文本，参见：易继明. 国外网络信息安全法律法规汇编（国家 242 信息安全计划课题项目）[C]. 武汉：华中科技大学，2011：158 - 169.

缺位，导致了责任不明确、玩忽职守、贪腐等现象。此外，国有企业也存在一些现实的问题，导致它没有这方面的积极性，比如技术和劳动力之间争夺工作岗位的问题：引进先进的技术，必然会导致一些工人下岗；技术越进步，局部的劳动力需求就会相对减少。而国有企业本身还承载着新技术人员培训、职工福利、社会稳定等责任。更有甚者，先进技术的引进，也会淘汰一批旧的技术设备，这会导致所谓国有资产的"浪费"或"流失"问题。这就是张志成博士所提及的，"从市场经济自由竞争的模型分析，企业在利用知识产权制度的过程中存在抵制创新和减少创新投入的冲动。"

改革开放之初，引进先进技术的愿望当然是良好的，政策导向的基本面也没有什么大问题。但是，在具体实施过程中，实际效果却不是很好。相反，在引进技术的实践中，外国的政府、企业和我们谈知识产权保护问题，称他们企业的知识产权要受到很好的保护，不能被侵权，不能被盗版或仿冒。在20世纪80年代后期开始，特别是90年代，这个问题给我国政府造成的压力非常大。随着我国对外开放程度的不断加深，压力自然会越来越大，比较典型的就是一轮一轮的中美知识产权谈判。我们的知识产权法律制度，事实上就是在这种外部的压力，特别是美国人的压力下，逐渐建立起来的。20世纪八九十年代，我们跟美国人在人权问题、台湾问题和知识产权问题这三大议题上，一直进行着谈判和博弈。在这三大议题中，我们能够做出让步的，可能就只有知识产权问题。这样，在外界的压力下，中国知识产权法律制度很快就建立起来了。很值得反思的是，在我们建构起知识产权保护制度之际，在我们提出以市场换技术之际，我们自己的技术却出现了相对滞后现象，出现了大量知识产权流失现象。没有计划时代的大的科技攻关，关键技术、重大技术和基础研究速度放慢，科研人员大量下海经商，官办科研院所和高校等研究成果流失，自主技术和品牌失去了自主，例如曾经耳熟能详的"美加净"护肤品、"活力28"洗衣粉、"永久牌"自行车等，遭遇外资及其知识产权战略之运用，被雪藏或整合掉了。

知识产权法律制度的重心在于知识产权保护。对于我们已快速建立起的知识产权保护体系，有的人持有不同的意见，认为我国对于知识产权保护的程度太高，步子迈得太快了，很快就接近国际水平，有些地方甚至是超过了国际保护水平。但是，国内还没有形成相应的知识产权文化。早期，美国人说我们不重视知识产权保护的时候，美国法学家、哈佛大学法学院副院长 Alford（安守廉）教授，曾以中国人的一句俗语"窃书不为偷"为题撰写过一篇文章，让西方人理解中国人的知识产权观念与意识。因为过去，中国的知识产权文化定位于知识的传播，定位于知识的公共效用，强调的不是个人的权利。安守廉教授用"窃书不为偷"这句中国俗语，就是要以此告诉西方，并让西方人明白：对中国提出的过分的知识产权保护要求，是跟中国人的文化和历史传统脱节的。

不管怎样，我们的知识产权制度建立起来了。从长远来看，这是件好事情。但是，从短时间内、从局部来看，我们的产业技术相对落后，同时知识产权制度保护又很强，就限制了我们的产业技术发展，打压了我们企业的市场竞争力，又往往使我们本国的产业处于相对被动的局面。而且我们会发现，我们虽建立起了自己的知识产权保护制度，但保护的大部分是国外的东西。这些国外企业对知识产权规则了然于心，运用娴熟，中国知识产权制度健全起来之后，给了他们很大的运作空间：他们不仅未交换出去他们自己的技术，而且利用技术优势全面占领了中国市场，以此建立其运用知识产权的吸金机制。这些现象及存在的问题，就给我们提出了一个问题：我们要怎样去创造属于自己的知识产权？如何运用知识产权规则来保护并发展我们自己的技术呢？当初，我们在建立知识产权制度的过程中（包括与美国人谈判的过程中）有一个很重大的缺陷，就是产业界的缺位，或者说参与度不高。我们的产业界以国有企业为主导，产业的商会或协会大部分由政府来主导，缺乏主体性和自主性，没有自身的诉求。而一些中小型民营企业，或寄生于国有企业之下，或其诉求及其表达机制不畅通。事实上，在整个中美知识产权谈判中，美国政府背后有强大的产业或大企业利益群体推动和跟进；而我们的政府，基本上代表了产业界，产业界自身却是缺位的。这一点，也凸显了我们制度建立初始阶段的弊端。国家知识产权战略，就是在这样一个大的背景下，反思现有的知识产权文化、技术水平、社会经济发展状况；反思之后，从主体性的角度去寻找并试图建构我们国家的知识产权主体意识，并肩负着建设创新型国家的历史使命。

二、国际背景

以上谈的，是国内现状。其实，中国政府编制和实施《纲要》，有着更大的国际背景。特别是，美国和日本两国实施和推进各自的知识产权战略，激发了有着政府主导传统的中国科技和知识产权事务管理层，对中国领导人及其决策也影响很大。

（一）美国知识产权战略推进

当然，美国和日本两国在推进知识产权战略方面，有着共同的背景和目的：都面临外部竞争压力，都是为了增强本国的核心竞争力，提升各自的综合国力。不过，两国各自的战略重点和推进方式是不同的。美国以在各个领域保持领先地位为目标和出发点，以保护既有权利为手段，同时以市场和司法为基础。例如，在20世纪80年代科技领域的典型案例，如美国IBM公司诉富士通案❶、IBM诉日立和三菱案❷等，一方面是企业权利的行使，另一方面直接表现为美国要掌控IT业界的霸主地位。这些诉讼的发端，归根结底是因为日本公司的发展威胁到了它的这种地位。

在文化领域，也是如此。美国在建国之初，其文化产业并不发达，绝大多数在市场上销售的书籍都依赖进口。因此，1790年版权法仅保护本国作者的利益，外国作者的作品在美国得不到法律的保护。这一政策的积极作用极为突出：美国出版业不但没有因为重印外国文学和艺术作品而发展受阻，其实用主义的做法还促进了其国内产量的大量增加。诚然，后来的检讨认为，这种做法对美国本土文化事业的发展产生了灾难性的影响，因为在不保护外国作者利益的前提下，美国境内遍地充斥盗版行为。到了1891年新版权法通过之时，其立法者终于意识到不保护外国作品所造成的灾难，开始对外国人的作品给予有限的保护，即外国人的作品必须在美国印刷才能受到版权法的保护，此即为臭名昭彰的"印制条款"。直到1976年，美国版权法才取消了该条款，但这已是美国加入《世界版权公约》之后很久的事情了。总体上讲，随着美国经济发展，美国及时调整了其国内外的版权政策：在国内方面，提高了版权保护标准；在国外方面，通过国际谈判将高标准的版权保护强加给其他国家，从而有效地保护了版权人的合法权益，促进了版权产业和贸易的发展。

美国版权保护由弱到强的发展过程，也可以从其不断地修改版权保护期中得到印证。1790年，美国国会通过了版权法，规定版权人享有14年的版权保护

---

❶ International Business Machines Corp. v. Fujitsu Ltd., American Arbitration Association Commercial Arbitration Tribunal 4, No. 13T – 117 – 0636 – 85（1987）.

❷ United States v. Hitachi, Ltd. et al., Cr. No. 82 – 372 SW（S. J.）（N. D. Cal. 1982）; United States v. Mitsubishi Electric Corp., et al., Cr. No. 82 – 396 – WAI（S. J.）（N. D. Cal. 1982）; United States v. Raymond J. Cadet, Barry Saffaie, Tabassom Ayazi, 727 F. 2d 1453（9th Cir. 1984）.

期（从作品出版之日开始计算）；如果该期限已过，而版权人还未去世，著作权期限将自动顺延 14 年。1831 年，美国修改了版权保护期的规定，将前段期限由 14 年增加到 28 年，于是整个版权保护期的上限从 28 年扩展到了 42 年。在 1909 年，国会把续展版权时限由 14 年增加到 28 年，于是版权最高保护时限被扩展到了 56 年。1976 年美国版权法规定，对于 1978 年以后产生的作品，只适用一种最长保护期限的规定，而不再通过续展期来续展版权保护期限。自然人的作品保护期限最长为作者终生加死后 50 年；而公司享有的版权保护期为 70 年。但 1978 年以前产生的作品必须遵循原来的续展规定，续展期由原来的 28 年延长到 47 年。1992 年，美国国会取消了对所有作品的续展要求。不论是 1978 年以前产生的作品还是这之后产生的作品，一律适用最长保护期限的规定。在 1962 年至 1998 年的这段时间里，国会曾 11 次扩展原有版权（Existing Copyrights）的时限，有两次扩展了未来版权（Future Copyrights）的时限。1998 年，国会通过《Sonny Bono 版权保护期延长法案》把原有版权和未来版权时限延长了 20 年。根据该法案，美国自然人版权保护期从著作人终生加 50 年延长为著作人终生加 70 年；公司享有的版权保护期从 75 年延长到 95 年，其生效日期为 1998 年 10 月 27 日。虽然最后一次修改引发了违宪审查，但美国联邦最高法院最终认为，国会的这次修改法律不违背宪法的规定。有的学者认为，联邦最高法院在判决书中说，这一结论"符合美国的利益"，但实际上，这一延长法案主要是保护了美国一部分人或者说集团的利益。如果把这次修改放在一个大的趋势下进行观察的话，那我们就不能否认美国试图垄断文化行业的某种战略意图和知识产权策略。

20 世纪 90 年代，美国在信息技术、制药、空间技术等方面占有绝对的优势，而在其他方面则占有较大的优势，只有在劳动力密集型等低端产业上和欧、日处于同一水平线上。与 1990 年相比，1996 年欧盟在美、欧申请专利的份额下降了 15%，也就是说平均每年减少 2%。相较而言，美国在这 6 年间则增加了 20%，即每年增长 3% 以上。日本的增长明显停滞：它在美国申请的专利量维持不变，在欧洲的专利每年减少 3%，即 6 年间下降 20%。在欧洲申请的专利中，欧盟最好的技术领域是陆上运输和劳动力密集型部门，分别占世界各国在欧申请专利总数的 60.5% 和 53.5%；最弱的是电子部门，占 29.8%，而美国占 39.8%。在制药技术、空间技术、化工技术，美国也领先于欧盟。在向美国申请的专利中，美国几乎在所有的工业部门都领先于日本和欧盟。而发展中国家在技术专利方面则完全处于被动地位。针对美国所采取的某些做法，我国有些学者称之为"专利地雷阵""品牌封锁线""技术标准封锁线"等。

20 世纪 70 年代，欧亚发达国家和新兴工业国家和地区在经济上的崛起，使美国产业界感到了巨大的竞争压力，美国朝野上下对此进行了深刻反思，结论之一是：美国在经济竞争中最大的资源和优势在于科技和人才，而由于知识产权保护不力，外国能够轻易模仿，并凭借劳动力和制造业的廉价成本优势实现了经济快速发展。为此，美国总统卡特在 1979 年提出要采取特殊政策提高国家的竞争力，振奋企业精神，并第一次将知识产权战略提升到国家战略的层面。从此，知识产权战略成为美国企业与政府的统一战略。美国知识产权战略的实施主要沿着三种轨迹不断伸延。一是根据国家利益和美国企业的竞争需要，对专利法、版权法、商标法等传统知识产权立法不断地修改与完善，扩大保护范围，加强保护力度。20 世纪 80 年代以来，随着生物、信息及网络技术的发展，一些新兴技术形式不断纳入知识产权的保护范围。例如，将网络商业模式等列入专利保护范围；在功能基因方面，美国专利申请已达 4000 多件，知识产权优势明显。二是国家加强知识产权利益关系之调整，通过立法鼓励创新与推进科技成果转化。自 1980 年《拜杜法案》、1986 年《联邦技术转移法》以及 1998 年的《技术转让商业化法》之后，美国国会又于 1999 年通过了《美国发明家保护法令》，使美国大学、国家实验室在申请专利、加速产学研结合及创办高新技术企业方面发挥更大的主动性。2000 年 10 月，众参两院又通过了《技术转移商业化法案》，进一步简化归属联邦政府科技成果的运用手续。三是在国际贸易中，一方面利用其综合贸易法案的特殊 301 条款对竞争对手予以打压；另一方面，又积极推动 WTO 达成 TRIPS，从而形成了一套有利于美国的新的国际贸易规则。

（二）日本知识产权战略推进

日本得益于明治维新、脱亚入欧及美日同盟体制，在当代世界经济、科技格局中占据了重要地位。但是，日本同样希望摆脱对美英等发达国家在技术上亦步亦趋的被动地位。特别是经历了 20 世纪 90 年代产业技术相对衰退之后，更是试图通过知识产权立国，以强国兴业，提振国内经济。

日本建立全面的知识产权法律制度已有 100 多年的历史。明治维新为其确立"科学、产业、教育"三位一体的国家政策奠定了坚实的基础。这一时期，启蒙思想家福泽谕吉将欧美专利制度介绍到了日本。在他的倡导下，日本社会各界纷纷介绍西方知识产权制度，并主张实行这种法律制度。1871 年，日本颁布了《专卖简则》，在日本国民中产生了巨大的影响。其后，在 1885 年，日本吸收法国和美国有关专利法规定，颁布实施了《专卖专利条例》，奠定近代专利制度的基础。此后，专利法配合日本产业振兴计划，在日本经济社会发展过程中发挥着巨大的作用。为配合已加入的《专利国际合作条约》，日本 1978 年制定了"关于根据《专利国际合作条约》进行国际申请的法律"，在专利法中新设立了"关于根据《专利国际合作条约》进行国际申请的特例"。日本通过一系列的修法活动与国际社会接轨，至 1985 年形成了较为完备的知识产权法律体系。时至今日，日本知识产权保护水平较高，管理及实施机构完善，知识产权动员能力很强，已成为较为典型的创新型国家。

"二战"之后，日本曾钻了欧美发达国家忽视知识产权保护的空子，大规模引进、模仿美欧先进技术。应该说，日本民族产业的发展得益于日本民族的模仿能力和精益求精的精神。但是，在智慧财产日益复杂，权利保护日益全面的形势之下，日本民族的模仿和借鉴行为受到了空前的挑战，也招致欧美诟病和打压。日本政府认识到这一点，不断地调整其战略：从以外观设计为主的改进型技术向独立的发明创造转变；改变传统的追求专利数量的做法，而代之以注重专利质量的政策，极大地促进了科技创新对日本工业发展的积极作用。诚然，角色轮换之后，日本企业现在面临同样困境：每年因产品被仿制所造成的经济损失，高达 1 万亿日元。在经济长期低迷的背景下，面对日趋激烈的全球市场竞争，日本发现自己存在一系列问题：制造业优势开始削弱；贸易顺差趋于减少；技术开发型风险创业活动不活跃；知识产权贸易争端增多；旨在加快专利审查、防止专利侵害的行政、司法改革滞后等。据统计，日本丰田汽车公司拥有的专利多达 1.7 万件，估计每年光靠出售知识产权即可收入 1000 亿日元，而实际上每年的专利收入仅为几十亿日元。号称"专利管理先进企业"的佳能公司，有总值达 1 万亿日元的 7 万件专利，然而 2001 年其专利收益只有240 亿日元。与之相比，美国 IBM 公司近 15 年来的特许费收入增加了 100 倍。

同时，受亚洲各国竞争力提升的威胁，日本感觉到了发展的压力。日本经济高速增长得益于引进欧洲技术和日本人的勤勉敬业精神。可是在 20 世纪 80年代后，亚洲各国相继通过低廉的劳动力和改进的生产技术，一步步向日本靠近，这让日本产生了不安全感。2002 年 4 月，国际经营开发研究所发表了国际竞争力排名，美国继 2001 年仍高居榜首，而日本的地位却掉至了第 30 位。❶ 日本认为，美国的强势地位得益于它强化保护知识产权的政策。因为在 20 世纪 80 年代，美国也曾陷入财政赤字和贸易赤字的双重窘境，但里根政府在 1985 年推进强化知识产权保护的政策，使得再造"强大美国"的愿望实现。借鉴美国的经验，日本政府试图通过鼓励"智慧财产"❷（或称"知识财产"）之创造，保护知识产权，从而提高产业国际竞争力，谋求实现"知识产权立国"的国家战略。实际上，日本根据其国家发展的不同阶段，一直不断地调整其知识产权战略。20 世纪 50 年代至 70 年代，实施构筑小型专利防护网的战略，使欧美的基础性关键专利技术在其专利网中失灵。70 年代至 80 年代，日本的专利战略转向技术创新，向自主专利战略过渡。1980 年还提出了"科学技术立国"的口号，次年随即提出"创造性科技振兴方案"，强调要从"追随型"转向自主创新的"开拓型"。到 90 年代，日本加大基础研究投入，采取促进原创技术的专利战略，增强高新技术领域的竞争力。21 世纪初，日本干脆直接提出了"知识产权立国"的口号。

2002 年 2 月，日本首相小泉纯一郎在其施政方针的演说中，第一次提到智慧财产国家战略的重要性。为了实行政府一体化推进知识产权政策，内阁于同年 3 月设置了智慧财产战略会议，其后每月召开一次会议。会议的任务就是讨

---

❶ 根据这一排名表，从 1994 年到 2002 年，美国一直雄居榜首。日本在 1994 年曾位居第三，其后便一路下滑，一直到 2002 年排名第 30 位。中国创下的最前排名是 1998 年的第 21 位，以后也是一路下滑，至 2002 年排名在日本之后，居第 31 位。参见 NTT Comware. [EB/OL]. [2004 - 08 - 19]. http://www. nttcom. co. jp/comtech/tech01/tech0146f1. html.

❷ 一般而言，日本人所称的"知的财产"，即中国台湾地区所称的"智慧财产"，也有人谓之"知识财产"。而日本人所称的"知的所有权"，即中国台湾地区所称的"智慧财产权"，也有人谓之"知识财产权"。诚然，也有学者将"知的财产"或"知的所有权"纳入"无体财产"或"无体财产权"范畴，如日本著名知识产权学者纹谷畅男先生所著《无体财产法概论》即为如此。参见 [日] 纹谷畅男. 无体财产法概论 [M]. 6 版. 东京：有斐阁，1996.

在中国大陆，针对"知识产权"一词，官方文件和多数学者并不加区别地将"权利"及权利所指向的"权利对象"，均称之为"知识产权"。相应的，也泛泛地将"日本智慧财产战略"，称之为"日本知识产权战略"；将"日本智慧财产基本法"，称之为"日本知识产权基本法"。事实上，如正文接下来所叙述的，日本《智慧财产基本法》明确定义了"知的财产"（智慧财产）和"知的所有权"（智慧财产权）这两个概念。该法第 2 条规定，本法中的"智慧财产"，是指发明、方案、植物新品种、外观设计、作品以及其他人类创造活动产生的东西（包括工业上可以利用的发现以及经解释的自然规律和现象）、商标、商号以及经营活动中用于商品或服务的其他标识、商业秘密以及经营活动中有用的其他技术信息或营业信息。本法中的"智慧财产权"，是指专利权、实用新型权利、培育权、外观设计权利、著作权、商标权、法律规定的其他有关智慧财产的权利或与法律保护的利益相关的权利。本文在一般意义上尊重中国大陆习惯，笼统地称知识产权。但在区分"财产"和"财产权"的意义上，还是将知识产权之"权利对象"称之为"智慧财产"。

论日本未来知识产权政策，进一步推进智慧财产的创造，并通过对智慧财产进行的有效保护及利用，使经济获得生命力和活力。而具体的工程，就是制定智慧财产战略大纲。这样，政府决定，除了要在2005年前进行智慧财产权领域100多项相关制度改革外，还要制定智慧财产基本法，规定设立智慧财产战略本部以具体实施智慧财产战略大纲等事项。2002年7月3日，日本颁布《智慧财产战略大纲》❶（以下简称《大纲》）；2002年12月4日，日本颁布了《智慧财产基本法》（以下简称《基本法》），于2003年3月实施；2003年7月8日，日本通过了《与智慧财产的创造、保护以及利用相关的推进计划》（以下简称《计划》）。❷

《基本法》的立法目的，开宗明义地规定在第1条，具体规定如下：随着国内外社会经济形势的变化，考虑到更有必要谋求加强我国产业的国际竞争力，为了创造新的智慧财产以及通过有效利用这些智慧财产而产出附加价值，并以此为基轴实现创造有活力的社会这一目标，特此规定与智慧财产创造、保护、利用相关的基本理念，实现这种理念的基本事项，明确国家、地方公共团体、大学以及经营者的责任和义务；另外，在制定有关智慧财产创造、保护和利用的推进计划的同时，设置智慧财产战略本部，从而有计划地重点推进与智慧财产的创造、保护和利用相关的施行方略。

一言以蔽之，日本这三部法令出台的历史背景和立法目的就是：在国际竞争压力的逼迫下，日本力求实现智慧财产立国的国家战略。这实际上是日本知识产权发展战略的主要举措，对全面推进日本在当下的战略计划至关重要。当然，在日本国内，有的学者对《基本法》《大纲》和《计划》也颇有微词。他们认为，这些措施都只是在隔靴搔痒，因为它们都偏重智慧财产权的保护和利用；而对日本来说，最重要的是要促进智慧财产的创造。这只能通过表彰发明者、直接给其经济奖励而实行物质刺激、设立日本高等研究所来集合世界上的

---

❶ 该《大纲》于2002年7月3日由智慧财产战略会议通过，分序言、现状与课题、基本方向和具体行动计划四个部分。

❷ 该《计划》由智慧财产战略本部第五次会议通过。具体内容及资料来源，参见 Rightnow. [EB/OL]. (2003－07－08) [2004－08－19]. http：//rightnow. zeikei. jp/print/NewsScan2003_7_8. htm。另外，由于计划执行了一段时间后出现了一些新的情况，日本各界也在讨论修改该计划。关于该计划的修改动向及资料来源，参见日本经济团体联合会. 针对《与智慧财产的创造、保护以及利用相关的推进计划》的改进计划 [R/OL]. (2004－03－16) [2013－07－17]. http：//www. keidanren. or. jp/japa-nese/policy/2004/022. html.

优秀头脑为日本创造智慧成果来完成。❶ 但从总体上看，日本的相关立法、政策与具体措施，表明其从过去的"科学技术立国"之国策，演进到了今天的"知识产权立国"之国策。我们这一邻国的知识产权推进之动向，对我们影响及启发较大。

三、国家知识产权战略的提出

在产业技术水平、知识产权保护状况及国际竞争的大背景下，21世纪初中国根据自身发展需求和节奏，开始加紧研究编制国家中长期科技发展规划。2003年上半年，国务院成立了国家中长期科学和技术发展规划领导小组，下设专门的办公室，研究并编制《国家中长期科学和技术发展规划纲要》（以下简称《规划纲要》）。《规划纲要》战略研究和编制工作的规格很高，时任国务院总理的温家宝亲任领导小组组长，国务委员陈至立任副组长；领导小组办公室设在科技部，科技部部长徐冠华任办公室主任。在2003年至2004年编制《规划纲要》的战略研究中，设立了20个专题组具体展开。当时，我参加了第18专题组《科技发展法制和政策研究》专题组，并兼任秘书长。在这个专题组的研究中，正式提出了要编制《国家知识产权战略纲要》，制定并实施国家知识产权发展战略。

第18专题组提出编制和实施国家知识产权战略这一国家战略时，内部意见很不统一。刚开始，甚至还有些对立的成分。为了充分吸纳专家学者的观点，20个专题研究组中，除总体组由徐冠华部长担纲组长之外，不少专题研究组组长是学者担任的，如清华大学王大中教授担任能源组长。我们第18专题组的组长由北京大学罗玉中教授担任。不过，三位副组长的身份还主要是官员身份：一是原国家海洋局局长张登义；一是原国资委监事会主席段瑞春；一是原国家知识产权局副局长张勤。张登义局长和段瑞春主席以前都在科技部（原国家科委）干过，都曾担任过该部政策法规司司长。首先提出来要制定国家知识产权战略的，是张勤副局长。他建议在我们科技发展法制与政策专题研究报告中，要提出制定国家知识产权战略。其实，前面谈过，日本已经制定了知识产权战

---

❶ 提出这一观点的，主要是丰田正雄先生。详细内容及资料来源，参见：［日］丰田正雄．［EB/OL］．［2003－07－31］．http：//chizai．ne．jp/cz_site/column_200307．html.

略，还出台了详细的推进计划；而且，就前面谈的大的背景来看，我国政府已然推进了知识产权保护制度，但却又不去促使本国知识产权产生及利用，似乎是不恰当的。但是，他的这个提议，遭到了段瑞春主席的反对。段主席认为，国家知识产权战略就是国家间的技术贸易政策，谈不上什么国家战略；或者说，就是国家间的贸易战，如美国的"301 条款""337 条款"等，是一种贸易政策，没有必要提高到国家发展战略的高度。而且，在此之前，科技部已经实施过三大战略：专利战略、标准战略和人才战略。段瑞春主席可能觉得，专利战略已经有了，再制定一个专门的知识产权战略，就没有必要了。就我个人的分析，从段瑞春主席的两个经历看，他的这个说法，从他的角度，还是有一定道理的。前面谈到，段主席曾任科技部政策法规司司长，专利、标准和人才三大战略就是该司具体推进落实的。另外，自 20 世纪 90 年代初开始，段主席就参与过中美知识产权谈判，曾任中方的谈判代表。在与美国人打交道的过程中，他感受比较深的就是美国人的"贸易大棒"，如"301 条款"等。段主席提出他的看法之后，罗玉中教授很赞同，也附议。在这个问题上，张登义局长没有发表什么观点。而我，旗帜鲜明地支持了张勤副局长的观点。说实在话，即使张勤副局长不提这个建议，我也会提出来的。因为我已经关注到日本知识产权的发展动向，也意识到我国知识产权保护制度在实践中的一些问题，像我们这种技术后进的国家，没有自己的发展战略，很难在这个弱肉强食的社会里获得生存空间。

由于在专题组中出现了分歧，张勤副局长感觉到有了一定的压力。在专题组内部讨论几次，获得不了一致意见之后，他就把他的想法反映到了总体规划组。总体规划组经过研究之后，觉得提出国家知识产权战略是必要和及时的，就把这个意见反馈给了我们第 18 专题组。在这种情况下，我又向罗玉中教授做了汇报，认为如果我们专题组内部再不接受的话，就很被动了。因为这本来是我们要干的活，如果我们不提，总体组自己提一个知识产权战略，就弄得我们很没有面子了。鉴于此，罗玉中教授也接受了编制和实施国家知识产权战略的提议。我在写第 18 专题组的研究报告征求意见稿时，将编制与实施"国家知识产权发展战略"作为一种国家战略目标，并提出要制定具体的推进计划，这些都写进了《科技发展法制和政策研究专题报告（征求意见稿）》之中。刚开始提出国家知识产权战略时，在名称上，我们称之为"国家知识产权发展战略"。后来，在国家知识产权战略的编制过程中，又有"国家知识产权促进战略"

"国家知识产权保护战略"等提法。最后，在编制纲要时，定名为"国家知识产权战略"，避免"发展""促进"或"保护"之类的争论。不过，我觉得，就名称而言，"发展战略"的提法，还是比较好的。这种提法，既契合了提出知识产权战略的要旨，也避免了"保护"或"促进"之片面性。

在研究和编制《规划纲要》的过程中，陈至立国务委员经常主持召开总体协调会。在总体协调会上，温家宝总理曾经有过一个指示，说有些经过专题组论证并经过总体规划组讨论定下来的一些规划，可以边研究，边着手具体制定；有条件的，还可以边制定，边施行。编制国家知识产权战略的提议被接受之后，国家知识产权局作为牵头单位，便着手组织研究和编制《纲要》了。国家知识产权战略的研究和编制，就是从我们这个专题组研究和提出之后，后期由国家知识产权局具体牵头编制和实施的。到了 2005 年，国家知识产权局将其正式立项，进行具体的项目研究和编制工作。那时，国家中长期科技发展规划战略研究工作已经结束，我也到美国哥伦比亚大学进行学术访问，将主要精力放在了研究美国侵权法上。2006 年下半年回国之后，知识产权领域所见所闻，都是张勤副局长正以满腔热情投入主持国家知识产权战略的研究和编制；其所参与的单位及人数之众，甚或堪比《规划纲要》之研究和编制工作。其后，又得悉其中还有一些小插曲，也影响到了《纲要》如期颁布和实施之节奏。但这些，都属于正常的工作，亦不足以为怪矣。

四、国家知识产权战略提出之际的立意

提出国家知识产权战略时，对于我国知识产权状况及相应的国际利益格局之分析，是一个重要的因素。

基于法律上的认识和国际关系之维系，受新兴工业化国家成功经验的诱惑，发展中国家自然会承诺提供知识产权保护。但是，发达国家和发展中国家在知识产权保护中的分歧、斗争与妥协，是无法回避和忽略的。遗憾的是，我们政府和知识产权学术界对这方面的研究不够深入。相反的是，发达国家却在这方面做了切实的调查研究和考证，认为知识产权保护对于发展中国家的考验太过严峻。英国政府组建的英国知识产权委员会完成了这样一项工作。该委员会由英国国际发展国务大臣克莱尔·肖特（Clare Short）于 2001 年 5 月成立，它由来自不同国家、背景和持不同观点的人员组成，尽管委员会是由英国政府任命

的，但是它在议程拟定、工作计划制定及最后作出结论和建议方面都有绝对的自由，并提交了《知识产权与发展政策相结合委员会关于知识产权的报告》❶有一种偏激的说法是，"知识产权是富国的养料和穷国的毒药。"针对此种说法，我们说知识产权既不是富国的粮食，也不是穷国的毒药。但是，发展中国家面临着知识产权保护的压力，这一点是不容置疑的。随着 TRIPS 的签署，发展中国家被迫通过专利或其他方式对植物品种进行保护，而未仔细考虑过这种保护是否对生产者和消费者都是有益的，或其是否会影响粮食的保障。按照美国斯坦福大学法学院教授、英国知识产权委员会主席约翰·巴顿（John Barton）先生的看法，关键的问题是：相对于发展中国家和贫穷人口的需要，知识产权保护是否能够以及如何帮助促进研究和革新呢？从总体上讲，知识产权保护是没有错的。而且，从一个大国的发展规律来看，我们最终是要掌握知识产权规则，并运用好这些规则。所以，提出知识产权战略时虽有本国本位立场，但主流的看法还是认为，成熟的知识产权战略，一定是一种可以趋利避害的中性博弈工具。从长远来看，知识产权保护对我国是有利的。只不过，在一定阶段和时期，在某种情事之下，如何保证不违背国际条约所规定的义务，同时又不对民族工业的发展造成重创，是我们必须要重点关注的问题。

有人认为，我国现行知识产权政策，不符合"后发先至型"大国崛起的历史规律。观察历史上大国崛起的经济路径，吸引、保护和发展生产力是一条主线。在《规划纲要》编制之际，有人据此认为，过去知识产权划归国家科学技术委员会管辖之际，是知识产权事业做得比较好的时候。不过我认为，这一主线虽然不变，但生产力的时代内涵各有不同。按照历史学派代表人物李斯特的归纳，后发先至的国家，对于所在时代先进生产力及其产品，往往在第一阶段从外吸纳；第二阶段，合理制订保护性规则，侧重形成自主先进生产力；第三阶段，待生产力领先后，再回到自由贸易，利用比较优势获利。随着我国加入现有的世界贸易体制，应在此框架之下突出我们的优势项目，例如传统知识和遗传资源。郑成思教授说，中国在知识产权特别是"自主知识产权"的拥有及利用上，从总体看不占优势。这主要是因为发明专利、驰名商标、软件与视听作品著作权等主要掌握在少数发达国家手中。而要增强我们的地位，或者说至

---

❶ 该报告的原文，参见 Commission on Intellectual Property Rights. Integrating Intellectual Property Rights and Development Policy［R/OL］.（September 2002）［2004 - 06 - 04］. http：//www. cipr. org. uk/papers/pdfs/final_report/CIPRfullfinal. pdf.

少使我们避免处于过于劣势的地位，我们有两条路可走：一是力争在国际上降低现有专利、商标、著作权的知识产权保护水平；二是力争把中国占优势而国际上还不保护（或者多数国家尚不保护）的有关客体纳入国际知识产权保护的范围，以及提高那些现有的知识产权制度仅仅给予弱保护而中国占优势的某些客体的保护水平。走第一条路十分困难，几乎是不可能的。就第二条路来说，至少在三个方面我们可以做必要的争取工作：（1）强化地理标志的保护；（2）把"生物多样化"纳入知识产权保护；（3）把"传统知识"纳入知识产权保护。事实上，按照《规划纲要》编制时温家宝总理强调的"有所为有所不为"的原则，我们在一些新兴领域迅速占领制高点，也是很有可能的。例如基因技术领域，基因技术的出现引发了法律和伦理道德领域的一系列争论，人们对如何保护基因技术成果还尚未达成定论，但无论是对基因序列单位、基因技术方法，还是对转基因生物技术，都已经有授予专利等保护的成例。在这方面，我们的基础研究水平并不落后，而且在生物多样性方面有较好的资源，可以积极参与其中，并从中分得一杯羹。在软件行业，我们也有发展空间和潜力。据统计，尽管我国在 2000 年的软件产值仅 230 亿元人民币，出口额不到美国的 1/60，但从 1990 年到 2000 年，我国的软件销售额从 2.2 亿元增长到 230 亿元，10 年增长了 100 倍，几乎每年的增幅都为 25% 左右。从发展趋势来看，软件产业将在我国的科技、文化产业中占据极为重要的地位，因此加强软件的保护十分必要。在这方面，印度的经济发展就是先例，印度 1990 年前盗版十分严重，但自 1992 年印度著作权法修订后，其所采取的软件著作权保护措施极大地鼓励了软件的开发，在 2000 年的软件产品出口额已达 57 亿美元，占其国内生产总值增长部分的 1/4，为此印度经济将增长 7%。这方面，印度的成功经验，曾经是我国提出知识产权战略时的一个兴奋点，觉得可资借鉴，以促进信息产业的发展。

　　国际技术标准及知识产权问题，也是提出知识产权战略时所考虑的一个面向。一方面，是我们受制于人，没有参与国际贸易与技术规则的制定，技术标准问题制约着我们，甚至成为新的贸易壁垒。另一方面，我们觉得国内市场足够大，我们可以形成自己的标准：由企业标准到行业标准，再到国家标准。至于是否能够从国家标准走向国际标准，还是有一定的主动权和发展空间的，因为我们毕竟是一个市场大国。所谓技术标准，是指一种或一系列具有一定强制性要求或指导性功能，内容含有细节性技术要求和有关技术方案的文件，其目的是让相关的产品或服务达到一定的安全要求或市场准入的要求。技术标准的实质，就是对一个或几个生产技术设定必须符合要求的条件，以及能达到此标准的实施技术。它有两层含义：（1）对技术要达到的水平划了一道线，只要不达到此线的就是不合格的生产技术；（2）技术标准中的技术是完备的，如果达不到生产的技术标准，可以向标准体系寻求技术的许可，支付许可费用，从而获得相应的达标的生产技术。这就是技术标准为什么越来越看重许可的最重要原因。曾经轰动一时的 CDMA 巨人美国高通公司商业运作模式、3C 与 6C 的 DVD 收费事件，其核心问题都涉及此。我国在标准战略实施方面起步晚，在移动通信方面有突破。由大唐集团代表我国提出的 TD - SCDMA 标准已经被国际电联接纳并成为世界三大主流 3G 标准之一。标准的地位很重要。人们说，三流企业卖力气，二流企业卖产品，一流企业卖技术，超一流企业卖规则。那么，规则又是什么？在技术领域，规则就是技术标准，是市场经济中是游戏规则。超一流企业通过创造标准，实施标准全球技术许可战略，从而获得超额利润。这就是现代企业多患有"标准情结"的原因。立法方面，我国已经制定了《采用国际标准和国外先进标准管理办法》，于 2001 年 12 月 4 日由国家质量监督检验检疫总局发布施行。在标准战略方面，我们一方面要积极参与其中，掌握核心技术；另一方面，又要积极回应那些滥用技术标准的国家和企业来压制我国民族工业的发展。思科诉华为案，就是这样一个典型的事例。思科公司是全球路由器和交换机等互联网设备的霸主，是全球最大的互联网设备制造商和提供商，在 2002 年的 189 亿美元的销售额中，有 30 亿美元来自中国。华为是中国电信设备供应商，2002 年的合同销售额达 220 亿元、名列中国 2002 年度电子百强第 7 位，产品已打入德国、西班牙、巴西、俄罗斯、泰国、新加坡、韩国等 40 多个国家和地区，并正在积极开拓北美市场。思科案的缘起，就是华为的发展威胁到了思科的霸主地位。❶

五、回顾与展望

实施《纲要》，并不是一个一劳永逸的编制过程，而是一个不断发展的动

---

❶ 对该案的具体分析，参见：张平，马骁. 从思科诉华为案谈发明、产业标准与知识产权——"企业技术标准与知识产权战略"专题之一 [J]. 科技与法律，2003（1）：119 - 124.

态过程。例如，日本《基本法》以立法形式确立了战略调整之周期（3 年）。❶
《纲要》实施至今，10 年过去了，总体上讲成效显著，也有力地推动我国成为
了一个"知识产权大国"。《纲要》提出的主要目标也基本上实现，有些地方算
是"超额完成任务"。诚然，在知识产权战略实施过程中也产生或者显现出了
不少的问题，需要不断调试，通过修法活动或完善举措，进一步推进《纲要》
之实施。

就我个人的看法，这些年来，随着知识产权战略的提出及其推进，改变了
人们对于知识产权本质属性的认识，这才是一个关键乃至伟大的成就。因为这
10 年来的经验与认识告诉我们，知识产权不仅仅是一种私权，更是推进公共政
策的一种工具。其实，从某种角度说，有了这种认识论上的转变，本身就是一
种成就。相信，未来 20 年，只要我们继续稳步推进国家知识产权战略，我们一
定能够从一个"知识产权大国"转变成为"知识产权强国"：不仅是知识产权
本身量多质高，而且能够通过知识产权来促进综合国力的强大，并建立起我们
的知识产权文化及社会秩序，乃至影响到国际贸易与国际关系。

---

❶ 《日本智慧财产基本法》最后一条规定，"本法实施后的 3 年内，政府要对本法的执行情况进行
检查，并在检查结果的基础上考虑制定必要的措施。"实际上，这是以法的形式规定了将来对已定战略
进行调整的必要性。

对知识产权教育问题的几点想法

——纪念《国家知识产权战略纲要》颁布实施十周年

郑胜利[*]

十年前，本人有幸作为专家组组长参加"知识产权人才队伍建设和宣传普及研究"分专题的调研，该专题是《国家知识产权战略纲要》的重要组成部分。现在回顾起来，不论是人才队伍建设还是宣传普及，其核心都是教育问题，因为其对象都是"人"。传授知识产权知识也好，唤醒国人知识产权意识也好，其途径都是通过教育来实现的。教育就要研究教育的对象是谁，教育的目标是什么，宜采用什么样的路径实现这个目标。

从教育对象划分，知识产权教育大致可以分成三类。第一类是知识产权专业人才的培养，这一类人才如大学知识产权师资、专利律师、专利代理人、商标代理人、专利和商标审查员、知识产权交易中介人员、企业从事知识产权业务的专业人员、政府中从事知识产权管理业务的公务员，以及法院中负责审理知识产权案件的法官等。第二类是与知识产权业务相关联的特定业务人员的培训，这一类人员如企事业单位从事技术研发或科研工作的研究人员、管理人员，政府中从事科技管理的公务员等。第三类是在校一般学生和社会普通民众的知识产权知识普及，其中在校学生既包括高等院校专科生、本科生、硕士研究生、博士研究生，也包括中小学生。

本文将针对上述三类人员的知识产权教育谈点想法，以此与大家作一个交流。

---

[*] 郑胜利：北京大学法学院教授，博士生导师。曾参与《国家知识产权战略纲要》的研究与制定，并担任"知识产权人才队伍建设宣传普及研究"专题的专家组组长。

一、知识产权专业人才培养

知识产权专业人才是知识产权制度的中坚力量，其人数虽然与科技人员、文学创作人员相比少了一、二个数量级，但在知识产权制度的实施方面起着承上启下的作用。当知识产权制度立法基本完成之后，这支专业队伍就成为这个制度能否正常运转的关键因素。

（一）知识产权专业人才的知识结构

知识产权专业人才可分为研究型（也称理论型）专业人才和实务型（也可称应用型）专业人才，前者主要指高等院校知识产权师资和知识产权研究机构的研究人员，后者主要指专利律师、专利代理人、商标代理人、企业内部知识产权部专业人员、专利和商标审查员、知识产权交易中介人员、法院知识产权法官等。知识产权研究型人才 95% 以上集中在高等院校，目前大约有一千人，基本可满足高等院校知识产权师资的需求，今后随着高等院校知识产权课程（主要是高等院校面向全校开设的公共课程）的增加，知识产权师资也会有所增加。知识产权研究型专业人才主要通过博士生教育来培养。以下主要探讨实务型知识产权专业人才的培养。

在律师界中有一支人数不多但身份比较特别的律师队伍，习惯上给他们取了个名字叫专利律师（Patent Attorney）。专利律师必须获得两个资格证书，一个是专利代理人证书，一个是律师资格证书。国际上通行的做法是只有获得大学理工科学位的人才能参加专利代理人考试，考试合格后可获得专利代理人证书；大多数国家规定只有获得法学学位的人才能参加律师资格考试（或司法考试），有的国家因为法律人力资源准备不充分，故将法学学位要求放宽到只要有大学学位即可。此外，在知识产权交易中对其财产价值评估也与对动产、不动产的评估很不一样。俗话说"有用的全是金子，无用的是泥土"，一项技术是金子还是一把泥土，其评估方法与对有形财产（动产、不动产）评估很不一样。上述情况告诉我们知识产权有较显著的特殊性，因此从业人员的知识结构就有其特殊要求。知识产权专门人才是一种复合型人才，知识产权学科应作为交叉学科来建设，学制也要有特殊的安排。

（二）知识产权专业人才的培养方案

学制的设置必须符合教育规律。中国古代伟大的思想家、教育家孔子有一句至理名言："三十而立，四十而不惑，五十而知天命。"由于其论断的科学性，两千多年后的今天，中国的绝大多数青年学生都还把"而立之年"作为奋斗的里程碑。他们希望在 30 岁到来时能事业有成，因而成为社会的栋梁之材，为家庭承担更大的责任。基于这样的考虑，在青年人二十五六岁左右时完成正规学校教育任务是比较理想的。一般地说，刚毕业的学生需要二三年的见习才能独立开展工作。根据中国的教育体制，儿童 6~7 岁进入小学（6 年），然后读初中 3 年，高中 3 年，大学本科 4 年，我们设置的知识产权法律专业教育安排在大学本科学习完成之后，学制 3 年左右（基本的法学教育 + 知识产权专业教育）。根据我们的经验，先学理工，后学法律有利于学生掌握知识，因为理工属自然科学，年轻一点学理工有利，而法律属社会科学，年纪稍大、社会阅历丰富一点则便于理解。上述学制设置与美国法律教育（J.D.）基本一致，但与中国一般的法学教育差别比较大，因为中国一般的法学本科教育从高中招生。以北京大学知识产权学院为例，招收的是以获得第一学位（主要是理工学位）的学生。其中知识产权法第二学士学位学制 2 年，总学分 68 分，其包括必修课程 52 学分，选修课程 11 学分，毕业论文 5 学分；知识产权法律硕士学制 3 年，总学分 55 分（必修课程），选修课程学分没有要求，硕士论文不计学分。

根据多所大学的知识产权办学的经验，我们在"知识产权人才队伍建设和宣传普及研究"专题中建议"将知识产权专业列为国家二级学科，鼓励有条件的高校增设知识产权硕士、博士学位授予点"。之所以要将知识产权专业增设为二级学科是因为二级学科可以独立制定培养计划，设置课程并独立发布招生目录，这样在法学、工商管理、管理工程与科学等一级学科下可独立开展知识产权办学活动。

（三）知识产权专业人才的培养规模

有了知识产权专业定位后，接下来就要考虑全国的办学规模。办学规模由市场主导，即办学规模取决于社会对知识产权专业人才的需求量。根据调查，企业是知识产权专业人才需求第一大用户，跨国公司知识产权部专业人员的比例一般占其技术研发人员的 1% 至 4%。按我国 2004 年的统计，我国高新技术企业、大中型企业和科研机构的技术人员为 147.4 万人，若按 2% 比例估算则其需求量应在 3 万人左右。我们对北京大学知识产权专业毕业生就业进行统计，硕士研究生在企业就业的占其总数的 29%，知识产权法第二学士学位生在企业就业的占其总数的 33%。我们在"知识产权人才队伍建设和宣传普及研究"专题中预测，到 2020 年，我国知识产权专业人才就业岗位约为 8 万个，而 2008 年全国高校的知识产权专业的毕业生只有几百人，供求严重不平衡。

（四）知识产权专业人才的继续教育

在校完成知识产权学业的学生只能说是接受了系统的知识产权基础教育，其就业后一般还无法独立地开展业务工作，还必须接受上岗前的业务培训。人员集中的地方可以由用人单位组织集体培训，人员少的地方可以"以老带新"进行培训或几个单位联合组织培训。应鼓励并创造条件让知识产权专业人员积极参加专业协会和研究会的活动，这是他们接受继续教育最好的途径。对于那些未经过系统知识产权教育的专业人员，要鼓励他们通过自学或创造条件让他们到大学旁听补上基础知识不足这一课，有条件的还可以与大学合作组织在职攻读学位。

二、特定人员知识产权培训

本文所称的知识产权特定人员是指其本身业务并不直接从事知识产权业务，但其工作又涉及知识产权事务，如科技人员、文创人员以及相关的管理人员等。他们是知识产权客体（新技术、新作品）的创造者、创造组织者或管理者，其知识产权意识和基本知识对整体知识产权事业的发展起着至关重要的影响，因此对他们进行知识产权培训也就成为知识产权教育的重要环节。知识产权特定人员通常属于社会精英，智商较高，时间又特别宝贵，所以培训工作要精心组织，具有针对性。培训工作的责任主体是这些特定人群上级领导或管理者。

（一）对领导干部的知识产权培训

领导干部是各项工作的总负责人和第一推动力，他们的知识产权意识和水平直接影响一个单位或地区的知识产权意识和水平，对一定级别的领导干部必须进行知识产权知识的培训。

（二）对科技人员的知识产权培训

对于在科研第一线从事科技工作的人员来说，他们一般都很清楚自己正在研发的技术在本领域内的地位和领先程度，但是，大多数没有接受过知识产权培训的科技人员对于已经取得的或是即将取得的科技成果（知识产品）缺乏保护、使用和开发意识。因此，从制定国家知识产权战略的角度来看，必须对这批直接从事知识产权创造、运用和开发的科技人员进行必要的知识产权培训。

（三）对管理人员的知识产权培训

管理人员（包括政府部门和企事业单位的管理人员）在从事知识产权管理时往往要承担判断形势、作出决策等重要管理责任，因此，他们必须具备足够的知识产权基础知识才能作出正确的决策。目前，我国部分管理人员缺乏有针对性的知识产权培训，他们的知识产权知识要么通过业务实践获得，要么通过非系统的自学获得，通过这两种渠道所获得的知识产权知识和意识，往往不能适应信息时代迅猛发展的需求。因此，对这些管理人员进行有针对性、系统的知识产权培训，是我国知识产权战略推进必不可少的一部分。

三、在校学生与国民知识产权教育

在校学生与国民知识产权教育是实施国家知识产权战略和全方位地进行知识产权文化建设的重要组成部分。激励创新、尊重知识、尊重人才、尊重他人知识产权应成为全社会的共识。鉴于我国的国情，首先要明确知识产权文化建设的责任主体，教育部是在校学生知识产权教育的责任主体，中共中央宣传部是全社会知识产权教育的责任主体。只有责任主体明确了，在校学生和国民的知识产权教育才能落到实处。

（一）大学生的知识产权教育

这里的大学生是指非知识产权专业的大学生，包括专科生、本科生、硕士研究生、博士研究生。在几次高等院校知识产权教师研究会上，对于高等院校有关知识产权课程是作为必修课还是作为选修课都进行了广泛的讨论。多数学者认为高等院校学科繁多，理、工、医、农、文等，各学科对知识产权教育的需求不一样，差别还比较大，统一将知识产权作为必修课并不合适，是否开设必修课应交给各学校、各学科研究确定，要相信这些学科的教授们有能力解决这个问题。以法学为例，大学中法律院系的教授们经过充分的论证，将知识产权法作为法学本科十三门基干课程之一，这就确定了知识产权法是法学本科教育的必修课。在"知识产权人才队伍建设和宣传普及研究"专题中，我们提出了将知识产权（或类似课程，如专利法）作为公共选修课。目前，大学中开设的"专利法"课、"知识产权基础"课、"创新、创业、知识产权"课等公共选修课还是很受大学生（包括硕士生、博士生）欢迎的。

大学生中的知识产权教育资源还是比较丰富的，有关知识产权的讲座和学生社团的知识产权宣传教育丰富多彩。我所任教的北京大学，大学生社团开展的"使用正版、拒绝盗版"的宣传活动就开展得有声有色。

（二）中小学生的知识产权教育

中小学生是国家的未来和希望，他们的知识产权意识将严重地影响国家下一个时代的经济发展，我们必须抓紧对他们开展知识产权意识的培育，让他们从青少年开始，脑子里能够深深地打上这样的烙印：知识产权是一种私权，它是未来国家竞争力的根本，只有靠创新来发展自己的知识产权并尊重他人的知识产权才是经济发展的正道。

中小学生的年龄跨度大，是知识快速增长期，因此要制作适合他们不同年龄的知识产权教育作品。由于知识产权是一个专业性很强的学科，中小学的老师还很难把这些知识讲通、讲透、讲精彩，故制作一套适合不同年龄段的高质量知识产权视听教材是一项事半功倍的事业。制作视听教材需要有资金投入，设立中小学生知识产权教育基金是一个很好的选择。

中小学的知识产权教育可以与科学实验、科技创新活动结合起来，有条件的高中还可以聘请校外的专家到校园开展生动活泼的知识产权讲座，以培育学生的知识产权意识。

（三）国民的知识产权教育

我国幅员辽阔，人口众多，国民的知识产权教育任务繁重，但意义却十分巨大。当国民的知识产权意识在其脑海里深深地扎根时，则整个国家知识产权面貌就会大为改观。当前，要抓紧落实两件事，第一是落实此项工作的责任主体，第二是安排专项资金用于国民知识产权教育。依本人的理解，中共中央宣传部是指导全国宣传工作的主管部门，应由它牵头负责并组织协调社会知识产权的宣传工作。

国民知识产权教育要促进社会公众树立正确的知识产权观念，积极创新、尊重知识、尊重人才、尊重他人知识产权。知识产权宣传要善于利用现代媒体，创新大众喜闻乐见的节目。

每年的4月26日为"世界知识产权日"，我国又将每年的4月20日至26日定为"全国知识产权宣传周"，如果我们能利用这契机将"4·26世界知识产权日"活动办成像"3·15消费者权益保护"晚会那样，则知识产权在社会公众心目中的地位将会大幅度提升。

回顾历史，如果从1898年晚清的《振兴工艺给奖章程》算起，我国知识产权制度建设走了整整120年，道路是曲折而艰辛的。1978年开始的改革开放让我国的知识产权制度走上正轨，短短的十几年我们就建立起一个符合国际规则的现代化知识产权制度。十年前我国又颁布了《国家知识产权战略纲要》，取得的成绩世界瞩目。尽管我国的知识产权制度还有许多有待完善的地方，但只要不偏离改革开放的大方向，我国知识产权建设的前途就一定是光明的。

努力奋斗　为建设知识产权强国再立新功

——纪念《国家知识产权战略纲要》颁布实施十周年

单晓光[*]

《国家知识产权战略纲要》（以下简称《纲要》）自2008年6月5日颁布和实施以来，至今已有十年的时间。岁月流金，事业辉煌。我国知识产权事业变化天翻地覆，成绩举世瞩目，为新时代建设知识产权强国奠定了坚实的基础。毋庸置疑，这些成绩的取得离不开方方面面的通力合作和不懈努力。其中，知识产权专业院校是国家知识产权战略的重要参与者和实践者，为知识产权战略的制定与实施培养了卓越的人才，贡献了理论的智慧。为此，我将结合我所在的同济大学知识产权学科十多年来在知识产权人才培养、智库研究和国际合作交流方面收获的成绩和遇到的困境，进行总结与反思。既是为了回顾纪念，更是旨在检视得失，以期砥砺前行，继续奋斗，为我国知识产权强国建设再育才俊新人，再献良计新策。

一、知识产权人才培养

知识产权人才是实施国家知识产权战略、建设知识产权强国的前提和基础，是创新驱动的核心要素和主导力量。《纲要》首先明确提出了要"建设若干国家知识产权人才培养基地。加快建设高水平的知识产权师资队伍"。随后，2014年的《深入实施国家知识产权战略行动计划（2014—2020年）》再次提出"知识产权人才队伍建设工程"。2016年的《国务院关于新形势下加快知识产权强国建设的若干意见》提出要"加强知识产权专业人才队伍建设"。

* 单晓光：同济大学上海国际知识产权学院教授、博士生导师、院长。兼任中国知识产权法研究会副会长，国家知识产权专家咨询委员会委员。本文的写作得到了同济大学上海国际知识产权学院张怀印副教授的协助。

2017 年，为深入实施国家知识产权战略，加快建设知识产权强国，努力实现人才强国和创新驱动发展，国家知识产权局制定《知识产权人才"十三五"规划》。这些政策的陆续出台，为我国知识产权人才队伍建设提供了有效的政策保障和支撑。

世界各国历来都非常重视知识产权人才的培养，尤其是进入了新技术革命的新纪元以来，更是倍加关注。依照 WIPO 学院的初步估计，在 2008 年以前，全球就已有大约 700 所大学将绝大部分知识产权课程设置成了法律院系的核心课程。❶ 我国自《纲要》实施以来，各高校在知识产权人才培养方面快速发展，呈现出下列几个特点。一是知识产权人才体系基本形成。截至 2014 年上半年，全国基本形成了以领军人才、百名高层次人才、千名骨干人才和万名专业人才为纵向 4 个层级，以行政管理和执法、专利审查、服务业、企业、高校及科研院所知识产权人才为横向 5 个类别的，包含 8 万余人的知识产权专业人才队伍。❷ 二是高校知识产权人才培养机构大幅度增加，知识产权学院数量由 2018 年之前的 15 家增长到目前的 35 家，十年增长了 1 倍以上；知识产权研究中心（研究所）也达到 50 家以上。三是国家知识产权培训基地建设成就斐然，全国已有国家知识产权培训基地 24 家、中小微企业培训基地 3 家。仅 2016 年一年，各省、区、市知识产权局和各培训基地结合自身优势，进一步聚焦知识产权创造、运用、保护、管理、服务各环节，共举办各类培训班 300 余期，培训 3 万余人次，比 2015 年增长 20%。❸

当前知识产权专业院校以及国家知识产权培训基地业已成为我国知识产权人才培养的主要阵地。知识产权人才培养尽管成绩有目共睹，但依然有制约发展的问题，如不与新时代同步而行，知识产权强国的建设将任重而道远。要扭转当前知识产权人才培养规模不足，专业素养难以满足社会对国际化、复合型知识产权人才需求的困境，必须探索知识产权人才培养模式的改革和创新。

首先，应探索和完善知识产权本科培养模式。理工科院校或综合性院校应

---

❶ 高木善幸，拉瑞·奥尔曼，姆拉泽·西尼拉. 知识产权教学原则与方法 [M]. 郭寿康，万勇，等，译. 北京：知识产权出版社，2011：4.

❷ 王玥. 强国建设 人才为先 [N]. 中国知识产权报，2014 - 08 - 19.

❸ 杨柳. 国家知识产权培训基地建设实现"十三五"良好开局 [EB/OL]. http：//www. nipso. cn/onews. asp? id = 38198.

当大胆改革，探索新的培养模式。❶ 有的高校提出了"3 + 1 + 2"的培养模式:❷ 第一阶段的"3"是理工类本科的前3年。学生进入高校后参加理工科专业的学习，由知识产权学院和所在的理工科学院进行联合管理，学习仍以理工科为主，学生必须如期完成理工科应修学分。第二阶段的"1"是在4年本科的最后一年进入知识产权专业的学习。这些学生将按照知识产权学院的教学计划，系统学习1年的知识产权知识，包括法学、管理学基础课程和知识产权专业知识。学生毕业时修满所有学分后，取得理工科学士学位，同时获得法学学士学位。第三阶段的"2"是这些学生经过保送或者考试后进入知识产权学院进行硕士研究生阶段的学习。从该模式的本科阶段来看，其精髓在于以理工科专业的学习为主，知识产权专业的学习为辅，将知识产权作为第二学位培养，其优点是能够让学生获得从事知识产权工作所必需的技术背景。同济大学自2014年来采取了这一模式，与土木工程学院、生命科学学院等联合培养既拥有扎实理工基础又有法学和知识产权专业知识的复合型人才，效果明显。

其次，应及时适应全球化的数字科技革命浪潮，拓宽国际化、复合型知识产权高端人才培养的途径。2016年，在WIPO、国家知识产权局和上海市人民政府支持下在原知识产权学院的基础上成立的同济大学上海国际知识产权学院（以下简称"国知院"）作为国内第一家，也是唯一一家与WIPO联合培养知识产权法（设计法）硕士项目（英语）（WIPO硕士项目）的高校，同时也是国内第一家受教育部、国家知识产权局委托承办"中国政府奖学金"知识产权硕士项目（英语）（"一带一路"项目）的高校，在课程设置、师资聘任等方面都进行了有益的探索。学院的首届硕士研究生总人数为91人，学生本科学科背景覆盖文理科，外籍学生占比20%，来自20个国家。目前，WIPO硕士项目和"一带一路"项目班已经开展近一年的教学培养，大胆改革与创新。在课程设计方面，学院与WIPO专家一道共同确定了学科交叉、全模块化课程方案；在师资配置方面，采取国际知名学者＋国内知名学者/实务专家＋同济大学校内师资的"三三制"方式，邀请了WIPO学院、美国哈佛大学、德国马克斯·普朗

---

❶ 国内高校一直在探索知识产权人才培养的模式问题，参见：李晓秋，刘海石. 高校知识产权人才培养优化模式研究：以"校企对接工程"为导向［J］. 重庆科技学院学报（社会科学版），2017（5）：111 - 115；周志聪. 高校知识产权人才培养模式及其创新性研究［J］. 南京理工大学学报（社会科学版），2016（6）：43 - 45.

❷ 梅术文，丁旻玥. 理工背景知识产权人才培养路径探讨［J］. 电子知识产权，2015（9）：59.

克创新与竞争研究所、慕尼黑大学、意大利佛罗伦萨大学、都灵大学、新加坡管理大学、芬兰汉肯经济学院以及上海市高级人民法院、上海知识产权法院、上海市知识产权局、西门子、拜耳、中国人民大学、复旦大学、同济创意设计学院等合作单位的专家，作为专职化管理的兼职师资授课，成效显著。特别值得一提的是，WIPO 已经承诺每年资助我校国知院 3 名中国学生前往 WIPO 总部实习，开拓了中国学生进入国际组织的有效渠道。学院通过两个硕士项目和知识产权交叉学科博士点的建设，正在积极落实十九大向世界贡献具有国际视野的"中国方案和中国智慧"的精神。

最后，应重视发挥国家知识产权培训基地的作用。国家知识产权培训基地建设开始于 2009 年，到 2018 年 3 月为止，全国已经建立 24 家国家知识产权培训基地和 3 家国家中小微企业知识产权培训基地，已形成区域布局合理、品牌特色鲜明、影响辐射全国的培训基地体系。以设在同济大学的国家知识产权培训（上海）基地为例，自 2009 年设立以来，已完成各类培训近百场，并形成了自己的品牌特色。比如，2015 年春季承办的"发展中国家知识产权制度培训班"（英语），有来自"一带一路"沿线 18 个国家的 34 名国家知识产权局官员从中受益；2012～2014 年连续 3 年承办"中国知识产权制度"（英文班），为来自美国、德国、日本等发达国家的 60 余名专利审查员提供培训；还与德国马克斯·普朗克创新与竞争研究所合作举办国家知识产权局"百千万工程"高层次知识产权人才培训班，已连续举办 5 届，100 余名学员接受了培训。从近年来全国各知识产权培训基地发挥的作用来看，各基地积极开展各类知识产权人才培养，为《纲要》的目标的实现贡献了力量。

二、知识产权智库建设

"学然后知不足，教然后知困。"知识产权学术研究不仅与教学相辅相成，保障和促进知识产权人才的培养，还能作为智库为国家知识产权战略的实施和强国目标的实现提供智力支持。2010 年起，为了适应我国知识产权事业高速发展的需求，国家知识产权局先后在北京大学、中南财经政法大学、同济大学、天津大学、大连理工大学和航天科工集团等单位设立 6 家国家知识产权战略实施研究基地。其主要职能是开展国家、区域和产业层面的知识产权战略研究，加强对国际知识产权发展动态研究，为深入实施知识产权战略、加快建设知识产权强国提供政策建议和决策支撑。8 年来，6 家国家知识产权战略实施研究基地通过专项课题、应急课题、学术课题和《信息速递》等各种途径为国家知识产权局等部门贡献了决策的依据，有效推动了国家知识产权战略的实施。以同济大学国家知识产权战略实施研究基地（以下简称"同济基地"）为例，2013 ~ 2017 年该基地完成的专项课题、应急课题、其他课题及《信息速递》情况如表 1 所列。

表 1　同济大学国家知识产权战略实施研究基地 2013 ~ 2017 年
完成的课题及《信息速递》数量情况

年份	2013	2014	2015	2016	2017	总计
基地专项课题、应急课题/项	10	5	4	6	5	30
其他在研课题（含国家社科基金重大、一般项目等）/项	19	25	33	17	21	105
《信息速递》/份	11	11	11	8	11	52

此外，同济基地还每年发表学术论文 40 篇以上，为国家和上海市有关部门提供相关决策研究报告 10 余篇，为国务院相关文件的起草提供了 3 篇专家建议稿。有近一半的《信息速递》获得国家知识产权局领导的批示和肯定。

智库和科学研究工作的开展为国家知识产权战略的实施和推进提供了有力的智力支撑作用。中南财经政法大学的黄玉烨教授认为："知识产权智库能够最大程度汇聚专业人才及各界智慧，既是智力资源的'蓄水池'，也是人才培养的'后花园'，是现阶段我国应对知识产权领域挑战的不二之选。"[1] 比如，黄玉烨教授的阶段性成果《中国高铁"走出去"应专利先行》在国家社会科学基金项目《成果要报》刊登，为高铁领域的专利布局贡献了良计良策，有力推动了我国外向型企业对专利的运用和保护。同济大学提供的《知识产权强国建设》和《知识产权密集型产业对中国经济的贡献研究》等系列研究成果，在2015 年发布的《国务院关于新形势下加快知识产权强国建设的若干意见》中得到采用，对于知识产权强国战略的提出和推进不无裨益；《自贸区知识产权保护与管理》系列成果被报送国务院有关领导以及中央办公厅、国务院办公厅、国务院 28 个部委以及上海市委书记、市长等部门单位领导参阅，部分内容已在上

---

[1] 杨柳. 国家知识产权培训基地建设实现"十三五"良好开局 [EB/OL]. http：//www. nipso. cn/onews. asp？ id = 38198.

海市得到实施，有力推进了上海自贸区的知识产权保护和管理工作。

三、知识产权对外交流合作

《纲要》提出要加强知识产权领域的对外交流合作。近年来，各高校越来越重视国际的合作交流，多种多样的合作交流活动开展得如火如荼。

1. 国际知识产权人才培养与交流

随着我国经济发展和国际贸易投资的开拓，我国对国际化知识产权人才的需求日益增加。在经济全球化的背景下，发达国家企业以知识产权为竞争手段，利用中国企业"走出去"进入新兴市场、立足未稳之际，发起知识产权诉讼，谋取竞争优势的案例大量出现，对知识产权国际化人才的培养提出了迫切要求。❶ 此外，随着"一带一路"倡议的扩展，企业由于知识产权风险防控意识不强、知识产权风险应对经验不足，知识产权风险已成为企业"走出去"的"阿喀琉斯之踵"。❷ 在此情况下，也需要大量熟悉国际知识产权规则、擅长国际贸易和投资的高端知识产权人才为企业保驾护航。目前，很多高校通过联合培养等方式提升知识产权人才的国际化水平。同济大学也在探索国际化知识产权人才培养的新途径。目前，同济大学已经与德国洪堡大学、慕尼黑大学、康斯坦茨大学和意大利的都灵理工大学等高校签订知识产权双硕士学位培养项目，中国学生既有机会在世界知名大学深造，也使得国际学生能够理解和接受中国的知识产权经验和智慧。

2. 举办知识产权国际研讨会

知识产权国际研讨会是开展知识产权对外合作交流的良好平台，能够有效促进我国同国外政府、学术界、实务界的沟通和交流。我国高校一直比较重视国际知识产权会议的举办，为中外知识产权合作交流搭建平台。比如，中南财经政法大学举办的"知识产权南湖论坛"自2004年起，已经连续举办15届，成为我国学界知识产权交流的一大品牌。"同济－拜耳知识产权论坛"也已经连续举办13届，成为中欧知识产权交流合作的重要平台。此外，同济大学每年参与"上海知识产权国际论坛"的举办，也已有14届，对于促进上海市与国外

---

❶ 王亚琴. 新形势下要创新知识产权人才培养模式［N］. 中国知识产权报，2015－06－19.
❷ 张怀印. 解决知识产权争议　护航"一带一路"建设［N］. 中国知识产权报，2018－02－28.

的知识产权交流合作发挥了重要作用。这些国际知识产权会议的举办，对于促进中外知识产权交流、消除国外对我国知识产权法律政策的误解大有帮助，也是践行《纲要》的重要举措。

3. 参与科技外交，为国际交流合作担当重任

随着经济科技的全球化，"一带一路"倡议得到广泛认同，国家之间的知识产权政策、法律的交流与协调也就日益重要，这也是知识产权专业学者理应担当的时代重任。比如，为了在中欧科技创新领域达成共识，消除分歧，李克强总理（时任副总理）在 2012 年 5 月访问欧盟时与欧盟领导人达成共识，经国务院批准、由中欧双方建立了中欧创新合作对话机制。在这一机制中，同济大学知识产权学科的教师作为中方专家组的主要成员，从知识产权、技术标准、市场准入和国民待遇等几个方面，多次参与谈判对话，阐述了中欧双方应当加强创新环境的建设，推动促进创新框架条件的认识与沟通，有力促进了中欧双方的互利共赢的合作。❶

《国家知识产权战略纲要》已实施十年，目标就在眼前；知识产权强国建设又开始跃马扬鞭，我们唯有不止奋斗，再立新功，才能不愧于新的时代。

---

❶ 同济大学法学院. 李克强总理接见我校出席中欧创新合作对话专家［EB/OL］. https：//news. tongji. edu. cn/classid－15－newsid－47843－t－show. html.

勇于创新　坚定履职
以强有力刑事执法助推知识产权战略实施

高　峰[*]

当前，我国正处在转变发展方式、优化经济结构、转换增长动力的攻坚期，新时期、新形势赋予公安机关维护自主创新经济、保障国家经济安全与发展的新的历史使命。《国家知识产权战略纲要》（以下简称《纲要》）颁布实施 10 年来，全国公安机关坚定履行刑事打击职能，主动适应经济发展新常态，积极顺应人民群众新期待，坚持以理念创新、机制创新和手段创新提升对各类侵犯知识产权犯罪的主动防范打击能力，逐步探索建立起数据引领、集约打击、部门联动的常态化打假新格局。

一、突出打击主业，始终保持对侵犯知识产权犯罪的高压严打态势

打击犯罪是公安机关服务经济发展的首要任务，也是国家知识产权战略赋予公安机关的主要职责。《纲要》颁布以来，公安机关始终把严厉打击侵犯知识产权犯罪作为一项重要政治任务常抓不懈，投入更多资源，实施多元化举措，坚决遏制这一严重犯罪。据统计，2008~2017 年，全国公安机关共破获侵犯知识产权和制售假冒伪劣商品犯罪案件 22.3 万余起，抓获犯罪嫌疑人 26.2 万名，涉案总价值 1549.5 亿元人民币（历年数据如图 1 所示），各项战果分别超过历史同期 18 倍、4 倍和 23 倍，为推动国家创新发展和稳步开展对外经贸合作提供了强大执法保障。

---

* 高峰：公安部经济犯罪侦查局局长，全国知识产权领军人才。主持建立了中国知识产权刑事保护的政策框架、方针策略以及相应的制度规范。

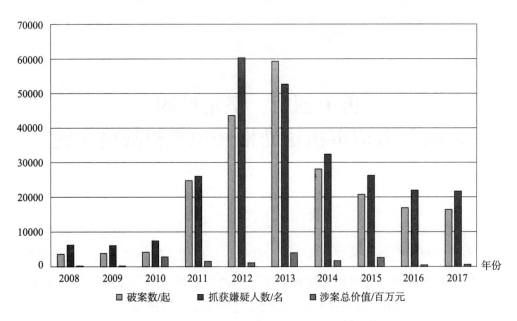

图1 2008～2017 年打击侵犯知识产权犯罪数据统计

（一）以专项行动为牵引，不断提高打击侵犯知识产权犯罪力度

2008 年以来，公安部组织全国公安机关以专项行动为抓手，集全警之力雷霆出击，严厉打击各类侵犯知识产权犯罪，取得强力震慑效应。其中，2010 年11 月至 2011 年 11 月开展的"亮剑"行动，共破案 4.4 万起，捣毁制假、售假犯罪窝点 32573 个，打掉批发、销售侵权伪劣商品犯罪团伙 7731 个，抓获犯罪嫌疑人 5.5 万名，涉案总价值达 241.5 亿元，总体战果超过往年同期 9 倍，在深度、广度、高度、力度和精度上实现了专项打击的新突破，引领公安机关专项打击治理进入历史新阶段。2012 年 3 月至 8 月底，全国乘胜追击，再次发起打假领域"破案会战"，共破案 2.8 万起，抓获犯罪嫌疑人 6.6 万名，总体战果在"亮剑"行动攀升 9 倍的基础上继续成倍增长。上述行动得到了国内外有关权利人组织、企业和社会各界的高度评价，全球反假冒机构向公安部颁发"2012 年度全球反假冒执法部门最高贡献奖"，表达了国际社会对中国政府和公安机关的肯定和赞许。为保持高压严打势头，2012 年 12 月至 2013 年 12 月，全国公安机关发起新一轮"打假行动"攻势，共破案 5.5 万起，抓获犯罪嫌疑人5.9 万名，摧毁 1260 个区域性、领域性犯罪源头及其供销网络，再次成为公安机关服务经济社会发展大局、打击突出犯罪活动的标志性经典战役。

连续 3 年的专项行动，为公安机关打击侵犯知识产权犯罪开创了高标准的新起点，推动全国公安机关从此形成整体推进、重点突破、集中力量打大仗的工作新格局，并逐步进入全面纵深推进的常态化打假新阶段。2017年11月28日至2018年1月31日，全国公安机关立足打假工作新征程新使命，再次开展为期2个月的集中打击侵犯知识产权犯罪"春雷"行动，共破案3832起，捣毁犯罪窝点5970个，抓获犯罪嫌疑人5122名，掀起继2013年"打假行动"之后最强一轮打假高潮。

（二）突出打击重点，强化大要案件破案攻坚

为有力遏制侵犯知识产权犯罪催生"黑色经济"、危害国计民生的严峻形势，公安机关将打击矛头对准直接坑害群众利益、危害生产生活安全、妨碍创新发展大局的突出重点领域，紧盯源头地域、网上犯罪和产业全链，以破案攻坚牵引带动整体打假纵深挺进。特别是针对案值大、范围广、涉众多、影响恶劣的重大案件，公安部挂牌督办，明确专人全程指挥督导，确保办成铁案，依法惩处不法分子。近10年来，2500余起部督案件已全部办结。

一是坚持以人民为中心的工作导向，全力捍卫民生健康安全。公安机关突出民意导向，回应人民期待，坚决围剿制售假劣药品、食品、农资、日化等恶性侵犯知识产权犯罪。2011年打击假冒食用油系列战役，揭开了假冒食用油掏捞、粗炼、深加工并包装成名牌食用油经批发、零售流入餐桌的产业链条，河南鼎鼎公司案即缴获假冒"金龙鱼""鲁花"等品牌食用油47吨。2013年"打假行动"共查缴自来水"注射液"、淀粉"抗生素"、厨余垃圾"食用油"、病死猪"羊肉片"、菌落超标"卫生巾"等假冒伪劣商品9000余万吨；2017年"春雷"行动破获假冒食品药品、妇幼日化、汽配家电等民生领域犯罪案件2061起，其中黑龙江、河南等9省市公安机关合成出击，同步开展"12·7"特大跨地域假药案集中收网行动，共破案35起，抓获犯罪嫌疑人84名，捣毁犯罪窝点26处，缴获假冒瑞士诺华、法国赛诺菲、美国辉瑞、德国拜耳、英国阿斯利康公司治疗癌症、心脑血管病、糖尿病的"格列卫""波利维""立普妥""络活喜""拜糖平"等70余种假药670余万粒（片、支）、假药原材料2.6吨，涉案总价值达6亿元，以实实在在的打击成果保障人民群众健康安全。

二是积极应对"互联网＋侵权假冒"带来的新挑战，严厉打击利用互联网侵犯知识产权犯罪活动。伴随着互联网技术的广泛应用发展，各国不法分子网上勾结联络、兜售假冒伪劣商品日益严重，并引发了犯罪手段、组织模式的变

异，其隐蔽性、再生性、蔓延性远超以往。公安机关充分运用网上侦控手段，开辟打击侵犯知识产权犯罪新战场。2014 年 6 月，公安部部署全国公安机关开展网上打假行动，对各类利用互联网实施的侵犯知识产权犯罪展开全面进攻，共破案 2.34 万起，抓获犯罪嫌疑人 2.76 万名。2017 年 9 月，浙江公安机关根据电商平台企业反映线索，成功侦破"10·26"特大网上制售假冒名牌户外商品案，抓获犯罪嫌疑人 15 名，捣毁制假工厂 3 个、大型仓库 6 个，缴获假冒"始祖鸟""UGG""Ganada Goose（加拿大鹅）"等品牌服装、鞋、帽等户外商品 2100 余件，累计销售额高达 1.41 亿元，摧毁一个涉及全国 13 个省市，涵盖生产、批发、零售、仓储等制假产业链各个环节，其中包含制假工厂 1 家、批发商 18 家、零售网店 13 家的特大制假售假犯罪网络。

三是重点打击危害企业创新利益、国家创新发展的商业秘密犯罪。商业秘密作为知识产权的重要组成部分，是企业保持市场竞争优势广泛使用的手段和工具。近年来，此类犯罪案件逐年增多，严重扰乱市场竞争秩序、挫伤整个社会的创新热情，也给商业秘密权利人带来难以挽回的巨大损失。立足激励企业创新热情、服务国家创新发展大局，公安机关始终将侵犯商业秘密犯罪作为重点内容之一予以坚决有力打击。据统计，2008～2017 年，全国公安机关共立侵犯商业秘密犯罪案件 1248 起，涉案金额 58.5 亿元，各项战果分别超过历史同期 25% 和 211%。2018 年 2 月，天津市公安机关破获绪某等人侵犯建科机械（天津）有限公司商业秘密案，抓获犯罪嫌疑人 4 名。该案中，建科机械（天津）有限公司系我国专业从事装备、配套软件研发及生产的科技创新型企业，掌握行业内 90% 以上的核心技术，拥有专利近 400 项，国内市场占有率达85%，因被不法分子盗取其商业秘密从事非法营利，造成经济损失 2072 万元。

四是坚决、及时打击各类危害公共安全的侵犯知识产权犯罪。2013 年 5 月，湖北省公安机关侦破假冒伪劣消防车案，及时追查销往全国多地政府、消防部门的 69 辆假冒伪劣消防车。涉案消防车存在高压水枪压力不足等严重缺陷，可能无法实现灭火、抢险、救援等基本功能，导致重大危险甚至造成二次危害。同年 8 月，湖南联合 11 省市公安机关破获假冒伪劣列车监控设备案，打掉通过伪造铁路定点企业南车时代 LKJ2000 型监控装置电子插件，非法为全国多地铁路列车维修 LKJ2000 型监控装置的犯罪团伙，及时预防假冒伪劣 LKJ2000 型监控装置导致列车发生追尾、脱轨、断钩、溜逸、碰撞等重大安全事故。2017 年 7 月，天津、山东公安机关联合破获"6·16"特大制售假冒伪劣高压钢管案，查获假冒上海宝山钢铁集团、天津钢管集团、包头钢铁集团等企业高压钢管2000吨，有效控制了涉案钢管流入各类工矿企业、工程项目。

（三）坚持全面、平等、依法保护，重点铲除跨国跨境侵犯知识产权犯罪网络

日益猖獗的跨国知识产权犯罪不仅严重侵害权利人的合法权益，还可能引起各国投资环境的恶化，进而影响国家经济的健康发展，特别是针对近年来出现的中外不法分子相互勾结，形成跨国跨境制假售假犯罪产业利益链条的趋势，公安机关不断加大工作力度，坚决遏制这一趋势的蔓延。2017年8月，重庆市公安机关成功破获一起互联网上跨国销售假冒名牌商品案，抓获犯罪嫌疑人2名，查获假冒"路易威登""古驰""迈克高仕""耐克""阿迪达斯"等品牌箱包和服饰等880余件，涉案价值330余万元，查明并摧毁一个利用开设网店、勾结美国"网红"在美国网络平台发布推广链接，面向涉及美国、法国、加拿大等10余个国家国外客户销售假冒名牌商品的特大跨国制售侵犯知识产权商品犯罪网络。与此同时，公安机关牢固树立法治思维，以实际行动保护在华各国、各类外商投资企业的知识产权利益。据统计，2008年以来，公安机关共破获涉及国外品牌的案件数量占全部破案总数的40%，涉及14个国家的179个品牌，其中，美国、法国、德国、意大利品牌分别占查获涉外品牌案件的31%、20.7%、13%、11%，另外，日本、英国、韩国、瑞士、荷兰、瑞典、澳大利亚、加拿大、新加坡、丹麦等国家品牌均有涉及；在破获的涉外品牌案件中，服装箱包、家用电器、汽车配件类案件分别占全部案件的49%、15%、11%，其他为食品、药品、化妆品、日用品、办公用品、妇幼用品、医疗器械、建筑材料、机械设备、机电等。

二、探索创新战术战法，实现知识产权刑事保护职能的重大转变

公安机关以发展的眼光不断夯实基础工作，积极创新策略举措加以强化，大力提升公安机关保护知识产权工作水平和能力。

（一）探索创新打击策略，提升打击犯罪能力

当前侵犯知识产权犯罪跨地域、产业化、链条化特点日益凸显，各地制假

售假不法分子分处于产、供、存、运、销等不同环节，共同组成地域上分散、结构上紧密的犯罪产业链条。传统的以一地公安机关为主的办案模式囿于力量、手段等限制，往往只能触及犯罪网络的一部分，无法适应打击需要。对此，公安部在2011年创新提出集群战役的打击模式，即重点案件线索由公安部统一指挥，产供销涉案地公安机关协同开展线索摸排、深入经营、集中打击。现已累计打掉2000余个特大犯罪网络，切实形成了协同侦控、合成围剿的强大声势。2013年，公安部经侦局首次直接投入打假实战，组织开展打击假药"云端行动"，从地方公安机关摸排的一条假药线索入手，综合运用各种手段排查出400余条线索。时机成熟后，组织29个省份公安机关开展集群战役收网行动，关停违法网站、网店140多家，抓获犯罪嫌疑人1300多名，缴获各类假药3亿余粒（片、支），扣押造假原料9吨多，涉案价值22亿元。

（二）完善深化情报导侦，实现集约打击最大化成效

在总结近年来打击实战经验的基础上，公安机关进一步优化集群战役主战模式，强化数据意识和信息应用能力，开发专门研判工具，搭建指挥调度平台，探索实践情报导侦、区域联动、集约打击的新模式。2016年，针对假烟违法犯罪猖獗、严重侵蚀税收基础的犯罪形势，公安部选定烟草领域作为数据化实战切入点，从一起假烟案3个主要犯罪嫌疑人入手，汇集海量涉烟违法犯罪数据，调取各类数据340万条，研判生成74个窝点、129名重点嫌疑人员的批量情报，下发基层作战单位落地生成线索，开展定点打击。2016年7月和12月，调度指挥28个省份的160余个地市公安机关，开展两波次集中收网行动，捣毁假烟犯罪窝点893个，缴获制假设备988台，假烟238万余条，制假原料2682吨，总案值15.5亿元。

（三）坚持以打促建，打牢公安机关知识产权刑事保护内部工作基础

一是推动法制建设。2008年以来，为彻底解决长期困扰公安机关乃至整个知识产权刑事保护领域的一些法律问题，公安部经侦局展开知识产权刑事法律课题研究，旨在全面梳理、深入研究当前知识产权刑事法律的各类突出问题，分类予以解决，进一步推动知识产权刑事保护工作。2011年1月，公安部会同最高人民法院、最高人民检察院联合印发《关于办理侵犯知识产权刑事案件适用法律若干问题的意见》，系统解决了案件管辖、性质认定等长期困扰执法实践

的难题。在此基础上，公安部会同最高人民法院、最高人民检察院研究起草了配套的执法指导手册，以便各地更加准确地理解和适用，引起各地热烈反响。此外，公安部还会同国家工商行政管理总局、国家食品药品监督管理局、农业部等部门研究解决案件性质认定、法律疑难问题等，推动完善相关法律体系建设。

二是打造专业队伍。2012 年，公安部印发《关于进一步加强打击侵犯知识产权和制售伪劣商品犯罪工作的意见》（公通字〔2012〕22 号），就加快解决资源整合、队伍建设等机制体制问题作出部署，推动成立公安部打击侵犯知识产权和制售假冒伪劣商品犯罪工作领导机构，统筹全国打假工作；在各级党委、政府的大力支持下，各地公安机关也相继成立了知识产权专门队伍。黑龙江、重庆设立知识产权专业总队。辽宁、上海、浙江、江苏、福建、湖北、湖南、广东、青海等地经侦总队下设知识产权支队。宁夏回族自治区银川市公安局专门设立知识产权犯罪侦查支队，全国打击侵犯知识产权犯罪专业化水平整体大幅提升；公安部先后举办 15 轮知识产权刑事执法培训，特邀国内外执法部门、学者专家专题授课，共培训各地一线学员千余人，有力提升了一线公安机关执法理念和实战技能。

三是深化能力建设。公安部针对制假售假犯罪的"物品、资金、人员、信息"4 项要素，重点推进 4 个基础建设项目，强化侦查手段建设。建立物流管控协作机制，实现物流寄递信息的及时查询；研发真假产品溯源技术，收集 385 种事关国计民生的重点产品技术特征，实现真假产品的鉴别和案件的串并溯源；推动违法犯罪资金查控平台建设，实现可疑交易线索快速核查；建成黑名单库和积分预警模型，实现对重点对象犯罪活动的动态监控。

三、完善与知识产权各相关方的协作配合，形成保护知识产权工作合力

（一）深化"两法衔接"，发挥部门合成优势

《纲要》颁布以来，公安机关继续推进与工商、版权、专利、海关等部门的衔接配合机制建设，不断改进信息通报、案件移送、联合打击的协作机制，着力提升协作效能。10 年来，各行政执法部门共向公安机关移送涉嫌侵犯知识

产权犯罪案件4.1万起，移送比例从9.9%逐步上升至18.7%，协作配合机制的优势日渐彰显（各部门向公安机关移送案件数据统计见图2）。按照国务院《关于进一步做好打击侵犯知识产权和制售假冒伪劣商品工作的意见》（国发〔2011〕37号）部署，2011年以来，公安机关积极参与全国打击侵犯知识产权和制售假冒伪劣商品工作，推动将刑事打击纳入社会治安综合治理考评体系，全力投入互联网、农村市场、车用燃油等重点领域整治活动并发挥主力军作用。同时，公安部会同国家版权局、国家烟草专卖局、海关总署等部门在建立健全重点案件联合督办机制和法律政策研究解决机制等方面进行了有益尝试，逐步建立起"信息共享、适时介入、联合行动、优势互补"的合作新机制，提升了打击和预防犯罪的合力。公安部加大了对各地贯彻落实中共中央办公厅、国务院办公厅《关于加强行政执法与刑事司法衔接工作的意见》（中办发〔2011〕8号）的督导工作力度，会同最高人民检察院等部门继续开展"行政执法机关移送涉嫌犯罪案件专项监督行动"，推进衔接配合工作的机制化、规范化。

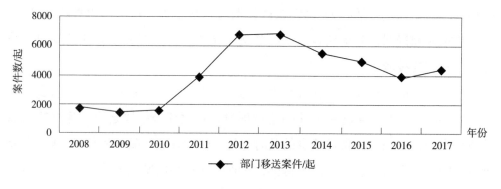

图2 部门移送案件统计

（二）加强警企协作，实现资源共享

公安机关将推进警企协作作为延伸保护、提升打击能力的重要途径，通过定期走访企业、建立警企联络机制、举办联席会议等方式，倾听企业呼声和建议，探讨加强知识产权刑事保护工作的策略和措施，同时向企业提供防范侵权和维权的指导帮助，主动预防侵犯知识产权犯罪的发生，保护企业权利人的合法权益。2008年以来，各地公安机关相继与本地行业协会、重点企业建立起协作机制，公布服务企业具体措施，公开承诺有案必接、违法必究。同时，针对入驻我国的外商投资企业日渐增多的情况，公安机关不断加强涉外知识产权案件办理工作，着力净化外商投资市场环境。目前，全国省级公安机关已相继与外商投资企业协会优质品牌保护委员会等协会组织建立起顺畅的沟通渠道和协作机制。基于中国公安机关的严厉打击和执法保护，爱宝、辉瑞等多家跨国公司对我知识产权刑事保护工作给予充分肯定。

2013 年，公安部与网络电子商务平台阿里巴巴建立起共同打击和防范互联网上侵犯知识产权犯罪的协作机制，就加强线索通报、信息共享、培训交流、技术研发等方面协作配合，建立务实高效的知识产权刑事保护合作机制达成共识，并逐步建立完善电商数据协查快速通道、网络侵权线索研判查处等工作机制，利用大数据服务、支撑打假实战。

（三）突出"数据"思维，培育效能提升新动力

2015 年以来，公安机关牢牢把握大数据发展趋势，紧扣数据化实战需求，积极拓展与知识产权相关部门的数据融通，全力打造以数据交互为纽带的一体化、大合成打假工作格局。其中，重点应对涉烟、走私经济犯罪高发态势，积极创新与烟草、海关等行政执法和行业监管部门长效、常态机制建设。特别是会同国家烟草专卖局联合建设的首个涉烟违法犯罪研判室正式启用，深度整合公安、烟草部门各类相关数据，打造数据集成、情报扩线、指挥调度等功能为一体的实战应用平台，为打击涉烟违法犯罪提供数据支撑和研判服务；主动加强与阿里巴巴、京东、腾讯等互联网平台公司的合作，共同研发嵌入公司后台数据库的"假冒伪劣网上监测模型"，自动化批量推送数百条有价值线索，提升预测预警能力；先后邀请美国"辉瑞""惠普""苹果"、日本"丰田"、英国"杜蕾斯"、德国"阿迪达斯"等外商投资企业，共同探索研发分商品门类的"数据打假模型"，创建数据化警企协作新机制，引发国内外企业广泛关注和积极参与。

四、积极倡导和加强国际执法合作，有效应对侵犯知识产权犯罪国际化挑战

中国公安机关始终倡导"以案件促合作，以交流促共识"的理念，主动加强与各国执法部门的沟通协调，务实开展线索通报、情报共享、协查取证、司法协助等多层面合作，积极构建新型执法合作关系，取得积极成效。全球反假

冒机构、国际刑警组织、美国商会等先后授予公安部经侦局"最高贡献奖""最佳地区案例奖""知识产权捍卫者奖"等，表明了国际社会对中国公安机关知识产权刑事保护方面所取得成就的认可。

一是广泛拓展合作机制，坚持以合作促共赢。截至目前，公安部已与国际刑警组织、欧盟反欺诈办公室，以及美国、欧盟、我国港澳地区等 35 个国际组织、国家和地区执法机构建立起知识产权刑事执法合作渠道；先后参与中美商贸联委会、中美战略与经济对话等高层对话机制，以及中美、中俄、中欧、中日、中巴等 12 个双多边知识产权磋商对话机制，并积极发挥刑事合作优势作用；利用中美刑事执法联合联络小组（JLG）机制推动知识产权刑事执法合作，知识产权被双方团长称为 JLG 机制下合作最为顺畅、成果最为丰富的领域。2015 年，时任公安部部长郭声琨与美国国土安全部部长约翰逊进行首次部级会晤，明确将知识产权刑事保护作为中美执法合作的议题之一。在该机制平台下，中美双方就"制定年度合作目标、量化合作成果的评估标准、固化日常合作制度、重点个案宣传"等常态化合作模式进一步达成共识。二是积极开展联合执法，以务实合作深化打击效果。自 2008 年始，先后参与国际刑警组织发起的"风暴""飓风""盘古""真实""链条"等 17 期国际执法行动并取得突出战绩，中国公安机关的执法能力获国际刑警组织高度称赞。2013 年以来，先后与美国、英国、德国等国执法机构围绕假药、假气囊等共同关切领域相互通报 45 条线索，并围绕其中 21 起重点案件开展联合执法调查；每年与美执法机构沟通商定 1~2 起合作重点案例，先后联合侦破"4·8"假药案、"4·22"假烟案、"7·29"跨国制售假冒汽车气囊案等 10 余起跨国侵犯知识产权犯罪案件，双方合作氛围更加浓厚。三是主动适应知识产权犯罪国际化大势，联合摧毁跨国产业链条。2013 年 9 月，公安部组织上海、浙江侦办"4·8"跨国制售假药案，深挖发现一个向美国非法贩运兴奋剂类假药的跨国犯罪链条，主动沟通美国土安全部成功实施"控制下交付"，在中美两国共抓获 6 名犯罪嫌疑人，涉案金额 1 亿元人民币。2015 年 5 月，公安部经侦局根据权利人举报线索，部署北京市公安机关破获"5·08"假冒名牌手机案，抓获犯罪嫌疑人 9 名，涉案金额 1.2 亿元人民币，并循线追踪到美国国内一名美国人组织下订单，国内犯罪嫌疑人从美国购进废旧手机主板组装生产假冒名牌手机，再大量向美国出口销售的有关线索。根据我方通报，美国移民海关执法局达拉斯分局对该名美国人启动调查程序，实现了打击效果的国际化。

五、大力宣传营造打假氛围，展示公安机关打击侵犯知识产权犯罪"零容忍"的坚定态度

巨大的侵权商品消费市场、知识产权保护意识的淡薄是诱发侵犯知识产权犯罪的重要因素。多年来，公安机关始终将宣传工作作为打击侵犯知识产权犯罪的另一重要阵地，努力营造全民关心、参与知识产权保护的社会氛围，提升我国保护知识产权的国际形象。对内，坚持宣传策划贯穿打击办案始终，多层面反映公安部门打假成果，深层次揭露制假售假犯罪恶劣本质。结合"3·15""4·26""5·15"等重要时间节点，围绕重特大案件、事件筹划集中宣传报道，营造舆论声势；发动各级公安机关，在媒体和网络上连续报道打假进展成效、典型案例，并运用手机公益短信、电台公益广告、开展街头宣讲、走访企业社区、组织成果展、召开新闻发布会等多元化形式，直接面向广大公众，广泛宣传法律法规和典型案例，提升社会关注度和支持度；2011 年以来，三次组织各地公安机关开展打击侵犯知识产权犯罪集中销毁活动，全国近 200 个城市共同参加，销毁假冒伪劣商品 3500 余万件，央视现场直播，媒体连续报道，社会反响巨大。对外，结合重点合作案件，利用联合办案适当时机，多次约请美国移民海关执法局驻京参赞、英国皇家税务及海关总署驻华联络官赴广东广州、深圳，浙江金华，广西南宁等涉案地进行实地探查和现场观摩，与我国一线侦查员进行面对面交流，向其讲解我国执法程序、工作流程，展示我国执法理念和严打立场。同时，持续增进与在华外商投资企业的交流互动。先后围绕缪成龙网络售假案、"10·20"特大系列制售假冒注册商标的商品案等侵犯国外品牌知识产权重点案件，分别邀请 LV、奔驰公司代表赴上海、辽宁、安徽收网现场进行实地踏勘，交流案件犯罪手法特点，探讨警企合作具体举措；通过自上而下建立警企协作机制、定期召开座谈会、联合举办知识产权刑事保护论坛等形式，积极传递中国打击知识产权犯罪的有力声音，获得了在华外商投资企业的嘉许和肯定。

六、结　语

2018 年，随着《纲要》颁布实施 10 周年到来，我国知识产权保护工作在

改革开放 40 周年之际进入一个全面升级、深入发展的新阶段，全国公安机关将切实履行职责，着力建立完善与信息化相适应的知识产权刑事保护机制，进一步提高数据化作战能力和信息化应用水平，不断完善常态化条件下的打防工作格局，不遗余力地为保护知识产权、保障企业创新、服务科学发展保驾护航！

甘当知识产权强国事业的孺子牛

——纪念《国家知识产权战略纲要》颁布实施十周年

郭民生 *

从我国加入世界贸易组织（WTO）到《国家知识产权战略纲要》（以下简称《纲要》）发布实施 10 周年，我几乎经历了全过程。2001 年我"半路出家"，踌躇满志地加入到知识产权事业的队伍中，与全国知识产权界的同仁们一起，脚踏实地，辛勤耕耘，默默奉献，艰苦奋斗，开启了建设知识产权大国的新征程，把最美好的年华奉献给知识产权强国事业，直到 2015 年 9 月退休。其间，恰逢我国"入世"探索、《纲要》酝酿、制定和实施，我作为一名参与者、亲历者，回顾《纲要》探索、研究、酝酿、制定和实施的全过程，追忆知识产权领域发生的历史性事件，对比、总结专利领域取得的数字巨变，回眸、凝视知识产权领域发生的一幅幅图片和影像，仿佛使自己又回到了那充满激情的岁月，又回到了那"炮火连天"的"战场"，又与"战友们"患难与共，一起克难攻坚，一起奋勇战斗……

制定、实施知识产权战略，建设知识产权大国、强国，我国大概经历了四个阶段：2001～2004 年的被动挨打、彷徨探索、宣传普及期；2004～2008 年的活跃酝酿、先行先试、凝聚共识期；2009～2013 年，全面实施、快速发展、效果初显期；2014 年开始进入强力推进、提质增效、高标准建设、富民兴业强国期。

一、彷徨　研究　探索

在上述四个阶段中，第一个阶段是最困难、最迷茫、也最值得怀念总结的。

---

　* 郭民生：国家知识产权专家咨询委员会委员。曾任河南省科学技术厅党组成员、河南省知识产权局局长；政协河南省第十届、第十一届委员；中国知识产权研究会常务理事、中国发明协会常务理事、河南省知识产权保护协会常务副会长。

正是在这个阶段，国家和各省市区因地制宜，深入研究，积极探索，为制定国家、地方知识产权战略奠定了坚实基础。

1. 坚定信念，有"为"有"位"

2001 年，我国正处于加入世界贸易组织后全面与国际经贸规则接轨、全面落实新修订的各项知识产权专门法律的起步阶段。一方面我国的经济外向度低，全社会的知识产权意识十分淡漠，各类创新主体的创新能力比较薄弱，自主知识产权的数量严重不足、质量不高，国内产业、企业基本处于被动挨打局面。另一方面，随着经济全球化、知识经济化趋势加快，发达国家加快制定和实施知识产权战略，跨国公司利用其知识产权优势"跑马圈地"，处处打压国内产业和企业，知识产权规则成为我们必须迈过的"门槛"。再者，全国知识产权局系统形成了"头重身轻无根基"的基本队伍现状，省级及以下知识产权局几乎没有具体的工作抓手、政策工具和实施载体，基本处于无足轻重的地位。

河南省地处中原，是全国第一人口大省、经济大省和农业大省。在"入世"前的 2000 年，全省专利申请量只有区区 3818 件，发明专利申请量只有 650 件，不敌日本松下电器一家公司当年在中国申请的专利数量。河南的省情就是中国的缩影。这样的基本国情、省情，何谈制定和实施专利战略、商标战略和知识产权战略？我作为一个中部大省的知识产权局局长，也犹豫过、彷徨过，怎么办？是等、靠、要、混日子、当过客？还是扑下身子、虚心学习、潜心研究、奋力前行？最终，我认为，"一张白纸"没有负担，下定决心要在知识产权工作这张"白纸"上画出美丽的图画，没有条件创造条件也要干！有"为"才能有"位"！有"的"就敢放"矢"！只要能跟上国家改革开放的步伐，跟上经济全球化的潮流，把握住制定和实施国家知识产权战略的历史性机遇，知识产权工作一定会大有作为！正可谓："半路出家"踌躇满志，"饥肠辘辘"开启征程。

2. 没有调查研究，就没有发言权

面对"入世"及全面建设小康社会的新形势、新挑战、新要求，党的十六大首次提出"完善知识产权保护制度"，"鼓励技术创新，在关键技术领域和若干技术发展前沿掌握核心技术和拥有一批自主知识产权"，这是党中央面对国际经济一体化的大趋势作出的重大战略谋划！如何把握"入世"给知识产权事业带来的前所未有的发展机遇，全面贯彻落实党的十六大精神，紧紧围绕党中央、国务院和地方党委、政府的中心工作，与时俱进，开拓创新，扎实工作，选准突破口，奋力开拓知识产权工作的新局面成为最为急迫的任务。在国家知识产权局的指导和大力支持下，我牵头组织河南省委政研室、省政府发展研究中心和省直有关部门、大学和科研机构的 30 余名领导和专家学者成立了《河南省专利工作现状分析与战略对策研究》课题组，从摸清家底入手，深入全省 18 个市地、80 多个县区、200 多家企业、科研机构和高等院校，针对河南省食品、机电等支柱产业、重点高新技术领域和大型骨干企业的现状，经过一年多的调查研究和多次研讨，形成了近 30 万字的《河南省专利发展战略研究》报告，在公开媒体上发表论文 40 余篇，向省委、省政府报送专报 3 篇，获得了省社会科学研究成果一等奖。该报告的主要内容被国家知识产权局和知识产权出版社纳入了"知识产权战略"丛书之一：《区域专利发展战略》（河南卷）正式出版发行。研究成果得到了省委、省人大、省政府、省政协领导的高度重视和大力支持，也引起新闻媒体的高度关注和积极宣传，这为我们在全省组织实施专利战略、知识产权战略，建设知识产权大省、强省营造了良好的外部环境和舆论氛围。

我们调查发现，2002 年河南省专利申请量只有 4441 件，仅是广东的近 1/9，山东的 1/4，江苏的近 1/4，专利申请增长速度连续多年低于全国平均水平。另据对全省 50 所高校、116 家开发型科研单位、全省销售收入前 200 位的工业企业和具有地方经济特色的 140 家大中型工业企业的调查，当年全省高等院校的专利申请量仅有 10 件，科研单位的专利申请量仅有 45 件，发明专利申请量只有 743 件，外观设计专利申请量只有 661 件；全省企业的职务专利申请量只有 525 件（日本松下电器在我国当年的专利申请量是 1479 件）。全省企业专利授权总数仅有 2428 件，只是广东省（34566 件）的 7%。只有 8 家科研单位、大学和 20 个企业有专门的知识产权管理机构和专职管理人员，仅占其总数的 6%。全省拥有工业企业 68.3 万家，98% 以上的工业企业是"0"专利，各类国有及限额以上制造业企业平均拥有的专利只有 0.28 件，向国外申请专利的更是凤毛麟角。

据国家知识产权局统计，2002 年底国外在我国的发明专利申请已达 20 万件，而国内发明专利申请不足 15 万件（且近 60% 为个人发明）。在信息技术、家电及其配件、摩托车、汽车等竞争性产业的发展中，我国受到发达国家和跨国公司的专利制约和市场封杀现象屡屡发生。面对改革开放、经济全球化、"入世"、西部大开发、经济结构的战略性调整、高新技术产业发展和科技创新浪潮等历史机遇和挑战，河南省普遍存在各级领导干部和社会各界知识产权意识淡漠，投入严重不足，执法环境较差，管理体系薄弱，管理队伍整体素质不高，中介服务队伍幼小，体系故步自封，思想墨守成规，体制、机制和管理创新的动力明显欠缺，知识产权工作与经济、贸易、科技管理工作相脱节，在经济、贸易和科技管理工作中，缺乏明确的知识产权管理内容和政策导向等诸多问题，知识产权事业的发展严重滞后于国民经济和其他各项社会事业的发展。

根据我们对"河南省百户重点企业知识产权状况调查""河南省县域经济知识产权状况调查"等调查研究，我们发现，截至2001年底，河南省从事科技研究与开发活动的科技人员已超过百万，但专职从事知识产权（专利）管理的市（地）级机构只有3个，其余市地都是兼职和"副业"；省和18个市地从事知识产权管理工作的人员不足百人；全省脱钩改制后的专利代理机构仅有7家，专职、兼职专利代理人不足180人（其中，专职代理人的比例不到20%）；除个别企业具有专职知识产权管理机构和人员外，绝大多数企业还认识不到知识产权的重要性，认识不到知识产权就是核心竞争力，设置管理机构、配置管理人员更无从谈起。

2004年，我开始在职攻读华中科技大学管理学院知识产权方向博士学位，在百忙工作之余，挤出点滴时间，完成学业并顺利通过了《知识产权经济及其竞争优势的形成机理与对策研究》博士学位论文答辩。后来我又花费了2年多来的业余时间和节假日，带着使命去钻研、学习、研究与总结。2010年初，最终完成《通向未来的制胜之路——知识产权经济及其竞争优势的理论与实践》这本50多万字的拙作。与此同时，我带领研究团队先后承担、主持了20余项国家社科基金、国家知识产权局、河南省相关研究计划项目，亲自动笔撰写研究报告、宣传文章、讲稿200余篇，字数超过300万字。主编或翻译《〈河南省知识产权战略纲要〉辅导读本》《未来知识产权制度的愿景》等知识产权专著6部，在国内外公开发行的杂志、报纸上发表论文90余篇，获省部级及以上科技进步奖、发展研究奖等19项。此外，通过对国内外"八大发展趋势"的预测，对"六大发展瓶颈"的研究，分析了我国改革开放之后社会财富创造的基本过程，提出了现代社会的"财富生物链"的概念；提出了"知识产权才是核心竞争力和知识产权资源是第一战略经济资源"的观念；提出了以"人本、科学、民主；学习、诚信、和谐；创新、创业、创造"为主要内容的"知识产权文化"的基本观念；分析了知识产权资源大省、强省的内涵、目标及其与经济大省、强省的相互关系，提出了在当时国际形势条件下和重大发展新机遇面前，实施知识产权战略是"科教兴豫、开放带动和可持续发展"三大战略体系的交叉、延伸、丰富、扩展和综合，是全面建设小康社会的战略抉择的观点；发表了"论知识产权经济"及其发展知识产权经济的对策、"知识产权优势理论解析"等一系列文章；提出了"经过五年的艰苦奋斗，力争使我省成为知识产权资源大省，到2020年使我省成为知识产权资源强省，为使河南真正成为经济强省、实现中原崛起提供智力支撑"的两步走战略目标；明确了知识产权战略体系的基本架构和专利战略推进工程的主要任务。

正是：半路"出家"闯进"知本"殿堂，潜伏"八载"探究"知识产权经济"。通过调查研究，不仅摸清了"家底"，找到了"短板"，统一了思想，认准了工作方向和目标，而且更重要的是培养了一支党、政、科、教、产、学、研相结合的精干、高效、务实的知识产权骨干队伍，为河南省顺利制定实施专利战略、知识产权战略奠定了良好的基础。

3. 营造环境，纲举目张

党的十六大之后，知识产权工作的重要性已日益引起党中央、国务院和河南省委、省政府领导的高度重视。2002年，时任河南省委书记的李克强同志提出要加快制定全面建设小康社会规划。当时，省委政研室领导要求河南省知识产权局提出一段言简意赅的话写进小康规划中。我们经过反复斟酌沟通，及时反馈，并被省委最终采纳。2003年8月15日，中共河南省委、河南省人民政府正式印发《河南省全面建设小康社会规划纲要》（豫发〔2003〕17号）。《小康规划》以党的十六大精神为指导，确定了河南省全面建设小康社会的奋斗目标、基本途径、发展布局和战略举措，对政治、文化建设作出了全面部署，对河南新世纪头20年的发展具有十分重要的历史意义。《小康规划》明确提出"加强知识产权保护，发展知识产权经济。"这正是：一张白纸素描豫版"专利战略"，两句"纲领"勾画宏伟事业蓝图。这个要求成为此后指导全省知识产权工作的纲领性文件，对全省科技创新和经济结构调整起到极为重要的推动作用，也为制定和实施专利战略、知识产权战略指明了方向。

实施专利战略和知识产权战略的最大障碍是全社会的知识产权意识淡漠。尽管河南省是全国人口第一大省，国民生产总值（GDP）位居全国第五位，也具有一定的科技、经济综合实力，但年专利申请量大大落后于沿海发达地区，也落后于周边的湖北、湖南、陕西和河北省。企业与高等院校、科研单位作为科技创新的主力军和主要有生力量的专利申请数量和质量与全国相比差距很大。这充分说明河南省的市场经济体制还远没有建立，传统的计划经济思想还严重束缚着人们的思想，"重成果、轻专利"的现象还普遍存在，知识产权、无形资产的观念还远没有树立，产业和企业创新能力、创新动力严重不足，产业结构、技术结构、产品结构调整的任务艰巨，实现全面改革开放、积极参与国际竞争以及与WTO规则接轨的任务仍任重道远。如果河南省这么一个经济大省不能尽快建立现代知识产权制度，实现与国际规则对接，发达国家和跨国公司怎么敢把技术、资金投到河南？海外学子怎敢归国创业？河南的科技精英怎么能不"孔雀东南飞"？河南省的经济结构调整怎么能实现优化？制定和组织实施专利战略、知识产权战略都只能是空中楼阁！因此，要让知识产权这个"舶来品"走下神坛，落地生根，就必须宣传、教育、培训各级各类领导干部，引导广大科技人员、经营管理人员重视、支持、实践现代知识产权规则和制度，真正形成"尊重知识、尊重人才"的良好社会风尚，真正形成有利于创新、创业的大环境，仍是摆在全国知识产权工作者面前光荣而艰巨的任务。

河南省是全国的缩影。为了在全国营造实施知识产权战略的社会氛围，国家知识产权局的领导特别重视发动河南、支持河南，他们的足迹遍布河南各地。王景川、田力普、申长雨、吴伯明、邢胜才、张勤、贺化、李玉光、肖兴威、林炳辉、甘绍宁、何志敏、廖涛、张茂于等局领导多次到河南各地调研、检查、指导工作。他们或深入基层、企业、科研院所、高等院校调查研究，或走上讲坛宣讲知识产权法律法规和知识产权战略，或与河南省委、省政府领导深入交换实施知识产权战略的意见、签署合作协议，或接受新闻媒体记者的采访等，都对河南省的知识产权战略实施工作起到巨大的推动作用。

河南的省情决定了领导干部是知识产权战略制定和实施的关键，只有使各级领导干部认识到知识产权工作是实现中原崛起的一项战略性工作，知识产权战略才能真正融入区域经济社会发展之中。我们抓住一切机遇，动员各级党委、人大、政府、政协领导身先士卒，率先垂范，走上街头，深入基层，深入企业，以各种形式宣传知识产权知识，普及知识产权法律，保护知识产权权利人权益。河南省四大班子领导高度重视知识产权工作。前后几任省委、省人大、省政府、省政协的主要领导李克强、徐光春、卢展工、郭庚茂、谢伏瞻、李成玉、王全书、叶冬松、王明义、李克、孔玉芳、史济春、李长铎、张涛、贾连朝、王菊梅、徐济超等无论是在省委、省政府会议上，还是在基层企业调研，都再三强调自主知识产权的重要性，多次作出重要批示，要求河南省知识产权局开拓创新，抓紧推动知识产权工作，为河南经济发展、社会进步作出新的贡献。2002~2008年，在省委、省政府相继召开的全省科技、高教、人才、国有企业、县域经济、非公有制经济和文化产业等重要会议和每年的"两会"上多次强调知识产权工作的重要性，并制定了一系列扶持、发展知识产权经济的新政策、新措施，进一步扩大了知识产权工作的领域和舞台，知识产权工作的地位得到了历史性提升。各级领导的重视，政策环境的改善，工作体系和支撑条件的不断完善，相关部门的积极配合，都为我们实施知识产权战略创造了宽松的条件和良好的氛围。省人大、政协的领导多次监督检查、调研和建言献策。2004~2006年，我们配合省人大、省政府法制办等有关部门对《河南省专利保护条例》（以下简称《条例》）进行广泛调研、反复研讨、多次修改，最终顺利通过。修改后的《条例》在政府设立专利奖、各级政府建立健全专利管理工作体系、加强知识产权保护、加大知识产权投入等方面都有重大突破，《条例》对建设"创新型河南"、落实科学发展观和实施专利战略起到法律法规保障作用。

同时，我们各级知识产权局主动担当，牵头组织工商、版权、科技、教育、发改、财政、人事、经贸、海关、法院、司法、公安等部门共同利用"4·26世界知识产权日""全国知识产权宣传周""专利周""知识产权执法宣传月"等开展多种形式的宣传培训活动，如从2003年起，河南省率先并连续每年在国内举行《河南省知识产权保护状况》（白皮书）新闻发布会，有关领导、专家、企业家举行"入世"与知识产权保护座谈会，邀请国家知识产权局领导来豫举行大型报告会，撰写领导同志的署名文章等。组织动员人民日报、新华社、经济日报、科技日报、中央电视台、中央人民广播电台、人民网、新华网、河南卫视、河南电视台、河南日报、大河报、大河网、郑州日报等国家级、省市级各种媒体大篇幅、多角度，整版面报道宣传河南省知识产权工作新进展。围绕全省百户重点企业、重点科研单位、高等院校和产业集聚区组织知识产权讲师团，派出领导、专家深入到市、县、企业和党校，开展了大规模、多形式、持续性的知识产权培训教育，使各级领导干部的知识产权意识明显提高，各类市场主体运用知识产权制度的能力逐渐增强，一批大型骨干企业的核心竞争能力明显提升，一批非职务发明人活跃在中原崛起的第一线。为配合国企改革的深入开展，我们采取了工作指导、知识培训、信息配套、战略研究、法律保护等一系列有效措施，切实加强了大中型示范企业的知识产权工作，培育出一批自主知识产权拥有量快速增长、运营知识产权能力不断提升的企业集团。

创造、管理、经营和保护知识产权离不开人这一决定性因素。面对河南省的知识产权人才队伍现状，如果不从人才这个根本抓起，不从提高人的素质抓起，不从人才队伍建设的长远大计抓起，河南省的知识产权事业就不可能有所作为！我们积极与国家知识产权局、省委组织部、人社厅、教育厅、郑州大学、河南大学、河南财经政法大学、中共河南省委党校等部门、单位协商建立全面合作关系，从高层次人才培养、干部培训、专门人才培训、重大知识产权课题研究等方面进行全面合作。陆续在全省开展了"河南省百千万知识产权人才工程""市厅级领导干部知识产权战略研究班""县处级领导干部知识产权战略研究班""企业领导知识产权战略提高班""企业专利战略实务培训班"、知识产权高层次人才选拔、知识产权教育及培训基地建设、知识产权远程教育网络建设、专利代理机构业务能力促进培训班、专利代理人系列培训、中小学知识产权普及教育基地试点等等。与此同时，我们还认识到，没有一支能征善战的骨干队伍，哪里会有知识产权大国、强国事业?!俗话说得好，打虎"亲兄弟"，上阵"父子兵"。一个上亿人口的大省，建设知识产权大省、强省紧靠省局"十几个人、七八条枪"是远远不够的，必须把工作重心下沉到市县，下沉到基层，必须让十八个市局、一批有基础的县市局、代理机构、企业、科研机构和大学都变成各显神通的"罗汉"，必须形成"十八罗汉闹中原"的局面，知识产权工作才能有希望，实施专利战略才能有标杆，实施知识产权战略才能见成效。基于这种认识，我们鼓励市县、企业、高等院校、科研机构、中介机构积极探索，我们尽一切努力提供支持，解除他们在思路、经验、人才、经费等方面的后顾之忧。我们不放过任何一个典型事件、典型人物，只要能够言传身教，现身说法，我们就把会议开到现场，镜头对准他们，鼓励他们走上讲台，总结经验，汲取教训，先行先试，典型引路。正是在专利战略的实践中卧薪尝胆、滚爬摸打、促膝谈心、交流经验，这才锻炼了一批批身经百战的"罗汉"，凝聚积累了全省实施知识产权战略的骨干队伍。通过大量的宣传培训工作，树立了改革开放和正在崛起的河南新形象，为在全社会实施知识产权战略营造了良好的舆论氛围，为全省知识产权战略的实施奠定了人才基础。

针对知识产权事业投入严重不足（几乎是零）的实际，我们多次向省市领导宣传，积极和财政、科技部门沟通，最终实现了"零"的突破，分步在全省各级财政设立了知识产权（专利）工作专项资金，主要用于专利申请维护、转化运营、宣传培训、执法维权等。省市县各级财政不断加大投入，对激励全社会发明创造的积极性、提高全省专利申请数量和提升专利质量起到了很大的促进作用。

同时，在几轮省市县机构改革中，经过各方共同努力，三级知识产权局机构建设有大的突破。据我们统计，2001年，全省18个市只有3个市成立知识产权管理机构，156个县市区成立相应管理机构或者落实工作职责的不到10%。到2008年，全省18个市全部成立知识产权管理部门。全部156个县市区中98%以上的县市区也成立了相应的管理机构、落实了工作职责。知识产权工作体系基本覆盖全省，这为知识产权战略纲要的落地生根奠定了组织基础。

4. 借鸡生蛋，有的放矢

鉴于全省知识产权系统的实际，为了在全省大规模组织实施知识产权战略，我们确立了"借鸡生蛋，有的放矢，抓点带面，务求实效"的工作思路，紧紧围绕省委、省政府确立的中心工作，集中有限力量，优化配置资源，采取横向协同、上下联动的方式，强力推进一系列知识产权专项行动计划和示范试点工作，为全省实施知识产权战略起到了先导作用，收到了水到渠成的效果。

——组织实施专利战略推进工程。在国家知识产权局的指导和大力支持下，我们按照《河南省专利发展战略研究》报告提出的实施河南省专利战略的指导思想、总体架构、阶段目标、战略重点、实施对策、保障措施和支撑体系等开始在河南组织实施专利战略推进工程。2003年7月20日，省科学技术厅、经济贸易委员会、外经贸厅、财政厅和省知识产权局联合制定了《河南省专利战略推进工程实施方案》（以下简称"推进工程"）并报省政府。2003年8月7日，河南省人民政府办公厅转发省科学技术厅等部门《关于实施河南省专利战略推进工程意见的通知》。之后，我们下发《关于开展企业专利战略研究试点示范工作的通知》《河南省企业专利战略研究工作导则》。值此，专利战略在河南省正式进入实战阶段。在省政府及有关部门的大力支持和配合下，通过加强领导和协同组织实施"推进工程"，把全省有限的人力、物力、财力资源集中到专利战略的实施上来。河南省分批确定了100家重点工业企业、150多家大中型企业、50个高成长型企业开展专利战略试点示范工作，通过健全体系，完善制度，构建信息平台，加强知识培训，指导战略研究，提高专利产出等一系列措施，大大提高了试点示范企业运用知识产权制度的能力和水平。通过在巩义等35个扩权县（市、区）和100家高新区、经开区及产业聚集区开展区域知识产权试点工作，有力地促进了县（区）域经济的发展。随着试点示范工作的深入开展，一批像新乡华兰生物、洛阳轴研科技等依靠自主知识产权做大做强的上市企业不断涌现；一批龙头企业像双汇、宇通、许继、金龙等已经将知识产权作为参与市场竞争、抢占科技制高点、赢得竞争优势的强有力武器。知识产权与经济、科技、贸易的结合日趋紧密，知识产权制度在推动科技进步、促进经济发展中的作用日渐显现，知识产权经济已成为河南省经济社会发展、创新创业的新生力量。

——组建我国中部第一个专利孵化中心——中国河南专利孵化转移中心。2003 年由国家知识产权局和河南省人民政府批准成立的国内第一个专利孵化基地开始建设，后来被国家知识产权局批准为国家专利产业化（河南）试点基地，2007 年被认定为国家级科技企业孵化器。在中国河南专利孵化转移中心的引领下，河南省把其模式在全省推广复制，对促进专利技术转移、转化和产业化发展起到很好的示范带动作用，成为全省专利密集型产业的发展试验示范基地。该中心的经验模式得到许多兄弟省市借鉴，前来取经交流。

——组织实施"百户重点企业知识产权专项行动"。针对河南省 98% 的工业企业是"0"专利的实际情况，河南省知识产权局联合发改、科技、工信、财政、质检等相关部门先后组织实施了河南省"知识产权 100 行动""百户重点企业知识产权专项行动"，大幅度提高了 100 家试点企业、百户重点企业、50 家高成长型高新技术企业、重点民营企业自主知识产权的数量和质量，提升了企业核心竞争能力，取得了显著的成效。

——组织实施"河南省知识产权优势培育工程"。从 2006 年起，我们围绕河南省委、省政府国企改革、发展非公有制经济和县域经济等一系列中心工作，会同省发改、科技、工信、质检、财政等八部门，创造性地分期分批开展了知识产权优势培育工作，启动实施知识产权优势培育工程。建立"省政府牵头，多部门协作，共同推动"的工作机制。同时，积极推动省辖市一级的培优工程实施，进而形成省市联动、多级管理的工作格局，从组织上为培优工程实施给予了保障。经过"十一五""十二五"两个五年计划的持续努力，知识产权优势培育工作成效显著。全省先后认定 9 批超过百家知识产权优势企业、70 余家知识产权优势区域。这些知识产权优势企业和优势区域已成为河南省实施知识产权战略的排头兵，在特高压输变电装备等支柱产业技术领域掌握了一批关键技术的自主知识产权。知识产权培优工程的实施得到了省委、省政府的充分肯定和大力支持，省政府多次召开全省知识产权优势培育工程实施总结和表彰大会，连续对知识产权优势企业和优势区域给予表彰和奖励，在全省树立了实施知识产权战略的标杆。由于河南省的积极探索和突出成效，2006 年 3 月 30 日国家知识产权局下发《关于转发〈关于开展河南省知识产权优势企业和优势区域培育工作的通知〉的通知》（国知发管字〔2006〕58 号），对河南省的知识产权优势培育工作给予高度评价，并要求全国各省市知识产权局借鉴河南省的做法，结合本地区特点，进一步开展知识产权工作。由此，知识产权优势培育工作在全国形成燎原之势。

——组织开展"产业集聚区知识产权专项行动"。为贯彻落实河南省委、省政府《关于加快产业集聚区科学发展若干政策（试行）》精神，促进区域（县、市、区）企业知识产权工作开展，大力发展知识产权经济，建设知识产权资源大省和强省，河南省知识产权局于 2010 年 2 月 21 日下发《河南省产业集聚区工业企业知识产权专项行动方案》，以消除产业集聚区工业企业"零"发明专利、推动企业建立健全知识产权制度、实施知识产权战略为重点，一直连续在全省开展产业集聚区工业企业知识产权专项行动（以下简称"专项行动"）。通过开展"专项行动"，逐步在全省 180 多个产业集聚区建立健全了知识产权工作体系，建立和巩固了实施知识产权战略的前沿阵地，促进了实施知识产权战略的各个环节在产业集聚区落地生根、开花结果。

——组织开展"保护传统知识、传统文化表达和遗传资源专项行动计划"。2006 年 12 月"世界知识产权组织传统知识、传统文化表达和遗传资源地区间研讨会"在郑州召开。这次会议由世界知识产权组织（WIPO）、国家知识产权局和河南省人民政府共同举办。来自欧洲、美洲、非洲和亚洲的 40 多个国家、国际组织以及地区性组织代表，国家有关部委、国内有关单位及各地知识产权管理机构的 150 余名代表与会。会议期间，河南省组织了专场展示全省传统知识、传统文化表达和遗传资源的民间文艺演出及"文化长廊"成果精品展览，受到 WIPO 官员和外宾的高度赞赏。大会形成《郑州成果——国际范围内对传统知识、传统文化表达和遗传资源的保护与展望》。WIPO 副总干事凯普林格先生认为，《郑州成果》在世界知识产权发展史上具有里程碑的意义，必将对各国知识产权事业的发展产生积极而深远的影响。此前，我们制定了《河南省传统知识、传统文化表达和遗传资源知识产权保护试点工作方案》，分期分批组织实施了"河南省传统知识、传统文化表达和遗传资源知识产权保护试点"工作，探索运用现代知识产权制度，对传统知识、遗传资源进行保护、利用、创新和发展的实践，收到良好效果。借这次会议东风，我们又开展了"河南省传统知识、传统文化表达和遗传资源"数据库建设，开展了"传统知识知识产权保护与利用研究"软科学项目研究。此后，国家知识产权局把河南省的工作经验向全国推广，我国传统知识知识产权保护试点工作由此在全国展开。

据河南省统计，1998～2002 年河南省专利申请总量只有 18966 件，年均增长只有 8.5%。而《纲要》颁布前 5 年（2003～2007 年）的专利申请总量是 47014 件，是 1998～2002 年的 2.5 倍；年均增长达 27.7%，是 1998～2002 年总量的 3.3 倍。1998～2002 年河南省发明专利申请总量只有 3364 件，年均增长只有 17.5%。而《纲要》颁布前 5 年（2003～2007 年）的发明专利申请总量是 9220 件，是 1998～2002 年的 2.7 倍；年均增长达 19.5%，比 1998～2002 年提高了 2 个百分点。

显而易见，由于全社会知识产权意识的普遍提高，加之政策支持力度不断增加，河南省专利申请的数量实现了快速增长，专利质量明显提高，为制定和实施国家、地方知识产权战略纲要奠定了坚实的基础。可以说没有专利战略在河南的深入实施，没有专利"大军"挺进"大别山"、建立"根据地"，就没有知识产权战略在全省顺利实施、开花结果的大好局面！总之，经过全省、全国知识产权同仁的积极探索，努力拼搏，制定、实施知识产权战略的基础已经打牢！

二、酝酿　参与　试验

回顾《纲要》制定、实施的第二个阶段，我国已经进入活跃酝酿、先行先试、凝聚共识的阶段。其间，国家知识产权局东西兼顾，虚实结合，凝练共识，先行先试，取得了动员、宣传、制定、实施知识产权战略纲要的多重效应，颁布《纲要》已经顺理成章、水到渠成、恰逢其时。

1. 开门纳言，兼顾平衡

继日本制定《日本知识产权战略大纲》、出台《日本知识产权基本法》之后，美国、欧盟、澳大利亚、韩国、印度等国家、地区和跨国公司纷纷行动起来，制定自己的知识产权战略。我国面临的国际压力愈加严峻。因此，加快制定和实施国家知识产权战略是我国面对知识经济化、经济全球化和参与国际竞争的必然选择。

2004 年 1 月 13 日，中共中央政治局委员国务院副总理吴仪在全国专利工作会议上强调，"要大力推进实施知识产权战略"。为贯彻吴仪副总理的指示精神，国家知识产权局即在当年的全国专利工作会议上进行部署。国家知识产权局多次邀请国内经济界、科技界、法律界、知识产权界和企业界的著名专家、学者、企业家召开研讨会，广泛听取各界人士的意见与建议。在此基础上，国家知识产权局于 2004 年 8 月 30 日向国务院正式呈报了《关于制定和实施国家知识产权战略的请示》，并得到了国务院领导的批准，温家宝总理就此作出重要批示。2005 年 1 月，国务院办公厅正式发文成立国家知识产权战略制定工作领导小组，具体领导组织制定国家知识产权战略。国家知识产权战略制定工作领导小组办公室（以下简称"知战办"）设在国家知识产权局。《纲要》正式进入实质制定阶段。2005 年 6 月 30 日，中共中央政治局委员、国务院副总理、国家知识产权战略制定工作领导小组组长吴仪主持召开国家知识产权战略制定工作领导小组第一次会议，研究推动国家知识产权战略制定工作。国家知识产权战略的制定工作进入了快速通道。

2005 年 9 月 11 日，在全国知识产权局局长会议上，知战办正式提出了国家知识产权战略的总体架构：国家知识产权战略大纲和 20 个专题战略，即"1 + 20"的《纲要》架构。根据国家知识产权局领导的指示，知战办采取广开言路的方式，在充分酝酿交流的基础上，让部门、专家、地方和有关单位提出不同的《纲要》建议稿，然后通过交流、研讨、综合，最后形成《纲要》征求意见稿，再反复修改完善后上报国务院。为充分汲取各个省市的意见和建议，在全国划分五大片区：华东片由上海市知识产权局牵头，华南片由广东省知识产权局牵头，东北片由辽宁省知识产权局牵头，中部片由河南省知识产权局牵头；西部片由四川省知识产权局牵头。牵头局要负责收集本片区各省区市的意见、起草国家知识产权战略大纲总纲，最后交知战办汇总形成知识产权局系统的建议稿。

2007 年 2 月，专题研究工作按期完成。2007 年 5 月，领导小组召开会议，对《纲要》草稿进行深入讨论，初步形成了战略的指导思想、基本原则、战略目标、主要措施和重点任务等主体内容。在国务院领导的直接指导下，《纲要》草稿经过多方征求意见并反复修改，形成了送审稿提交国务院审议。

2008 年 4 月 9 日，国务院常务会议审议并原则通过了《纲要》。2008 年 6 月 5 日，国务院正式印发《纲要》。这标志着中国知识产权战略正式启动实施。

2. 牵头中部，参与酝酿

经过 4 年多的实践探索和理论研究，我在国内媒体公开发表了多篇有关"知识产权经济""知识产权优势""知识产权文化""知识产权产业"和"知识产权战略"等系列文章，也在国内一些全国性会议和论坛呼吁加快制定和实施国家知识产权战略。加之国家知识产权局领导对河南省的重视，我们不仅牵头制定了《纲要》中部建议稿，而且我也有幸作为专家被国家知识产权局聘请进入《纲要》制定专家组。知战办提出的专家组成员名单主要来自四个方面：国家知识产权局领导及有关司部领导、国家有关部门领导、知名专家、地方局领导等。

2005 年 9 月下旬，我们在郑州召开了"国家知识产权战略（中部建议稿）制定专家研讨会"。来自河南省委政策研究室、省政府发展研究中心、省科学院、省社会科学院、郑州大学、河南财经政法大学等单位的 20 多位领导、专家与会，对制定国家知识产权战略大纲的内容等进行了深入交流探讨。《纲要》中部建议稿正式开始拟定。到 2005 年底，《纲要》中部建议稿几经讨论修改，基本成型。《纲要》中部建议稿的主要内容包括：制定知识产权战略的国内外背景及发展趋势；重大战略机遇期内的战略抉择；知识产权战略的历史定位以及与国家"三大战略"（科教兴国战略、人才强国战略和可持续发展战略）之间的相互关系；制定知识产权战略的指导思想、基本原则、目标任务和战略举措等。

2006 年 4 月，各地、各部门和专家的《纲要》建议稿经近 1 年的酝酿、交流、研讨、修改，多数已经完成。2006 年 4 月 18 日，知战办在京举行汇报交流会，提交建议稿的有：吴汉东、陈美章、陶鑫良（专家建议稿）；提交地区建议稿的有：北京市知识产权局（华北地区）、宁夏回族自治区知识产权局（西北地区）、河南省知识产权局（中部地区）；提交部门或单位建议稿的是罗东川（最高人民法院）、朱谢群（深圳大学）、西南政法大学等。国家知识产权局副局长张勤、国家知识产权局知识产权发展研究中心主任邓军、知战办主任文希凯，以及瞿卫军、谢小勇等参加交流座谈会。会上，我介绍了中部建议稿的主要内容。陶鑫良、罗东川、朱谢群分别介绍了其建议稿的主要内容。吴汉东教授、张玉敏教授派代表参加汇报，北京市知识产权局、广东省知识产权局派代表了参加汇报。之后，邓军主任介绍了纲要起草小组提出的《纲要》提纲。

张勤副局长在座谈中与参会的专家推心置腹，抛出了下列思考：《纲要》

与自主创新战略的关系如何摆?《纲要》与国家中长期规划如何衔接?《纲要》的整体定位等?针对这些问题,与会专家进行了热烈讨论,针对个别观点甚至争得面红耳赤。张勤副局长最后总结时指出:这个汇报会很好。特别喜欢头脑风暴式的聚会讨论,可以相互激出许许多多好的观点。现在,各个部门都在认真地进行准备,这就是很大的成就。《纲要》将来是个综合、妥协的产物,但还要有自己的特色,形成自己的体系。要求知战办尽快整合资料,及早形成《纲要》讨论稿,以便进一步征求意见。

3. 鼓励先行先试,营造舆论氛围

2004年9月,上海在全国出台了国内第一部地方知识产权战略纲要——《上海知识产权战略纲要(2004~2010年)》。《纲要》颁布后,2012年7月,上海又发布了新一轮知识产权战略纲要。2007年11月6日,《广东省知识产权战略纲要(2007~2020年)》分别在广东省政府常务会议和省委常委会议审议通过,由省政府正式颁布实施。广东省的知识产权战略实施工作走在全国前列。此外,2004年底,武汉市在全国副省级城市中率先出台了地方知识产权战略——《武汉市知识产权战略纲要(2005~2010年)》(武政办〔2004〕202号)。《纲要》颁布后,2011年3月9日,武汉市人民政府也颁布了新一轮的《武汉市知识产权战略纲要(2011~2020年)》。

2007年5月27日,在第九届北京科博会"知识产权论坛"上,围绕"国家知识产权战略与建设创新型国家"的主题,我与知战办的武晓明副秘书长、北京市知识产权局刘振刚局长以及清华大学、中国社会科学院的专家、领导在论坛上各自发表演讲,从不同的角度对国家知识产权战略与建设创新型国家进行了分析和论述。我演讲的题目是"对国家知识产权战略的几点思考"。

此外,国家知识产权局还与中央媒体、有关地方媒体开展合作,开展丰富多彩的宣传形式,在全国营造实施知识产权战略的舆论氛围,使知识产权战略的概念和意识在全社会逐步入耳、入心、入魂,收到良好的社会效果。

4. 突出地方特色,紧跟步伐实施

党中央、国务院作出了实施知识产权战略的部署,是基于对我国国情和发展需要的科学分析和判断作出的重大决定。河南省是经济大省、文化大省、农业大省,国家知识产权战略的发布与实施描绘了知识产权事业大发展的宏伟蓝图,为河南省经济社会发展提供了前所未有的机遇,必将有力推动河南省实现从经济大省向经济强省跨越、从文化资源大省向文化强省跨越,实现建设创新型河南的目标。

（1）加大宣传力度，培养骨干队伍

《纲要》颁布之后，我们积极争取党委和政府的支持，加强组织领导，加大部门协调力度，切实做好《纲要》宣传的组织工作；积极和各新闻媒体沟通，围绕对《纲要》的学习贯彻落实，组织策划行之有效的宣传活动，加强舆论的宣传、跟踪和导向，通过开设专栏、策划专题、领导访谈、专家论坛等多种方式，大力宣传《纲要》的重大理论意义和实践意义，营造全社会关心支持知识产权战略的良好氛围。与此同时，河南省把《纲要》学习与干部教育培训和加强领导班子建设工作结合起来，通过利用省委、省政府中心组学习之机，邀请国家知识产权局领导做知识产权战略专题报告；充分发挥省政府知识产权战略工作领导小组和省保护知识产权工作领导小组的作用，形成部门协同、市县联动的方式，为河南省实施知识产权战略创造条件；在《纲要》颁布前后，根据河南省的省情，我们从培养领导干部抓起。2006～2010年，在国家知识产权局的大力支持下，我们与省委组织部、科技厅和中国知识产权培训中心联合，分期分批在京举办市厅级领导干部和县处级领导干部知识产权战略专题研究班，对省直各单位、18个省辖市主管领导、各市知识产权局局长、科技局局长、156个县市区领导干部、150家企事业单位领导进行知识产权战略专题培训，邀请国家知识产权局领导、国内知名专家、《纲要》起草专家和知名企业家到场授课，在京组织现场参观，使学员真正领会、感受到知识产权战略的重要性，也为《纲要》在全省大规模实施培训了骨干队伍。令我们深受感动的是省委原组织部干教处田兰处长亲自参与学习，督查点名，切实保障了市厅级领导干部的培训普及率。

（2）加紧制定，突出特色

在河南省委、省政府的大力支持下，按照国家知识产权战略的总体部署和要求，《河南省知识产权战略纲要》制定工作于2007年底正式启动，2007年12月9日省政府成立了以徐济超副省长为组长的省知识产权战略工作领导小组，召开了省知识产权战略工作领导小组第一次会议，拟定了《河南省知识产权战略纲要制定工作方案》，成立了省知识产权战略专家顾问组和《河南省知识产权战略纲要》起草工作小组，明确了任务，提出了要求。2008年6月20日，省政府组织召开了《河南省知识产权战略纲要》制定工作研讨会，对纲要草案深入研讨、征求意见、修改完善。2008年9月4日，省知识产权战略工作领导小组第二次会议召开，总结前段工作，修改完善纲要，研究下步安排。我代表河南省知战办报告了纲要制定工作及修改情况，并作了起草说明；各成员单位展开讨论，就进一步完善纲要提出了建议。2008 年 10 月 21 日，省政府常务会议研究通过《河南省知识产权战略纲要》。2008 年 12 月 8 日，省政府新闻办、省知识产权战略工作领导小组办公室联合召开新闻发布会，宣布《河南省知识产权战略纲要》发布实施。

相对国家战略而言，河南省知识产权战略实际是一种区域战略，其重心在特色、实施和落实。基于我们牵头制定《纲要》中部建议稿的良好基础，《河南省知识产权战略纲要》的制定充分体现了知识产权"富民强省"的理念，明确了知识产权战略是全省实现科学发展的重要战略，与科教兴豫战略、开放带动战略、可持续发展战略和人才强省战略具有同等重要的地位。明确了建设知识产权大省、强省的目标、任务。尤其是在战略重点与专项任务方面，立足省情，突出特色，增强针对性。《河南省知识产权战略纲要》出台后，河南省又制定了具体的"实施知识产权战略推进计划"等工作抓手，出台了配套的政策措施，加之各级党委、政府的亲自推动和激励，省知战办各成员单位的协同配合，从而为在全省各地贯彻实施《纲要》奠定了坚实基础。

（3）各级政府积极推动，实施《纲要》全面铺开

2009 年 4 月 17 日，河南省实施知识产权战略会议在省人民会堂隆重召开。河南省知识产权战略领导小组各成员单位的负责人，18 个省辖市人民政府主管副市长，各省辖市知识产权、工商、版权、质监四部门负责人，知识产权优势企业和优势区域领导，全省知识产权试点高校、部分科研院所、知识产权服务机构的负责人，以及中央驻豫和河南省新闻媒体的朋友们共计 240 余人参加了会议。河南省人民政府副省长徐济超，国家知识产权局副局长贺化出席会议并作重要讲话。

此后，省政府又制定了《实施河南省知识产权战略纲要任务分工》和年度推进计划，并于 2009 年、2010 年、2011 年连续召开高规格的全省实施知识产权战略工作会议，有力地促进和保障了《纲要》的深入实施。一个既轰轰烈烈，又扎扎实实的贯彻落实《纲要》的良好局面在全省铺开。

三、践行　收获　提升

回顾《纲要》制定、实施的第三、第四阶段，我国已经进入协同推进、践

行落实、硕果满枝、提高升级的新阶段。

1. 推动大联唱，形成新局面

截至《纲要》颁布 1 年时，全国已经有 13 个省市颁布了地方知识产权战略纲要或类似文件。辽宁、上海、江苏、山东、河南、湖南、广东、贵州、陕西、四川、重庆、北京、青海等省、直辖市出台了地方知识产权战略或实施意见。其他省份的战略制定工作也随后顺利完成。哈尔滨、深圳、武汉、厦门、沈阳、贵阳、济南等城市也结合城市发展实际出台了城市的知识产权战略或实施意见。其中出台地方战略纲要或实施意见的部分省市，结合战略实施工作和地方实际，还开展了进一步的实践探索，突出了主导产业和特色产业。地方知识产权战略的制定和实施工作既是国家知识产权战略的有机构成，也是国家知识产权战略的有效实施途径。随着地方知识产权战略制定和实施工作的深入展开，《纲要》确定的目标和任务已经提前实现。

到 2013 年底，我国的知识产权事业获得了快速发展，国内外发展形势也发生了许多重要变化。全球新一轮科技革命和产业变革不断深化，党的十八大报告作出实施创新驱动发展战略的重大部署，强调要"实施知识产权战略，加强知识产权保护。促进创新资源高效配置和综合集成，把全社会智慧和力量凝聚到创新发展上来"，对实施知识产权战略提出了新的更高要求。因此，在《纲要》实施五年之际，国家知识产权战略实施工作部际联席会议办公室决定开展一次阶段性评估，总结《纲要》实施五年来的主要成效和经验，分析形势变化和挑战，提出进一步推进《纲要》实施的建议。2013 年 7 月，评估组完成了《〈纲要〉实施五年评估报告》，为我国《纲要》的提高升级提供了决策依据。

2. 中原大地春潮涌，实施《纲要》果满枝

2008 年 11 月 23 日《河南省知识产权战略纲要》颁布后，2009～2011 年，河南省政府连续 3 年召开高规格"全省实施知识产权战略会议"，动员部署、督查检查、表彰激励、推动《纲要》落地生根、开花结果。

2011 年 6 月，河南省印发《河南省知识产权事业发展"十二五"规划》《河南省专利事业发展"十二五"规划》。从 2012 年开始，我们按照国家知识产权局部署，重点推进《全国专利事业发展战略（2011～2020 年）》的落实。立足全省经济社会发展的实际，制定实施"省部知识产权工作会商机制建立""国家专利审查协作河南中心建设""发明专利倍增和专利质量提升""专利服务综合能力提升""专利支撑重点区域发展""专利助推企业转型升级""专利

运用促进产业化""专利行政执法及维权援助推进""专利促进产业结构调整""知识产权人才培养和知识产权文化培育"等 11 个专题，与全国专利事业发展战略的结合更加紧密。

2011 年 9 月，《国务院关于支持河南省加快建设中原经济区建设的指导意见》发布。2012 年 5 月 10 日，国家知识产权局、河南省人民政府《关于发挥知识产权支撑作用 加快中原经济区建设合作框架协议》在郑州签署。

2013 年 9 月 26 日，《河南省人民政府关于加快实施知识产权战略的意见》（豫政〔2013〕60 号）发布。这是河南省为贯彻落实国务院的《指导意见》和国家知识产权局、河南省政府合作框架协议而采取的具体措施，是因应国内外形势变化、提升实施《纲要》而采取的最新调整和布局。

2013 年 10 月 16 日，河南省人民政府与国家知识产权局合作会商第一次会议在郑州举行。时任省长谢伏瞻与时任国家知识产权局局长田力普共同签署《国家知识产权局河南省人民政府合作会商议定书》。副省长徐济超、国家知识产权局副局长贺化代表双方分别对第一次合作会商内容提出建议和意见。谢伏瞻省长和田力普局长分别做了重要讲话。时任河南省委书记郭庚茂亲切会见了前来会商的田力普局长一行。双方在共同推进国家知识产权局专利局专利审查协作河南中心建设、推进河南省创新与知识产权服务产业园建设、推动专利导航试点工程实施等方面进行了富有成效的合作。

2014 年 1 月 2 日，国家知识产权局、教育部、科学技术部等七部门印发《关于深入实施知识产权战略，促进中原经济区经济社会发展的若干意见》（以下简称《若干意见》）的通知。《若干意见》以到 2020 年将中原经济区初步建成知识产权特色优势发展区为目标，紧紧围绕《中原经济区规划（2012～2020年）》，密切结合中原经济区经济社会特点，坚持突出重点、核心带动、错位发展、全面提高的工作方针，以提升区域知识产权综合能力，优化整合区域知识产权资源，发挥区域中心城市带动作用，支撑中原经济区工业化、城镇化和农业现代化全面协调发展为思路，从农业现代化、工业新型化、城市群协调发展、做强文化产业、加强知识产权保护和工作保障等方面对中原经济区知识产权工作提出指导和要求。

2016 年 10 月 14 日，河南省人民政府印发《关于印发河南省建设支撑型知识产权强省试点省实施方案的通知》（豫政〔2016〕66 号）。

2017 年 5 月 11 日，《河南省人民政府关于新形势下加快知识产权强省建设的若干意见》（豫政〔2017〕17 号）发布，河南省实施《纲要》和建设知识产权强省的步伐进一步加快，措施更加得力，成效进一步彰显。

——全省自主知识产权数量实现了大幅度增长，专利质量稳步提高。据统计，"十一五"期间全省累计申请专利 90282 件，是"十五"期间 29093 件的 3.1 倍，年均增长 23.3%。"十二五"期间，河南省专利申请量实现了高速增长，累计申请专利达 270245 件，是"十一五"期间累计申请量 90282 件的 3 倍，年均增长 24.5%。且发明专利申请和职务专利申请占年申请量的比例逐年提高。同期，河南省专利授权的数量也大幅度增加，专利申请和授权结构日渐合理，质量得到持续提升。万人有效发明专利拥量比"十一五"末翻了近两番。经过三个"五年计划"的持续努力奋斗，河南省把年均 22.4% 专利增长速度保持了 15 年（2001~2015 年）以上；到 2017 年底更是跨上了 10 万件大关，达 119243 件，增速达 26%；发明 35626 件，增速达 29.9%，已经成为名副其实的专利大省，不仅为全省经济社会发展提供了强有力的智力支持，也为我国在全球成为世界专利大国、成功实现经济发展方式转变、建设创新型国家作出了不可磨灭的历史性贡献！

——国家知识产权局专利局专利审查协作河南中心落户河南并取得明显成效。2012 年 11 月 14 日，国家知识产权局、河南省人民政府共建专利审查协作河南中心合作框架协议在京签署。河南中心永久办公设施已于 2016 年 3 月正式投入使用，到 2016 年底，河南中心正式工作人员 940 人，硕士以上学历占 94%，211 和 985 院校的占 81%。河南中心充分发挥信息和人才优势，开展专利信息服务和人才培养工作，已分别与郑州、安阳等 9 个市政府签署《知识产权服务合作框架协议》和专利导航服务协议，支撑服务河南经济社会发展的能力初步显现。

——国家知识产权创意产业试点园区建设初见成效。该园区于 2011 年 1 月由国家知识产权局批准设立，是国内唯一一家知识产权创意产业试点园区，2012 年 5 月 10 日时任国家知识产权局局长田力普亲自为其授牌。目前，园区已初建起了知识产权创意产业研发平台，入驻了一批知名工业设计企业和知识产权服务机构，设计师等从业人员数达 580 余人。截至目前，园区业务涉及北京、广东等 7 个省份和省内 18 个地市，已和 300 余家企业进行合作；安排大学生培训、实习就业近千人；与省内产业集聚区 1000 余家制造企业开展对接活动。园区运营面积达 5 万多平方米，入驻企业 2017 年营业总额达到 1.7 亿元，成为全国知识产权创意产业领域发展知识产权经济的"标杆"。

——国家知识产权服务业集聚发展试验区初见成效。该试验区于2013年7月由国家知识产权局批准建设，是继北京、广州、苏州之后批准建设的第四个试验区。试验区按照"一区双核多园发展"的思路，先行发展金水区集聚区和郑东新区集聚区两个核心区。金水区集聚区已投资5亿元购置知识产权服务业大楼，先后引进北京合享新创等一批知名知识产权服务机构，面向企业提供涉及知识产权"确权—用权—维权"的一站式服务；为全省创新型企业提供专利信息数据检索、专利预警、专利导航等一系列知识产权高端服务。

——国家专利导航（超硬材料）产业发展实验区效果明显。2013年8月，国家知识产权局批准郑州新材料产业集聚区为国家专利导航产业发展实验区，这是目前国内唯一一家在超硬材料领域建设的国家专利导航产业发展实验区，也是国家知识产权局重点支持的三个实验区之一，构建了专利导航产业发展平台，对河南省的超硬材料产业升级发展起到明显的促进作用。

——专利行政执法成效显著。从2006～2016年，河南省的知识产权保护力度不断加大，执法体制和机构建设逐步完善。在国家知识产权局的统一部署下，河南省先后组织开展了"雷雨""天网""护航"、电子商务领域执法维权等专项行动，执法办案量逐年增长，执法成果丰硕。全省各级知识产权管理部门累计出动执法人员6600余人次，检查商业场所9000余次、商品50余万件，处理侵权假冒案件4638件，有力地保护了权利人的合法权益。省内十市执法协作机制，晋、冀、鲁、豫四省十一市跨地区协作机制，华中地区专利执法协作调度中心等相继建立；全省知识产权维权援助中心达34家。2009年10月28日河南省知识产权保护协会在郑州召开成立大会。2012年11月1日，国家知识产权局专利复审委员会第九巡回审理庭在郑州揭牌。2013年4月25日，全国首家知识产权社会法庭——河南省知识产权社会法庭在省知识产权保护协会挂牌成立。2017年3月22日，中国郑州（创意产业）知识产权快速维权中心正式投入运行。

3. 体制机制新突破，事业更待后来人

2008年《纲要》实施以来，我国发明专利申请量连续7年稳居世界首位，受理商标注册申请连续16年居世界第一，已成为名副其实的知识产权大国。但大而不强、多而不优特征明显，保护不够严格、侵权易发多发等问题仍然突出，企业海外知识产权风险越来越高。2013年底，国家知识产权局领导班子实现新老交替。申长雨局长走马上任后，面对国际国内的新形势、新挑战，进一步调整了《纲要》实施的新思路。经过近 1 年的调查研究，国家知识产权局牵头提出了深入实施《纲要》、建设知识产权强国的新策略。

2014 年 11 月 5 日，国务院总理李克强主持召开国务院常务会议，研究部署加强知识产权保护和运用，助力创新创业、升级"中国制造"。尤其是 2015 年 12 月 18 日，国务院《关于新形势下加快知识产权强国建设的若干意见》（国发〔2015〕71 号）发布。该文件明确提出要建设知识产权强国。确立了深入实施《纲要》的四条基本原则，即"坚持战略引领、坚持改革创新、坚持市场主导、坚持统筹兼顾"。通过深入实施国家知识产权战略，深化知识产权重点领域改革，实行更加严格的知识产权保护，加强重点产业知识产权海外布局和风险防控，促进新技术、新产业、新业态蓬勃发展，提升产业国际化发展水平，保障和激励大众创业、万众创新。到 2020 年，知识产权重要领域和关键环节改革上取得决定性成果，创新创业环境进一步优化，知识产权密集型产业快速发展，形成国际竞争的知识产权新优势，为建成中国特色、世界水平的知识产权强国奠定坚实基础。2016 年 7 月 8 日，《〈国务院关于新形势下加快知识产权强国建设的若干意见〉重点任务分工方案》印发，要求各相关部门切实抓好落实。

2017 年 7 月，国务院知识产权战略实施工作部际联席会议审议通过并发布了《〈国家知识产权战略纲要〉实施十年评估工作方案》。《纲要》颁布实施 10 周年来，我国知识产权事业发展取得举世瞩目的成就，发生了历史性变革。WIPO 每年发布的创新指数显示，过去 5 年，中国的创新能力排名从全球第 33 位跃升到第 22 位，知识产权支持创新发展作用日益凸显。我们相信，《纲要》实施十年评估报告一定能为全面实现 2020 年知识产权战略目标、推动新时代知识产权强国建设提供科学的决策支撑。

进入 2018 年春天，党的十九大确定的党和国家机构改革方案正式实施，"两会"后，重新组建的国家知识产权局已经开始运行，我国的知识产权强国事业又进入了一个崭新阶段。

显而易见，我国的知识产权事业已经从过去的被动地建立健全管理体制、完善法律法规，向不断探索运行机制创新、制度创新，实现与国际惯例接轨，融入全球经济体系，引领全球知识产权制度变革转变；从过去的注重单一的知识产权保护环节，向注重知识产权创造、运用、保护、管理和服务的全管理过程、大力发展知识产权（密集型）产业、提升中国制造产业链价值转变；从过

去的注重知识产权事业自身发展，向实施更高目标的国家知识产权战略、服务
于建设创新型国家、服务于经济发展新动能、服务于实现"两个一百年"目标
的"中国梦"、服务于中国特色社会主义新时代转变！这是一个战略性大调整、
大变革和一个跨越式发展的新时代！

　　"长风破浪会有时，直挂云帆济沧海"。站在新的历史起点上的全国知识产
权界同仁，必将迎来更加美好的明天！

有缘躬逢其盛　有幸得附骥尾

陶鑫良[*]

自 1984 年秋奉命筹建上海工业大学专利事务所并报考我国第一批专利代理人开始，屈指数来我从业知识产权也有些年头了。"三十四年云与月，一万多天朝与暮，不尽回忆无穷思，多少往事曾经路。"而其中参加我国《国家知识产权战略纲要》制定研究项目的那些日子，更是记忆犹新，历历在目，令人抚今追昔，难以忘怀。想当年，躬逢其盛，我有幸赶上了参加研究制定《国家知识产权战略纲要》一些活动的历史机遇；得附骥尾，当年的那些参与，犹今仍带给我多多的回忆和深深的怀念。

一、参加制定《国家知识产权战略纲要》研究的前前后后

记得在本世纪初，就越来越感受到我国及我国企业的发展已经"既躲不开知识产权，又离不开知识产权"，也愈来愈接收到来自国内外相关"知识产权战略纲要"建设的信息。尤其是 2002 年日本《知识产权战略大纲》的问世，进一步升温了加速制定我国国家层面之知识产权战略纲要的业界呼吁和社会期待。其实，在 2005 年我国正式启动国家知识产权战略纲要制定研究工作之前，我国一些省市已经制定了或者正在制定各自的地方知识产权战略纲要，譬如上海 2004 年就已经出台了《上海知识产权战略纲要（2004—2010 年)》，再如深圳 2005 年正在紧锣密鼓地推进《深圳市知识产权战略纲要》的制定进程。与此同时，我国知识产权学界与业界也越来越强烈地发声建议制定或加快制定国家知识产权战略纲要。

---

　* 陶鑫良：教授、律师，大连理工大学知识产权学院院长、上海大学知识产权学院名誉院长、温州知识产权学院院长；兼任国家知识产权专家咨询委员会委员、中国知识产权研究会副理事长、中国知识产权法学研究会副会长、中国科学技术法学会副会长等。曾参加了国家知识产权战略制定的相关研究工作。

记得在 2004 年 1 月举行的全国专利工作会议上，吴仪副总理发表了制定国家知识产权战略纲要的主题讲话。国家知识产权局领导也明确将大力推动实施知识产权战略，并且较为系统地阐述了组织我国知识产权战略纲要研究与制定的初步构思。从此真正拉开了制定国家知识产权纲要的序幕。在 2005 年新年伊始就积极启动了国家知识产权战略纲要制定研究工作。2005 年从春天到秋天，围绕国家知识产权战略纲要制定及其研究工作，相继召开了一系列的专家会议、工作会议以及其他会议，建立了国家知识产权战略制定工作领导小组及其办公室，并且拨款 2000 万元组织"1＋20"的国家知识产权战略纲要制定系列项目研究："1"是一个总研究项目"国家知识产权战略纲要研究"；"20"是 20 个与总研究项目配套成龙的分研究项目，分别由国家知识产权局、教育部、科学技术部、商务部、国家发展和改革委员会、国家工商行政管理总局、国家版权局等近 20 个部委各自牵头担纲的涉及"知识产权战略宏观问题、知识产权主要类别、知识产权法治建设、知识产权重要管理环节、知识产权重点行业"五大方面的 20 个专题研究项目。

我也一直是国家知识产权战略纲要制定的积极呼吁者之一。在此前，尤其是在日本《知识产权战略大纲》出台之后，我也曾在中国知识产权报等媒体上建议尽快制定我国知识产权国家战略；也参与关心了《上海市知识产权战略纲要（2004—2010 年)》与《深圳市知识产权战略纲要》的制定及其践行。譬如在《深圳商报》2005 年 9 月 9 日的报道中就曾提到：在《深圳市知识产权战略纲要》的"调研起草中，还聘请了知识产权界权威人士郑成思、陶鑫良、张平、程永顺、董葆霖、许超、文希凯、邓军、蒋志培及 WIPO 组织高级顾问马连元和香港知识产权署署长谢肃方等 21 人作为战略纲要制定工作的顾问。"同期我也一直跟随郑成思老师一起担任上海市政府知识产权专家咨询委员会副主任，主任是国家知识产权局的王景川老局长。所以，我既密切关注日本《知识产权大纲》的出台与实施，也与国内的上海、深圳等地方的知识产权战略纲要之制定及践行息息相关，因此当时我就热切拥护和由衷支持制定国家知识产权战略并颁行《国家知识产权战略纲要》。

在制定《国家知识产权战略纲要》的"1＋20"系列研究项目中，我被吸收参加了"1"，即时任国家知识产权局张勤副局长为组长的总研究项目"国家知识产权战略纲要研究"并被安排提交了该项目下的个人《国家知识产权战略纲要（专家建议稿）》，同时参加了由教育部牵头并由赵沁平副部长为组长的第二研究专题即"知识产权人才队伍建设和宣传普及研究"项目和由科学技术部牵头并由李学勇副部长为组长的第三研究专题即"科技创新中的知识产权问题研究"项目，还受聘成为第七研究专题即"专利战略研究"项目的专家组成员以及参与了第十四研究专题即"知识产权立法问题研究"项目。而在制定《国家知识产权战略纲要》的"1＋20"系列研究项目的开题评审、中期评审和结题评审过程中，连续担任了例如第十五研究专题"改善国家知识产权执法体制问题研究"等三四个研究专题的评审组长。可以说，在2005～2006年一年多的时间里，"国家知识产权战略"几乎成为我工作与生活中的最常用名词，日夜相对，朝夕与共。由此联想，管中窥豹，这一时期内为《国家知识产权战略纲要》的"1＋20"系列研究项目而殚精竭虑，奋力拼搏者何止成百上千。《国家知识产权战略纲要》的研究制定凝聚着我国几代知识产权人的心血和智慧，《国家知识产权战略纲要》的颁布与实施是我国知识产权事业发展的重大里程碑。

二、参加制定《国家知识产权战略纲要》研究的点点滴滴

那一两年间，已记不清曾经参加了多少次有关《国家知识产权战略纲要》制定研究的活动与会议，在北京、上海、广州、南昌、青岛、南京、重庆、武汉、西安……回顾《国家知识产权战略纲要》的制定研究过程，深深觉得其既是我国史无前例的全面深入的知识产权系列研究运动，也是我国继往开来的波澜壮阔的知识产权普及活动。

记得2005年6月7日在中国知识产权培训中心参加的那次为期两天的"国家知识产权战略专家座谈会"上，邀请的几乎全部是知识产权界与科技界、经济界、法律界、企业界及相关其他各界的知名专家，没有政府官员，围绕的议题主要是"国家知识产权战略的准确定位""国家知识产权战略的合宜范围""国家知识产权战略的覆盖环节""国家知识产权战略的制定动因"，时任国家知识产权局局长王景川即席先发言，随后与会专家献计献策，群策群力，头脑风暴，集思广益。譬如针对含于上述议题之中的"国家知识产权战略与在前已经明确的国家科教兴国战略、人才强国战略、可持续发展战略究竟是什么关系？"会议上见仁见智，各说纷纭。有的观点认为国家知识产权战略与国家科教

兴国战略、人才强国战略、可持续发展战略等相互之间是上下位关系；也有的观点认为是"大路通天，各走一边"的平行线关系，等等。记得我在会上的观点是：国家战略当视为整体，不同侧面有不同形体，"横看成岭侧成峰，各个角度各不同。"所以无论国家知识产权战略、科教兴国战略，还是国家人才强国战略、可持续发展战略，相互之间都不是上下位关系，但也都不是没有关系，而都是国家整体战略的不同侧面，不同视角，彼此水乳交融，相辅相成，你中有我，我中有你。所以无论从科教兴国战略、人才强国战略、可持续发展战略的哪一个视角切入，这三项国家战略中都饱含有知识产权的元素和基因。同样，从国家知识产权战略角度凝视与聚焦，也贯串着科教兴国、人才强国、可持续发展的内容和成分。而后来吴汉东教授在其个人提交的《国家知识产权战略纲要（专家建议稿）》中，就辟有"（三）国家知识产权战略与三大基本发展战略的关系"一节，提出了"国家知识产权战略与这三大基本战略不是并列关系，而是这三大战略的部分内容的制度综合和重要保障。国家知识产权战略问题应当作为一个独立的战略问题加以重视"。记得当时吴汉东教授与陈美章、张玉敏、罗东川等老师和我都受委托各自提交了自己的《国家知识产权战略纲要（专家建议稿）》。翻开当年"1＋20"之"1"的"国家知识产权战略纲要研究"总项目的研究任务书的第4页，载明有"在纲要起草过程中采取了委托征集纲要建议稿的方式，建议稿来自两个方面，一方面是地方知识产权管理机构，以五个地方知识产权局牵头，集合了附近地区相关行政管理与专家学者的力量；另一方面是国内著名专家学者，分别请陈美章、吴汉东、陶鑫良、张玉敏、朱谢群和罗东川牵头，并集合与之相熟的一批专家学者的力量。这11份纲要建议稿将作为纲要制定的重要参考。"记得2006年4月18日，在中国知识产权培训中心召开了"国家知识产权战略纲要建议稿交流会"，在这天的会议上交流了9份《国家知识产权战略纲要（建议稿）》，我们6位在会上先后交流了自己的《国家知识产权战略纲要（专家建议稿）》；会上还交流了由北京市知识产权局牵头的华北区知识产权管理机构建议稿，由河南省知识产权局牵头的中部地区知识产权管理机构建议稿，由宁夏回族自治区知识产权局牵头的西部地区知识产权管理机构建议稿。当时直接主持起草《国家知识产权战略纲要（草稿）》的是"1＋20"系列中的总研究项目"国家知识产权战略纲要研究"专题组长张勤副局长，而主要执笔人中贡献居前的包括"国家知识产权战略纲要研究"总研究项目专题组副组长、时任国家知识产权局知识产权发展研究中心的邓军主任。邓军主任在知识产权战略制定的关键时刻突然病发而救治不及，竟然就此撒手西行，至今令人深感惋惜。记得曾与邓军主任多次讨论国家知识产权战略纲要起草过程中的相关问题，往往斟酌推敲，咬文嚼字，有时也会友好争论得不可开交。

2005 年 6 月 30 日国家知识产权战略纲制定工作领导小组召开了第一次会议，相应的工作进而全面启动，国家知识产权局 2005 年 8 月 26 日举行了一场"国家知识产权战略纲要研究方案专家咨询会"，重点讨论"国家知识产权战略纲要"的研究工作方案。在这次会议上首先讨论的一个问题就是：这一次制定的"国家知识产权战略纲要"的终点站到哪一年？会前有一种意见认为应当到2050 年，因为基本路线一百年不变要至 2050 年，故"国家知识产权战略纲要"的执行时间区间也延伸至 2050 年；并分为近期（2006～2010 年）、中期（2011～2020 年）和长期（2021～2050 年）。但在这次会议上，较多与会者认为现代科技进步日新月异，速度加速度越来越快，至 2050 年的时间跨度显得过大，时间过于遥远则难以预测和无法掌控，故建议是否与计划至 2020 年止的我国中长期科技计划同步推进，将这次制定"国家知识产权战略纲要"的终点站设在 2020 年。在这次会议后，知战办纳谏循优，从善如流，很快就采纳了我们这些与会代表的建议，将这次《国家知识产权战略纲要》制定的时间区段之终点定准在 2020 年。

对于我国知识产权战略方针，在《国家知识产权战略纲要》中最后固定于"激励创造，有效运用，依法保护，科学管理"之十六字的表达上，其初始解读为"创造是源头，运用是目的。保护是手段，管理是基础。"实施国家知识产权战略数年后，对知识产权战略方针又曾调整解读为"创造是源头，运用是目的。保护是关键，管理是核心。"随后知识产权战略方针又一度由"创造、运用、保护、管理"的四要素，进一步发展为"创造、运用、保护、管理、服务"的五要素。记得当初我也曾提出过能否调整顺序为"激励创造，依法保护，科学管理，有效运用"之十六字。因为按照"激励创造，有效运用，依法保护，科学管理"排列的望文生义，往往会把直接跟在"激励创造"后的"有效运用"，产生误解或者狭义理解为仅仅是对"激励创造"出的科技成果付诸"有效运用"，即只是科技成果产业化的"有效运用"；而其实国家知识产权战略的实施，应当是"激励创造，依法保护，科学管理"之创造、保护、管理的三箭齐发，共奔"有效运用"。国家知识产权战略的目标，就是要同步实现知识产权创造的"有效运用"、实现知识产权保护的"有效运用"、实现知识产权管理的"有效运用"。党的十九大后，知识产权战略方针又进一步表现为"倡导创新文化，强化知识产权创造、保护、运用"以后，知识产权战略方针实质上再浓缩为六个字的"创造、保护、运用"三要素，将管理因素隐含在三要素之内，借以覆盖全方位的"创造优化、保护优化和运用优化"，最终的目标就是知识产权"创造、保护、运用"三要素的持续强化和不断优化。

还记得我担任第十五研究专题"改善国家知识产权执法体制问题研究"项目的开题评审组长而主持该项目开题评审时，与承担该项目研究的几位资深专家交流与讨论的就是：我国知识产权保护究竟是应该完全归于司法"一枝独秀"的模式？还是应延续司法与行政"比翼双飞"的框架？而我国现行的知识产权行政保护态势，究竟应该与时俱进，不断加强？还是应当与年俱退，逐步淡出？我国的知识产权司法保护与行政保护，究竟应该如何协调与整合？有趣的是，这一研究专题后来的中期评审和最后的结题评审，都仍然安排我担任评审组长。而上述一再发问的问题却一直是"老生常谈，常谈常难，常谈常新"的老大难问题，项目组虽然全面总结了我国的相关经验，也出访了欧美、印度等国家和地区概括出世界各国的"他山之石"，但这一问题本身或许太为沉重，仍然留到现在，留待往前进一步寻求在新的边界条件之下的理性解决。

三、参加制定《国家知识产权战略纲要》研究的人才专题

在《国家知识产权战略纲要》制定研究的"1+20"共21个研究项目中，教育部牵头承担的"知识产权人才队伍建设和宣传普及研究"项目排序第四研究专题。如前所述，我虽然参与了《国家知识产权战略纲要》制定研究的总研究课题和多个专题项目，但鉴于当时我的本职岗位是高校知识产权教授，较长时间又一路倾注于我国知识产权人才培养研究方向，所以除了积极承担总研究项目项下的《国家知识产权战略纲要（专家意见稿）》等任务外，应当是在第四专题"知识产权人才队伍建设和宣传普及研究"项目中投入时间和精力最多。当时知战办要求"1+20"系列专题研究每一个专题的牵头人及其牵头单位必须是在北京的单位，我们这个主要是国家知识产权人才培养内容以及兼带普及宣传内容的专题，也是由北京大学作为牵头单位的。北京大学知识产权学院成立于1993年秋，我们上海大学知识产权学院成立于1994年秋，是中国最早

建立的两个知识产权学院。我们上海大学知识产权学院团队在第四研究专题中承担了二级课题"中国知识产权人才培养现状及战略研究"。围绕这个课题，我们团队在完成该专题任务过程中进行了三大板块的实证调研，召开了四次相关的专题研讨会，应对五个关键问题的讨论交流。所谓三大板块就是：教育部属41所大学板块的调研分析、中国高校知识产权研究会35所大学板块的调研分析、上海地区9所大学板块的调研分析。所谓四次会议就是："2005中国知识产权人才培养研讨会""中国高校知识产权研究会第十四届年会""上海高校知识产权人才培养研讨会""2006中国知识产权人才培养研讨会"。所谓五个关键问题就是：（1）我国是否应突击性地规模培养知识产权应急人才；（2）我国是否宜放量培养知识产权管理类应用人才；（3）我国是否应当着力培养有法律背景的知识产权经营管理人才；（4）大学本科阶段要否设置知识产权专业或者专业方向；（5）如何应对我国知识产权人才培养中的人才外流及其平衡。

譬如对于上述最后的第五个关键问题，在我们的研究报告中是这样展开的：我国过去十余年来培养的知识产权人才本来数量不大，但是，其中有较大一批人才，尤其是一批优秀知识产权人才现在服务于跨国公司、外国企业和外国机构。针对我国培养的知识产权人才流向外国、外企的现状，有民谣说："辛辛苦苦为谁忙，为洋人作嫁衣裳。请看番营五虎将，尽是中华好儿郎（好女郎）。"现在许多跨国公司和大型外企、外国机构在华的知识产权代表或者主要工作人员较多是我国过去十多年中培养的优秀知识产权人才。还有民谣称："尖子生，外国去。高才生，到外企。育出英才帮洋人，教出学生伤自己。"如何看待知识产权优秀人才"流外"或"外流"这种现象？首先，这是当前无可回避的形势，这是当前我国必须关注的事实，才外流而挡不住，树欲静而风不止。其次，这不必大惊小怪，潮涨还有潮落时，流出流进经常事。日本、韩国和我国台湾都曾经有过类似的经历。但情况很快就会起变化，只要我国培养的知识产权人才总量达到相当数量，则在整个体系中就会达到动态平衡。那时我国知识产权人才在内外各种企业与机构之间的流动属于正常情况，属于正常回流，也不会给我国企业造成知识产权人才的断流和截流。再者，在知识产权经营管理方面轻车熟路、老马识途的跨国公司，往往是这些知识产权人才进一步学习的进修基地和继续教育的空间。也许未来中国最优秀的一批知识产权经营管理巨匠和知识产权杰出企业家正在他们中间向我们走来。但是，我们在预测和设计今后我国知识产权人才培养规划或者计划时，应当充分考虑我国近年所培养的知识产权人才"外流"和"流外"的动态平衡。估计我国培养的优秀知识产权人才服务于跨国公司、外国企业和外国机构这种情况还将持续较长一段时间，因此我国知识产权人才培养要全面考虑这一因素，合理设计出综合考虑人才"流外""外流"与"引进""回流"的动态平衡培养目标及应对举措。

记得我们当时的初步研究报告内容包括：我国迫切需求和今后十五年内主要需求的是从事知识产权企业经管、中介服务、行政管理、司法保护、教学宣传的知识产权应用人才；其中最大量需要（占需求总量75%以上）的是企业经管知识产权应用人才，即企事业单位中知识产权创造、转化、经营、法务等的经营管理工作者。我国知识产权人才培养主要是通过高等院校进行的。我国高校对知识产权人才的培养，初始萌芽于20世纪80年代末，逐渐起步于20世纪90年代中，加速发展于本世纪初的这几年里。20世纪80年代末我国一些高等院校相继对大学生以及研究生开设知识产权类选修课程；90年代中我国若干高等院校陆续建立了"知识产权学院""知识产权教学研究中心"之类的教学与研究机构，开始培养知识产权方向的本科生与研究生；本世纪初的这几年中我国高校掀起了一波新的知识产权办学热潮，全国范围内涌现出一批知识产权学院和知识产权教学研究中心，纷纷在本科生、双学位和硕士研究生、博士研究生等各个层面上较大规模地培养知识产权专门人才；目前这一热潮有继续升温的趋势。在采集了教育部直属41所高校，参加中国高校知识产权研究会的35所高校，上海已建知识产权教学研究机构的9所高校共三个样本板块相关数据的基础上，当时我们对我国高校知识产权人才培养及教学情况进行了调查分析，进而归纳了当前我国高校知识产权教学研究机构设置的若干主要模式和知识产权人才培养及培训的九种主要模式，同时对17所大学的知识产权资深专家进行了知识产权人才培养和教学改革之26个关键问题的问卷调查，在上述调查分析和实证研究的基础上，提出了我国知识产权人才培养的总体思路建议：即我国应当突击性地规模培养知识产权应急人才，我国应当大量培养知识产权技术管理类应用人才，我国应当注重培养有法律背景的知识产权经营管理人才，大学本科阶段宜全面开设知识产权课程而不宜设置知识产权专业或者专业方向，正确对待知识产权优秀人才"流外"和"外流"现象并且积极促进其"回流"。目前我国知识产权人才培养应当在职培训和在学培养双管齐下，相辅相成。我国知识产权人才培养的战略重点在于增设知识产权法学与知识产权管理学二级学科，在高校中建立一批知识产权法和知识产权管理类的不同层次的知识产权教学研究机构；在研究生层面尤其应通过知识产权法律硕士与知识产权 MBA 模式大力规模培养知识产权中高端专门人才；同时着重培养知识产权法律课程和知识产权经营管理课程的师资，迅速制定并且具体实施我国高校知识产权师资培养行动计划；对高等学校所有专业的本科生、研究生开设知识产权必修课或者限选课，并将知识产权作为高等院校学生素质教育的重要组成部分；建立知识产权人才在校培养与在职培训结合机制，在校培养与在职培训双管齐下来应急培养、培训一大批知识产权应用人才，主要是专职或者兼职的知识产权经营管理人才、知识产权中介服务人才和知识产权教学宣传人才，还有知识产权行政管理人才与知识产权司法保护人才。

这就是当时我重点关注和投入之一的参与第四研究专题"知识产权人才队伍建设和普及宣传"之调研活动的历史剪影。

忆往昔，峥嵘岁月稠。就在十年前，我国决定研究制定《国家知识产权战略纲要》。2005 年 1 月国务院成立了由国家知识产权局、国家工商行政管理总局、国家版权局、国家发展和改革委员会、科学技术部、商务部等 33 家部委等共同建立的"国家知识产权战略制定工作领导小组"及其办公室。2005 年 6 月我国全面启动了国家知识产权战略的制定工作，全面开展围绕制定"国家知识产权战略纲要"而布局的"1＋20"系列研究专题。2007 年 2 月"1＋20"系列专题研究工作按期完成。2007 年 5 月《国家知识产权战略纲要》形成草稿，随后《国家知识产权战略纲要》草稿经多方征求意见并反复修改后形成了送审稿提交国务院审议。2008 年 4 月 9 日，国务院常务会议审议并原则通过了《国家知识产权战略纲要》。2008 年 6 月 5 日国务院正式颁行《国家知识产权战略纲要》。

我觉得，十多年前我国《国家知识产权战略纲要》的研究与制定过程，高屋建瓴，提纲挈领，既是我国在全民层面上的一次知识产权持续普及运动，更是我国国家行政管理和司法、立法部门之知识产权人才的首轮聚合活动；或可形容为"烧起一把火，刮起一阵风，聚起一群人，织起一张网，竖起一杆旗，点起一串灯，出版一堆书，舞起一条龙。"即在全国全社会范围内尤其是在国家层次相关部门范围内烧起了知识产权这把火，刮起了知识产权这阵风，聚起了这群知识产权人，织起了这张知识产权网，竖起了《国家知识产权战略纲要》这杆旗，点起了国家知识产权战略举措的这串灯，还出版了这堆《国家知识产权战略纲要》制定研究的书，最重要的是舞起了这条我国知识产权创造、保护、运用的蛟龙。

　　有缘躬逢其盛，我作为一名"知识产权过河卒"，赶上了《国家知识产权战略纲要》研究制定的历史机遇！有幸得附骥尾，我作为一个"智慧史页见证人"，目击了《国家知识产权战略纲要》的时代风云。

《四川省知识产权战略纲要》的制定实施

——写在《国家知识产权战略纲要》颁布实施十周年之际

黄　峰[*]

2008 年 6 月，国务院颁布《国家知识产权战略纲要》，经过 10 年的发展，我国在知识产权创造、运用、保护、管理、服务等各方面取得了巨大成就。特别是党的十八大以来，习近平总书记提出了"保护知识产权就是保护创新""打通知识产权创造、运用、保护、管理、服务全链条"等一系列重要论断，指引我国知识产权事业加快发展，进入了新的时代。四川全面贯彻落实党中央、国务院决策部署，全面推动《国家知识产权战略纲要》在全省的贯彻落实，以制定实施《四川省知识产权战略纲要》为主线，加快建设知识产权强省，全省知识产权意识不断提升，尊重知识产权、保护知识产权的氛围愈加浓厚，区域、产业、企业知识产权竞争力显著增强。

一、《四川省知识产权战略纲要》的制定过程

（一）准备阶段

2005 年，国务院成立国家知识产权战略制定工作领导小组，启动国家知识产权战略制定工作后，四川省政府高度重视我省知识产权战略的制定工作。2006 年 4 月，省政府办公厅印发了《关于成立四川省知识产权工作领导小组的通知》（川办函〔2006〕85 号），在原省知识产权办公会议基础上成立了四川省知识产权工作领导小组，由分管副省长任组长，成员单位和部门由 24 个增加到

---

[*] 黄峰：曾任四川省知识产权局局长、党组书记，四川省知识产权工作领导小组原副组长兼办公室主任，四川省知识产权研究会理事长，中国知识产权研究会副理事长，国家知识产权局第三届专家咨询委员会委员，全国知识产权领军人才。曾主持起草制订《四川省知识产权战略纲要（2009—2020 年）》。

31 个。领导小组办公室设在省知识产权局，承担领导小组的日常工作。5 月，领导小组召开第一次会议，要求成员单位按照职责，积极跟进国家知识产权战略的制定进程，结合四川省实际，认真做好全省制定和实施知识产权战略各项工作；领导小组办公室加强统筹协调，做好衔接，组织相关部门开展四川省知识产权战略的具体制定工作。

省局认真开展四川省知识产权战略的制定调研等前期准备工作。一是积极配合国家知识产权战略制定工作，为四川省制定知识产权战略做好调研基础工作。先后在全省组织四千多家企业进行了"企业专利实施状况专项调查研究"，开展了"全省知识产权管理机构建设专项调查研究""我国专利人才吸引与使用状况调查研究""企业知识产权管理专题研究"等一系列调研，为制定四川省知识产权战略进行前期研究工作。二是支持重点企业制定和实施知识产权战略。指导和支持企业开展知识产权战略研究，先后开展了五粮液集团普什公司"模具设计制造专利战略研究"、长虹电器"PDP 平板电视知识产权战略研究"、攀钢集团"钒钛资源综合开发利用专利战略研究"和中国二重"热卷箱专利战略研究"等，推动企业层面的知识产权战略制定实施工作。三是开展行业知识产权战略研究。先后开展了"四川重大技术装备制造业知识产权战略研究""四川省中药行业知识产权战略研究"，推进我省优势产业（行业）知识产权战略的制定实施，提高行业运用知识产权制度的能力和水平。四是推动重点区域开展知识产权（专利）战略研究，先后开展了"成都市专利战略研究""绵阳市专利战略研究"和"德阳市重大技术装备基地知识产权战略研究"，并在研究的基础上制定知识产权（专利）城市试点示范方案和相关配套政策措施。四川省知识产权局制发了《关于实施成德绵知识产权试点示范工程的意见》，全面加强成德绵等重点区域知识产权（专利）工作，为制定和实施全省知识产权战略摸索经验。

（二）制定阶段

2008 年 6 月 5 日国务院正式颁布实施《国家知识产权战略纲要》后，四川省政府高度重视贯彻实施工作。2008 年 7 月 24 日，省知识产权工作领导小组召开了《四川省知识产权战略纲要》编制工作会议，审议通过了《四川省知识产权战略纲要制定工作方案》，对四川省知识产权战略制定工作进行了部署。

2008 年 8～11 月，省知识产权工作领导小组办公室、省知识产权局按照

《四川省知识产权战略纲要制定工作方案》，牵头组织《四川省知识产权战略纲要》的编制工作。各成员单位密切协作，通力配合，在广泛调查研究、收集资料和研究分析等前期工作的基础上，开始了编写工作，先后形成了《四川省知识产权战略纲要》的初稿、讨论稿、征求意见稿。在此期间，与上海、广东、江苏等10多个兄弟省市进行了交流，对近年来省政府出台的相关政策文件、发展规划等进行了收集和梳理，2次组织成员单位召开《四川省知识产权战略纲要》编制工作研讨会议，3次组织承担有具体编写任务的成员单位编写人员进行讨论修改，2次组织部分市（州）知识产权局、企事业单位、高等学校、科研院所、中介服务机构代表征求意见，3次征求成员单位书面修改意见。领导小组办公室、省知识产权局在对所征求的意见进行了多次汇总和相应的修改后，形成了《四川省知识产权战略纲要（送审稿)》，于2008年12月26日上报省政府。

2009年4月14日，省政府第30次常务会议审议通过了《四川省知识产权战略纲要》。2009年5月8日，省政府正式印发出台了《四川省知识产权战略纲要》（川府发〔2009〕15号）。

二、《四川省知识产权战略纲要》的全面实施

（一）强化统筹推进

1. 制定实施年度推进计划

根据《四川省知识产权战略纲要》和国家知识产权战略的年度推进计划，结合四川省实际，按照省知识产权工作领导小组各成员单位的知识产权战略年度推进工作重点，每年制定四川省实施《纲要》的年度推进计划，分别由知识产权工作领导小组各成员单位负责组织实施，建立战略实施联络员制度、工作信息通报制度，建立战略实施工作目标管理制度，加强工作的考评、监督和指导；各市（州）建立知识产权工作领导小组、组建科学技术和知识产权局，强力推进知识产权战略实施，确保知识产权战略实施各项任务落实落地。

2. 制定实施专题战略

《四川省知识产权战略纲要》出台后，省政府于2010年制定印发了《四川省专利战略（2011~2020年)》《四川省商标战略（2011~2020年)》《四川省

版权战略（2011～2020 年)》《四川省植物品种权战略（2011～2020 年)》《四川省地理标志产品保护战略（2011～2020 年)》，从各专业领域和重点环节推进《纲要》的贯彻实施。

3. 持续加强政策推动

《四川省知识产权战略纲要》出台后，省政府先后把知识产权纳入《关于走新型工业化道路加快工业发展的意见》《关于加快发展战略性新兴产业的意见》《关于加强自主创新促进科技成果转化的意见》，制定了《关于加强战略性新兴产业知识产权工作的意见》《四川省专利实施与产业化激励办法》。特别是党的十八大以来，省委、省政府把深入实施知识产权战略提升到前所未有的高度，把加强知识产权保护和运用纳入《中共四川省委关于全面创新改革驱动转型发展的决定》《四川省国民经济和社会发展第十三个五年规划纲要》《四川省系统推进全面创新改革试验方案》。省政府先后印发实施《深入实施四川省知识产权战略行动计划（2016～2020 年)》《关于深入知识产权战略加快知识产权强省建设的意见》，全面、持续、深入推进知识产权战略在四川的实施。

（二）发挥政府的推动作用，着力加强知识产权宣传执法，努力营造知识产权良好环境

1. 着力加强知识产权宣传普及

坚持政府主导、部门推动、媒体支持、公众参与，深入开展知识产权进党校、进企业、进社会活动，宣传普及知识产权知识，推动知识产权文化建设。

2. 着力加强知识产权行政执法保护

坚持紧贴热点、主动出击、联合行动、大造声势，严厉查处专利违法行为；坚持"强化责任、规范程序、缩短周期、提高质量"，认真调处专利纠纷案件。围绕热点领域和重点环节，开展联合执法和专项整治行动，严肃查处反复侵权、群体性侵权行为。加强对行业组织和企业知识产权维权保护工作的指导，加强四川省知识产权保护长效机制建设。指导和帮助企业掌握运用国际规则，加强优势特色产业及其重点进出口企业的知识产权保护。

3. 着力加强支持引导

建立一奖、两资金、两基金，不断加大对知识产权运用的支持引导力度。省政府设立四川省专利奖，出台《四川省专利实施与产业化激励办法》，加强对专利实施和产业化的激励引导；发挥四川省专利实施与产业化专项资金和专

利申请资助资金作用，大力促进企业、高校、院所加强创新成果的知识产权保护和转移转化；设立四川省知识产权运营基金、四川省知识产权质押融资风险补偿基金，积极探索推动知识产权运营和知识产权质押融资。

4. 着力加强知识产权人才队伍建设

实施四川省知识产权人才培育工程，大力培养知识产权人才。发挥各级党校、行政学院和高等学校的作用，广泛开展党政领导干部、企事业单位管理人员、专业技术人员的知识产权培训。建立知识产权人才培养基地、知识产权人才库和知识产权人才信息平台。

5. 着力加强知识产权服务

加强知识产权公共服务平台建设，推动专利文献信息运用，提高四川省专利文献信息运用能力。加快培育发展知识产权服务业，不断满足四川省企事业单位对知识产权社会化服务的需求。

（三）发挥企业的主体作用，不断提升重点企业、重点园区、重点区域、优势产业知识产权竞争力，推进自主创新

1. 加快推进企业知识产权发展

坚持不懈地推动四川省企业实现"七有五会"（有领导、机构、人员、工作经费、管理制度、专利专题数据库、知识产权战略；会检索、申请、管理、保护、运用），不断提升知识产权的创造、运用、保护和管理能力，推动四川省企业创新成果加速知识产权化、商品化和产业化。

2. 加快推进工业园区知识产权发展

扎实做好成都高新区国家级知识产权试点示范园区创建工作和四川省省级试点园区工作，努力形成一批创新要素汇聚、自主创新活跃、知识产权环境优良的产业园区。

3. 加快推进优势产业知识产权发展

紧紧围绕重点产业开发行业专利数据库，推动行业龙头骨干企业运用专利文献信息，开展知识产权战略研究，提高研发水平，降低研发成本，规避专利风险，提高创新能力，推动四川省高新技术产业快速发展、传统优势产业竞争力不断增强、优势资源产业开发利用水平不断提高。

4. 加快推进重点区域知识产权发展

深入推进国家级知识产权试点示范城市创建工作和国家知识产权强县工程

试点示范。不断提高四川省重点区域的知识产权创造、管理、运用和保护能力，增强区域综合竞争力。

三、《四川省知识产权战略纲要》实施取得显著成效

10 年来，在四川省委、省政府的坚强领导下，在国家知识产权局的悉心指导和大力支持下，全省知识产权系统牢牢把握实施知识产权战略、加快建设知识产权强省这一主线，接续努力、不断深化，推动知识产权创造质量、运用效益、保护效果、管理水平和服务能力全面提升，知识产权发展综合指数和专利、商标、著作权、植物品种权、商业秘密、地理标志产品、非物质文化遗产等知识产权工作均位居全国前列、西部第一，知识产权在促进区域经济发展，推动自主创新，提升产业竞争力和企业核心竞争力方面发挥了引领和推动的积极作用。

（一）知识产权强省建设格局初步形成

四川省获批成为引领型国家知识产权强省建设试点省，国家知识产权局、四川省人民政府建立部省知识产权高层次合作会商机制，共同推进引领型知识产权强省建设。四川省知识产权工作领导小组统筹、协调、推动知识产权战略实施和强省建设。成都市获批国家知识产权强市创建市。全省共培育 9 个国家知识产权试点示范城市，位居中西部第一，44 个国家知识产权强县工程试点示范县（市、区），位居全国第一，3 个国家知识产权试点示范园区，57 个省知识产权试点示范园区，120 家国家知识产权示范优势企业，541 家省知识产权试点示范企业，300 余家市（州）知识产权试点示范企业。全省强省、强市、强县、强企工作格局不断健全。

（二）知识产权数量和质量不断提升

2009 年至 2017 年 6 月，全省共申请专利 67.49 万件、年均增长 23.22%，其中申请发明专利 21.19 万件、年均增长 36.15%，企业申请专利 40.01 万件、年均增长 35.67%；共申请 PCT 专利 2255 件、年均增长 25.08%；专利申请、发明专利申请、企业专利申请、PCT 专利申请实现翻番。共获得专利授权 37.50 万件、年均增长 17.55%，其中获得发明专利授权 4.69 万件、年均增长

36.15%。每万人发明专利从 0.55 件增长到 4.98 件，发明专利占比从 18.94% 提高到 35.69%，企业专利申请占比从 32.78% 提升到 61.80%。"十二五"期间四川省专利综合实力经国家知识产权局知识产权发展研究中心评定，连续多年位居全国第六、中西部第一。全省共注册商标 33.93 万件，驰名商标从 60 件增至 286 件，增长近 4 倍。全省登记作品著作权从 905 件增至 7.52 万件、年均增长 88%。全省累计获批地理标志产品 252 个，占全国总量 12%，年均增幅和总量连续 7 年居全国第一位；农产品地理标志产品累计 159 个，居全国第二位、西部第一位。累计申请植物新品种权 1102 件，居全国第六位；累计获得授权 714 件，居全国第二位。

（三）知识产权运用模式多元拓展

四川省获批全国知识产权运营试点省，共培育 5 个国家知识产权质押融资试点示范城市、2 个国家专利保险试点示范城市、3 个国家知识产权投融资试点地区、1 个国家知识产权运营服务体系建设试点城市、7 家国家知识产权运营试点企业。成立省级知识产权运营基金和四川省知识产权质押融资风险补偿基金，专利质押融资额从 2010 年的 1.57 亿元，增长到 2016 年的 31.95 亿元，年均增长 65.19%。商标质押融资额从 2010 年的 0.85 亿元，增长到 2016 年的 49 亿元，年均增长 9.78%。2009 年以来，全省累计实施专利技术 56588 项，新增产值 8662.02 亿元，新增利税 1058.39 亿元。4 届四川省专利奖共评选奖励专利实施与产业化项目 165 项，获奖项目累计实现新增利税 155.76 亿元、实现销售额 1592.4 亿元。

2016 年，45 个中国名牌和 972 个四川名牌产品企业总产值和利税分别达 7421.5 亿元、586.9 亿元，名牌对经济增长质量效益促进作用明显。成立西南地区首个国家级版权交易中心——成都国际版权交易中心，版权产业加快集聚发展，全省新闻出版、广播影视、文化创意产业产值分别达 507 亿元、89 亿元和 450 亿元，软件业主营收入达 2200 亿元。地理标志产品生产企业产值达 5000 亿元，占全省 GDP 的 26%。全省授权品种种子销售量 5020 万公斤，授权品种推广面积 5020 万亩，水稻、小麦、玉米等授权品种推广面积平均占播种面积 13.9% 以上，授权品种正逐渐成为粮食生产主力军。

（四）知识产权保护持续加强

西部唯一的国家知识产权局专利审查协作中心落户四川，建立国家知识产权局专利复审委员会全国第三巡回审理庭，设立中国（四川）知识产权维权援助中心、开通"12330"知识产权维权援助与举报投诉电话，中国成都（家居鞋业）知识产权快速维权中心、中国（四川）知识产权保护中心加快建设。设立成都知识产权审判庭，建立19个知识产权维权援助中心，知识产权举报投诉和维权援助网络平台覆盖21个市（州）、41个重点县（市、区）。2009年至2017年6月，全省法院共受理知识产权案件23614件，审结20616件，审结率87.2%。检察机关批准逮捕侵犯知识产权犯罪案件664件1294人、起诉848件1834人，监督公安机关立案查处侵权犯罪案件76件135人，建议行政执法机关向公安机关移送侵权犯罪案件206件264人。知识产权行政执法部门持续深入开展"双打""护航""雷雨""闪电""雷霆""红盾春雷""质检利剑""亮剑""剑网""清风""龙腾"专项行动，共出动行政执法人员62.4万人（次），检查生产经营企业和场所35.8万个，查处各类知识产权案件1.59万件。截至2017年6月，成都海关关区知识产权海关保护备案累计145件。成都被评为国家知识产权保护示范城市，被欧洲通讯社评为中国知识产权保护做得最好的城市。良好的知识产权环境促进了创新和营商环境的优化，2009～2016年，全省累计引进国内省外投资2.4万亿元，累计引进外资327亿美元。截至2017年6月，在川落户的境外世界500强企业达195家。

（五）知识产权服务能力和水平显著提升

建立了专利信息、专利展示交易、知识产权维权援助三大公共服务平台。其中，"四川省专利信息公共服务平台"包括重点产业、战略性新兴产业在内的19个行业专利数据库检索平台、中外专利数据库检索平台和企业专利数据库自建库服务平台，公众通过中外专利信息服务平台可以检索和阅览中国、美国、日本、英国、法国、德国、欧洲专利局、瑞士、世界知识产权组织（WIPO）等七国两组织的专利文献；"中国（四川）知识产权维权援助中心""中国（成都）知识产权维权援助中心""中国成都（家居鞋业）知识产权快速维权中心""中国（德阳）知识产权维权援助中心"，成为四川省专利权利人维护自身合法权益的重要渠道。四川省工商部门建立中国驰名商标、四川省著名商标培育名录库，强力推动工业企业商标品牌建设。全省质监系统制定6项国家级地理标志产品标准、13项省级地理标志产品标准、69项市级地理标志产品标准、70项县级地理标志产品标准，健全地理标志产品质量保障体系。截至2017年6月，全省建立 53 个知识产权公共服务平台，培育 7 家国家知识产权服务品牌培育机构、7 家国家知识产权分析评议服务示范和示范创建机构，全省专利代理机构 108 家、商标代理机构 974 家，知识产权从业人员达 3.65 万人。2016 年，全省知识产权服务机构主营业收入分别达到 1398 家、38.3 亿元，中西部第一位。知识产权服务机构的业务范围涵盖申请、注册、登记代理、诉讼、转让许可、分析评议、资产运营等服务领域。

（六）知识产权文化建设和人才队伍进一步加强

截至 2017 年 6 月，四川省共设立 1 个国家知识产权培训基地、11 个省级培训基地，设立 1 个知识产权远程教育平台、12 个远程教育分站，全省参加知识产权远程教育选课人数累计达 16.44 万人（次），注册人数累计达 5.42 万人，居全国第二位。培育 3 所全国中小学知识产权教育试点学校、28 所省级中小学知识产权普及教育试点学校。全省共举办各类知识产权培训班 2181 期，培训县处级及以上党政领导干部 2.61 万人（次），知识产权管理人员和企事业单位技术研发人员 25.29 万人（次）；培养国家级知识产权领军人才和高层次人才 34 人、知识产权法官 105 人、知识产权专业本科生（研究生）1000 余人、知识产权管理和专业人才 1.16 万人、知识产权从业人员超过 3.65 万人，基本形成了梯次合理、门类齐全的知识产权人才队伍。

以全国知识产权宣传周、中国专利周、全国双创活动周、法制宣传日为契机，推动知识产权进机关、进企业、进园区、进学校、进社区，全省知识产权法治意识不断增强，知识产权文化建设不断加强。10 年来，通过知识产权战略的贯彻实施，四川省全社会尊重知识产权、保护知识产权的氛围日益浓厚，为四川国家创新驱动先行省建设，全面决胜小康、建设经济强省做出了积极贡献。

仰望星空　脚踏实地

——《国家知识产权战略纲要》研究制定实施的几点感想

韩秀成*

　　《国家知识产权战略纲要》（以下简称《纲要》）研究工作，分为 20 个专题和 1 个纲要框架研究，习惯上称为"20 + 1"。我参与的专题是《专利战略研究》专题。这个专题的组长是时任国家知识产权局副局长的林炳辉同志，我本人担任专题下设的总体组组长，负责课题研究的具体组织协调、专题报告框架、重要问题的研究和报告起草等工作。课题组的成员及有关专家近 50 人，包括了局主要职能部门的领导、业务骨干以及有关部委和社会有关方面的专家。之所以组成这样一支庞大又精干的研究队伍，当时的局党组和分管领导考虑到，一是研究制定《国家知识产权战略纲要》的建议是国家知识产权局向国务院提出的，又是研究制定工作的牵头部门；二是专利战略是《纲要》的主体内容，直接关系到《纲要》研究制定水平和成功与否；三是《纲要》的研究制定是国家的一件大事，在我国知识产权事业发展史乃至创新型国家建设上都具有里程碑的重大意义。基于这几方面的考虑，《专利战略研究》专题的研究工作必须高度重视，必须确保高质量完成，为《纲要》研究带好头，为《纲要》制定提供强有力支撑。正是有了这样一个高度负责的态度和责任感，《专利战略研究》专题研究自始至终受到高度重视，并且取得了很好的研究成果，得到了时任国务院副总理、国家知识产权战略制定工作领导小组组长吴仪同志的高度评价。研究报告提出的总体框架和主要内容大都写进了《纲要》，切切实实提供了强有力支撑。10 年过去，回想起来，《纲要》研究制定实施有两大方面的成就，一个成就是，《纲要》研究制定历时 2 年多，使我国知识产权意识空前提高，参

---

　　* 韩秀成：国家知识产权局知识产权发展研究中心主任、研究员。主要从事知识产权政策和战略研究，主持或作为主要研究人员参与《国家知识产权战略纲要》中的专利战略专题研究、知识产权强国建设问题研究、国家知识产权运用和保护"十三五"规划研究等在内的二十余项重大政策研究。

与的部门有 30 多个，参与的高校、科研机构也有几十个，参加的人员有数百人，培养了一大批高水平的研究人员，特别是部委大都由部门领导牵头，这一过程，在我国最大规模地在高级干部中对知识产权进行了一个全面系统深入的宣传普及工作，在一些重大问题上形成了共识。由此取得的成果和全社会上上下下达到的认知高度，要比常规工作提前至少 5 年。另一个成就是，《纲要》10 年的有效实施，取得了举世瞩目的成就。知识产权在我国经济社会发展中，特别在今天的科技强国建设和创新驱动发展中提供了强有力的支撑，我国发明专利申请量也由每年的 29 万件迅速上升到 138 万件，知识产权大国地位牢固确立，并且正在由知识产权大国向知识产权强国迈进。能够参与这样一件具有重大历史意义的工作，十分荣幸。回顾这一过程，感触良多。在《纲要》实施 10 周年之际，我想就当初研究制定过程中对一些重要问题的思考和主要的做法谈几点感想，或许对今后的工作有所裨益和借鉴。

一、仰望星空：要提出一个高站位的顶层设计

作为国家的一个重大政策性文件，研究的站位、制定的站位都要高，要站在国家发展的全局，要有全球视野，战略思维。只有仰望星空，才能提出一个基于现实、高于现实、总揽国内外大局的顶层设计，长期有效地服务和支撑我国经济社会发展。在专题研究之初，课题组经多轮认真研究，多方面征求意见，很快提出了国家专利战略的总体思路，具体包括国家专利战略的定位、指导方针、基本原则和战略目标。专利战略的指导方针是：立足科学发展、激励自主创新、抓好四个方面（即创造、运用、保护和管理）、提升竞争能力。制定和实施国家专利战略的四个原则是：坚持立足国情与面向世界相结合、政府主导与市场驱动相结合、权利保护与利益平衡相结合、全面推进与分类指导相结合。国家专利战略的长远目标是，大幅度提高掌握和运用专利制度与专利资源的能力，提升国家核心竞争力，为我国现代化建设和中华民族的伟大复兴提供知识产权基础保障。

研究报告提出了实现国家专利战略目标的主要任务是解决专利发展中的全局性、制度性和基础性的重大问题。报告从专利制度建设、专利综合能力建设、专利支撑体系建设三方面提出了专利战略的十三条主要战略措施。

与此同时，专题组还做了一件极为重要的工作，即在研究工作开始不久，

研究提出了可能对专利战略乃至整个知识产权战略制定实施具有关键性作用的几个重大问题，并提请局党组研究决定是否作为专题研究的重点问题。这几个问题是：一是《专利法》重构，将发明、实用新型和外观设计一分为三的问题；二是专利制度是激励技术创新的基本制度的定位问题；三是专利制度发展的阶段划分以及现发展阶段的特征问题；四是建立知识产权法院问题；五是知识产权行政管理机关职能定位问题；六是知识产权文化问题。之所以说很重要，是因为《纲要》的研究分为 20 个专题，各专题会按照分工和明确的任务开展研究，涉及整体或与己关系不大的重要内容不会去研究。

这些问题的选取现在看来也是很准的、很重要的问题。由于发展阶段的不同，认识的不统一，有些问题经深入研究，程度不同地写进了《纲要》，也得到很好实施。有些问题因没有达成共识就没有开展研究，或研究后也没有能够写进《纲要》。还有一些问题，比如知识产权文化问题，当时提出作为重要问题进行研究时，认识不一致，有些同志认为不宜提这个概念，之前鲜见提出，更缺乏研究基础；还有的同志提出，知识产权文化不是专利战略研究的内容等。对这一问题，经专题组认真研究讨论并多方面征求有关专家的意见，决定作为五个子课题之一予以研究。当时的主要考虑，一是知识产权文化建设是知识产权战略实施的重要基础，没有一个好的文化环境，再好的战略也难以落地；二是，我们这个专题不关注不研究，其他专题不会研究。后来的结果证明，这一坚持是对的。知识产权文化在《纲要》中作为一个战略措施："推进知识产权文化建设"，被确定下来。而且，在《纲要》实施的 10 年中，一直作为一项重要工作予以部署，并且取得了良好成效，得到了国内外的一致认同和高度评价。

二、脚踏实地：要有能够落地的具体举措

在提出总体框架和顶层设计时，专题组考虑到，再好的顶层设计，只有落地才能付诸实施，达到预定的目标。如何才能落地？那就必须提出切实可行的措施。经一段时间的研究，专题组最终选定了：建立重大经济科技活动的知识产权特别审议机制。这一机制的设立，可将专利等知识产权信息的深度分析和利用与国家以及地方的重大经济活动、科技活动、贸易活动等有机结合起来，从而解决长期以来不能解决的知识产权与经济科技"两张皮"的问题。对专利等知识产权信息的深度分析和利用，并贯穿于创新活动的全过程，可以找准创

新的高起点和重点，以及技术路线；通过对专利等知识产权信息特别是竞争对手专利信息的深度分析，可以做到知己知彼，精准锁定可能的战略重点和风险点，可以精准进行国内外专利布局和经营策略。基于这样的考虑，我们又设立了《重大经济活动知识产权特别审议机制研究》课题。选择了有一定工作基础或典型案例的江苏、河南、贵州、山东等地方或相关领域开展研究。特别是经反复遴选确定了具有典型意义的煤液化项目和微硬盘项目进行专利分析。据初步了解，煤液化项目战略意义重大且投资巨大，国务院领导及有关部门高度重视，但一直下不了决心。微硬盘项目因为知识产权侵权等问题已经下马，教训惨痛！两个项目具有典型意义和说服力，研究清楚能够打动决策层，这样就可以把重大经济活动知识产权特别审议机制这一重要政策措施写进《纲要》。经紧锣密鼓研究，课题组很快把两个典型案例研究清楚。其主要情况如下。

案例一：煤液化项目

经研究，得出的主要结论是：我国煤液化项目可能存在知识产权风险。基于研究，课题组于 2008 年初上报了如下信息。

近年来，随着国际石油价格的上涨，煤液化项目在国内受到人们的高度关注，我国有很多企业先后投入巨资，规划建设煤液化项目。为研究分析煤液化专利技术发展状况，国家知识产权局组织有关人员对我国煤液化工艺专利技术以及主要外国公司的专利技术状况进行了深入研究。研究发现，当前我国煤液化技术有了明显进展，取得一些研究成果，但所掌握的煤液化关键技术仍很有限，我国煤液化项目存在较大的知识产权风险。

该项研究主要选择了兖矿集团、山西煤化所及南非萨索尔（Sasol）公司作为重点研究对象，对其煤液化专利技术进行了详细分析。据统计，截至 2007 年 5 月，与煤液化技术相关的在华已公开专利申请共有 2200 余件，其中，国外申请人拥有的专利申请占 36%。但进一步研究表明，在一些煤液化的关键技术上，国外专利申请比重较大，占 70%。

研究表明，Sasol 公司在华相关专利申请有 80 余件，包括已经授权且专利权处在有效期的专利以及法律状态待定的专利申请，这些专利具有以下特点：（1）具体技术领域覆盖面较宽，技术水平相对较高；（2）拥有部分基础性较强的授权且处在有效期内的专利申请；（3）拥有部分基础性、前瞻性较强的有授权前景或即将被授予专利权的专利申请；（4）拥有一批请求保护合成燃料产品的法律状态待定的专利申请。

我国兖矿集团相关专利申请有 20 余件，山西煤化所相关专利申请有 140 余件。通过对兖矿集团和山西煤化所的专利申请状况分析以及与 Sasol 公司申请专利的对比分析表明，这两家国内单位有的在煤液化的关键技术方面没有申请专利，有些专利申请没有超出 Sasol 公司的专利保护范围，其采取的部分技术方案，包括煤液化工艺、产品、反应催化剂、反应设备等，都存在显在的或潜在的侵权风险。

该研究报告仅分析了国外 Sasol 公司的在华专利申请，而其他一些该领域的强势国外公司，如埃克森、壳牌、切夫里昂美国公司、德士古发展、法国石油研究所等，在煤液化方面也拥有大量的专利。国内相关企业和科研院所的煤液化项目所采用的技术方案，是否也存在知识产权风险，还需要进一步研究。

煤间接液化的投资规模巨大，工业规模的生产厂投资规模少至上百亿，多至数千亿。加强对这类重大经济项目的知识产权审查，研究评估其可能存在的知识产权风险，对于积极应对知识产权纠纷、避免发生重大经济损失，无疑是非常必要的。

案例二：微硬盘项目

2002 年 8 月，贵州省政府引进了声称拥有世界上最先进微硬盘技术专利的"硅谷"团队，雄心勃勃准备打造一个抢占国际市场"制高点"的微硬盘生产基地。据媒体报道："微硬盘项目，一度是贵州的光荣，也承载了太多梦想。它身上曾寄托了于三五年内达到 100 亿美元产值的期待。"贵州省整合了省里的优势资源成立了贵州南方汇通世华微硬盘有限公司（下称"贵州微硬盘公司"），以再造贵州。可遗憾的是，由于准备严重不足，项目投产不到 2 年，就陷入一系列危机之中，因知识产权不明导致的国际争端是项目落马的"致命伤"。2004 年 12 月，当时世界上拥有微硬盘技术专利最多的日立公司，在美国加利福尼亚州北部地区法院对贵州微硬盘公司提起专利诉讼。经审理，法院判决贵州微硬盘公司赔偿日立公司专利费 2300 万美元，并永久禁止其硬盘进入美国的市场以及销售和分销活动。这突如其来的打击，对于贵州、对于贵州微硬盘公司无疑是致命的。2006 年 7 月，贵州微硬盘公司宣布无限期停产，留下了 8.7 亿元的不良银行贷款。导致贵州微硬盘项目失败的原因有多方面，但其致命原因是，在项目审批立项时没有对引进的项目进行专利分析和风险评估，埋下知识产权隐患，致使产品进入市场很快就遭遇了知识产权侵权纠纷，最终导致项目失败。

公司倒闭的消息一经传出，国内大大小小的媒体基本都用了这样一个夺人眼球的题目：兵败微硬盘。一时间铺天盖地。

时至今日，这两个典型案例仍很有意义很有说服力。研究报告得到了广泛好评，特别是煤液化项目的信息上报后，得到了温家宝总理的重要批示。课题研究收到了预想不到的效果。

一是这一机制毫无悬念地顺利写进了《纲要》："建立健全重大经济活动知识产权审议机制"。《纲要》实施10年，措施多多，成就巨大。毫无疑问，一个掷地有声的重要措施和显著成就是：以专利等知识产权信息分析利用为基础的知识产权评议、专利导航、专利分析预警等工作，为经济发展、为科技创新、为精准开展海外专利布局发挥了极为重要的作用。虽然至今仍存在体制机制和部门利益等方方面面的障碍和困难，这项工作还远没发挥出应有的作用，但是这项工作的作用或因成功的经验尝到了甜头或因惨痛的教训尝到了苦头，已经为越来越多的部门、地方、产业特别是广大企业充分认识，已经成为成功走出去的企业必做的重要功课。

二是基于温家宝总理的重要批示，课题组对煤液化项目在原有基础上做了一个全面深度的专利分析，于2008年7月，再次上报了一个新的研究报告，温总理再次作了重要批示。2008年9月初，国家发展和改革委员会下发了《加强煤制油项目管理有关问题的通知》（以下简称《通知》）。《通知》叫停了煤液化项目（间接煤液化项目）。一时间，国内包括主流媒体在内的很多媒体都用了"国家发改委紧急叫停煤液化项目"这样一个醒目的标题，报道了这一重要决策信息。叫停煤液化项目可能有多方面的原因，但专利分析报告无疑起了极为重要的作用。

三是作为问题提出者的国家知识产权局于2008年3月很快作出了决策，成立国家知识产权局专利分析预警工作领导小组，负责组织开展重大经济科技以及重点产业专利分析预警和审议工作，具体组织和实施的办事机构设在本人现在所在的国家知识产权局知识产权发展研究中心。在领导小组成立会上，时任国家知识产权局局长的田力普同志颇有感慨地说："这一件事说了好多年了，今天总算落地。我们设立这样一个机制，一定要确保把这项工作做起来而且要做好，要富有成效。"也就是从这一年起，国家知识产权局每年根据国家经济发展、科技创新、国家重大科技专项等部署重点，确定10个左右的项目开展全面深入专利分析研究和评议。很多项目研究报告得到了党中央、国务院领导重要批示，有更多的研究报告得到了有关部委省市领导和大型国有企业领导批示，为决策提供了有益支撑。

过去的 40 年，我国知识产权事业实现了从无到有、从小到大的历史性飞跃。在我们国家进入了中国特色社会主义新时代的今天，知识产权事业已进入了由大到强的重要转变阶段。我们完全有能力在已取得知识产权辉煌成就的基础上，提出更加宏大更加壮阔更加鼓舞人心的知识产权宏伟蓝图，在更高水平更高层次上更加充分运用好知识产权制度，特别是重大知识产权审议等重要政策措施，大踏步进入知识产权高质量创造时代；通过更加严格更加有效的保护，营造良好的知识产权文化，形成良好的知识产权保护环境，让全社会发明创新的活力竞相迸发，让创新主体更加自觉、更加充分、更加有效地运用知识产权，推动我国快速迈进知识产权强国和科技强国的行列，为我国经济高质量发展，实现富强、民主、文明、和谐、美丽的社会主义现代化强国，提供基础性强有力支撑。